主编简介

向明华，男，法学博士，广州大学法学院教授，硕士生导师，中国国际经济法研究会理事，律师。主要从事国际经济法、海商法等学科的教学与研究。主持国家社科基金重大项目子课题、国家社科基金一般项目、省部级及其他各类课题十余项，在《法学评论》、《现代法学》、《法商研究》等期刊上发表法学论文五十余篇，出版专著《海事法要论》，主编《海商法》，副主编《民事诉讼法学》、《国际贸易法新编》，与他人合著《海商法问题专论》(研究生教材用书)、《海商法》(国家级精品课教材)，《劳动合同法精解》、《海商法案例与评析》和《适用法律案例点评》等。

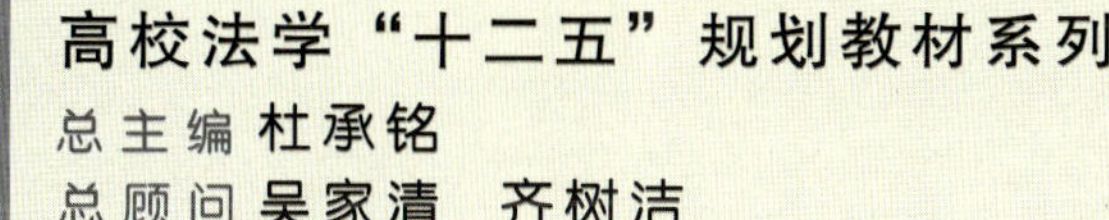

海商法学

Maritime Law

主　编 向明华
副主编 李凤宁

撰稿人（按撰写章节顺序）

向明华　张丽敏　尹年长　李凤宁　孙希尧
张芷凡　向　力　樊　懿

厦门大学出版社 XIAMEN UNIVERSITY PRESS
国家一级出版社
全国百佳图书出版单位

“高校法学‘十二五’规划教材系列”编委会

总 序

2011年3月，吴邦国委员长向世人宣布：中国社会主义法律体系已经形成。中国已步入了法治社会的健康发展轨道。作为改革开放排头兵的广东省，更是在法制建设的进程中敢于先行先试，为中国社会主义法律体系的完善贡献了自身的力量。与之相适应的是，广东省法学院校在法学教育和法学研究方面，也一直进行着积极的探索和改革。广东省开设法学专业的院校二十余所，以法学本科教育为主，多年来为广东、华南地区乃至全国的政法系统、党政部门、企事业单位培养和输送了数以万计的法律人才。随着我国市场经济的逐步发展完善，对法律人才的要求也进一步提升，既有的法学本科教学内容体系和教育模式在新的形势和新的要求面前难避僵化之虞。因此，以教学内容体系和教育模式为取向的法学本科教育改革，就成为广东各法学院系教育教学改革的重中之重。为了进一步推进广东法学院校法学教育教学改革特别是法学教材建设与改革，由厦门大学出版社策划，组织广东省二十余所院校法学专业教师联合编写的"高校法学'十二五'规划教材系列"便应运而生。

"高校法学'十二五'规划教材系列"是根据教育部公布的法学教学大纲编写的，符合国家"十二五"规划要求的法学创新教材。本教材系列具有如下特点：

第一，以几个较早成立的法学院系为依托，由广东二十余所院校的法学专业教师联合编写。本教材系列集合了广东省大部分开设法学专业课程的院校的教师，由具有丰富教学经验和科研能力的资深教授担任各册主编，并吸收了许多具有丰富一线教学经验的中青年任课老师作为作者参与编写。教材系列作者队伍阵容强大，同时又具有一定的权威性。

第二，紧密结合实际，力图打造具有广东特色的法学创新教材。广东省处于改革开放的前沿，经济的繁荣带来了思想的活跃。作为广东法学本科教学改革的一次尝试，教材系列力图突破传统的理论性较强的编写模式，将法学基本知识和具有地方创新特色的司法实务以及国家司法考试相结合，培养既具有法学基本知识，又能够了解司法实务的合格法律人才。为此，教材系列除对法律知识体系的整体阐述外，还吸收了部分具有广东特色的案例，精简为各章之前的"引例"部分，帮助学生进一步理解法学知识在法律实务中的应用。同时在各章之后增加"司法考试真题链接"部分，有助于学生将本章知识与国家司法考试要求相结合。

第三，吸收和采纳我国法学界的成熟观点和研究成果，精简教材内容，提高教学质量和效率。法学本科教育应为通识教育，即将学生培养成掌握法律基本知识，并能熟练运用法律的实用人才。目前国内大部分法学教材共同存在的问题是篇幅过大，理论争议过多，导致学生难以完全吸收掌握，从而在走上工作岗位后无法正确使用法学知识。因此，为了确保学生能掌握基本的法律知识并熟练运用，本教材系列要求各主编仅采用我国法学界公认的观点和理论，对于存有争议的部分暂时搁置，从而将教材的篇幅尽可能地压缩，减轻学生的学习压力，提高学习质量。

本教材系列是各院校教师共同努力的结晶，凝聚了许许多多一线教师的心血和智慧，是广东省各法学院校在法学本科教材上的一次共同探索和努力。当然，由于参编教师众多，加之水平有限，难免有所缺失和不足，敬请读者批评指正，以助日后不断完善。

杜承铭

2011年12月

前 言

海商法是与民商法、国际经济法紧密关联的部门法学，因其较强的专业性和较高的实用价值，吸收了大量人才对其进行较深入、系统地学习与研究。特别是自我国加入世贸组织以来，海上运输是联结各国经贸交往最重要的纽带，海商法的学习益发重要。

本书立足我国《海商法》的立法体系，涵盖了海商法学各项基本法律制度，主要包括海商法概述、船舶与船舶物权法律制度、船长与船员法律制度、海上货物运输法律制度、海上旅客运输法律制度、船舶租用法律制度、海上拖航法律制度、船舶碰撞法律制度、船舶污染法律制度、海难救助法律制度、共同海损法律制度、海事赔偿责任限制法律制度、海上保险法律制度、海事争议解决法律制度等十四章。

本书在吸收同类教材的优点、克服其不足的基础上，突出自身的特色：一是紧密结合国内外海商法学的理论与实践，有重点地介绍了国内、国际海商法学的最新发展，同时有意识地着力充实其他同类教材的薄弱环节。前者如对2008年《鹿特丹规则》、防止船舶污染法律制度新发展等的介绍与评析，后者如对船员国际立法、船东保赔保险等制度比较深入的评介。二是强调海商法学的实践性：在每一章的开头以一典型的相关案例点题，开门见山；文中适当地穿插案例评析，便于加深理解；在每一章的结尾再提出一典型案例，供思考、讨论。三是面向司法考试，在每一章后详尽地列出涉及该章内容的历年司法考试真题，引导读者掌握学习重点。四是强调海事海商实体法与程序法的一体性，将海事纠纷解决制度一并纳入海商法学教程，不仅有利于增强对海商法实体规范及程序规范的一体化理解，有利于进一步发展与完善统一的海商法学，更利于培养读者的海事诉讼参与能力。这正是许多海商法理论及实务工作者所急需的。

本书由向明华教授任主编，李凤宁副教授、孙希尧副教授任副主编，具体章节撰写分工如下：

向明华，广州大学法学院教授，硕士生导师，法学博士，撰写前言、第一章、第七章、第十四章；

张丽敏，广东交通职业技术学院讲师，法学硕士，撰写第二章、第六章；

尹年长，广东海洋大学讲师，法学硕士，撰写第三章、第十章；

李凤宁，武汉理工大学副教授，硕士生导师，法学博士，撰写第四章、第十三章；

孙希尧，山东大学威海分校副教授，法学博士，撰写第五章、第十一章；

张芷凡，武汉大学法学院，法学博士研究生，撰写第八章；

向力，山东大学法学院讲师，硕士生导师，法学博士，撰写第九章；

樊壹，武汉大学法学院，法学博士研究生，撰写第十二章。

尽管作者们为本书的撰写作出很大努力，但错漏及不完善之处在所难免，敬请各位专家及青年才俊不吝批评指正。

本书的出版得到了广州大学教材出版基金的资助，同时，得到了厦门大学出版社甘世恒编辑等的大力支持。值本书出版之际，谨向出版社及所有对本书作出贡献的单位及个人致以最诚挚的感谢及最高的敬意。

目 录

第一章　海商法概述

【引例】甲、乙、丙三原告与被告丁四人合伙经营“梅航8”、“梅航6”两船，四人各拥有两船25%的股权。后为抵偿相互之间的债务，四人约定，丁将其对两船的股权全部转让给三原告。其后被告依约出让其对“梅航8”轮的股权，并办理了相应的船舶所有权变更登记手续。但三原告因无力偿还船舶抵押贷款而未能办理“梅航6”轮的所有权变更登记手续。三原告为此于2008年7月10日向吴川市人民法院起诉，请求法院确认被告对“梅航6”轮的股权属于三原告所有。吴川市人民法院受理后，于7月14日将该案移送至广州海事法院。广州海事法院受理后，依法组成合议庭，经公开开庭审理，判决支持原告的诉讼请求。① 请问：本案为何被移送至海事法院？

第一节　海商法界定

一、海商法的概念和性质

（一）海商法的概念

“海商法”一词，译自英文“maritime law”、“law of admiralty”。前者常译为“海商法”，后者多译为“海事法”，但二者目前已基本通用。然而，在中文语境下，狭义的“海商”主要指海上商事活动，如海上运输、船舶租赁等；狭义的“海事”则主要指海上侵权行为，如船舶碰撞、海上污染等。如我国海事法院有海商庭、海事庭的建制，也反映了这种业务分工。广义上的“海商”与“海事”则是同义的，如“海商法”和“海事法”二者可以互换，但惯常多使用“海商法”。

对于何为海商法，各国立法及学者观点不尽相同。如美国学者认为，海商法系指有关海上立法、法院裁定和习惯，特别是有关公海和可航水域的客货运输、船长船员的权利义务、船舶所有和船舶管理等规定。《英国大百科全书》认为，海商法是法学的一个分支，它所调整的对象是船舶与航运(Ships and Shipping)。日本学者认为，海商法作为商法的特别法，是关于海上企业，特别是海上运输企业的法律。尽管上述规定和观点说法不一，但其共同点是都把海上运输作为海商法的调整对象。②

① 参见广州海事法院(2008)广海法初字第381号民事判决书。

② 张湘兰：《海商法》，武汉大学出版社2008年版，第1页。

故海商法有广义与狭义之分。广义的海商法概指一国制定和参加的各种海商、海事法律规范及国际海商、海事立法;而狭义的海商法则仅指一国成文的海商法典本身,如我国1992年《海商法》。

(二)海商法的性质

理论界对于海商法的法律属性,观点各异,主要有民法特别法、商法分支、经济法分支、海法分支、国际经济法分支、独立部门法等学理分歧。但通说一般认为,海商法是民法的特别法,或者是商法的一部分。因海商法主要用于调整平等主体之间的民商事法律关系,故在民商合一的国家,其从属于民法;而在民商分离的国家,其从属于商法,如1807年《法国商法典》、1861年《德国商法典》都包含了"海商编"。不过,与抵御海上运输特有风险相适用,海商法建立了许多有别于一般民法或商法的特别制度。例如:承运人航海过失免责制度,与民法的过错责任原则相悖;海事赔偿责任限制制度与民法的实际损失赔偿制度相悖;而共同海损制度、船舶优先权制度等为海商法所独有。因此,不论是民商合一还是民商分离的国家,均将海商法视为其中的特别法,按一般法与特别法的关系来处理这两者之间的关系:海商法有不同规定的,优先适用海商法;海商法未作规定的,适用民法或商法的规定。

二、海商法的调整对象

根据我国《海商法》第1条的规定:"为了调整海上运输关系、船舶关系,维护当事人各方的合法权益,促进海上运输和经济贸易的发展,制定本法。"故《海商法》的调整对象为"海上运输关系、船舶关系",既包括横向的、平等主体之间的海上运输关系和船舶关系,也包括纵向的、非平等主体之间的海上运输关系和船舶关系。但就广义的海商法而言,其既包括《海商法》及其他海事海商的国内立法,也包括海事海商国际立法;既包括海事海商实体法,也包括其程序法。

(一)海上运输法律关系

海上运输,根据《海商法》第2条的规定,是指海上货物运输和海上旅客运输,包括海江之间、江海之间的直达运输。而海上运输法律关系,是指在海上运输过程中发生的各种法律关系,主要包括与海上运输有关的合同关系、侵权关系、行政管理关系,以及因海上风险产生的其他特殊海事关系:(1)合同关系。主要包括海上货物运输合同关系、海上旅客运输合同关系、海上拖航合同关系、海上船舶租用合同关系、海上救助合同关系以及海上运输保险合同关系等。因我国《海商法》所调整的海上运输仅限于国际海上货物运输,而不包括沿海、内河货物运输,故后者主要受《合同法》(1999年)、《水路旅客运输规则》(1997年)、《国内水路货物运输规则》(2001年)等法律法规调整。(2)侵权关系。主要指在海上运输过程中因船舶碰撞、船舶污染海洋环境等侵权行为引发的侵权法律关系。(3)海上运输管理关系。《海商法》确立了若干海上运输行政管理制度,如沿海运输管理(第4条)、海上运输主管部门(第6条)等。但相应法条都比较宏观,具体的管理制度需由其他法规或单行条例落实。如沿海运输管理具体受我国《国际海运条例》(2001年)、《水路运输管理条例》(1997年)、《水路运输管理条例实施细则》(2009年)等的调整。(4)与海上运输有关的其他海事法律关系。主要指因为抵御海上运输过程中的特殊风险而产生的特别海事法律关系,如共同海损法律关系,船舶优先权法律关系、海事赔偿免责或责任限制法律关系等。

（二）海上船舶法律关系

船舶是人类开发、利用海洋资源的基本工具。任何海上活动，诸如客货运输、海难救助、拖航、打捞、捕鱼、采矿采油等，均离不开船舶。围绕船舶的建造、使用、转让等产生了若干与船舶有关的法律关系：(1)船舶物权法律关系。主要指发生在平等主体之间的船舶所有权、船舶抵押权、船舶留置权以及船舶优先权等物权关系。(2)船舶管理法律关系。主要指围绕航行安全、船舶适航、船员适格等问题所发生的船舶所有人、船舶经营人等与港航管理当局之间的纵向管理关系。如船籍和船旗管理（第 5 条）、船舶登记管理（第 10 条）等。同前，这些行政管理制度也需由其他法规或单行条例落实。如船舶登记管理具体受国务院 1993 年《船舶和海上设施检验条例》、1994 年《船舶登记条例》、2007 年《船舶签证管理规则》、2007 年《船员条例》等的调整。虽然这种纵向的海事管理关系目前尚不是《海商法》的主要调整对象，但是从国际海运立法中政府监管内容日趋增加的发展趋势而言，其在海商法中的地位将越来越重要。

（三）其他海事海商法律关系

为保障海上运输关系、船舶关系的正常发展，国家及国际组织还建立了许多相关法律制度。其主要包括：(1)海上保险法律关系。主要包括海上船舶保险和海上运输货物保险。我国没有单行的海上保险法，而是在《海商法》中单列“海上保险合同”一章，其与《保险法》属于一般法与特别法的关系。(2)海事争议解决程序。海事管辖权、海事诉讼时效、海事涉外法律适用以及海事诉讼特别程序等事项，主要受《海商法》、《海事诉讼特别程序法》和《民事诉讼法》等调整。(3)其他相关海事制度。如航运制度、港口制度、海关制度、海洋开发利用与保护制度等。有关立法诸如 1993 年《海上交通安全法》、2003 年《港口法》、1995 年《航标条例》、2001 年《国际海运条例》、2002 年《内河交通安全管理条例》等。这些相关制度比较宽泛，暂不纳入本教材探讨范围。

三、海商法的特征

与其他民商事法律比较，海商法具有显著的独特性：

（一）特殊性

海商法的特殊性，又称固有性，主要表现在海商法在其发展过程中形成了许多用以规避或分散其固有风险的特殊法律制度。这主要包括：(1)船舶优先权制度。船舶优先权，是指特定的海事请求人向船舶所有人、光船承租人、船舶经营人提出海事请求，对产生该海事请求的船舶具有优先受偿的权利。船舶优先权所担保的债权项目及其受偿顺序，以及它的实现和消灭方式等，均由海商法强制设定。(2)承运人航海过失免责及赔偿责任限制制度。由于海上运输高风险、高投入，各国海商法普遍偏向保护承运人利益，对承运人实行不完全过错责任制度，即承运人对因驾驶或管理船舶中的过失所导致的损害后果不承担赔偿责任。此外，承运人还对其过失导致的损失享有赔偿责任限制权，具体包括单位赔偿责任限和海事索赔责任限制。(3)共同海损制度。共同海损制度是海商法中最古老、最具特色的制度之一，是指在同一海上航程中，当船舶、货物和其他财产遭遇共同危险时，为了共同安全，船方有意地、合理地采取措施所直接造成的特殊牺牲、支付的特殊费用，由各受益方按比例分摊的法律制度。(4)海难救助制度。海难救助是指在海上或在与海相通的可航水域对遇难的人员、船舶和其他财产进行援助、救助，并依法或依约获得救助报酬的法律制度。上述这些特殊制度均为海商法所独有，虽然与民法基本原理背离，但其是人类在抵御海上灾难、分散海上风险的长期过程中形成的，有其自己独特的发展轨迹，基本未受相关民法理论的影响。

（二）专业技术性

海商法是有关海上运输和船舶利用的法律规范，与航海技术和船舶技术紧密相联，涉及船舶、船员、航海、货物运输与管理等多方面的专业知识与技能，具有相当强的技术性和专业性。如在船舶方面，涉及船舶的结构、性能、船舶设备和安全条件等技术参数；在船员方面，涉及船员的配备、资格、培训、考试、发证、值班等专业资质与能力要求；在航海方面，涉及船舶驾驶、航线制定、雷达观测、航海资料使用、气象水文报告、轮机操作和海上避碰等专门知识和技能；在货运方面，涉及货物的特性、配载、装卸、保管和照料等专业知识和技能。上述专门知识和技能，均须到达一定的标准和等级，方能保障船货安全。

（三）国际统一性

由于世界海洋的一体性，海商法从诞生起就带有强烈的“国际”性，即其是为了调整以海洋为媒介的国际海上运输而产生和发展的。从发展延革的角度，海商法从零散的规则发展到完备的法律体系，从地区性的海事判例发展到区域性的航运惯例，再从区域性的海事惯例发展到国际性的海事条约，其呈现出国际化、统一化不断加深、加快的发展趋势。而各国为了融入国际海运、国际经贸大潮，其立法也不能不与国际接轨，导致各国海商法的趋同化。如我国制定《海商法》时，就大量地借鉴甚至移植了相应国际公约或国际惯例的核心内容，同时我国还参加了许多海事海商国际公约，海商法因此成为我国民商事法律中国际统一化程度最高的法律。

第二节　海商法发展沿革

海商法是随着航海贸易的兴起而产生和发展起来的。就其历史发展轨迹而言，它起源于古代，形成于中世纪，发展于近代，日趋国际统一化于现代。

一、古代海商法——萌芽期

海商法是一门古老的法律。早在远古时代，人类祖先就开始了航海经商活动，海事规则开始形成。就可考证的文字记载而言，海商法的悠久历史可以追溯到公元前18世纪的《汉穆拉比法典》(*Code of Hammurabi*)，其中已经就船舶碰撞、船舶出租、船舶抵押、货损赔偿等问题作出规定。到了公元前9世纪，罗得人(Rhodians)和腓尼基人(Phoenicians)开始在欧、亚、非三洲从事海上贸易，当时的罗得岛也成为航海贸易的中心，许多海事案件都在此解决并渐成习惯。到公元前3世纪左右，第一部航海习惯法《罗得海法》(*Lex Rhodia*)在此问世。但该法典并没有保存下来，而是仅散见于后来罗马法学者的有关著作中，如《查士丁尼学汇编》(*Justinians Digest*)记载了罗得海法中有关抛货的共同海损规定。《罗得海法》为以后所有的海事立法奠定了基础。该阶段因此可称为海商法的萌芽期。其主要特点是零散、不成文。

二、中世纪海商法——惯例编纂期

中世纪的海商法与内陆商法几乎同步发展。随着航海贸易的发展，环地中海、大西洋形成了威尼斯、热那亚、比萨、马赛、奥斯陆等许多竞争性城市、城邦，它们大多设置了自己的海事法庭，编纂了自己的海商法，诸如《威尼斯海商法》、《比萨海商法》等。其中先后出现了对后世海商法的制定影响巨大的三部航运惯例和海事判例汇编：(1)《奥列隆惯例集》(*Lex Oleron*)，主要收集了12世纪法国西海岸奥列隆市国际海事法庭的判决书和习惯法，对大西洋沿岸的航海贸易有较大影响。(2)《海事裁判例》(*Lex Consolato*)，又称康索拉度海法，于14世纪在西班牙的巴塞罗那编纂，主要汇集了西班牙、环地中海和大西洋地区的海事判例，对后来欧洲航运界的影响很大。(3)《维斯比海法》(*Law of Visby*)，于15世纪在瑞典的果特兰岛维斯比市编纂，对波罗的海和北海沿岸的影响较大。此外，英国的《海事黑皮书》(*Black Book of the Admiralty*)汇集了英国法院的判例和所适用的习惯，对欧洲各国也有重要影响。

该阶段的海商法作为一种形成时期的过渡性法律，主要具有两个特点：一是地区统一性，即与当时欧洲城邦经济相适应，特定的海商法主要适用于沿岸某些区域的某些城市。二是不成文性，主要表现为对航海贸易习惯和海事判例的编纂，属于不成文法。三是过渡性，表现为由私人编纂向国家立法、由地区性习惯法向国内法转化的过渡过程。

三、近代海商法——国内法转化期

到了近代，西欧民族国家的兴起使海商法逐渐从习惯法转化为国家法。各国为维护其航海贸易利益，均以通行的习惯法为基础，相继制定其本国的海商法。其中最典型的是法国路易十四颁布的1681年《海事条例》(*Ordonnance de La Marine*)。该条例内容广泛，自成体系，被称为欧洲第一部综合性海事法典。其后拿破仑制定1807年《法国商法典》时，把《海事条例》中私法部分纳入其中，作为第二编"海商"编。1861年《德国商法典》中同样包括"海商"一编。这种做法对众多大陆法系国家的海商立法产生较大影响。英国作为老牌海运大国，先后制定了1855年《提单法》(*Bill of Lading Act*)，1894年《商船法》(*Merchant Shipping Act*)，1906年《海上保险法》(*Marine Insurance Act*)。美国作为后起的货运大国，也撇开其判例法传统的束缚，先后制定了1893年《哈特法》(*Harter Act*)，1916年《提单法》(*Bill of Lading Act*)，1936年《海上货物运输法》(*Carriage of Goods by Sea Act*)等。这种国际惯例国内化做法，一方面使海商法从相对零散的习惯法转型为系统的成文法典，增强了海商法的强制力，另一方面，也导致各国海商法在形式上和内容上的不统一，如形成了法国法系、德国法系、英美法系等不同的海商法体系，给国际航运带来诸多不便。故从19世纪末以降，国际航运界要求消除各国海商法差异的呼声日趋强烈。

四、现代海商法——国际统一化期

进入20世纪后，海商法的国际趋同与统一化进程日益加速。顺应海商法国际统一性的内在要求及呼吁统一各国海商法的外在要求，民间性质的国际海事委员会(Comité Maritime International，CMI)于1897年6月6日在比利时安特卫普成立，标志着现代海商法时代的开始。该组织的宗旨是"在各国国内协会的协助下，实现海商法的统一，为此，推动各国建立海商法协会,并与其他国际组织合作",以共享海洋一体的利益。国际海事委员会成立100多年来,制定了包括《1910年船舶碰撞公约》、《1910年救助公约》、《1924年海牙规则》、《1968年维斯比规则》等在内的一系列公约草案,并提交国际会议通过,为推动海商法的国际统一,作出了重要贡献。

1959年1月6日,联合国在伦敦成立政府间海事协商组织(Inter-govermental Maritime Consultative Organization,IMCO)。其1982年更名为国际海事组织(International Maritime Organization,IMO)。该组织属于全球性政府间国际组织,为海商法国际统一发挥了巨大作用。该组织所属的法律委员会,主要研究海上安全和防止船舶污染等方面的法律问题,并拟定相应的国际公约及有关法律。国际海事组织通过的国际公约因此多与海上安全和防止船舶污染有关,主要包括《1969年国际油污损害民事责任公约》及其若干议定书、《1971年油污责任基金公约》、《1971年核材料运输民事责任公约》、《1974年国际海上人命安全公约》、《1974年雅典旅客及行李运输公约》及其若干议定书、《1976年海事责任限制公约》、《1978年海员培训、发证和值班标准国际公约》、《1996年有毒有害物质运输责任公约》、《2001年国际燃油污染损害民事责任公约》、《2007年内罗毕国际船舶残骸清除公约》等。2002年12月还将通过的船舶反恐新举措纳入《1974年国际海上人命安全公约》。

此外,联合国国际法委员会和成立于1964年12月的联合国贸易和发展会议(United Nations Conference on Trade and Development,UNCTAD)等,也积极地参与了海商法的统一化工作。它们主持或与其他国际海事组织合作,通过了不少海事公约,主要包括:《1974年班轮公会行动守则公约》、《1978年汉堡规则》、《1980年多式联运公约》、《1982年海洋法公约》、《1986年船舶登记条件公约》、《1993年船舶优先权与船舶抵押权公约》、《1999年船舶扣押公约》、《2008年联合国全程或部分海上国际货物运输合同公约》(简称《鹿特丹规则》)等。

有关的国际组织目前已先后制定了120多个海事国际公约、议定书或修正案,并仍在为继续推进海商法的国际统一而不懈努力。如有关国际组织目前正在酝酿海上保险、海盗、海上人身伤亡等方面国际公约或者示范法的起草工作。此外,海事惯例的编纂也取得了很大成就。如《约克·安特卫普规则》、《国际贸易术语解释通则》、《金康合同》、《劳氏救助合同》等不断推出新版本,并得到较广泛的接受。

第三节　海商法的渊源

海商法的渊源,指海商法规范的直接出处或存在形式,通常包括国内立法、国际公约、国际惯例,以及司法判例和学说等。

一、国内立法

一国的海事海商国内立法是其海商法的主要渊源,主要包括相应的法律、法规、条例、规定、办法、决议和指示等规范性文件。在我国,海商法国内立法指全国人大及其常委、国务院及其部委、各地方立法机关及其他有权机关通过的海事海商法律规范,以及最高人民法院发布的海事海商司法解释等,主要包括2003年《港口法》、1999年《海事诉讼特别程序法》、

1992 年《海商法》、1986 年《渔业法》(2004 年修订)、1984 年《海上交通安全法》、1983 年《海洋环境保护法》、2001 年《国际海运条例》、1988 年《船舶登记条例》、1983 年《防止船舶污染海域管理条例》、2004 年《国际货物运输代理业管理规定》、2004 年《海船船员考试发证规则》、2001 年《国内水路货物运输规则》、2001 年《港口货物作业规则》、1997 年《水路旅客运输规则》、1993 年《关于不满 300 总吨船舶及沿海运输、沿海作业船舶海事赔偿限额的规定》、1990 年《国际班轮运输管理规定》、1979 年《对外国籍船舶管理规则》等。其他普通民法、商法中,如 2007 年《物权法》、1999 年《合同法》、1995 年《保险法》(2009 年修订)、1995 年《仲裁法》、1995 年《担保法》、1994 年《对外贸易法》(2004 年修订)、1991 年《民事诉讼法》(2007 年修正)、1987 年《民法通则》等,在海事海商特别立法未作规定的条件下,也可用于调整海事海商法律关系。此外,一些地方性法规和地方政府规章也有关于海事海商的内容。

二、国际条约

一国签订和加入的海事海商国际条约也是该国海商法的重要渊源。20 世纪 80 年代以来,我国加快了加入国际条约的步伐,先后批准了一系列重要的海事海商条约,如《1910 年船舶碰撞公约》、《1974 年国际海上人命安全公约》、《1972 年国际海上避碰规则》、《1978 年国际海员培训、发证和值班标准公约》、《1974 年海上旅客及其行李运输雅典公约》、《1989 年国际救助公约》、《1992 年国际油污损害民事责任公约》等。国际公约已经成为我国海商法的主要渊源之一。

就国际公约与我国国内立法的关系而言,我国采取优先适用国际公约的办法来解决两者之间的矛盾或冲突。如我国《海商法》第 268 条第 1 款规定:"中华人民共和国缔结或者参加的国际条约同本法有不同规定的,适用国际条约的规定;但是,中华人民共和国声明保留的条款除外。"

三、国际惯例

国际惯例,是在国际交往中逐渐形成、在行业范围内众所周知,且为人们广泛接受的不成文的原则和规则。由于海商法源远流长,相应的海事海商惯例相当丰富,但其一般具有地域性、时间性。在不同的区域、不同的时间,可能适用不同的惯例。如共同海损清算《约克·安特卫普规则》先后出现了 1877/1924/1950/1974/1990/1994/2004 年等七个版本。它们相互之间不是新版取代旧版的更替关系,而是相互之间"和平共处"。

就海事国际惯例与其他海商法渊源的关系,《海商法》第 268 条第 2 款规定:"中华人民共和国法律或中华人民共和国缔结或参加的国际条约没有规定的,可以适用国际惯例。"即其仅处于备用地位,只有在法律和公约没有规定时,才可以适用国际惯例。当然,所适用的国际惯例,不得违背我国的社会公共利益。

四、判例与学说

海事判例能否构成海商法的渊源,尚不能一言以概之。国际司法组织作出的海事判例,虽然均只对本案具有约束力,但对其他案件的审判却具有很高的指导或参考意义。在判例法国家,因法官被赋予了造法权,判例是其重要的法律渊源。其中的"遵循先例"原则,使某一判决中的法律规则不仅适用于本案,还适用于以后该法院或下级法院所审判的相同的或者相似案件。而在成文法国家,如我国,法官被禁止造法,司法裁决不过是法律适用的"产品",因此除对本案外,对其他案件既无约束力也无指导价值,故不能成为海商法的渊源。然而,因下级法院受制于上级法院的审判监督权,其客观上不能忽视上级法院特别是最高人民法院相关裁决的指导作用。

在国际上,有人主张权威学者的学说、观点包含有法律规则。事实上权威学者的学说也会被判例法国家的法官在裁决中引用,作为其裁决理由之一。但在我国,权威学者的学说、观点尚不允许成为法官裁决的理由或依据。

总体而言,判例与学说一般被定位于辅助性渊源,是一种用来发现法律规则的补充资料。

第四节　海商法在中国的发展

一、中国海商法发展沿革

我国是一个海洋大国,海洋资源丰富,大陆海岸线长达 1.8 万公里,岛屿海岸线 1.4 万公里,优良港口众多。我国也有悠久的航海和海上贸易历史,航海业曾经高度发达,如海上丝绸之路延伸到欧洲、非洲,明朝郑和乘坐木质大帆船七下西洋,遍访亚非 30 多个国家,远达非洲东海岸。然而,"重刑轻民"的法律传统使现代意义上的海商法未能在我国出现。特别是明清时期严厉的海禁政策,使我国的航海和海上贸易长时间陷入停滞。

清光绪年间,由于戊戌变法的影响,清政府请来日本商法专家帮助起草《大清商律》,其中的"海船法"编,计 263 条。但该法典未及颁布实施,清政府即告垮台。后来国民党政府以上述海船法为蓝本,颁布了 1929 年《海商法》,成为中国历史上的第一部《海商法》。其后,国民党政府还颁布了《船舶法》和《船舶登记法》等。这些法律几经修订,至今在台湾地区实施。

中华人民共和国成立后,宣布废止国民党《六法全书》,从而使有关法律归零。基于对外经贸活动的需要,新政府采取措施积极发展海运事业,完善有关立法,将《海商法》纳入优先立法计划。1952 年即成立了海商法起草委员会,着手起草《中华人民共和国海商法》。1963 年完成《中华人民共和国海商法(草案)》第一稿并上报国务院审议。其后由于众所周知的原因,我国海商法立法工作中断近 20 年。

1979 年改革外开放以后,我国对外经贸关系及海洋运输事业发展迅速。我国商船吨位进入世界前列,中国籍船舶航行于世界 150 多个国家和地区,150 多个国家和地区的船舶也频繁进出我国口岸。相应地,海事立法工作得到重视,海商法起草工作重新启动。1981 年交通部调整、充实了海商法起草委员会,邀请国内各有关部门、单位和高等院校的专家、学者参加起草工作。《海商法(送审稿)》于 1985 年 1 月 18 日报送国务院。自 1989 年 1 月起,国务院法制局、交通部和中国远洋运输总公司共同组成海商法草案审查研究小组,对草案进行了深入研究。该小组在全面研究国际海商法领域的最新动态,深入分析我国海运、贸易的发展现状与趋势,广泛征集各个方面对草案的意见和建议之后,先后提出 1989 年 8 月征求意见稿、1991 年 3 月 31 日修改稿以及 1991 年 8 月 8 日草案。1992 年 6 月 5 日,国务院常务会议审议通过了《中华人民共和国海商法》(*Maritime Code of the People's Republic of*

China)(草案)。1992 年 11 月 7 日,七届人大常委会第 28 次会议通过了《海商法》。该法制定前后历时 40 年,是我国当时条文最多、与国际接轨最彻底的立法,从根本上改变了我国在海运领域里无法可依的状况,是我国立法发展史上的一个里程碑。

除《海商法》外,我国还先后颁布了前述的一系列其他海商海事法律法规。为了更好地配合《海商法》的实施,第九届全国人大常委会第 13 次会议于 1999 年 12 月 25 日通过了《海事诉讼特别程序法》(2000 年 7 月 1 日起实施),初步形成了比较完备,具有中国特色的海事诉讼制度,从程序方面保障我国的海事海商法律制度的进一步发展与完善。

总体而言,我国的海商法体系已基本形成,但其中也还存在不少问题与不足。

二、《海商法》的基本内容

顺应改革开放的时代要求,我国制定《海商法》时,就力图使其与国际接轨,故借鉴、参照甚至移植了众多海商海事国际公约、国际惯例的内容和做法,使其成为当时国际化程度最高、最先进的立法。如在国际公约方面,"海上货物运输合同"一章以《海牙规则》和《海牙—维斯比规则》为基础,并吸收了《汉堡规则》的先进内容;"海上旅客运输合同"一章吸收了《1974 年海上旅客及其行李运输雅典公约》的实质内容;"船舶碰撞"一章借鉴了《1910 年统一船舶碰撞某些法律规定的国际公约》和《1972 年国际海上避碰规则》相应规则;"海难救助"一章借鉴了《1989 年国际救助公约》的相应规则;"海事赔偿责任限制"一章参照《1976 年海事赔偿责任限制公约》的实质内容;船舶物权制度主要参照了《1967 年统一船舶优先权和抵押权某些规定的国际条约》及《1993 年船舶优先权和抵押权国际公约》(当时尚为草案)。在国际惯例方面,"船舶租用合同"一章主要借鉴了 1974 年"波尔的姆"(BALTIME)格式、1946 年"土产格式"(PRODUCE FORM)、1989 年"贝尔康"(BARECON)等广泛接受的格式条款;"共同海损"一章参照了《1974 年约克·安特卫普规则》;"海上拖航合同"一章参照了相应的国际立法和国际标准格式条款;"海上保险合同"一章也参照英国《1906 年海上保险法》,体现了国际保险惯例的基本要求。

就其整体结构而言,我国《海商法》全文分 15 章,计 278 条:

第 1 章"总则"共计 6 条,规定了我国《海商法》的立法宗旨、适用范围等;

第 2 章"船舶"共计 24 条,是有关船舶物权的规定,包括船舶所有权、船舶抵押权、船舶留置权以及船舶优先权等;

第 3 章"船员"共计 10 条,具体规定了船员的定义、任用、职责等内容;

第 4 章"海上货物运输合同"共计 66 条,是关于国际海上货物运输的规定,也是我国《海商法》的核心内容;

第 5 章"海上旅客运输合同"共计 20 条,对海上旅客及其行李运输事项作出规范;

第 6 章"船舶租用合同"共计 28 条,多为任意性规范,对定期租船合同和光船租赁合同作出规范;

第 7 章"海上拖航合同"共计 10 条,主要规范海上拖航合同;

第 8 章"船舶碰撞"共计 6 条,具体规定了船舶碰撞的不同类型及其赔偿责任;

第 9 章"海难救助"共计 22 条,主要规定了海难救助各方当事人的权利和义务;

第 10 章"共同海损"共计 11 条,规定了共同海损牺牲和费用的确定及其分摊;

第 11 章"海事赔偿责任限制"共计 12 条,确定了特殊的海上索赔责任限制制度;

第 12 章"海上保险合同"共计 41 条，主要规范海上保险合同当事人各方的权利和义务；

第 13 章"时效"共计 11 条，具体规定了上述各章所涉及的海事请求权的时效期间、时效的中止以及中断等；

第 14 章"涉外关系的法律适用"共计 9 条，确立《海商法》所调整的各种涉外法律关系的法律适用规则；

第 15 章"附则"共计 2 条，规定了该法所称"计算单位"的含义及其换算方法。

三、《海商法》的不足与完善

（一）《海商法》的不足

《海商法》自 1993 年 7 月 1 日起施行以来，在调整海上运输关系、船舶关系，维护各方当事人权益，促进海上运输和经济贸易发展，进一步深化改革、扩大开放等方面发挥了积极作用。与此同时，《海商法》存在的一些问题与不足之处也日益显露。

首先，《海商法》自身存在着若干不足。例如，我国《海商法》仅适用于国际海上货物运输合同，而沿海货物运输则受《合同法》、《水路货物运输规则》等的调整，从而使我国海上货物运输被人为地分割为两个市场，这种内外有别的双轨制与 WTO 法律的非歧视待遇原则明显背离，也不利于正常的市场竞争；《海商法》对海运单、电子提单的规定过于简单，不能适应现代海运技术发展的新要求；《海商法》对于多式联运、物流业的迅猛发展所引发的无船承运人与国际货运代理人的法律地位和责任问题，以及对船舶油污损害赔偿和沉船沉物打捞的民事责任等问题的规范，基本缺位。此外，其在一些制度设计、文字表达以及可操作性等方面也存在着许多不足，有必要进一步完善。

其次，后于《海商法》颁布的许多重要法律，与《海商法》的相应规定不协调。《海商法》施行后，国家颁布了许多与《海商法》有着密切关系的重要民事和行政法：前者如《担保法》（1995 年）、《保险法》（1995 年通过，2009 年修订）、《拍卖法》（1997 年）、《合同法》（1999 年）、《物权法》（2007 年）、《侵权责任法》（2010 年）、《国内水路货物运输规则》（2000 年）等；后者如《对外贸易法》（1994 年通过，2004 年修订）、《国家赔偿法》（1995 年）、《海洋环境保护法》（2000 年订）、《内河交通安全管理条例》（2002 年）、《船员条例》（2007 年）、《防治船舶污染海洋环境管理条例》（2010 年）、《船舶最低安全配员规则》（2004 年）、《国内水路旅客运输规则》（1996 年）、《海船船员适任考试、评估和发证规则》（2004 年）、《船舶安全检查规则》（2010 年）等。这些民商事立法和海事公法，在许多方面更加先进、合理，但有许多内容与《海商法》的相应规定不一致。基于一般法和特别法的适用关系，更先进、更合理的一般立法却无法在海商海事领域适用。故应修改《海商法》，以解决上述一般法和特别法之间不协调的矛盾。

最后，国际海事立法的新发展，使《海商法》的部分内容落后于时代要求。首先，《海商法》制定时所参照、借鉴的海事国际条约、海事惯例规则和格式合同，许多已被修改、更新。如当时所参照的《1974 年旅客及其行李运输的雅典公约》已经发展到 2002 年《议定书》，《约克·安特卫普规则》已经发展到 1994 年与 2004 年版，《金康合同》已经发展到 1994 年版，《纽约土产定期租船合同》已经发展到 1993 年版，《劳氏救助合同格式》已经发展到 2000 年版。其次，《海商法》颁布后，一些新国际公约或惯例相继出现。诸如《1993 年船舶优先权和抵押权国际公约》、《1996 年关于海上运输有毒有害物质的国际公约》、《1999 年扣船公约》、《2007 年内罗毕国际船舶残骸清除公约》、《2008 年鹿特丹规则》、2000 年《船东互保协会特别补偿条款》等。再次,我国还参加了一些国际公约,承担了新的国际义务。如《1992 年油污民事责任公约》于 2000 年 1 月 5 日对我国生效,《2001 年燃油污染损害民事责任公约》于 2009 年 3 月 9 日对我国生效。这些新的国际公约、国际惯例和合同范本,体现了航运实务的新发展,反映了国际海事立法的动态与趋势,将对航运实务与国际贸易产生重要影响。故有必要通过修改《海商法》,吸收其中合理、先进、实用的内容。

(二)完善与发展《海商法》

《海商法》实施已将近 20 年,我国海商法的理论与实践水平均有大幅提升,修改《海商法》的主客观条件均比较成熟。

首先,丰富的海事实践,为完善与发展《海商法》提供了可靠的实践依据。目前我国已经先后设立了 10 家海事法院,受理一审海事案件多达 10 多万件。我国海事仲裁受案量也位居世界第二位。在航运界,我国建造、拥有或经营的国际海运船舶总吨位约居世界第三位,国际航线已遍布全球 12 个航区的各重要港口。我国港口的吞吐量和集装箱吞吐量已连续多年居世界第一。

其次,较全面深入的调研成果,可为《海商法》修改提供坚实的理论支撑。围绕《海商法》的修改工作,学者们作出了较深入的研讨。如交通部曾委托海商法专家对《海商法》的修改进行前期理论研究。[①] 针对海商法适用过程中的问题与困难,最高人民法院先后发布了一系列司法解释,诸如《关于审理船舶碰撞和触碰案件财产损害赔偿的规定》(1995 年 8 月 18 日起实施)、《关于审理船舶碰撞纠纷案件若干问题的规定》(2008 年 5 月 23 日起实施)、《关于审理海上保险纠纷案件若干问题的规定》(2007 年 7 月 1 日起实施)、《关于无正本提单交付货物案件适用法律若干问题的规定》(2009 年 3 月 5 日起实施)、《关于审理海事赔偿责任限制相关纠纷案件的若干规定》(2010 年 9 月 15 日起施行)、《关于审理船舶油污损害赔偿纠纷案件若干问题的规定》(2011 年 7 月 1 日起实施)等。

在国际舞台上,中国海商法专家自 20 世纪 80 年代中后期,就开始积极参与海事国际立法,海商法学术水平逐渐接近甚至达到世界先进水平。如我国参加了《1989 年国际救助公约》、《1999 年扣船公约》、《2007 年内罗毕船舶残骸清除国际公约》、《2001 年油污损害民事责任公约》、《2002 年旅客及其行李运输的雅典公约》等公约的制定工作。如在 2008 年《鹿特丹规则》的制定过程中,从 1999 年开始起草到 2008 年 12 月 11 日联合国大会通过,中国政府代表团全程参与了该公约的起草与研讨工作,所提出的书面提案的数量在所有国家中位居第三。被《鹿特丹规则》最终吸纳的中国代表团观点有 10 多项、因中国代表团的观点而达成妥协的有 3 项。贸发会议秘书处高度赞扬中国代表团在专家组会议中作出了“巨大贡献”。[②]

目前,修订《海商法》的前期调研工作已经展开,但距《海商法》修订案正式通过可能还需较长时间,因为还有很多前期准备工作需完成。首先,需对如何修改、修改什么等框架性问

---

① 如交通部于 1995 年立项《修改〈中华人民共和国海商法〉之研究》(项目编号:95—01—05—13),其后交通部于 2000 年 12 月又立项委托大连海事大学、上海海事大学就《海商法》的修改问题进行专题调研。有关成果可参见司玉琢、胡正良:《〈中华人民共和国海商法〉修改建议稿条文、参考立法例、说明》,大连海事大学出版社 2003 年版。

② 凯特·兰纳:《鹿特丹规则的构建》,陈琦译,载《中国海商法年刊》2009 年第 4 期。

题达成共识。如学者们目前尚存“大改、中改与小改的模式选择”、“同国际接轨与本土化，何者优先”、“《海商法》与《海洋环境保护法》、《油污法》、《船员法》等之间的相互关系”、“有无必要删除‘船员’一章和增设‘船舶污染损害赔偿’和‘海上人身伤亡损害赔偿’两章”等重大争议。[①] 其次，需对《海商法》实施过程中以及海事审判实践中所发现的问题进行更深入、系统的研究，以便提出更可行的问题解决方案；再次，因近些年来出台的国际公约和国际惯例大多还未实施，许多新的制度和措施尚未得到实践的充分检验，相应的借鉴工作暂时不易展开。

在本章的引例中，原被告双方争议的为共有船舶的所有权归属问题。依据 1999 年《海事诉讼特别程序法》第 6 条第 7 项的规定：“因海船的船舶所有权、占有权、使用权、优先权纠纷提起的诉讼，由船舶所在地、船籍港所在地、被告住所地海事法院管辖。”故其属于海事法院专门管辖的案件，地方人民法院无管辖权。吴川市人民法院受理后，发现其无管辖权，即依法向有管辖权的广州海事法院移送，是正确的。

思考题

1. 试析海商法的特点。
2. 试析海商法的发展沿革。
3. 试析海商法的渊源。
4. 如何发展和完善我国的海商法？

司法考试真题链接

下列各项，哪些不适用海商法的规定？（1999 年）

A. 上海至广州的海上货物运输　　B. 中国至俄罗斯的公路和铁路多式联运

C. 上海至温哥华的海上货物运输　　D. 广州至新加坡的活动物运输

---

① 傅廷中：《论我国〈海商法〉修改的基本原则与思路》，载《现代法学》2006 第 5 期。司玉琢、胡正良：《我国〈海商法〉修改的必要性》，载 2002 年《中国海商法年刊》。

第二章 船舶与船舶物权法律制度

【引例】A航运公司委托B造船厂建造"航海"轮,由于资金紧张,A航运公司将在建的该船抵押给C银行以获得贷款。到期A航运公司无力偿还银行贷款,C银行向海事法院申请扣押"航海"轮,而B造船厂也以A航运公司未支付造船款为由将该船留置。之后,C银行提起诉讼,法院经法定程序决定拍卖该船。请问:涉案法律关系中存在几种船舶物权?船舶拍卖所得价款在这几种船舶物权之间应如何分配?

第一节 船 舶

一、船舶的概念

日常生活中的船舶(Ship,Vessel),包括了航行于江、河、湖、海上各种类型的一切船舶。不过海商法意义上的船舶,主要是指商船。根据《海商法》第3条的规定:该法所称船舶,是指海船和其他海上移动式装置,包括船舶属具。但是用于军事的、政府公务的船舶和20总吨以下的小型船艇除外。

1. 海船(Seagoing Vessel),是指具有海上航行能力,一般作为海船办理船舶登记的船舶。如《海船船员考试发证规则》第7条规定:"海船系指在内陆水域、遮蔽水域和港区水域以外航行的运输船和非运输船。""运输船系指在海上从事商业性运送旅客和货物的机动船舶。""非运输船系指运输船以外的任何海上机动船舶。"即海船就是符合法定条件并具有航海能力的机动船舶。

2. 海上移动式装置,是指不具备船舶的外形和构造特点,但可以在海上移动的装置,如用于海上石油开采的浮动平台等。而永久性固定于海上、港湾、口岸或码头的浮船坞、浮标船、灯塔船等,应被排除在外。

3. 船舶属具,指不属于船舶的必要构成部分,但为了航行安全或经营而需附在船上的物,如锚、锚链、罗经、海图、探测仪、救生艇、索具、起货机等。不同船舶,其属具亦有所差异。船舶属具的范围,一般在船舶属具目录和船舶财产清单中载明,包括上述设备和物件的替代物,但不包括船员的私人物件和船载货物。船舶属具虽然可以独立存在,但要实现其用途则须与船舶相配合。船舶是主物,船舶属具是从物。除非另有约定,有关船舶的处分,如转让,设定抵押权、租赁权,或行使船舶优先权,其效力均及于船舶属具。然而,船舶与其属具这种法律上的不可分性并非是绝对的,如在国际海上保险市场,船东既可以把船壳、船机、船舶属具等作为整体一并投保，也可因船舶的各部分有相对独立的使用价值而就船壳、船体或属具等单独投保。

不属于《海商法》意义上的船舶，主要包括：(1)用于军事目的的船舶。(2)用于政府公务的船舶，如执行政府行政职能的渔政船、海事船、缉私船、检疫船、水上警察船、消防船、环境监测船等。(3)20 总吨以下的小型船舰。① 由于其体积小风险大，不宜在海上航行，而且其遭遇的问题与一般大型海船所遭遇的问题多有不同，因此也被排除在《海商法》调整的范围之外。

值得注意的是，《海商法》所指的船舶限用于商业目的，所以当特定的船舶用于军事目的和政府公务时，其不受《海商法》的调整；相反，当该船舶用于商业目的时，则应适用《海商法》。此外，除《海商法》第 3 条的“船舶”定义外，《海商法》的部分章节还有特殊定义的船舶。

二、船舶的种类

从不同的角度可对船舶作不同分类，常用的分类主要包括：

(1)以船舶航行能力，船舶可划分为海船与非海船。海船是指具有完全的海上航行能力并以海船名义进行船舶登记的船舶；非海船是指不具有海上航行能力或虽具有一定的海上航行能力，但不是以海船名义进行登记的，主要航行于江河湖泊上的船舶。

(2)以船舶使用目的，船舶可分为用于“商业目的”和“非商业目的”的船舶。前者主要包括运输船(又可分为客船、货船及客货兼载的客货船)、海洋开发船和渔船等；后者主要包括军舰、公务船、体育运动船、文化娱乐船、教学实习船及科学考察船等。

(3)以船舶动力装置，船舶可分为机动船和非机动船。前者主要包括蒸汽机、内燃机以及核动力装置船舶；后者主要是指帆船及摇橹船等。

(4)以船舶所有人，船舶可分为国有船和非国有船。前者是指国家所有的船舶；后者则指法人或自然人所有的船舶。

(5)以船舶国籍，船舶可分为国轮和外轮。前者是指在本国登记或悬挂本国国旗的船舶；后者则指在外国登记或悬挂外国国旗的船舶。

此外，有的国家根据船舶的航行海域，把船舶分为沿海船和远洋船，等等。

三、船舶的特点

(一)船舶是可拟人化的物

船舶是有体物，是海上各类财产权关系的客体，但它具有一般物所不具备的人格性。这主要表现为以下几个方面：

(1)营运的船舶须登记有船名。其应在船体上标明，使其与其他船舶从法律上区别开来。

(2)海上航行的船舶须有国籍。

(3)船舶具有船籍港。如我国《船舶登记条例》第 9 条规定，船舶登记港为船籍港。船籍

① 一总吨等于 100 立方英尺或 2.83 立方米。该指标一般用于表示船舶的大小、一国或一个公司的船舶拥有量，核算造船费用、船舶保险费用，在有关国际公约和船舶规范中作为划分船舶等级以确定技术管理和设备要求的标准，以及作为船舶登记、检验和丈量的收费标准等。

港由船舶所有人自行选定。

(4)船舶存在失踪制度。它虽然无须像自然人失踪那样经过宣告程序,但船舶失踪会产生一定的法律后果,一般作船舶灭失处理。如我国《船舶登记条例》第40条规定,船舶所有人应当自船舶失踪之日起3个月内持船舶所有权登记证书和船舶失踪的证明文件,到船籍港登记机关办理注销登记。

(5)船舶具有船龄。船龄是衡量船舶是否适航,确定船舶的价值、运费或租金、保险责任范围及收取保险费等诸多行为或事实的重要标准。船舶由于材质和种类的不同,都规定有一定的正常使用年限,以确保船舶航行安全。超过一定使用年限的老旧船舶,被称为"老龄船舶"(Old Ship)。各国根据其经济实力和建造技术、使用材质、维护保养等不同情况,对老龄船舶的划定年限各不相同。如我国对海船和河船分别划定了老龄船舶的标准:老龄海船包括8～12年的化学品船、液化气船、天然气船,10～15年的油船,20～25年的杂货船、木材船、集装箱船、滚装船、客货船;15～20年的散货船、多用途船、拖船;老龄河船包括12～16年的化学品船、液化气船、天然气船,16～20年的油船(包括油驳),18～22年的拖、推船和无人驳船;24～28年的有人驳船。

在一些英美法系国家,还存在着将船舶规定为法律关系主体的情况,如在"对物诉讼"中,将船舶作为诉讼主体。然而,我国和大部分大陆法系国家认为,船舶只能属于法律关系的客体,而不能作法律关系主体。但我国对于船舶形式上的人格化还是予以承认的。

(二)船舶是特殊的动产

船舶的功能就是在水上移动,而不会因为移动而损害其经济价值,这决定了它属动产的范畴。但由于船舶的价值很大,并且主要用作运输工具而不是作为交易的对象,因而具有将其按不动产处理的条件。船舶登记及船舶抵押权的设定等,都是将船舶按不动产处理。因此"船舶按不动产处理"一直是我国海商法界的通说。然而,我国《海商法》没有明确规定船舶是动产还是不动产。而《物权法》并未采用海商法界的通说,而是将船舶物权问题列入该法第二章第二节,即"动产交付"。由此可以推断,根据《物权法》,船舶应当按"特殊的动产"而非"特殊的不动产"处理。

(三)船舶是集合物

船舶是由船体、船机及属具等组成的。缺少任何一个部分都无法构成船舶。因此,这决定了船舶在法律上应属不可分物。船上设备只有是船舶适航所必备的,才能构成船舶的一部分,成为船舶属具。但由于各部分又有相对独立的使用功能及自身的价值,因此,海上保险中存在着将船体、船机或属具分别保险的情况。

四、船舶的国籍、登记、船级、船旗和证书

(一)船舶国籍

船舶国籍,是指船舶与某一国家产生固定法律联系的身份。船舶所有人向本国或外国有关管理船舶的行政部门办理所有权登记,取得本国或登记国的船舶国籍。

在公海上航行的船舶必须具有一国国籍。无国籍船舶可被视为海盗船,任何国家都可对其采取强制性措施。具有国籍的船舶在公海上航行时,除国际法规定的特别事由外,只受船籍国的专属管辖,并受该国的保护。各国为保护本国的航运业,都通过航运立法对具有本国国籍的船舶规定了某种特权和优惠,如沿海运输专营权、货载保留、船舶营运和造船差额

补贴、税收优惠等。船舶国籍在处理有关海事纠纷时，还是决定司法管辖权和法律适用的一个重要依据。

（二）船舶登记

船舶登记是赋予船舶以国籍和权利、义务的行为，即对船舶享有某种权利的人，向国家授权的船舶登记机关提出申请并提交相应的文件，经船舶登记机关审查，对符合法定条件的船舶予以注册，并以国家的名义签发相应证书的法律行为。

1. 船舶登记的意义

(1)确定船舶的国籍。航行船舶必须取得某一国家的国籍，从而获得悬挂该国国旗航行的权利。

(2)确认船舶的权属。通过办理船舶登记，使船舶的权属状况及早得到确认，有利于保护权利人的合法权益。

2. 船舶登记的种类

按照我国《船舶登记条例》，我国的船舶登记制度，包括船舶所有权登记、船舶抵押权登记、光船租赁登记、船舶权利的变更和注销登记以及临时登记等。

中国船舶登记的条件有：在中国境内有住所或主要营业所的中国公民的船舶；依据中国法设立、主营业所在中国的企业法人的船舶，中资应不低于50%；中国政府公用或事业法人的船舶；中国港务监督机构认为应当登记的船舶。

（三）船级

船级是表示船舶技术状态的一种指标。船舶经过船舶检验机构或船级社审核批准建造，并经检验船体、船机、设备符合船舶建造规范或技术条件者，取得船级证书，拥有船级。

在国际航运界，凡注册总吨在100吨以上的海运船舶，必须在某船级社或船舶检验机构监督之下建造。船级检验，也称入级检验，是根据船级社的验船规范和技术标准进行检验并签发船级证书。在船舶开始建造之前，船舶各部分的规格须经船级社或船舶检验机构批准。每艘船建造完毕，由船级社或船舶检验机构对船体、船上机器设备、吃水标志等项目和性能进行鉴定，发给船级证书。证书有效期一般为4年，期满后需重新予以鉴定。

船舶入级可保证船舶航行安全，有利于国家对船舶进行技术监督，便于租船人和托运人选择适当的船只，便于保险公司决定船、货的保险费用。

目前世界上船级社主要有：英国劳氏船级社(LR)、法国船级社(BV)、意大利船级社(RINA)、美国船级社(ABS)、挪威船级社(DNV)、德国劳氏船级社(GL)、日本海事协会(NK)、希腊船级社(HR)、俄罗斯船舶登记局(RS)、波兰船舶登记局(PRS)、南斯拉夫船舶登记局(JR)、保加利亚船舶登记局(BKR)、中国船级社(CCS)、捷克船舶登记局(CSLR)、韩国船级社(KR)、印度尼西亚船级社(BKI)、罗马尼亚船舶登记局(RN)、印度船级社(IRS)、克罗地亚船舶登记局(CBS)等。

（四）船旗与方便旗船

1. 船旗

船旗(Flag)，是船舶国籍的一种证明，是船舶在某国家注册登记取得该国国籍从而可以在船舶上悬挂的该国国旗。按国际法规定，商船是船旗国浮动的领土，无论在公海或在他国海域航行，均需悬挂船籍国国旗。船舶有义务遵守船籍国法律的规定，并受船籍国法律的保护。

2. 方便旗船

方便旗船(ship of flag of convenience),是指为谋求某些特别利益而在外国登记,悬挂外国国旗并在国际市场上进行营运的船舶。在船舶登记过程中,部分登记国对于要求登记的船舶不做任何限制或很少限制,从而使船舶很容易取得该国的国籍。

船舶悬挂方便旗主要出于以下原因:(1)提供方便旗的注册国,允许船舶所有人和(或)其管理人员不是该国公民,允许不雇用该国船员;(2)船舶更换船东不加限制,过户比较容易。(3)营运成本低,注册国一般按船舶吨位征收注册费和年度税,免收或仅征收很低的所得税;(4)容易获得银行贷款上的支持,避免向本国银行贷款的困难;(5)注册手续简单,一般可在注册国的驻外领事馆办理;(6)注册国对船公司不加控制和监督管理。

提供方便旗的国家主要有:利比里亚、巴拿马、塞浦路斯、索马里、马耳他、新加坡、摩洛哥、塞拉利昂、圣马力诺、哥斯达黎加、洪都拉斯和黎巴嫩等。在方便旗船队中,以美国船东居首,希腊、香港、日本次之。

然而,悬挂方便旗的弊端也是显而易见的。悬挂方便旗不仅影响航运本身,对船舶真正的本国也有不利影响。第一,对本国国际收支的影响。本国船东将其拥有的船舶去国外挂方便旗不仅意味着资本外流,还扩大了外汇支出。第二,对相关行业发展的影响。航运业的发展与国内造船业、船用机器制造业、港湾建筑业及其他相关产业息息相关。第三,对本国劳动力就业的影响。由于方便旗船为节约航运成本,大量雇佣廉价的外国船员,这就影响到了本国船员的就业。第四,对于方便旗船本身来说,缺乏安全保障。一些方便旗船船东为最大限度降低经营成本,把船舶设备和修理维持在最低标准,也不为船员提供必要的技术培训,有的甚至在适航性方面存在不少问题。

2007 年 6 月,我国交通部发布《关于实施中资国际航运船舶特案免税登记政策的公告》,宣布自 2007 年 7 月 1 日起两年内对中资国际航运船舶实施特案免税政策,鼓励外籍中资船舶回国登记,悬挂五星红旗航行。随后,国务院批准将中资方便旗船特案减免税政策的执行截止日期由 2009 年 6 月 30 日延长至 2011 年 6 月 30 日。2011 年 12 月 23 日,国务院再次批准延长到 2015 年 12 月 31 日。

(五)船舶证书

船舶证书(certificate of ship)是证明船舶国籍、所有权、技术状况、航行性能及船舶营运必备条件的各种文件的总称。尽管船舶应具备哪些证书,各国的规定不尽统一,但根据国际公约和各国国内法的规定,船舶通常应具备的证书主要包括:(1)船舶国籍证书;(2)船舶检验证书或适航证书;(3)船舶吨位证书;(4)船舶载重线证书;(5)货船设备安全证书和货船构造安全证书;(6)货船无线电报或电话证书;(7)客船安全证书;(8)船舶乘客定额证书;(9)船舶入级证书;(10)船舶起货机设备证书;(11)国际防止油污证书;(12)船舶航行安全证书等。

船舶技术证书管理是海事工作的重要组成部分,它主要包括对船舶检验证书、船舶签证簿、船舶国籍证书等的管理。这些证书的规范发放,对稳定水上运输秩序、征收国家规费都有非常重要的意义。

五、船舶物权

(一)物权的定义

根据我国《物权法》第 2 条:“本法所称物权,是指权利人依法对特定的物享有直接支配和排他的权利，包括所有权、用益物权和担保物权。”可见，物权有三类，即所有权、用益物权和担保物权。

作为一般法，《物权法》第一编总则部分规定了物权的基本原则、物权的设立、变更、转让和消灭、物权的保护，第二编和第四编对所有权、抵押权、留置权加以规定。此外，调整有关物权法律关系的法律还有《担保法》及其解释、《民法通则》及其解释等。

（二）船舶物权的定义

我国《海商法》项下的船舶物权主要是其第二章所规定的船舶所有权、船舶抵押权、船舶优先权以及船舶留置权。从性质上讲，除船舶所有权外，其他均属担保物权。

根据特别法和一般法、新法与旧法的关系，以及《物权法》第 8 条“其他相关法律对物权另有特别规定的，依照其规定”之规定，《海商法》优先于《物权法》适用。当然，在《海商法》（特别法、旧法）没有特别规定或没有规定的情况下，应当适用《物权法》（一般法、新法）的一般规定和原则；在《物权法》没有规定的情况下，还可以适用《民法通则》和《担保法》的有关规定。

第二节 船舶所有权

一、船舶所有权概述

（一）船舶所有权的定义

船舶所有权，是指船舶所有人依法对其船舶享有占有、使用、收益和处分的权利。即占有、使用、收益和处分是船舶所有权的四项积极权能。占有，一般表现为船舶所有人对船舶享有的把握或控制的权利。船舶所有人占有船舶，常常表现为通过委派船长和船员对船舶施以实际的控制。使用，表现为船舶所有人对于船舶按其性能或用途进行事实上的运用。收益，表现为利用船舶而获取一定的经济利益。船舶收益权能的实现常常以使用权能的让度为对价。处分，表现为船舶所有人依法对船舶进行处置，包括对船舶进行事实上的处置与法律上的处置。前者一般是指对船舶事实上的命运的决定，如将船舶翻修、改装、拆解、沉入公海等；后者是指对船舶法律上的命运的决定，如将船舶赠与他人、转让、设置抵押权等。

除了船舶所有人的上述四项积极权能外，船舶所有人还享有排除他人非法干涉的请求权，如要求返还船舶、排除妨害、防止妨害、损害赔偿等请求权，可适用侵权责任法的规定。

（二）船舶所有权的种类

根据不同的标准，船舶所有权可被划分为不同的种类。根据我国《海商法》，船舶所有权可区分为船舶的共有与单独所有。

由于单独所有相对简单，在此主要介绍船舶的共有。对于船舶共有，我国《海商法》仅在第 10 条规定“船舶由两个以上的法人或者个人共有的，应当向船舶登记机关登记；未经登记的，不得对抗第三人”。因此，我国《物权法》第八章、《民法通则》关于共有的一般规定，应可适用于船舶的共有。

船舶的共有，也可以分为按份共有和共同共有。它们之间的关系如下表所示。

<table>
<tr><th>种类</th><th>共有的范围</th><th>处分船舶或重大修缮</th><th>约定不明时</th><th>转让船舶</th><th>登记的效力</th></tr>
<tr><td>按份共有</td><td>持有的份额；没有约定或者约定不明确的，按照出资额确定；不能确定出资额的，视为等额享有</td><td>占份额三分之二以上的按份共有人同意，但共有人之间另有约定的除外</td><td rowspan="2">除共有人具有家庭关系等外，视为按份共有</td><td rowspan="2">其他共有人在同等条件下有优先购买权</td><td rowspan="2">未经登记的，不得对抗第三人</td></tr>
<tr><td>共同共有</td><td>船舶整体</td><td>全体共同共有人同意，但共有人之间另有约定的除外</td></tr>
</table>

（三）船舶所有人

船舶所有人（shipowner），又称“船东”、“船主”，指的是依法登记为船舶所有人的法人或自然人。

我国多种所有制形式并存的现状，决定了所有权的多样性。其主要表现为国营企业所有、集体企业所有、个人所有以及合资企业所有，此外还有上文提到的共有等。

二、船舶所有权的取得、转让与消灭

（一）船舶所有权的取得

《海商法》第 9 条规定：“船舶所有权的取得、转让和消灭，应当向船舶登记机关登记；未经登记的，不得对抗第三人。”可见，我国海商法采取“登记对抗主义”，而非“登记要件或生效主义”，即未经登记的，不影响船舶所有权的取得、转让和消灭，只是不能对抗第三人。所谓第三人，应是船舶所有权取得、转让和消灭当事人以外的其他人。对于第三人是否为“善意”，海商法并未作出规定，结合《物权法》第 24 条“船舶、航空器和机动车等物权的设立、变更、转让和消灭，未经登记，不得对抗善意第三人”，我们认为这里的第三人应当是“善意第三人”。

按取得方式，船舶所有权的取得也可以分为原始取得和继受取得。原始取得的主要是通过新建船舶、购买新船取得。此外，通过没收、征收、征用、强制拍卖等取得船舶所有权的也属于原始取得。继受取得包括：二手船买卖、赠与、互易、继承、保险委付、光船租购等方式。

（二）船舶所有权的转让

船舶所有权的转让，应当签订书面合同。由于船舶是动产，船舶所有权的转让以交付为界，交付之前属于转让方所有，交付之后属于受让方所有。但所有权转让未经登记的，不能对抗第三人。交付，不仅仅是船舶本身的交付，还包括船舶相关证书等资料的交付。所谓交付，是指物的占有的移转，包括现实交付、拟制交付、简易交付、占有改定、指示交付。

（三）船舶所有权的消灭

我国《海商法》未明确船舶所有权消灭的原因，因此，民法关于物权消灭原因的一般规定，可以适用于船舶所有权。诸如，船舶灭失，包括沉没、失踪、被拆解等；船舶转让；委付船舶；抛弃船舶；政府征收；司法拍卖等。

三、船舶所有权保护

船舶所有权的保护，是指通过法律规定的方法和诉讼程序保障船舶所有人依法占有、使用、收益、处分船舶的制度。

船舶所有权的保护主要有两种形式：一是所有权的自我保护，称之为自力救济；二是通过诉讼程序对所有权的保护，民法称之为“公力救济”。

具体来说，依据我国《民法通则》及其他有关法律、法规的规定，船舶所有权的保护主要有以下几种方法：

一是请求确认所有权。由当事人向法院提出，并通过诉讼程序解决。确认船舶所有权是一种独立的保护方法，不能以其他方式代替。

二是请求恢复原状，即通过诉讼程序，请求法院责令侵害人恢复财产原状。

三是请求返还原物。其前提是原物必须存在；如原物已经灭失，只能请求赔偿损失。

四是请求赔偿损失。船舶因碰撞等原因而毁损、灭失时，所有人有权请求侵害人赔偿损失。关于船舶碰撞损害赔偿问题，我国最高人民法院颁布的《关于船舶碰撞损害赔偿范围的具体规定》明确规定了具体的赔偿范围及损失项目的计算方法。

上述四种方法是船舶所有权保护的最基本的方法。其中，前三种属于物权的保护方法，后一种则属于侵权的保护方法。这四种方法既可以单独使用，也可以与其他方法并用。

第三节　船舶抵押权

一、船舶抵押权概述

（一）船舶抵押权的定义

船舶抵押权(ship's mortgage)，是指抵押权人对于抵押人提供的作为债务担保的船舶，在抵押人不履行债务时，可以依法拍卖，从卖得的价款中优先受偿的权利。其属于担保物权的一种，是以债权关系的存在为前提，以保证债权实现为目的，并以船舶为标的的特殊抵押。

（二）船舶抵押权的特点

由于船舶是一种极为特殊的物，船舶抵押权作为一种以船舶为客体的抵押权，决定其不仅具有民法抵押权的一般特点，而且还具有一些其自身的特点。

(1)从属性，即船舶抵押权与其所担保的债权是一种从权利与主权利的关系。

(2)不可分性，即船舶抵押权不因抵押船舶的分割或让与，被担保债权的部分清偿、分割、让与而受到影响，船舶抵押权人仍得以抵押船舶的全部行使权利以担保债权的全部。我国《海商法》第 16 条也规定：“船舶共有人设定的抵押权，不因船舶的共有权的分割而受影响”。

(3)物上代位性,是指船舶抵押权的效力得及于抵押船舶的代位物上。如我国《海商法》第20条规定:“被抵押船舶灭失,抵押权随之消灭。由于船舶灭失得到的保险赔偿,抵押权人有权优先于其他债权人受偿。”

(4)特定性,是指作为船舶抵押权客体的船舶,以及作为船舶抵押权担保的债权均须是特定的。

(5)顺序性,是指当同一条船舶上设定两个或两个以上的抵押权时,不同抵押权之间受偿的先后顺序。

(6)追及性,亦称追及效力,指不论抵押船舶落入何人之手,船舶抵押权人得追及该船舶行使其权利。

(7)公示性,是指船舶抵押权的设立和变更可为公众所知的性质。

(8)意定性,是指船舶抵押权须经当事人签订船舶抵押合同才可以设定。这是相对于法定担保物权而言的一种特性。如我国《海商法》第12条规定:“船舶抵押权的设定,应当签订书面合同。”

(9)限定性,是指船舶抵押权行使方式的限定性。我国《担保法》一共规定了三种抵押权行使方式,即“折价”、“拍卖”和“变卖”。而对于船舶抵押权的行使方式,我国《海商法》未用专条或专款作出明确的规定,但根据《海商法》对船舶抵押权所下的定义,船舶抵押权的行使方式仅限于“依法拍卖”这一种方式。

二、船舶抵押权的取得、转移和消灭

(一)取得或设定

当事人间意思表示一致,船舶抵押合同得以成立。船舶(包括在建船舶)抵押权自抵押合同生效时设立。船舶抵押权的取得,采取登记对抗主义。根据《海商法》第13条:“设定船舶抵押权,由抵押权人和抵押人共同向船舶登记机关办理抵押权登记;未经登记的,不得对抗第三人。”船舶抵押权登记,包括下列主要项目:(1)船舶抵押权人和抵押人的姓名或者名称、地址;(2)被抵押船舶的名称、国籍,船舶所有权证书的颁发机关和证书号码;(3)所担保的债权数额、利息率、受偿期限。船舶抵押权的登记状况,允许公众查询。

1. 船舶抵押权的设定主体

根据《海商法》第12条的规定,有权设定船舶抵押权的,一是船舶所有人,二是由船舶所有人授权的人。

2. 共有船舶抵押权的设定

《海商法》第16条规定:“船舶共有人就共有船舶设定抵押权,应当取得持有三分之二以上份额的共有人的同意,共有人之间另有约定的除外。”该条是对船舶按份共有情况下设定抵押权的限制条件,最少应取得三分之二以上份额的共有人的同意,否则所设定的抵押权无法律效力。而对于共同共有,应当是全体共有人同意。但以上规定是非强制性的,如果船舶共有人之间另有约定的不包括在内。

船舶抵押权的客体,通常是一艘包括船舶属具在内的船舶整体。船舶共有人所共有的船舶,虽然对内是按份额的多少来决定权利和收益的,但对外来说,船舶是一个整体,如发生债务,则要共有人统一来承担,对各共有人来说则应承担连带责任。

3. 多个抵押权的设定

同一船舶可以设定两个以上的抵押权，但船舶所有人就同一艘船舶设定第二、第三或更多的抵押权时，应具备以下两个条件：一是必须符合已存在的抵押合同的约定；二是抵押权所担保的主债不能大于被设定抵押船舶的价值，以保障抵押权人的权利得以实现。

4. 建造中船舶抵押权的设定

建造中的船舶指自特定放样或为建造下料的第一块钢板切割时起，至船舶建造完成交给定作人时止的在建船舶。一般来说，建造中的船舶是不具有《海商法》所列的船舶之地位的，因为这种船舶尚未登记，没投入运营，习惯上称其为“死船”，而《海商法》所指的船舶系属投入运营的“活船”。但为了鼓励融资造船，《海商法》第 14 条明确规定“建造中的船舶可以设定船舶抵押权”。

建造中的船舶办理抵押权登记，必须向船舶登记机关提交船舶建造合同。建造中船舶抵押的标的包括：已经确定的用于建造这一被抵押船舶的专用材料、船舶设备、船舶备件、已建成的船舶等。

（二）转移

我国《海商法》第 17 条规定：“船舶抵押权设定后，未经抵押权人同意，抵押人不得将被抵押船舶转让给他人。”第 18 条又规定：“抵押权人将被抵押船舶所担保的债权全部或者部分转让他人的，抵押权随之转移。”此外，我国《担保法》还规定：“抵押权不得与债权分离而单独转让或者作为其他债权的担保。”

（三）消灭

关于船舶抵押权的消灭，我国《海商法》第 20 条仅仅规定“被抵押船舶灭失，抵押权随之消灭”。然而，从理论上，导致船舶抵押权消灭的原因，包括但不限于以下几种：

(1)因担保的债权消灭而消灭。船舶抵押权的从属性，决定了船舶抵押权因其所担保的债权消灭而消灭。因此，导致主债权消灭的一般原因，均应是导致船舶抵押权消灭的原因。如清偿、抵销、提存、免除、混同等。

(2)因行使而消灭。船舶抵押权的行使，亦称船舶抵押权的实现。船舶抵押权实现后，不论其担保的债权是否得到全部受偿，担保该债权的船舶抵押权都随即消灭。

(3)因法院拍卖而消灭。船舶一经法院拍卖，买受者就该船可取得“清洁物权”(clean title)，亦即法院拍卖前成立于该船的一切物权均被消灭。各国法院在拍卖船舶时，一般都会发布公告并通知被拍卖船舶的登记机关和已知的债权人(包括船舶抵押权人)。[①] 与该船有关的权利人均可登记其权利，依法参与该船拍卖价款的分配。因此，一般来说，只要抵押船舶被(某国)法院拍卖，不论船舶抵押权担保的债权是否得到清偿，以该船为客体的船舶抵押权均被消灭。

船舶抵押权的消灭，消灭的是抵押权人对被抵押船舶依照合同或按照法律占有、变卖或者拍卖而可从中优先受偿的权利。如果其所担保的主债权没有得到全部清偿，抵押权人仍可通过其他方式或者途径向债务人索赔。

---

① 参见《1967 年统一船舶优先权和抵押权某些规定的国际公约》第 10 条，《1993 年船舶优先权和抵押权国际公约》第 11 条及我国《海事诉讼特别程序法》第 32 条、第 33 条等。

三、船舶抵押权人和抵押人的权利和义务

（一）船舶抵押权人的权利和义务

(1)收回抵押贷款及其利息。《物权法》第197条规定，债务人不履行到期债务或者发生当事人约定的实现抵押权的情形，致使抵押财产被人民法院依法扣押的，自扣押之日起抵押权人有权收取该抵押财产的天然孳息或者法定孳息，但抵押权人未通知应当清偿法定孳息的义务人的除外。这些孳息应当先充抵收取孳息的费用。

(2)要求抵押人对抵押船舶投保。《海商法》第15条规定，除合同另有约定外，抵押人应当对被抵押船舶进行保险；未保险的，抵押权人有权对该船舶进行保险，保险费由抵押人负担。

(3)不得约定“流质”。《物权法》第186条规定，抵押权人在债务履行期限届满前，不得与抵押人约定债务人不履行到期债务时抵押财产归债权人所有。

(4)有权要求抵押人保持船舶价值。《物权法》第193条规定，抵押人的行为足以使抵押财产价值减少的，抵押权人有权要求抵押人停止其行为。抵押财产价值减少的，抵押权人有权要求恢复抵押财产的价值，或者提供与减少的价值相应的担保。抵押人不恢复抵押财产的价值也不提供担保的，抵押权人有权要求债务人提前清偿债务。

(5)依法申请拍卖，优先受偿。

(6)可以放弃抵押权或抵押权的顺位。《物权法》第194条规定，抵押权人可以放弃抵押权或者抵押权的顺位。

(7)应在法律规定的诉讼时效期间内行使抵押权。《物权法》第202条规定，抵押权人应当在主债权诉讼时效期间行使抵押权；未行使的，人民法院不予保护。

（二）船舶抵押人的权利和义务

根据合同的相对性，船舶抵押权人的合同权利就是抵押人的合同义务，反之亦同。此外，船舶抵押人还有以下权利和义务：

(1)合理使用船舶，保证抵押船舶的价值。

(2)限制其船舶处分权。船舶抵押权设定后，未经抵押权人同意，抵押人不得将被抵押船舶转让给他人，但受让人代为清偿债务消灭抵押权的除外。抵押人经抵押权人同意转让抵押财产的，应当将转让所得的价款向抵押权人提前清偿债务或者提存。转让的价款超过债权数额的部分归抵押人所有，不足部分由债务人清偿。

(3)有权取得船舶拍卖余款。《物权法》第198条规定，抵押财产折价或者拍卖、变卖后，其价款超过债权数额的部分归抵押人所有，不足部分由债务人清偿。

四、船舶抵押权的实现

《海商法》规定，船舶抵押权应通过司法拍卖方式实现。如果同一船舶设定两个以上抵押权，有的抵押权办理了登记，而有的未登记，对此《物权法》第199条和《海商法》第19条规定，抵押权人应按照抵押权登记的先后顺序，而不是以抵押合同签订的先后，从船舶拍卖所得价款中依次受偿。同日登记的抵押权，按照同一顺序按比例受偿。登记的抵押权优先于未登记的受偿。

第四节 船舶优先权

一、船舶优先权概述

船舶优先权(Maritime Lien)是海商法上特有的一项权利,是一种法定的担保物权,是指海事请求人依照《海商法》第22条的规定,向船舶所有人、光船承租人、船舶经营人提出海事请求,对产生该海事请求的船舶具有优先受偿的权利。

船舶优先权的三种义务主体中,船舶所有人在本章第二节已有介绍,光船承租人将在船舶租用一章讲述。那么,何谓船舶经营人(Ship Operator)?根据《国际海运条例实施细则》第3条规定,国际船舶运输经营者是使用自有或者经营的船舶、舱位,提供国际海上货物运输和旅客运输服务,以及为完成这些服务而围绕其船舶、所载旅客或者货物开展的相关活动,包括签订有关协议、接受定舱、商定和收取运费、签发提单及其他相关运输单证、安排货物装卸、安排保管、进行货物交接、安排中转运输和船舶进出港等活动的主体。与船舶经营人相对的是无船承运人,即《国际海运条例》第7条规定的无船承运业务经营者,是以承运人身份接受托运人的货载,签发自己的提单或者其他运输单证,向托运人收取运费,通过国际船舶运输经营者完成国际海上货物运输,承担承运人责任的国际海上运输经营活动的主体。

在司法实践中,还可以采取以下办法识别相关当事人:根据船舶登记证书的记载识别船舶所有人、光船承租人和船舶经营人。对于船舶所有人,船舶国籍登记证书与船舶所有权登记不一致时,应以所有权证书的记载为准;只有在船舶未进行任何登记的情况下,才能将船舶的实际所有人视为《海商法》规定的"船舶所有人";船舶登记证书中未登记光船承租人或船舶经营人的,如果债权人确有证据证明,可以将实际光船承租人和实际船舶经营人视为"光船承租人"和"船舶经营人",并允许向有关船舶主张船舶优先权。

二、船舶优先权的法律特征

根据我国《海商法》对船舶优先权的定义及其他条款的规定,船舶优先权的法律特征主要表现为:

(1)法定性。船舶优先权是一种法定的担保物权,其权利主体、义务主体、所担保的海事请求权均由法律规定,其标的为法定的"产生该海事请求的船舶",即当事船舶,其依法律规定自动产生,实现也必须通过法院依法行使。

(2)从属性。船舶优先权从属于其所担保的主债权。如《海商法》第27条规定,海事请求权转移的,其船舶优先权随之转移。

(3)附随性。船舶优先权一经产生就附着在船舶上,随船舶的转移而转移,只有法定原因发生才消灭。船舶的合法受让人不能以对受让船舶以前的债务无责任为由对抗船舶优先权人。但为了限制这种权利,《海商法》第26条规定,船舶转让时,船舶优先权自法院应受让人申请予以公告之日起满60日不行使而消灭。

(4)秘密性。虽然船舶优先权是一种物权,但不受物权公示性的约束。船舶优先权的产生和存续,既无须当事人的意思表示,也无须在船舶登记机关进行登记,因而也无从查知。

(5)优先性。船舶优先权是一种对当事船舶的价值最优先受偿的权利。

三、具有船舶优先权的海事请求及受偿顺序

(一)具有船舶优先权的海事请求

根据我国《海商法》第22条的规定,下列五项海事请求具有船舶优先权:

(1)船长、船员和在船上工作的其他在编人员,根据劳动法律、行政法规或者劳动合同所产生的工资、其他劳动报酬、船员遣返费用和社会保险费用的给付请求。

(2)在船舶营运中发生的人身伤亡的赔偿请求。其范围较广,一般来说,不论事故发生在船舶航行中(如碰撞)或是停泊中(如装卸作业中),也不论受害人是在水上或是陆上,而且受害人既可为船员、旅客、装卸工人,也可以为其他人。但不论范围大小,一般均不包括因油污、核物质或核物质与其他有毒有害物的混合物导致的人身伤亡。

(3)船舶吨税、引航费、港务费和其他港口规费的缴付请求。港口规费,一般是指船舶进入港口须缴纳的具有国家税收性质的规费,如:吨税、灯塔税或码头税、引航费、航道费、运河费等。

(4)海难救助的救助款项的给付请求。

(5)船舶在营运中因侵权行为产生的财产赔偿请求。其一般仅限于与船舶操作直接有关的、因侵权行为造成的财产灭失或损坏,如:因船舶碰撞造成的其他船及其货物,以及港口、码头航道设施等有体物的灭失或损坏。但一般不包括本船所载的货物、集装箱、旅客行李物品等的灭失或损坏。因油污、核物质或核物质与其他有毒有害物的混合物造成的灭失或损害,也不包括在此项之内。此外,载运2000吨以上的散装货油的船舶,持有有效证书,证明已经进行油污损害民事责任保险或者具有相应的财务保证的,对其造成的油污损害的赔偿请求,不属于该类请求的范围。

(二)具有船舶优先权的海事请求的受偿顺序

强制出售船舶所得价款,按法定的顺序,即船员工资→伤亡赔偿→港口规费→救助款项→侵权赔偿(财产)依次支付,直到付完为止。但是,如果第4项"救助款项"发生在第1项、第2项和第3项之后,则第4项应在第1项至第3项之前受偿。这是因为,如果没有后发生的救助,船舶将遭遇海难而灭失,任何第1项至第3项的船舶优先权的受偿就无从谈起。如果上述每个项目中有两个以上海事请求的,不分先后,同时受偿,不足受偿的,按照比例受偿。但是在第4项救助款项中有两个以上海事请求的,则以逆顺序受偿,即后发生的先受偿,也被称为"倒序原则"。

此外,我国《海商法》第24条还规定:"因行使船舶优先权的诉讼费用,保存、拍卖船舶和分配船舶价款产生的费用,以及为海事请求人的共同利益而支付的其他费用,应当从船舶拍卖所得价款中先行拨付。"可见,这些费用比船舶优先权更具有优先性。

四、船舶优先权的取得、转移及消灭

(一)船舶优先权的取得

船舶优先权作为一种担保物权,其产生必须以特定债权存在为前提。海商法规定的前述五种特殊的海事请求一旦产生,担保这类海事请求的船舶优先权也就同时产生,海事请求人也就同时成为船舶优先权的权利主体,无须协议、登记或占有当事船舶就具有对抗他人的

效力。

(二)船舶优先权的转移

船舶优先权的转移,是指船舶优先权主体的变更。我国《海商法》规定,船舶优先权担保的"海事请求权转移的,其船舶优先权随之转移"。在司法实践中,不同权利人主张船舶优先权的,如果是法定的船舶优先权人则比较容易识别。但如果是法定权利人以外的人,其识别就存在一定的困难,应遵循合同法关于债的转移的相关规定。

(三)船舶优先权的消灭

关于船舶优先权消灭的原因,我国《海商法》第 26 条和第 29 条规定了以下四种情况:

(1)船舶优先权因当事船舶灭失而消灭。船舶灭失是指船舶沉没、失踪或拆解完毕。

(2)超过法定的期间。具有船舶优先权的海事请求,自优先权产生之日起满一年不行使的,船舶优先权消灭。这一年期限不得中止或者中断。

(3)经法院公示催告。船舶转让时,船舶优先权自法院应受让人的申请予以公告之日起满六十日不行使的,船舶优先权消灭。

(4)船舶经法院强制出售后,附着在船上的船舶优先权消灭。

除了上述四种原因外,能够导致船舶优先权消灭或不能行使的还有:(1)因所担保的债权消灭而消灭。(2)因接受其他形式的担保而不能行使。在当事船舶被法院扣押之后,被请求人通常会提供其他形式的担保以解除船舶的扣押并避免船舶被拍卖。根据《海事诉讼特别程序法》第 18 条规定,一旦提供的担保被接受,扣船法院就应当解除对船舶的扣押。在通常情况下,海事请求人不得因同一海事请求申请扣押已被扣押过的船舶。

五、船舶优先权的行使

船舶优先权的行使,是指船舶优先权人为实现船舶优先权而依法定程序实施的法律行为。如我国《海商法》第 28 条明确规定:"船舶优先权应当通过法院扣押产生优先权的船舶行使。"为此最高人民法院先后于 1986 年和 1987 年颁布了《关于诉讼前扣押船舶的具体规定》及《关于强制变卖被扣押船舶清偿债务的具体规定》。此后,又于 1994 年对上述两个"规定"作了修订。其后我国《海事诉讼特别程序法》于 2000 年 7 月 1 日起施行。该法第三章"船舶扣押与拍卖"、第十章"债权登记与受偿程序"是在我国行使船舶优先权必须遵循的法律规定。

扣押船舶还可以采取"活扣押"的变通做法。这是指法院对船舶进行财产保全时,可以采取扣押船舶证书并通知船舶登记部门不予办理变更登记手续的财产保全措施,既不影响船舶营运,又能达到限制船舶处分的目的。

第五节　船舶留置权

一、船舶留置权概述

(一)船舶留置权

根据我国《海商法》第 25 条第 2 款的规定,船舶留置权,是指造船人、修船人在合同另一方未履行合同时，可以留置所占有的船舶，以保证造船费用或者修船费用得以偿还的权利。船舶留置权在造船人、修船人不再占有所造或者所修的船舶时消灭。

此外，《海商法》还规定了其他以船舶为对象的留置权。如承拖方对被拖物享有的留置权（第161条），救助方对被救助船舶和货物所享有的留置权（第188条）。但本节主要介绍《海商法》第25条规定的船舶留置权（Possessory Lien on Vessel）。

（二）船舶留置权的特点

按照《海商法》、《物权法》、《民法通则》、《担保法》、《最高人民法院关于适用〈中华人民共和国担保法〉若干问题的解释》等的规定，船舶留置权具有以下特点：

（1）船舶留置权的主体是特定的，即造船合同的造船人、修船合同的修船人。

（2）船舶留置权的标的是法律限定的，即建造或修理的船舶。

（3）船舶留置权的存在条件是法律规定的，即根据造船合同或修船合同而合法占有船舶，但该船舶不一定属于债务人所有。

（4）船舶留置权所担保的债权是法律限定的，只担保因造船合同或修船合同而产生的造船费用或者修船费用。

（5）合同债务已届履行期，而债务人未履行债务。债权人为此有权拒绝债务人领取船舶的请求而将它留置。

二、船舶留置权的取得与消灭

（一）船舶留置权的取得

船舶留置权的取得，是指船舶留置权依据法律规定而成立或发生。由于船舶留置权与民法留置权一样，系法定担保物权。因此，其只能依据法律的规定而发生，而不能依当事人的约定而发生。

（二）船舶留置权的消灭原因

根据我国《担保法》第88条的规定，留置权因下列原因消灭：（1）债权消灭的；（2）债务人另行提供担保并被债权人接受的。我国《海商法》第25条第2款的后段则明确规定："船舶留置权在造船人、修船人不再占有所造或者所修的船舶时消灭。"《物权法》第240条亦作相同规定。故船舶留置权消灭的原因有：船舶灭失；所担保的债权消灭；留置权人丧失对船舶的占有；留置权人接受债务人另行提供的担保，担保形式有保证、定金、抵押、质押等。

三、船舶留置权的实现

船舶留置权的实现，主要是指船舶留置权二次效力的实现。船舶留置权的二次效力，是指以被留置船舶的变价优先清偿其担保的债权的效力。

对于船舶留置权的实现条件，尽管我国《海商法》并没有作出明确的规定，但因船舶所附着的船舶优先权的优先受偿地位及其非公示性，要求行使船舶留置权的，也应当通过海事法院的船舶拍卖程序。此外，在不与《海商法》、《海事诉讼特别程序法》冲突的条件下，船舶留置权的实现条件还应适用我国《担保法》、《物权法》关于留置权实现条件的有关规定。如《物权法》第236条规定："留置权人与债务人应当约定留置财产后的债务履行期间；没有约定或者约定不明确的，留置权人应当给债务人两个月以上履行债务的期间，但鲜活易腐等不易保管的动产除外。债务人逾期未履行的，留置权人可以与债务人协议以留置财产折价，也可以就拍卖、变卖留置财产所得的价款优先受偿。留置财产折价或者变卖的，应当参照市场价格。"该法第237条还规定："债务人可以请求留置权人在债务履行期届满后行使留置权；留置权人不行使的，债务人可以请求人民法院拍卖、变卖留置财产。"

根据以上法律规定，在船舶留置权人申请海事法院拍卖船舶前，还应当具备以下前置条件：(1)已约定或给予债务人一个履行债务的"宽限期"，要求债务人在"宽限期"内履行债务。该"宽限期"不得少于两个月。(2)债务人在该"宽限期"内仍不履行债务。

船舶担保物权主要内容对比

<table>
<tr><th>担保物权种类</th><th>设定或取得</th><th>标的</th><th>公示方式</th><th>优先顺序</th></tr>
<tr><td>船舶抵押权</td><td>约定</td><td>船舶(包括在建船)</td><td>未经登记，不得对抗第三人</td><td rowspan="3">船舶优先权＞船舶留置权＞船舶抵押权</td></tr>
<tr><td>船舶优先权</td><td>法定</td><td>当事船</td><td>无须登记</td></tr>
<tr><td>船舶留置权</td><td>法定</td><td>在建船、在修船</td><td>合法占有</td></tr>
</table>

在本章的引例中，存在三种船舶物权，A航运公司对"航海"号船的所有权，C银行对涉案船舶享有抵押权，B造船厂对涉案船舶享有留置权。拍卖船舶所得价款，按照留置权、抵押权的顺序受偿，如有剩余应归还船舶所有人；如果不足清偿，则按顺序受偿，未得到清偿的，船舶担保物权消灭，但相应的债权依然存在，可以继续向债务人追偿。

思考题

1. 简析我国《海商法》规定的船舶。

2. 如何识别船舶所有人？

3. 简析我国《海商法》规定的具有船舶优先权的海事请求。

4. 案例讨论：

1997年6月19日，原告美国JP摩根大通银行与被告利比里亚海流航运公司签订担保合同，约定以被告所有的"航海者"轮向原告抵押，为原告向被告提供的贷款设立第一优先抵押权。双方在伦敦巴哈马籍船舶注册官处办理了船舶抵押登记手续。2000年7月18日，原告与被告签署了一份第二优先担保透支协议，约定被告以其所属的"航海者"轮作抵押，为海运国际公司向原告所借的200万美元透支贷款作担保。2002年3月7日，原告为上述两笔贷款向被告发出了催款通知。被告复函确认，截至2002年3月15日，透支到期欠款480余万美元，到期贷款220余万美元。同时表示没有足够资金偿还，同意原告申请法院依法拍卖"航海者"轮(经原告申请，该轮于5月9日被法院依法拍卖，由原告以594万美元买得)。3月22日，原告向广州海事法院起诉，请求法院判令被告偿付拖欠的贷款、透支款、利息及费用共计700余万美元，并承担扣船申请费、债权登记费及案件诉讼费，确认原告基于上述债权对"航海者"轮享有船舶抵押权，有权从船舶拍卖款项中优先受偿。广州海事法院适用《巴哈马商船法》，判决被告偿付原告贷款、透支款及其利息与相关费用共700余万美元，原告对该轮享有船舶抵押权，有权从该轮拍卖款项中优先受偿。另外，该案还涉及31宗船员诉讼，法官调解说服摩根银行及时代付船员工资，船员撤诉，节省了诉讼成本。

结合船舶物权原理，分析本案所涉船舶物权的性质及其处理方式。

司法考试真题链接

1. 依照我国《海商法》的规定，附于甲轮上的船舶优先权会因下列哪些原因而消灭？（2006 年）

A. 甲轮沉没

B. 甲轮原船东将该船出售给另一船公司

C. 甲轮被法院强制出售

D. 请求人在船舶优先权产生之日起满 1 年仍不行使

2. 在海商法中，当船舶抵押权、船舶优先权、船舶留置权同时存在时，其受偿顺序应如何排列？（2006 年）

A. 船舶优先权、船舶抵押权、船舶留置权

B. 船舶抵押权、船舶优先权、船舶留置权

C. 船舶优先权、船舶留置权、船舶抵押权

D. 船舶抵押权、船舶留置权、船舶优先权

3. 以下哪些是我国《海商法》所指的船舶？（1997 年）

A. 太子号万吨客轮　　B. 浮船坞

C. 船锚　　D. 海鹰号缉私艇

4. 甲国军舰"克罗将军号"在公海中航行时，发现远处一艘名为"斯芬克司号"的商船，悬挂甲国船旗。当"克罗将军号"驶近该船时，发现其已换挂乙国船旗。根据国际法的有关规则，下列哪些选项是错误的？（2007 年）

A."斯芬克司号"被视为悬挂甲国船旗的船舶

B."斯芬克司号"被视为具有双重船旗的船舶

C."斯芬克司号"被视为无船旗船舶

D."斯芬克司号"被视为悬挂方便旗的船舶

5. 某轮船所有人拖欠船员的工资，在船只进入某港口时又拖欠港务费，该船舶所有人向银行贷款时办理了抵押该轮的手续并进行了登记，在发生了工资和港务费的债项后，该轮遇难。为救该轮又发生了一笔救助费。下列选项哪些不符合海商法的规定？（1999 年）

A. 港务费应排在第一位优先受偿

B. 如该轮船所有人将该轮船转让，则上述优先权消灭

C. 发生在工资债项之后的救助费应在船员工资之前受偿

D. 船舶灭失，则船舶优先权消灭

6. 香港船舶德恒号上设有我国甲公司的留置权，美国乙公司的抵押权，我国丙公司的优先权。按照我国海商法的规定，上海海事法院在审理德恒号赔偿案件时，甲、乙、丙三公司的受偿顺序为。（1996 年）

A. 甲 乙 丙　　B. 乙 甲 丙　　C. 丙 甲 乙　　D. 乙 丙 甲

第三章　船长与船员法律制度

【引例】王某系船员,持有500至3000总吨船舶的二副资格船员适任证书。2009年3月10日至2010年3月9日,船员王某在某公司所有的“镇海轮”上任二副一职,周六、周日和节假日均在船上值班。王某离职后,向法院起诉该公司,请求该公司支付其在船工作期间的节假日和年休假工资。请问:王某的请求能否得到法院的支持?

第一节　船员制度概述

一、船员的概念

(一)船员的定义和分类

1. 船员的定义

船舶航行离不开船员,船舶营运与管理均与船员有关。从理论上来说,船员是指依法取得相关的海运执业资格,在船舶上从事与船舶航行相关工作的劳动者。每一个船员均是单个的个体劳动者,掌握一定的船舶行驶与营运相关的技能,受船公司聘用或雇佣,享受约定和法律规定的薪酬。船公司应根据法律规定,给所属船舶配备符合要求的具有不同适任资格的船员,以确保船舶航行安全。

但国际航运界对船员没有统一的定义,各国法律规定亦不一。就各国立法体例而言,在有的国家,“船员”是指包括船长在内的船上所有任职人员,如德国《商法》第481条规定“船员是指船长、船舶职员、船舶属员及所有在船上的其他成员”。这种立法方式属于广义的规定。在有的国家,“船员”是指除船长之外的所有船上任职人员,如英国《1970年商船法》、《希腊海事私法典》均将船长和船员分别立法,以示区别。这种加以区别的立法方式属于狭义的规定。后者的立法方式赋予了船长特别权力、权利和法律地位。

我国《海商法》第3章“船员”,沿用了大陆法系国家采用的广义船员定义,如《海商法》第31条规定:“船员,是指包括船长在内的船上一切任职人员。”但为了显示船长地位的特殊性,《海商法》第3章第2节又对“船长”作出了特别规定。从我国《海商法》的立法规定来看,“船上一切任职人员”的规定包括了受船公司聘请或雇佣在船上工作的诸如政委、事务长、厨师、电焊工、油漆工、木匠、医生、私人服务员、清洁工、加油工、船东代表等,范围非常宽泛。但国务院2007年《船员条例》对“船员”的外延性规定比《海商法》的要小。该条例第4条之规定“本条例所称船员,是指依照本条例的规定经船员注册取得船员服务簿的人员,包括船长、高级船员、普通船员”和《海商法》规定的不同，该条例强调“船员”应是“经船员注册取得船员服务簿的人员”，如果没有“取得船员服务簿”，即使属于“在船任职人员”，按照该法的规定，亦不属于船员。

注意船员与海员的区别。广义上来说，二者没有区别。《1978 年海员培训、发证和值班标准国际公约》中所称的“海员”(seafarer)，即属于广义的船员。但在我国的航运实务中，海员除了船员适任证书和服务簿之外，一般还需要持有“海员证”。“海员证”是由船员申请经审核后由海事主管部门签发的、出入中国国境和在境外使用的有效身份证件，是海员的专用护照。从事内河和沿海航线运输业务的船员不需要海员证，从事远洋航线运输业务的船员需要持有“海员证”。船员凭“海员证”和护照等相关证件在船舶进出港时办理船舶进出境或人员登岸、离境等手续。

2. 船员的分类

船员可以根据不同的标准进行分类。

从船员持有不同航区的适任证书来分，船员可以分为内河船员、沿海船员和远洋船员。船员持有适任证书中的适任航区与其就职的船舶活动范围有关，船员不能从事与其适任证书中规定的航区不符的工作。

从我国对船员立法的体例来看，船员可以分为渔船船员、商船船员、军舰和政府公务船舶船员。2007 年《船员条例》中规定的“船员”是指商船船员，渔船船员和军舰、政府公务船舶船员的注册、发证和值班制度等不受《船员条例》的调整，另有规定。

按照船员的职务和等级划分，船员可以分为船长、高级船员和普通船员三类。在我国，船长和高级船员属于干部船员。依据《船员条例》的规定，“船长”是指依法取得船长任职资格，负责管理和指挥船舶的人员。“高级船员”是指依法取得相应任职资格的大副、二副、三副、轮机长、大管轮、二管轮、三管轮、通信人员以及其他在船舶上任职的高级技术或者管理人员。“普通船员”是指除船长、高级船员外的其他船员。船长负责船舶的管理和驾驶，对外代表船东，对内行使最高管理权，依法享有准司法权和公证权。

按照船舶营运管理和船员工作性质来划分，船员可以分为驾驶部船员、轮机部船员、事务部船员和电台部船员。驾驶部的船员主要负责船舶驾驶和货运工作，包括船长、大副、二副、三副、水手长、水手和舵工等。轮机部的船员主要负责轮机操作和维修工作，包括轮机长、大管轮、二管轮、三管轮、木工、车工、电工等。事务部的船员以事务长为首，负责处理船上各项事务性工作，包括事务长、厨师、服务员、医生、清洁工等。电台部船员主要负责船上的电讯业务，包括电台长、无线电报务员、无线电话务员等。

按照是否持有《船员适任证书》来划分，船员可以分为持有《船员适任证书》的船员和非持有《船员适任证书》的船员。非持有《船员适任证书》的，如船医、清洁工、焊工等在船工作人员，亦需要持有其他与职务相关的专业技能证书。

航运实务中，船员的具体职务和职责根据其取得的专业技术能力资格适任证书和船公司的管理需要予以确定。

(二)船员职位的取得

1. 船员的条件

取得船员职位需要两个条件，缺一不可。

第一，依法取得相应的职业资质证书，是船员任职的首要条件，特别是技术性船员，必须要有适任证书，否则不能担任船员职务。如我国《海商法》第 32 条规定："船长、驾驶员、轮机长、轮机员、电机员、报务员，必须由持有相应适任证书的人担任。"即使是普通船员，如船上的厨师、焊工等，也必须持有相关的职业资格证书，经过培训才能上岗。

第二，在船上工作，是成为船员的实质性要件。劳动者持有船员适任证书或相关的职业资格证书后，受公司聘用或者雇佣，被派往具体的船舶上任职和工作，成为船员。所以，在船上工作，包括船员被聘用或雇佣和在船上任职两个方面。只持有适任证书或职业资格证书，没有被聘用或雇佣的人，不能算是真正的船员。如果仅被聘用或雇佣，没有在船舶上具体工作的人，也不能称其为船员。值得注意的是，船员不一定非要被船公司聘用或雇佣，在劳务派遣条件下，船员经纪公司招聘，与之建立劳动关系，再转委派给某经营船舶的公司。劳动者虽没有和船公司建立劳动或雇佣关系，但其在船公司所有的船舶上工作，亦属于船员之列。

2. 船员资格的取得

船员资格是指劳动者在成为船员之前，通过考试或者训练获得的某种与船舶相关的任职资格或适任证书。

(1)船员适任证书的取得

国际社会对船员适任证书的管理主要依据国际海事组织通过的《1978 年海员培训、发证和值班标准国际公约》。我国关于船员适任证书的取得和管理，主要依据交通运输部《内河船舶船员适任考试发证规则》(2011 年 1 月 1 日起施行，不适用于军事船舶、渔业船舶和体育运动船舶船员资格的取得)和《海船船员适任考试、评估和发证规则》(2004 年 8 月 1 日起施行，不适用于"在军事船舶、渔船、非机动船、非营业的游艇、体育运动船和构造简单的木船上服务的船员")以及国务院 2007 年《船员条例》(该条例不适用于军用船舶和渔业船舶的船员)。而海洋渔业船舶船员资格的取得和管理，主要依据农业部《海洋渔业船员发证规定》(2006 年 9 月 1 日起施行)。根据上述法律法规，我国有内河船舶船员、海船船员和海洋渔业船员的适任资格区分。

内河船舶船员的任职资格是主要是通过适任考试取得相应的适任证书。内河船舶船员适任证书按照船员任职的内河船舶的总吨位或者主推进动力装置总功率分为三类。一类适任证书适用于在 1000 总吨及以上或者 500 千瓦及以上的内河船舶上任职的船员。二类适任证书适用于在 300 总吨及以上至 1000 总吨或者 150 千瓦及以上至 500 千瓦的内河船舶上任职的船员。三类适任证书适用于在 300 总吨以下或者 150 千瓦以下的内河船舶上任职的船员。内河船舶船长和担任驾驶部职务船员的适任证书类别按照船舶总吨位确定，担任轮机部职务船员的适任证书类别按照船舶主推进动力装置总功率确定，内河船舶中拖轮的船长和担任驾驶部职务船员的适任证书类别按照拖轮的主推进动力装置总功率确定。

海船船员均应取得与其所服务的船舶航区、种类、等级或主机类别和所担任的职务相符的有效适任证书。在装备有全球海上遇险和安全系统(简称 GMDSS)的船舶、近海移动装置、海上平台或设施上任职的船长、驾驶员和无线电人员还应持有 GMDSS 无线电人员适任证书。劳动者可以根据自己的专业、学历和培训等，申请"船长和甲板部船员"、"轮机部船员"、"无线电人员"、"客船和滚装客船、液货船等特殊种类船舶"四类船员适任资格考试。适任证书类别分为甲、乙、丙、丁类四种，分别适用于无限航区、近洋航区、沿海航区和近岸航区。适任证书适用的船舶等级有三等。一等适任证书主要适用于 3000 总吨及以上或主推进动力装置3000千瓦及以上船舶；二等适任证书主要适用于500至3000总吨或主推进动力装置750至3000千瓦船舶；三等适任证书主要适用于未满500总吨或主推进动力装置未满750千瓦船舶。但无限航区（含近洋航区）、沿海航区（含近岸航区）值班水手或值班机工适任证书适用的船舶等级为500总吨或750千瓦及以上船舶。

适任证书职务分为船长、大副、二副、三副、值班水手；轮机长、大管轮、二管轮、三管轮、值班机工；GMDSS一级无线电电子员、GMDSS二级无线电电子员、GMDSS通用操作员、GMDSS限用操作员。其中大副、二副、三副统称为驾驶员，驾驶员和值班水手统称为甲板部船员。大管轮、二管轮、三管轮统称为轮机员，轮机长、轮机员、值班机工统称为轮机部船员。GMDSS一级无线电电子员、GMDSS二级无线电电子员、GMDSS通用操作员、GMDSS限用操作员统称为无线电人员。

海洋渔业船舶船员资格的取得是依据2006年《海洋渔业船员发证规定》。渔业船舶的船员适任证书分为甲类适任证书和乙类适任证书，分别适用于无限航区和有限航区。渔业船舶船员的任职资格可以通过考试或考核两种方式取得，其要求比海船船员的低。

（2）非持有适用证书的船员资质

根据船舶配员的要求，在航船舶除了必须配备定额的持有适任证书的船员之外，船公司可以根据需要配备其他的一般船员。一般船员可以不需持有适任证书，但必须持有与其工作相关的技能证书，还必须接受相关的诸如消防、安全、救生等培训，取得合格证书。

（3）其他的任职条件

取得船员适任证书，首先必须是具有完全民事行为能力的人，限制民事行为能力和无民事行为能力的人，均不能取得船员资格。其次，还必须符合法律规定的年龄、身心健康和专业学历等条件的规定。如《船员条例》第5条规定："申请船员注册，应当具备下列条件：（一）年满18周岁（在船实习、见习人员年满16周岁）但不超过60周岁；（二）符合船员健康要求；（三）经过船员基本安全培训，并经海事管理机构考试合格。申请注册国际航行船舶船员的，还应当通过船员专业外语考试。"第8条规定："船员有下列情形之一的，海事管理机构应当注销船员注册，并予以公告：（一）死亡或者被宣告失踪的；（二）丧失民事行为能力的；（三）被依法吊销船员服务簿的；（四）本人申请注销注册的。"

3. 船员的聘用、雇佣或委派

劳动者成为一名真正的船员，不但需要持有相关的适任证书等资质证明，而且还需要在船上任职工作。从航运实务来看，船员在船上任职工作可能有三种情形引起：一种是船员与船公司订立了书面劳动合同或双方形成了事实上的劳动合同关系；二是船员与船公司订立了书面或口头的劳务合同，由船员向雇主提供劳务；三是船员受船员经纪公司的委派，在船工作。

各国法律为保护船员利益，普遍要求采用书面形式订立劳动合同，并由政府主管部门进行监管。我国《劳动合同法》明确要求用人单位要与劳动者订立书面的劳动合同，否则，用人单位要承担给付劳动者双倍工资的法律责任。但在我国的沿海和内河航运中，由于各种原因导致部分用人单位（船公司）和劳动者之间没有订立书面劳动合同或劳务合同，双方的法律关系不明确。在司法实践中，法院审理这类案件时往往根据船员提供的《船员服务簿》中船员上下船舶的签证来确定双方的劳动关系，否定船公司主张的劳务合同关系。

另外值得注意的是，船公司为了降低成本，和船员经纪公司订立劳务输出协议，由船员经纪公司委派船员在船工作。但由于我国对船员经纪公司管理的不规范，一旦船员的权益受到损害时，船员往往难以追究船公司的劳动合同责任，而船员经纪公司往往无清偿能力，无法保障船员的合法权益。

(三)船员的法律地位

法律地位是指法律主体享受权利与承担义务的资格。对于船员是不是海事法律关系的主体，理论上有不同的观点。有的主张船员是海事法律关系的主体，船员受雇于船舶所有人，与船舶所有人之间的关系是雇佣与被雇佣的契约关系；有的主张船员不是海事法律关系的主体，是船舶所有人的辅助人员。

我们认为，给船员法律地位进行准确定位就要分析船员在海事法律关系中的位置。船员在船任职工作，形成了对内和对外两个法律关系。船员对内和船公司形成了劳动合同关系或劳务合同关系，这种关系是最直接的法律关系；船员对外则形成了间接法律关系，他们不直接面对第三方，而是以船公司的雇员身份处理与第三方之间的关系。一般情形下，船员履行职务的行为后果由船公司承担，且在诉讼中享有雇主的独立抗辩和责任限制权利。如我国《海商法》第 58 条第 2 款规定：“前款诉讼是对承运人的受雇人或者代理人提起的，经承运人的受雇人或者代理人证明，其行为是在受雇或者受委托范围之内的，适用前款规定。”但《海商法》第 59 条第 2 款又规定：“经证明，货物的灭失、损坏或者迟延交付是由于承运人的受雇人、代理人的故意或者明知可能造成损失而轻率地作为或者不作为造成的，承运人的受雇人或者代理人不得援用本法第五十六条或者第五十七条限制赔偿责任的规定。”这些条款规定了受雇人(船员)对第三人货物损失的相对独立的赔偿责任。由此可见，船员是虽然船舶所有人的受雇人，但具有相对独立的法律地位。

二、有关船员规定的国际法公约和国内法规定

(一)有关船员规定的主要国际公约

1. 1926 年《海员协议条款公约》

1926 年国际劳工局理事会通过了《海员协议条款公约》。公约于 1928 年生效，我国于 1984 年批准该公约。公约共有 23 个条款，主要规定了海员协议的签订、内容、期限、终止、协议管辖的效力和对缔约国法律的要求等。公约的主要内容有：

(1)海员协议条款，应由船主或其代表与海员双方签订。在签字之前，缔约国应给予海员及其顾问以审查协议条款之相当便利。

(2)缔约国法律应有适当的规定，以保证海员对于协议确已了解。

(3)协议应明白载明双方的权利与义务。协议须载明海员的姓名、出生日期或年龄及其出生地、订立协议的地点及日期、海员从事服务的船舶的名称、海员的人数、承担的航程(如能在订约时决定者)、海员所担任的职务、海员须报告上船服务的地点及日期(如属可能)、海员给养的标准(如国家法律未另作规定时)、工资数额、协议的终止及其条件等。

(4)凡订明一次航程、有定期或无定期的协议，如双方同意、海员死亡、船舶损失、或完全不适于航海、国家法律或公约所规定的其他原因时，协议应当终止。

(5)缔约国法律应规定船主或船长得立即解雇海员的情况，亦应规定海员得要求立即解雇的情况。

(6)无论协议终止或解除是何原因，均应在发给海员的文件及海员名单上登记，注明该海员已被解雇。

(7)缔约国的法律应规定各种办法，以保证公约各条款的遵行。

2.1926 年《海员遣返公约》和 1987 年修正本

该公约是国家间关于保护被解雇海员返回本国或原港口权利的书面协议，于 1926 年在国际劳工组织第九届大会上通过，1928 年生效。1987 年国际劳工组织对其进行了修订。我国于 1984 年批准加入该公约。1926 年《海员遣返公约》共有 14 个条文，其内容主要包括：

(1)凡海员在受雇用期间或期满时被送登岸者，应享有被送回本国或其受雇用的港口或船舶开航的港口的权利。

(2)海员以下列原因之一而滞留者，不得令其负担遣返费用：在船上服务时遭受伤害；船舶失事；非因海员自身的故意行为或过失而得疾病；由于不能由海员负责事由的解雇。海员遣返的费用，应包括海员的交通费及途中的食宿费，并应包括海员确定启程前的生活费。海员被遣返时如充任船员者，其在航程中所做的工作，应得报酬。

(3)海员享有被送回本国或其受雇用的港口或船舶开航的港口的权利应由国家法律予以确定，并确定海员遣返费用由何人员负担。

(4)船舶登记国的主管机关，遇适用本公约时，对于任何船员的遣返，不论其国籍为何，应负监督的责任，在必要时，并应预先给予费用。

随着时代和航运业的发展，1987 年国际劳动组织建议将该公约和 1926 年《遣返船长和学徒工建议书》合并修改，形成了 1987 年修正本。1987 年修正本共计 21 个条文，主要内容为范围与定义、权利、目的地、遣返安排及其他安排，共计五个部分。我国未批准加入该修订本。

3.1958 年《海员身份证件公约》和 2003 年修正本

1958 年国际劳动组织第 41 届大会通过了《海员身份证件公约》，公约于 1961 年生效。公约共计 14 个条款，主要规定包括：

(1)各成员国应向身为海员并提出海员身份证件申请的每位国民签发符合公约第 3 条规定的海员身份证件；除非本公约另有规定，海员身份证件的签发条件可服从该国法律和法规为签发旅行证件所规定的条件；各成员国还可以向在其领土内取得永久居留地位的海员签发上述海员身份证件；在申请被拒绝的情况下，海员应有权进行行政申诉；本公约无损于各成员国根据关于难民和无国籍人员的国际约定所承担的义务。

(2)海员证应载有发证当局名称，发证日期及持证人姓名、年龄、国籍、体征等。

(3)海员证供持证人进出本国和缔约国上船工作、遣返及缔约国认可的其他目的之用，便利海员上岸休假、过境和转船。

2003 年 6 月，国际劳工组织通过了《2003 年海员身份证件公约》，取代了 1958 年《海员身份证件公约》。2003 年公约确定了全球统一的证件格式和具体技术参数，在海员身份证件制作中引入了海员指纹的生物测定信息。公约还规定了缔约国对持有海员身份证件的海员以上岸休假为目的的入境应免于签证。

4.1978 年《海员培训、发证和值班标准国际公约》和 2010 年修正本

《1978 年海员培训、发证和值班标准国际公约》(简称 STCW78 公约)由国际海事组织(IMO)于 1978 年制定，1984 年生效。我国于 1981 年 6 月 8 日批准加入该公约。其 1995 年

修正案，重新起草了原附则和大会决议，并新增了与公约和附则相对应的、更为具体的STCW规则(含A、B两部分)，形成了STCW78/95公约。后者自1998年8月1日起实施。STCW78/95公约是国际海事组织制定的最重要的公约之一，是国家间有关船员培训、发证和值班标准问题的书面协议。

STCW78/95公约包括正文、附则、STCW规则和14个大会决议，共计4大部分。其中公约的附则和规则在结构上既自成体系又相互联系，且三个部分的章节分类、名称都是一致的，只是内容详细程度不一样。

STCW78/95公约主要内容包括：第一章"总则"(15个规则)；第二章"船长与甲板部分"(4个规则)；第三章"轮机部分"(4个规则)；第四章"无线电通信和无线电人员"(2个规则)；第五章"特定类型船舶的船员特殊培训要求"(2个规则)；第六章"应急、职业安全、医护和救生职能"(4个规则)；第七章"可供选择的发证"(3个规则)；第八章"值班"(2个规则)。

STCW规则A部分是关于附则有关规定的强制性标准，与附则的章节一一对应，共八章，详细解析了附则中规定的标准、证书格式，功能证书中各职能/责任级别与传统发证标准对应的适任内容/知识、理解和熟练要求程度/表明适任的方法/评价适任的标准。

STCW规则B部分是关于附则的建议和指导，它与公约附则、规则A部分的章节一一对应，是如何实施公约及其附则的建议和指导。

STCW公约后来又历经多次修订，其最新的修订为2010年6月国际海事组织在菲律宾马尼拉召开的STCW公约缔约国外交大会上审议通过的STCW公约2010年修正案及其19项大会决议，并且每年6月25日被确定为"世界海员日"。该修正案已于2012年1月1日生效。

STCW78/95公约为各国提供了一个普遍能接受的船员培训、发证和值班标准方面最低标准。它的通过、生效、实施对海上安全与防止船舶造成海洋污染具有积极意义，把全世界的海员管理工作推向一个新的起点。

5. 2006年《国际海事劳工公约》

2006年，国际劳工组织通过了《国际海事劳工公约》。公约包括正文条款(Articles)、规则(Regulations)和技术守则(Code)三部分。正文包括序言、一般义务和16个条款；规则和守则在内容上分为五个标题(Titles)，标题一为"海员上船工作的最低要求"，包括最低年龄、体检证书、培训和资格、招募与安置等；标题二为"就业条件"，包括海员就业协议、工资、工作或休息时间、休假的权利、遣返、船舶灭失或沉没时对海员的赔偿、配员水平、职业和技能发展和海员就业机会等；标题三为"船上居住、娱乐设施、食品和膳食"，包括居住舱室和娱乐设施、食品和膳食等；标题四为"健康保护、医疗、福利及社会保障"，包括船上和岸上医疗、船东的责任、健康和安全保护及事故防止、岸上福利设施和社会保障的获得与使用等；标题五为"符合与执行"，包括检查与发证、港口国控制、船上及岸上投诉程序及船员提供国应尽的义务等。技术守则分为A部分的强制性标准(Standards)和B部分的建议性导则(Guidelines)。

公约要求500总吨及以上国际航行船舶应持有"海事劳工证书"和"海事劳工符合声明"，并规定在公约生效后，缔约国可对非缔约国的到港船舶进行港口国监督(PSC)检查。

2006年《国际海事劳工公约》的通过，对航运界产生深远的影响，并将构成今后全球质量航运的重要内容，在世界劳工史和海运史上具有划时代的意义。公约一旦生效也将会对我国船员管理运作、船员福利待遇、船员职业安全与健康、船员招募与安置、船舶设计与建造等诸多方面带来较大的影响。

除了上述影响较大的公约之外，有关船员的国际公约还有：1920 年《船舶失踪或沉没解雇赔偿公约》、1921 年《觅雇海员便利处所公约》、1921 年《确定准许儿童在海上工作的最低年龄公约》、1921 年《确定准许雇佣未成年人充任扒炭工或司炉工最低年龄公约》、1921 年《海上雇佣儿童及未成年人的强制体格检查公约》、1926 年《船舶司厨发证公约》、1936 年《船长及高级船员技能最低要求公约》、1936 年《船舶工作时间及配员公约》、1936 年《船舶所有人对海员疾病、伤害或死亡应负责任公约》、1936 年《海员疾病保险公约》、1946 年《海员退休金公约》、1946 年《船舶船员伙食公约》、1949 年《海员休假公约》、1949 年《船舶船员起居处所公约》、1964 年《海员体格检查公约》等。

（二）有关船员规定的主要国内法

在国内法方面，有关船员权利义务规定的法律主要有两大部分：一部分是有关劳动者权利义务的一般性法律，如《劳动法》、《劳动合同法》等；另一部分是关于船员规定的特别法，如《内河船舶船员适任考试发证规则》、《海船船员考试发证规则》、《海洋渔业船舶船员考试发证规则》、《船员条例》等。这里主要介绍一下《海船船员适任考试、评估和发证规则》和《船员条例》。

1.《海船船员适任考试、评估和发证规则》

我国政府曾于 1953 年颁布了《交通部海上轮船船员检定暂行办法》，1964 年颁布了《轮船船员考试办法》。1979 年在原《轮船船员考试办法》的基础上，根据当时船员队伍的技术素质状况，并参照《1978 年海员培训、发证和值班标准国际公约》，颁布了《轮船船员考试发证办法》。1981 年我国批准加入《1978 年海员培训、发证和值班标准国际公约》，后于 1987 年将 1979 年《轮船船员考试发证办法》修改为《海船船员考试发证规则》（1988 年 1 月 1 日生效）。该规则 1998 年被修订为《海船船员适任考试、评估和发证规则》，2004 年再次修订，新的 2011 年版已于 2012 年 3 月 1 日起实施。

2011 年版《海船船员考试评估和发证规则》包括 9 章。第一章“总 则”；第二章“适任证书”；第三章“任证考试”；第四章“特免证明”；第五章“承认签证”；第六章“航运公司及相关机构的责任”；第七章“监督管理”；第八章“法律责任”；第九章“附则”。

《海船船员考试、评估和发证规则》的颁布，规范了我国船员考证的管理，提高了船员的素质，保障了海上航行的安全，使得我国船员管理制度与国际接轨。

2.《船员条例》

我国已有 150 多万船员，其中海员 65 万人，是世界上拥有海员数量最多的国家。长期以来，我国没有一部统一的船员法，船员权益很难得到很好的保护，2007 年施行的《船员条例》填补了立法的空缺，有利于维护船员的合法权益和加强船员管理。《船员条例》共计 8 章 73 条。

第二节　船员配备与管理

一、船员配备

为了保证船舶航行的安全，各船籍国的法律一般均规定，船公司必须为船舶安排一定数额的合格船员。船员配备是船舶适航的重要条件之一，是保障船舶安全的基本条件。船舶配员要求船员持有相应的适任证书、与岗位相适应的经验和素质，以及过关的技术能力。

船员配备包括两个方面的内容：一是指配备的船员总额；二是指船上必须保证持有职务证书的船员的数额。二者缺一不可。航运实务中，船舶配员反映在随船携带的《船舶配员证书》中，该证书系海事主管部门核发的，船舶配员必须符合证书要求，否则，不能认定该船舶处于适航状态。

国际上无统一的船舶配员标准。国际海事组织曾经试图统一全球船员配备标准，无奈各国政治、经济制度不同，发展不一，加上船舶类型各异，船舶管理和技术标准不统一，无法统一。目前，各国根据本国标准针对不同类型船舶制定不同的配员标准，以确保船舶航行安全。

我国自2004年施行《船舶最低安全配员规则》，适用于所有航行国际航线、200总吨或750千瓦以上航行国内内河航线的中国籍机动船舶。除了航行期间的配员与船舶最低安全配员证书的管理，以及证书的申请与核发外，规则的其他有关规定也适用于500总吨以上航行中国海域的外国籍船舶。

《最低安全配员规则》规定，确定船舶最低安全配员标准应综合考虑船舶的种类、吨位、技术状况、主推进动力装置功率、航区、航程、航行时间、通航环境和船员值班、休息制度等因素。我国船舶安全配员分为内河船舶甲板部、轮机部和客运部的安全配员，海船无线电人员最低安全配员和海船船舶甲板部、轮机部和客运部最低安全配员三个部分。规则要求根据航运发展需要，不断地调整配员。船舶航行期间，应配备不低于法律规定的船员人数。

海事主管部门根据法律规定签发《船舶最低安全配员证书》或者等效文件；船舶在航行、停泊、作业时，必须将《船舶最低安全配员证书》妥善存放在船备查；船舶不得使用涂改、伪造以及采用非法途径或者舞弊手段取得的《船舶最低安全配员证书》；船舶所有人应当按照《最低安全配员规则》的规定和《船舶最低安全配员证书》载明的船员配备要求，为船舶配备合格的船员。

二、船员管理制度

船员管理制度有内部管理和外部管理之分。内部管理制度是船公司制定的对船员在船任职时应遵守的内部纪律和约束性制度；外部管理制度是政府主管机关对船员的管理，这种管理是统一性的管理。

（一）船员的内部管理制度

船员内部管理制度是在遵守国家法律的前提下，船公司自行制定的针对船员的管理制度，它是船公司管理制度的组成部分。这种管理制度可以根据船公司自身需要和管理理念来制定。一般来说，内部管理制度包括船员培训、岗位职责、船舶安全生产规则、职务规则、公司纪律等等。

（二）船员的外部管理制度

船员的外部管理制度一般是指政府管理和行业公会的管理。政府管理具有法律性，依法管理。政府管理主要体现在船员证书的发放管理、船员出入境管理、卫生检疫管理、船员培训管理和船员经纪公司的管理以及船员劳务合同的管理，等等。

船员行业公会的管理属于自律性管理，其制定的关于船员自律的一般性制度等，对船员具有道德上的约束力。

三、船员合同

如前所述，船员在船任职是受船东聘用、雇佣或经船员经纪公司委派的。无论是哪一种情况，船员与船公司的关系不外乎是劳动关系或劳务关系。在船员经纪公司委派的情形下，船员经纪公司与船公司之间存在着船员租用合同，船员为船公司提供劳务服务，但船员只是与船员经纪公司发生关系，双方存在着劳动关系。除船员经纪公司和船公司之间明确约定由船公司代发船员工资报酬之外，船公司不负责船员的社会保险等因劳动合同关系产生的费用。

（一）船员劳动合同

根据我国《劳动法》、《劳动合同法》和《船员条例》等规定，包括船公司在内的用人单位与船员之间应订立书面的劳动合同。

船员劳动合同是船员与用人单位（包括船公司、光船租赁人和船员经纪公司）之间为建立劳动关系而达成的书面协议。船员劳动合同是劳动合同的一种，具有劳动合同的一般特征。但值得注意的是，船员与用人单位之间订立书面劳动合同的前提条件是持有合法的船员适任证书或/和海员证等，具有相应的船员任职资质，否则会导致已订立的船员劳动合同无效，已经订立合同的船员无法登船任职。

（二）船员使用合同

船员使用合同，是船公司与船员经纪公司之间订立的船员派遣协议。在协议中，船员经纪公司约定向船公司提供包括船长、驾驶员、轮机员及其他船员在内的全套合格船员，船公司根据约定向其支付租用船员费和对在船工作的船员提供必要的劳动保护设备和用品等。在船员使用合同的情形下，船员与船员经纪公司建立劳动关系或劳务关系，受船员经纪公司的委派，在船任职工作。在船任职工作期间，船员仍要遵守船公司的劳动纪律、岗位职责和职务规则等，但除了遣返时船公司应为船员垫付遣返费用之外，一般情形下，船公司无须支付租用合同规定以外的其他费用。

（三）船员劳务合同

这是一种不同于劳动合同的另一种合同关系，这种合同关系存在于劳务双方的明确约定之中。在船员劳务合同中，用人单位根据劳动者提供的劳务情况支付报酬，劳务报酬按等价有偿的市场原则支付，完全由双方当事人协商确定。但这种劳务关系不受劳动法调整，劳务合同的双方主体之间只存在财产关系，即经济关系。劳务双方发生纠纷时，劳动者可以直接向人民法院起诉。

第三节　船员权利、义务和责任

船员系劳动者，依法和依约定享有劳动者的权利，承担劳动者的义务和责任。但由于船员职业的特殊性，船员享有的权利和承担的义务亦具有特殊性。

一、船员的权利

(一)一般性权利

船员的一般性权利是指船员作为一名劳动者依法和依约应享有的权利。这种权利主要体现在国家关于劳动者的立法规定之中,诸如劳动者的薪酬请求权、劳动安全保障权、社会保险保障权、知情权和人身伤害与死亡的赔偿请求权等。法律规定劳动者必须享有的权益均具有强制性,用人单位和船员之间不能通过约定来排除这些强制性规定的适用,否则约定无效。

除了法律强制性规定的权利之外,船员和用人单位还可以通过约定来设定船员应享有的一般性权益。

(二)特殊待遇

船员享受的特殊待遇是由船员职业特征决定的。船员特殊待遇有的是法律强制性规定,如我国船员条例规定,船员每在船工作 2 个月,依法应享有 5 天的带薪年休假。这是法律根据船员的职业特征保障船员的人身权益决定的。又如,《海员遣返公约》规定,船员非因其自己的故意或过失而患病等事宜需要遣返回原籍的,用人单位应承担船员的遣返费用。船员特殊待遇有的是行业习惯形成的,如船员的伙食补贴、用人单位应为船员免费提供居住舱室、食品和淡水、医疗物品和其他必需品等。当然,船员可以通过协议和用人单位之间约定船员应享受的特殊待遇,如激励薪酬、任职待遇、住房和医疗补贴等优惠待遇。

值得注意的是,海运公约、各国法律和船公司的运输合约等为了保护船员的利益,一般都根据“喜马拉雅条款”的惯例规定,规定船员作为承运人的雇佣人员,享有承运人的各项抗辩或责任限制的权利。如《维斯比规则》第 3 条第 2 款对此明确规定:“如果这种诉讼是对承运人的雇佣人或代理人(该雇佣人或代理人不是独立的订约人)所提起,该雇佣人或代理人便有权适用承运人按照《海牙规则》的各项抗辩或责任限制的规定。”

二、船员的义务

船员作为劳动者,其权利义务是对立统一的。船员享受权利的同时,应承担劳动者的义务。船员的义务可以分为一般性义务和特殊义务两种。

(一)一般性义务

船员的一般性义务是指船员作为一名劳动者依法和依约应承担的义务。这种义务主要体现在国家关于劳动者的立法规定和劳动合同的约定之中,诸如船员被雇佣后应提供相应技能的劳务的义务;遵守用人单位劳动纪律和遵守船舶航行的各项规章制度等。至于劳动合同中约定的义务,只要双方的约定不违背法律的强制性规定,劳动者亦应遵守。

(二)特殊义务

船舶航行毕竟是一项风险性事业。船员作为在船人员,在船舶航行中还应遵守特殊的义务。如保持海员证书、适任证书等技能证书有效性的义务;保护和保全船舶和船上财产的义务;作为船长,在发生海难时应最后离船;不得私自载货和从事走私活动;救助遇难船舶和人员的义务,等等。

三、船员的责任

船员的责任,是指船员因违法或违反公司的规章制度而应承担的法律后果和纪律处分。

其具体分为法律责任和纪律处分两种。

(一)法律责任

船员的法律责任是船员违反法律规定所应承担的法律后果。根据所违反法律的不同性质,具体可分为刑事责任、行政责任、民事责任和违反劳动合同的责任。

1. 刑事责任

刑事责任是船员触犯国家刑法所应承担的后果。如船员在船上实施杀人、走私、盗窃货物、变卖船舶等到达了刑法处罚标准的行为,均应承担刑事责任。根据国际公约的规定,船上发生的刑事案件,一般由船旗国管辖。

2. 行政责任

行政责任是船员违反行政法规所应承担的法律后果。船员的行政违法行为主要是违反了治安管理、船舶航行的管理和船员证书管理等方面的法规的行为,承担责任的方式主要是警告、罚款、行政拘留、扣留或吊销船员适任证书等。

3. 民事责任和违反劳动合同的责任

民事责任是船员因违约或侵权等原因而承担的民事法律责任。一般来说,船员作为船舶所有人的雇员,在货物或旅客运输中对货主、旅客或第三人的人身或财产损害不直接承担责任,而由作为雇主的船舶所有人对外承担责任。如果属于船员的故意行为造成损失的,雇主在赔偿了损失之后,可以向船员追偿。

船员违反劳动合同的责任是船员不遵守双方劳动合同的约定,违反劳动法,应承担的劳动合同法律责任。它和船员的民事责任是有区分的,分属于不同的法律关系。

(二)纪律处分

纪律处分是船员违反了雇主的公司行政管理制度造成的,是雇主对违纪船员施行的处罚。这种纪律处分一般分为:警告、记过、记大过、降级、降职、撤职、留用察看、开除等。

值得注意的是,近期的司法实践表明,雇主的行政管理制度必须符合下列三个要件才能作为合法处罚的依据:一是该制度是经过职工代表大会或工会讨论通过,并对公司雇员予以公示的;二是在劳动合同中予以明确或让雇员知晓的;三是该制度不违背法律强制性规定。

第四节　船长法律制度

一、船长的概念和法律地位

(一)船长的概念

船长是依法取得适任资质,受船舶所有人、经营人或者光船承租人聘请、委派或雇佣,担任船长职位,负责船舶管理和驾驶的人。根据我国法律规定,作为船长必须具备下列条件:(1)取得有效的船长适任资格证书;(2)受用人单位的委派或雇佣,在船工作,担任船长一职。

(二)船长的资格与聘用

船长任职必须具备适任资格,而适任资格的取得必须通过考核和考试。船长必须具备相应的船舶航行和船舶管理技能,在船舶航行中全程对船舶安全负责。

根据交通部 2004 年《海船船员考试、评估和发证规则》规定,船长的适任证书按所适用的职务、航区和船舶等级设置,船长持有的适任资质证书亦区分为甲、乙、丙、丁类四种。

取得船长适任证书的船员,需要被聘用后才能担任船长一职。船长的聘用和普通船员的聘用没有区别,由船公司决定。

(三)船长系特殊职务的船员

虽然我国海商法将船长列为船员,但对"船长"作出了专门规定。在航运界,船长是主管船上一切事物的人,负责船舶管理和驾驶,兼具指挥、司法、公证、代理等多重身份,和其他船员身份地位有明显不同,享有法定权利和负有法定义务。

二、船长的职权和职责

(一)基本职权和职责

1. 驾驶和管理船舶职能

它是船长基本和首要的职权和职责。受雇后的船长对船舶的驾驶、客货运输、日常管理、安全等方面负有权力和责任。

在驾驶船舶方面,船长应恪尽职守,以自己的技能和经验保障船舶日常安全和顺利航行,即使有引航员引领船舶,船长职责仍不能懈怠。譬如,船长应该采取必要的措施,保护船舶和在船人员、文件、邮件、货物以及其他财产;船舶发生海上事故,危及在船人员和财产的安全时,船长应当组织船员和其他在船人员尽力施救。

在船舶管理方面,船长系在船的最高行政长官,船员、旅客和其他在船人员都必须服从船长的安排和指挥。

2. 紧急处置职能

为了维护船舶、人员、所载货物的安全,船长在紧急情况下有权采取非常措施以应付突变事件,以期解除船、货和人员危险。船长的紧急处置权主要体现在四个方面:(1)对在船上进行违法、犯罪活动的人采取禁闭或者其他必要措施。(2)采取共同海损或其他施救措施,以维护船货、人员安全。在船舶的沉没、毁灭不可避免的情况下,船长可以作出弃船决定。(3)在不严重危及本船和船上人命安全的情形下,为救助或企图救助海上人命和财产而采取绕航措施。(4)处置船上正发生危害的不法财物或易燃易爆、有毒等危险品,使之不再发生危害。

(二)法律赋予的其他职权和职责

1. 制止违法犯罪和保全证据的职能

为保障在船人员和船舶的安全,船长有权对在船上进行违法犯罪活动的人采取禁闭或者其他必要措施,并防止其隐匿、毁灭、伪造证据。船长采取前款措施,应当制作案情报告书,由船长和两名以上在船人员签字,连同人犯送交有关当局处理。船长在行使这项职权时,要注意所采取的措施应符合法律规定,采取措施的对象应是"在船上进行违法、犯罪活动的人",且船长需制作"案情报告书",事后应及时将嫌疑人送交司法机关处理。

2. 公证职能

船舶在海上航行时会涉及一些法律问题需要船长公证,如船上自然人的出生、死亡,自然人出生的国籍证明,婚姻关系的订立和解除,海葬,订立遗嘱,等等。船长的公证有利于证明事实的真实性和合法性,具有很强的证据效力。船长在行使这一职权时,应将所发生的事情记入航海日志,在两名证人的参加下制作证明书,并妥善保管相关物件。

3. 代理职能

船长的代理职能系海上运输的特殊性决定的，它来源于船东授权、航运惯例和法律规定。船长在法律规定或承运人授权的代理权限内以承运人的名义同第三人为意思表示，并将所产生的民事权利和义务直接归于承运人承受，属于承运人的代理人。这种代理职能直接体现在提单签发上，船长在装货港装货完毕后，应托运人的要求签发提单，所签发的提单直接约束船东或租船人。

除此之外，1989 年《救助公约》和我国《海商法》均规定，在船舶或货物遭遇海难时，船长有权代表船货双方签订救助合同，订立的合同直接约束救助各方当事人。

船长的代理职能范围还可以根据合同约定或法律规定，作出进一步扩展。

思考题

1. 什么是船员？如何理解船员的法律地位？

2. 船员的任职条件有哪些？

3. 如何理解船员、船长的权利、义务和责任？

4. 案例讨论：

第一原告广州某技术服务公司与被告台湾某海运公司于 1995 年 11 月订立了《合同书》，约定由第一原告为被告“长鸿”轮雇请船员；被告向第一原告支付代理管理费、在船船员工资及相关费用。同年 11 月 15 日，第二原告许某受第一原告的委派，并经被告同意任“长鸿”轮船长一职。截止到 1996 年 9 月 21 日许某离船时止，被告不但拖欠第一原告的管理费，而且还拖欠第二原告的工资款及利息共计 16511.50 美元。两原告向广州海事法院对被告提起诉讼，一审法院判令被告向两原告支付所拖欠款项。

问题：(1)分析两原告与被告之间法律关系的性质。

(2)船员劳务合同关系与劳动合同关系有什么区别？

司法考试真题链接

1. 甲国注册的渔船“踏浪号”应乙国注册的渔船“风行号”之邀，在乙国专属经济区进行捕鱼作业时，乙国海上执法船赶来制止，随后将“踏浪号”带回乙国港口。甲乙两国都是《联合国海洋法公约》的缔约国，且两国之间没有其他相关的协议。据此，根据海洋法的有关规则，下列哪些选项是正确的？(2008 年)

A. 只要“踏浪号”向乙国有关部门提交适当保证书和担保，乙国必须迅速释放该船

B. 只要“踏浪号”向乙国有关部门提交适当保证书和担保，乙国必须迅速释放该船船员

C. 如果“踏浪号”未能向乙国有关部门及时提交适当担保，乙国有权对该船船长和船员处以 3 个月以下的监禁

D. 乙国有义务将该事项迅速通知甲国

2. 甲国船东的货轮“欢乐号”(在乙国注册)在丙国港口停泊期间，非丙国籍船员詹某和

卡某在船舱内因口角引发斗殴。根据国际法相关规则和实践，下列判断哪些是正确的？（2004 年）

A. 丙国通常根据詹某或卡某的请求，对该事件进行管辖

B. 丙国通常根据该船船长的请求，对该事件进行管辖

C. 丙国通常根据甲国驻丙国领事的请求，对该事件进行管辖

D. 丙国通常根据乙国驻丙国领事的请求，对该事件进行管辖

第四章 海上货物运输法律制度

【引例】2002年7月，原告秦皇岛某粮油公司与被告秦皇岛市某船务公司签订运输协议，委托该船务公司由巴西运输一套精炼棕榈油设备至秦皇岛港，包干运费29500美元。货物运至上海港后，该船务公司安排临海市涌泉航运公司所属“涌泉2号”轮进行转船运输。同年9月6日，“涌泉2号”轮在驶往秦皇岛途中因货舱进水，船体倾斜，被救助至山东石岛港。经秦皇岛出入境检验检疫局检验，货物残损金额22270美元。经青岛双诚船舶技术公司检验，该轮货舱锈蚀特别严重，船底K列板上有一条长度约为400MM纵向裂口，痕迹较旧并用木塞塞住。另外被核定抗风能力8级的该轮，在遭遇6级风浪时即造成船体损坏、货舱进水，故认为其开裂进水的原因是由于船舶结构缺陷或船舶材质问题所致。

第一节 海上货物运输概述

海上货物运输在对外贸易中占据重要地位，目前我国进出口货物的90%以上是通过海上运输来完成的。海上货物运输通常是通过班轮运输、航次租船运输以及多式联运等方式实现的，并且主要通过提单等运输单据来确定运输事项及当事人之间的相互关系。我国《海商法》第四章对海上货物运输合同作了明确规定，但它只适用于国际海上运输，而不适用于国内沿海、内河水路货物运输。基于班轮运输的公共运输特性，《海商法》第四章规定了特殊的承运人义务与责任制度，并确立了海上货物运输法的强制性体制，这构成了国际海上货物运输法的特色。

一、海上货物运输合同的概念

海上货物运输合同(Contract for Carriage of Goods by Sea)，按照我国《海商法》第42条规定，是指承运人收取运费，负责将托运人托运的货物经海路由一港运至另一港的合同。参与海上货物运输合同的主体主要有当事人和关系人两种，当事人包括承运人(Carrier)和托运人(Shipper)两类。除了与托运人订立运输合同的承运人外，还可能存在未与托运人订立运输合同但实际承担或参与运输的人，我们称之为实际承运人(Actual Carrier)。此外，还存在一些参与海上货物运输合同的其他主体和关系人，如收货人与提单持有人、船舶出租人和承租人、受雇人和代理人，以及港口经营人等。

（一）承运人

承运人也称契约承运人，与实际承运人相区别，在实践中常被称为船方或船东。它是与托运人相对应的另一方当事人。我国《海商法》第42条将承运人定义为"本人或者委托他人以本人名义与托运人订立海上货物运输合同的人"。无论是本人自己直接与托运人订立运输合同，还是委托他人以本人名义与托运人订立运输合同，都不影响其作为承运人的地位。承运人通常是船舶所有人，但也可能是船舶经营人、船舶承租人以及无船承运人。船舶经营人是指本身不拥有船舶，但接受船舶所有人或光船出租人的委托，为其经营船舶的人。船舶承租人，是指以航次租船、定期租船或光船租赁等方式租用他人船舶从事运输的人。船舶经营人与船舶承租人又被称为"二船东"。无船承运人是指虽然不拥有船舶，但以承运人身份从事海上货物运输服务的人，不包括船舶经营人与船舶承租人在内。无船承运人与拥有船舶的承运人之间的区别在于是否拥有船舶，但二者在海上货物运输法律关系中的权利义务并无不同。在实践中，无船承运人先是以承运人身份与托运人订立合同，以承运人身份接收货物、签发提单或其他运输单证并收取运费，然后再以托运人身份向船舶运输经营者或其他运输方式经营者为其所承运的货物订舱、办理托运，并支付运费。这样，通过他人的实际运输达到承运货物、赚取利润的目的。①

（二）实际承运人

与托运人订立合同承诺为其运输货物的承运人有时并不直接从事运输行为，而是委托他人实际承运该项货物，后者即为实际承运人。实际承运人并没有与托运人订立合同，因而并非通常意义上的合同当事人，其在合同法律关系中处于代位履约人或代位清偿人的地位。但是，实际承运人毕竟是海上货物运输的实际承担者，因此为更好地调整和规范海上货物运输关系，立法者便创造了实际承运人这一概念，并赋予其相当于承运人的法律地位，这是对传统海商法和合同相对性原则的突破。

按照我国《海商法》第42条规定，实际承运人是指接受承运人委托，从事货物运输或者部分运输的人，包括接受转委托从事此项运输的其他人。由此可见，构成实际承运人必须符合以下两个要件：首先，接受承运人的委托（包括转委托），而不是直接面对托运人的委托；其次，从事实际运输，包括全部货物的全程运输或部分航程运输、部分货物的全程运输或部分航程运输，这两个要件是区别实际承运人与承运人的重要标志。此外，承运人作为合同的当事人全面承担运输合同约定和法定的权利和义务，而实际承运人并不直接承担运输合同约定的权利和义务，只在法律规定范围内承担其权利和义务。虽然实际承运人不是传统意义上的运输合同承运人，但我国《海商法》第四章对承运人责任的规定适用于实际承运人，实际承运人的权利和义务、实际承运人与托运人、承运人、收货人的关系等首先应该依照第四章的规定予以确定。

在海上货物运输中，出现实际承运人的情形主要有：(1)货运公司或船公司作为承运人与托运人订立海上货物运输合同后转而委托其他船公司承运，接受委托的其他船公司以自己的行为完成实际运输，即成为实际承运人。无船承运人即是通过实际承运人的承运行为实现其承运货物的目的。(2)在租船运输情况下，承租人与托运人订立海上货物运输合同，货物运输是通过租用船舶所有人的船舶进行的。此时，承租人是承运人，船舶所有人则为实

① 司玉琢主编：《海商法专论》，法律出版社2007年版，第228～229页。

际承运人。(3)在多式联运或海上联运情况下，多式联运(或海上联运)经营人与托运人订立多式联运(或海上联运)合同后，各运输区段的承运人即为实际承运人。(4)在直达运输情况下，由于某种意外情况的发生，货物在途中不得不进行转运，承担转运的船舶所有人即为实际承运人。[①] 在本章的引例中，临海市某航运公司所属"涌泉 2 号"轮承担了转船运输，属于实际承运人。

(三)托运人

托运人是与承运人相对的另一方当事人。按照我国《海商法》第 42 条规定，托运人是指：(1)"本人或者委托他人以本人名义或者委托他人为本人与承运人订立海上货物运输合同的人"，此时托运人可称为"契约托运人"，这是第一种托运人。(2)"本人或者委托他人以本人名义或者委托他人为本人将货物交给与海上货物运输合同有关的承运人的人"，这是第二种托运人，俗称发货人(consignor)，有时也称之为"实际托运人"。发货人本不是运输合同的当事人，其托运人的地位及其权利义务都是法定的，这同样是对传统海商法和合同相对性原则的突破。由此可见，托运人的核心条件是订约或交货，只要具有一种行为者即为托运人。而根据这一定义，在同一海上货物运输合同下，二者可能合一，也可能同时存在两个托运人。例如，在国际货物贸易 FOB 价格条件下，货物的买方与承运人订立海上货物运输合同而成为上述第一种托运人，卖方将货物交给承运人而成为上述第二种托运人。

二、海上货物运输合同的类型

(一)国际海上货物运输与国内海上货物运输

国际海上货物运输合同，是指承运人负责将托运人托运的货物经海路由一国的某一港口运至另一国的某一港口，而由托运人或者收货人支付运费的运输合同。国内海上货物运输或者沿海货物运输合同，在我国又称水路货物运输合同，是指承运人负责将托运人托运的货物经海路由国内一港运至国内另一港，而由托运人或收货人支付运费的运输合同。我国内地至港澳台地区的海上货物运输基本上比照国际海上货物运输处理。

这一分类在目前仍具有重要意义，因为我国对海上货物运输实行国内与国际相分离的双轨制。我国《海商法》第 2 条规定，《海商法》第四章"海上货物运输合同"的规定不适用于我国港口之间的海上货物运输，即该章规定仅适用于国际海上货物运输，而国内水路货物运输则主要适用《合同法》以及《水路货物运输规则》等的规定。之所以如此，一方面是因为《海商法》制订的时候国内水路货物运输仍然受到计划经济的影响，而国际海上货物运输实行的不是计划经济而是随行就市；[②]另一方面国内水路货物运输与国际海上货物运输实行不同的责任制度，前者采用无过错责任制，而后者依照有关国际公约和国际实践实行不完全过失责任制。此外，二者在承运人的法定义务以及责任限制等方面也有重要区别。

本章是以我国《海商法》第四章"海上货物运输合同"以及相关国际公约为基础对国际海上货物运输所作的论述。因此，除特殊说明外，本章所称"海上货物运输合同"以及下面所讲的"班轮运输合同"、"航次租船运输合同"、"多式联运合同"均指国际海上货物运输合同。而对于国内水路货物运输部分，由于在民法或合同法等相关学科内已有述及，本书略去不谈。

---

① 傅旭梅主编：《中华人民共和国海商法诠释》，人民法院出版社 1995 年版，第 73～74 页。

② 傅旭梅主编：《中华人民共和国海商法诠释》，人民法院出版社 1995 年版，第 6～7 页。

(二)班轮运输合同与航次租船运输合同

班轮运输合同,是指承运人以固定的航线、固定的航期和固定的运费将众多托运人的件杂货运至目的地而由托运人或收货人支付运费的运输合同,故班轮运输又称件杂货运输或零担运输。班轮运输多以传统的提单作为合同的证明,故班轮运输又称为提单运输。目前,班轮运输的杂货几乎都采用集装箱运输方式。班轮运输合同主要是在我国《海商法》第四章“海上货物运输合同”第1—6节条款中予以规定的。

航次租船合同,又称航程租船或者程租,是指船舶出租人向承租人提供船舶或者船舶的部分舱位,装运约定的货物,从一港运至另一港,由承租人支付约定运费的运输合同。航次租船在形式上属于船舶租用方式,但实质上仍然属于货物运输合同。因此,在我国《海商法》中关于航次租船的内容是在第四章“海上货物运输合同”中予以规定的。

班轮运输是一种公共运输方式,各国立法和国际公约基于维护社会公共利益以及公共政策的需要,均摒弃契约自由原则而对其进行不同程度的干预,因此关于班轮运输的立法通常为强制性的。由于班轮运输中的承运人往往处于优势地位,因此立法多明确规定了承运人的法定义务和责任,并且不允许承运人对其进行减损或免除,这被称为是海上货物运输法的强制性体制。与此相反,航次租船合同则为私人运输方式,仍然践行契约自由原则,按照我国《海商法》规定,除了适航义务和不得不合理绕航外,允许当事人自由设定其权利义务关系。

(三)海上货物联运合同与货物多式联运合同

海上货物联运合同,是指承运人负责将货物自一港经两段或者两段以上的海路运至另一港,而由托运人或者收货人支付运费的运输合同。海上货物联运中,货物由不属于同一船舶所有人的两艘或者多艘船舶从起运港运至目的港,但承运人对全程货物运输负责。除作为合同当事一方的承运人外,参加货物运输的还有与承运人具有其他合同关系的其他海上承运人,称为区段承运人、实际承运人、履约承运人或海上履约方。国际海上货物联运通常以海上联运提单作为运输证明。

海商法调整的货物多式联运合同,是指多式联运经营人负责将货物以包括海上运输在内的两种或多种运输方式,从一地运至另一地,而由托运人或收货人支付运费的运输方式。只有包括海上运输方式在内的货物多式联运才是海商法的调整对象。海商法调整的货物多式联运也多以多式联运单证或者多式联运提单作为运输的证明。以海上货物运输为基础的国际多式联运合同,详见本章第五节。

(四)海上货物运输总合同

海上货物运输总合同,又称包运合同、批量合同或者货运数量合同,是指承运人负责将一定数量的货物,在约定时期内,分批经海路由一港运至另一港,而由托运人或者收货人支付运费的合同。在这种运输方式中,通常订明一定时期内托运人交运的货物数量或者批量、承运人提供的船舶吨位数、装货和卸货的港口或者地区、装卸期限、运价及其他运输条件。每一批货物装船后,承运人按照托运人的要求签发提单或者双方就每一批货物的运输签订具体的航次租船合同。这种运输和缔约方式一般适用于大批量货物的运输,尤其是煤炭、矿石、石油、粮食等散装货物的运输。

三、海上货物运输法的发展

海上货物运输法的历史可以追溯到《罗德海法》以及中世纪众海法。在18世纪后,包括海上货物运输法在内的海商法进入国内立法时期，这一时期的海上货物运输法主要以英国法为典型代表。根据英国普通法，从事海上件杂货运输的承运人为“公共承运人”，其对货物灭失或损坏的责任非常严格。但同时这一时期又是一个非常崇尚契约自由的时代，承运人经常利用其有利的谈判地位在海上货物运输合同中加上各种免责条款，包括承运人有过失也可以免除责任的条款。有的提单上免责事项甚至多达六七十项，以至于到了承运人除了收取运费的权利外已没有任何责任可言的地步。这种状况使得各国货方的权益无从保障，不仅严重妨碍了提单的流通，出现了银行不肯承兑、保险公司不敢承保货物运输风险的局面，而且势必影响海运业的长远发展。因此，限制承运人滥用契约自由原则的要求日渐强烈，并引起了各国特别是货主利益比较突出的国家的注意。

1893 年，美国率先通过了《哈特法》(*Harter Act*)。该法规定，在美国国内港口之间以及美国港口与外国港口之间进行货物运输的承运人，不得在提单上加入基于过失造成的货损可以免责的条款。该法还规定了承运人最低限度的义务，即承运人应谨慎处理使船舶适航，船长、船员对货物应谨慎装载、管理和交付。同时，该法明确了承运人的最大免责范围，除承认承运人享有普通法下的四项免责事由外，还规定了承运人对于航海技术和船舶管理上的过失也可免除责任，并规定了承运人可以享受限制责任的权利。《哈特法》的上述规定具有强制性，违反上述规定的提单条款，将以违反美国“公共秩序”为由宣告其无效。

继《哈特法》之后，澳大利亚于 1904 年制定了《海上货物运输法》，加拿大于 1910 年制定了《水上货物运输法》，基本上按照《哈特法》的规定对提单内容作出调整。英国担心类似的国内立法会影响到英国航运业的竞争能力及其航运大国的地位，因而也采取了妥协态度，希望通过制定国际公约的方式来控制这一事态的发展。于是，1921 年国际法协会在荷兰海牙召开会议并起草了关于提单运输的规则，后又几经修改，于 1924 年在比利时召开的有 26 个国家代表出席的外交会议上通过了《统一提单若干法律规定的国际公约》(*International Convention for the Unification of Certain Rules Relating to Bill of Lading*)，简称《海牙规则》(*Hague Rules*)，1931 年 6 月 2 日起生效。

《海牙规则》第一次用国际公约的形式确定了海上货物运输合同中的权利义务分配规则，这是一个巨大的进步。《海牙规则》的立法指导思想与《哈特法》是一致的，即海上货物运输合同中的契约自由原则必须受到一定的限制，其采用的手段与《哈特法》也基本一致，即确定了承运人的最低法定义务和最高免责范围。不过，虽然它在一定程度上限制了承运人的合同自由，但也赋予了承运人多达十几项的免责及责任限制的权利，因此它仍然偏重于对承运人利益的保护。

《海牙规则》的生效和实施，标志着海上货物运输法开始步入了国际统一的新时代。《海牙规则》现在仍然有效存续，不过随着国际政治经济形势的变化以及航运业的发展，《海牙规则》的不足日渐明显，于是 1959 年国际海事委员会决定对其进行修改，并于 1968 年通过了《修订统一提单若干法律规定的国际公约的议定书》(*Protocol to Amend the International Convention for the Unification of Certain Rules Relating to Bill of Lading*)，该议定书简称《维斯比规则》(*Visby Rules*)，被修订后的《海牙规则》通常称为《海牙—维斯比规则》(*Hague-Visby Rules*)。《海牙—维斯比规则》是一个独立的公约，于 1967 年 6 月 23 日生效。

《海牙—维斯比规则》同样偏重于对承运人利益的保护，因此广大第三世界国家以及代表货主利益的部分发达国家对此表示强烈不满，要求修订和完善国际海上货物运输立法的呼声也越来越强烈。这一任务最终由联合国国际贸易法委员会(United Nations Commission on International Trade Law，简称 UNCITRAL)承担并具体实施。1978 年，在德国汉堡召开的联合国海上货物运输会议上通过了《1978 年联合国海上货物运输公约》(*United Nations on the Carriage of Goods by Sea*，1978)，简称《汉堡规则》(*Hamburg Rules*)，并于 1992 年 11 月 1 日生效。《汉堡规则》进一步加重了承运人的义务和责任，但是它的影响和适用范围远不及以上两个公约。

《海牙规则》、《海牙—维斯比规则》以及《汉堡规则》的生效实施，使得海上货物运输法律制度在三个公约的范围内得到了统一。不过三部公约的同时存在也成为国际海上货物运输法律制度未能实现最终统一的明证。在联合国国际贸易法委员会的主持下，一部新的国际公约即《联合国全程或部分海上国际货物运输合同公约》(*UN Convention on the Contracts of International Carriage of Goods Wholly or Partly by Sea*)，于 2008 年 12 月 12 日获得联大第 35 次会议审议和通过，并于 2009 年 9 月在荷兰鹿特丹正式签署发布。该公约又被称为《鹿特丹规则》(*Rotterdam Rules*)。不过，该公约尚未生效。

我国并没有加入上述任一国际公约，但是我国《海商法》对上述前三部公约均有所借鉴，沿袭了海上货物运输法的强制性体制及特殊的义务责任制度。在我国，除《海商法》外，调整海上货物运输的法律还有《合同法》以及《水路货物运输规则》等法律法规。对于国际海上货物运输，首先应适用《海商法》第四章“海上货物运输合同”的规定；《海商法》没有规定的，则适用《合同法》的规定；《合同法》没有规定的，则适用其他民商事法律法规如《民法通则》等的规定。对于国内水路货物运输，则主要适用《合同法》、《水路货物运输规则》以及其他民商事法律法规如《民法通则》的规定。由于《水路货物运输规则》的效力低于《合同法》以及《民法通则》等法律，因此《合同法》以及《民法通则》等法律优先适用。上述法律的适用通常要在确定彼此间不同法律位阶的基础上，再按照特别法优于一般法、新法优于旧法等原则予以确定。

第二节　班轮运输合同

一、合同的订立与解除

(一)合同的订立

1. 合同订立的方式

班轮运输合同(Liner Carriage)的订立通常采取要约、承诺方式。不过在班轮运输中，双方很少就合同条款进行逐条谈判，班轮运输合同一般通过托运人向作为承运人的班轮公司订舱的方式确立。班轮公司为了揽货，通常在报纸、航运交易公报等媒体上刊登所经营的班轮航线和船期表，这是一种要约邀请。货物托运人或者其代理人按照选定的航线和船期向班轮公司或其代理人办理货物托运手续，称为订舱。这一般是通过填写订舱单、托运单或者发送相应的传真、电子邮件等数据电文的方式进行的，并载明货物的品名和数量、装船期限、装卸港等内容。承运人或其代理人则根据订舱的内容，并结合船舶的航线、停靠港、船期和舱位等情况，决定是否接受托运。如接受托运，即在订舱单上或发送相应的数据电文确认接受订舱，双方达成合意，合同即告成立。这也可能是一个反复磋商的过程。因此，订舱单和托运单并不一定构成要约，只有在所有重要内容都达成一致后发出的那一份文件才是要约，它可能是船方发出，也可能是货方发出，因此合同成立的准确时间只能依据具体案情确定。

2. 合同的形式与条款

在班轮运输实践中，当事人往往通过船期表、订舱单、托运单等文件或者电话等口头语言来证明合同的成立及其内容。由于口头形式的合同容易发生纠纷，因此我国《海商法》第 43 条规定，承运人或者托运人可以要求书面确认海上货物运输合同的成立。

合同的条款通常由当事人协商确定。不过在班轮运输中，合同的权利和义务往往通过承运人自己制定的或其他大的船公司或航运公会等制定的标准提单来确定。各国立法和国际公约通常并不禁止格式合同或标准条款的存在，但是在班轮运输中使用的格式合同或标准条款不得违反海上货物运输法的强制性规定，否则相关条款会被归于无效。此外，如果上述格式合同或标准条款构成我国《合同法》第 39 条第 2 款规定的格式条款时，还应当受到《合同法》第 39 条至第 41 条规定的约束。

3. 合同的成立与货物交付以及提单签发的关系

根据合同成立是否以交付标的物为条件，合同可分为诺成合同和实践合同。《海商法》和《合同法》均没有货物运输合同自货物交付时起成立的规定，因此海上货物运输合同是诺成合同。货物的交付是合同的履约行为，而不是海上货物运输合同成立的标志。

班轮运输中，承运人接收货物后一般会签发一份提单，有人主张提单签发时才是合同成立的时间。实际上，如前所述，海上货物运输合同在当事人达成合意时即成立，如果需要书面形式，则在双方于书面合同上签字或盖章时成立。提单是在合同成立并生效后，在托运人向承运人交付货物时由承运人签发的，这是海上货物运输合同的履约行为。提单只是运输合同的证明，却不是合同本身，因此提单是否签发、什么时候签发对合同的成立并无必然影响。

(二)合同的解除

《海商法》关于合同解除的规定有两条，并且主要适用于班轮运输，航次租船合同对此可以约定排除。《海商法》没有规定的，则可以适用《合同法》第 93 条至第 94 条等的规定。按照《海商法》的规定，国际海上货物运输合同的解除主要限于以下两种情形。

1. 开航前托运人单方的法定解除

《海商法》第 89 条规定，船舶在装货港开航前，托运人可以要求解除合同，这是赋予托运人一方的法定解除权。这种解除权只能在开航前行使。①

对于托运人行使此项解除权的后果，如果当事人有约定的，则依照约定处理。如果没有约定，托运人应当向承运人支付约定运费的一半；货物已经装船的，托运人还应当负担装货、

---

① 何为“开航”，法律上没有明确规定，学理上则有不同的观点。有人认为船舱已全部封妥，开航命令已经发出时是开航；有人认为应以船舶起锚或解清全部缆绳为准；也有人认为应以船舶主机转动为准。正常状态下这三个时间是很靠近的，但以“动车”作为开航之时更准确，因为开航应该是船舶不可逆转地离开了港口，而船舶起锚或解缆以后并不一定立即开动；同样，开航命令发出和船舶开动之间也有时间差，而且开航命令是可能被收回的。

卸货和其他与此有关的费用。

2. 开航前承运人与托运人双方的法定解除

《海商法》第90条规定，船舶在装货港开航前，因不可抗力或者其他不能归责于承运人和托运人的原因致使合同不能履行的，双方均可以解除合同，并互相不负赔偿责任。这是开航前双方均享有的法定解除权，其行使的要件包括：(1)行使的时间，仍然是在开航前；(2)行使的条件，因不可抗力或者其他不能归责于承运人和托运人的原因致使合同不能履行；(3)行使的主体，承运人和托运人双方均可行使。

对于此种类型的合同解除，如果因为合同解除给对方造成损失的，双方互相不负赔偿责任。此外，除合同另有约定外，运费已经支付的，承运人应当将运费退还给托运人；货物已经装船的，托运人应当承担装卸费用；已经签发提单的，托运人应当将提单退还承运人。

二、托运人的权利与义务

在与承运人订立合同并且合同生效之后，托运人在海上货物运输中的角色主要是向承运人支付运费、托运货物并取得提单或其他单证，然后再对单证作出相关处理。其权利义务主要体现在以下几个方面。

(一)托运人的义务

1. 提供约定货物、妥善包装和正确申报货物的义务

《海商法》第66条第1款规定："托运人托运的货物，应当妥善包装，并向承运人保证，货物装船时所提供的货物的品名、标志、包数或者件数、重量或者体积的正确性。"这主要包括以下几方面的内容：(1)托运人应当按照约定时间，将约定货物运至船边、码头仓库或者其他地点，以供装船。(2)托运人应妥善包装货物，即对需要包装的货物，使用适当的包装方法，以满足货物装卸作业和海上运输安全的要求。如果承运人与托运人约定了包装方法，或者法律法规或有关技术规范规定了包装的方法，则包装应满足这种约定或规定。如果没有约定或规定，则应采取通用的方式包装，或者在没有通用方式时，采取足以保护货物的包装方式。(3)托运人应正确申报货物，即托运人所提供的货物的品名、标志、包数或件数，重量或体积，应与货物的实际情况相符。

2. 及时办理货物运输手续的义务

按照《海商法》第67条规定，托运人应当及时向港口、海关、检疫、检验和其他主管机关办理货物运输所需要的各项手续，并将已办理各项手续的单证送交承运人。

3. 妥善托运危险货物的义务

托运人托运危险货物，可能会严重危及船货和人身安全。因而《海商法》第68条规定，托运人应当依照有关海上危险货物运输的规定，妥善包装，作出危险品标志和标签，并将其正式名称和性质以及应当采取的预防危害措施书面通知承运人；托运人未通知或者通知有误的，承运人可以在任何时间、任何地点根据情况需要将货物卸下、销毁或者使之不能为害，而不负赔偿责任。此外，即使承运人知道危险货物的性质并已同意装运的，仍然可以在该项货物对船舶、人员或者其他货物构成实际危险时，将货物卸下、销毁或者使之不能为害，而不负赔偿责任。

4. 支付运费及其他费用的义务

托运人应当按照约定向承运人支付运费。运费有预付运费和到付运费两种。预付运费

通常在货物装船后,承运人、船长或承运人的代理人签发提单之前支付,这通常是托运人的义务。到付运费是指托运人与承运人约定运费由收货人支付,只要该约定在运输单证中载明,无须得到收货人的同意。在运输单证中约定运费到付的,承运人应当向收货人请求支付,收货人未支付的,承运人可以留置货物作为运费的担保。按照《合同法》第 65 条规定,承运人此时仍有权向托运人提出运费请求。当事人未明确运费为预付或到付的,托运人仍负有支付运费的义务。

除运费外,托运人还负有支付其他费用的义务,这主要包括:(1)亏舱费。亦称空舱运费,是托运人未按运输合同交运约定货量,或交运的货量不足,造成所订舱位部分空舱而向承运人支付的费用。亏舱费中应扣除因船舶亏舱所节省的费用,以及另装货物所取得的运费。(2)滞期费。通常是在航次租船情况下,承租人因未能在合同规定的装卸货时间内完成货物装卸,应由承租人支付的费用。(3)共同海损分摊费用、承运人为货物垫付的必要费用以及其他应由托运人支付的费用。

(二)托运人的责任

1. 过错赔偿责任

《海商法》第 70 条规定:"托运人对承运人、实际承运人所遭受的损失或者船舶所遭受的损坏,不负赔偿责任;但是,这种损失或者损坏是由于托运人或者托运人的受雇人、代理人的过失造成的除外。托运人的受雇人、代理人对承运人、实际承运人所遭受的损失或者船舶所遭受的损坏,不负赔偿责任;但是,这种损失或者损坏是由于托运人的受雇人、代理人的过失造成的除外。"这一规定表明,托运人及其受雇人、代理人对承运人、实际承运人的损害承担过错责任。承运人、实际承运人或船舶遭受的损失主要有:在装货和卸货过程中,由托运人雇佣的装卸工人对船舶和货物所造成的损害;有缺陷的货物对船舶和其他货物造成的损害;托运人由于装卸迟延给承运人造成的滞期损失等。

2. 违背《海商法》第 66 条至第 68 条义务的责任

托运人违背《海商法》第 66 条至第 68 条规定的义务,即由于包装不良或者货物资料不正确,对承运人造成损失的;因办理各项手续的有关单证送交不及时、不完备或者不正确,使承运人的利益受到损害的;以及托运人因托运危险货物而使承运人受到损害的,都应当负赔偿责任。

对于托运人违背《海商法》第 66 条至第 68 条义务应承担何种性质的责任,学者有不同观点。有人认为,违背《海商法》第 66 条至第 68 条义务属于《海商法》第 70 条关于托运人的过错责任的范畴。也有人认为,托运人违背《海商法》第 66 条至第 68 条义务的,不以过错为条件,即托运人应承担严格责任。[①] 本书同意后一种观点,这从法条的措辞中即可看出,托运人违背《海商法》第 66 条至第 68 条义务的责任构成了托运人过错责任原则的例外。

还要注意的是,在包装不良或者货物资料不正确的场合,承运人对托运人享有的此种请求权,不影响其根据海上货物运输合同对托运人以外的人所承担的责任。也就是说,通常应该由承运人向托运人以外的第三人(收货人)承担赔偿责任,然后承运人再向托运人追偿。

3. 两种托运人之间的责任分担

如果在一个运输合同下同时存在合同托运人及实际托运人,其相互之间的权利义务关

---

① 司玉琢:《海商法专论》,法律出版社 2007 年版,第 151~152 页。

系如何，应如何分担运输合同下的权利义务，目前尚没有明确的立法规定。

理论上则有多种解决方法。一是要求双方对运输合同下的权利义务都负责，并相互承担连带责任。二是借鉴实际承运人的有关规定，由第一托运人承担与承运人约定的或法律规定的所有责任，而第二托运人则承担与其将货物交给承运人有关的责任，包括对货物进行妥善包装和正确申报货物、及时办理货物运输手续、妥善托运危险货物的责任，但不承担提供合同托运人与承运人之间所约定的货物、支付所约定的运费及其他费用的责任，因为这两项义务系根据承运人与合同托运人之间的约定而产生的；但是，实际托运人承担其将货物交给承运人有关的责任，并不免除合同托运人应承担的责任。[①] 比较而言，后者更加合理。

(三)托运人的主要权利

托运人首先享有要求承运人按照合同约定，将货物安全运至卸货港并交给收货人的权利；其次则是在承运人违约时向其请求损害赔偿的权利。除此之外，托运人还具有要求承运人签发提单或者其他运输单证的权利。如《海商法》第 72 条第 1 款规定：“货物由承运人接收或者装船后，应托运人的要求，承运人应当签发提单。”因此，货物由承运人装船后，托运人有权要求承运人签发已装船提单；如果货物已由承运人接收，但尚未装船，托运人有权要求承运人签发收货待运提单。但是如果托运人没有请求，承运人可不予签发提单。相应地，承运人负有签发提单的义务，但以托运人的要求为前提。

三、承运人的权利与义务

承运人是海上货物运输的实际承担者，在海上货物运输中起着举足轻重的作用。通常情况下，承运人收到托运人的货物后即依其要求签发提单或其他单证，然后将货物装船并由始发港运至目的港，然后交给收货人。承运人在这一过程中的权利义务通常由两部分组成，一是法律的规定，二是合同的约定。

(一)承运人的最低法定义务

根据我国《海商法》的规定，在海上货物运输合同中，承运人必须承担谨慎适航、妥善管货、不作不合理绕航的义务。基于海上货物运输法的强制性，运输合同、提单或其他单证条款不得对上述义务和责任进行减损或免除，但增加承运人义务的除外。因此，上述义务被称为承运人的“最低法定义务”。此外，承运人还负有应托运人请求签发提单的义务，不过该义务并不具有绝对强制性，因为它以托运人的请求为前提条件，而且当事人可能并不采用提单方式进行运输。

1. 适航义务

我国《海商法》第 47 条规定：“承运人在船舶开航前和开航当时，应当谨慎处理，使船舶处于适航状态，妥善配备船员、装备船舶和配备供应品，并使货舱、冷藏舱、冷气舱和其他载货处所适于并能安全收受、载运和保管货物。”此即承运人的谨慎适航义务，简称适航义务。

(1)适航义务的内容和标准。适航义务要求承运人谨慎处理，使用于运输货物的船舶处于适合航行的正常状态，能够安全收受、载运和保管货物。它主要包括三方面的内容：① 适船。这是针对船体本身的，即船舶应该坚固、水密、各种航行设备处于良好状态，并应配备必要的供应物品。这方面不适航的实例如船舶舱口漏水，主机或发电机工作不正常，管道破

---

① 郭瑜：《海商法教程》，北京大学出版社 2002 年版，第 123 页。

裂，助航设备配备不齐等。② 适员。这是针对船上人员的，即应配备足量的适格船员，例如船长、船员应该数量充足、经过良好训练，取得适当资格证书并有必需的技能。这方面不适航的实例如船员数量不够、没有有效的资格证书等。③ 适货。这是针对船上的载货处所的，货舱、冷藏舱、冷气舱和其他载货处所应能适于并能安全收受、载运和保管货物。这方面不适航的实例如装载冰冻货时制冷设备出现故障，货舱没有打扫干净以致污染货物等。

适航义务三方面的内容都是针对特定航次的，航次不同，装载的货物不同，运输中的风险不同，这三方面的要求标准也就不同。如船舶没有冷藏设备，对于需要冷藏的货物就是不适航，而对于无须冷藏的货物则不构成不适航。

(2)适航义务的期间。班轮运输中，承运人适航义务的时间是开航前和开航当时。“开航前或开航时”是指特定航次从船舶开始装货时起最迟至船舶开航时止的一段时间。所谓航次，是指合同航次或者提单航次，即提单载明的货物从装货港至卸货港的整个航程，不包括运输途中停靠中途港后再次开航。如果船舶在中途港停靠后，继续开航前或开航时即使存在安全问题，也不影响船舶的适航性。[①]

(3)适航义务的主观要求。适航对承运人来说并不是绝对的，他只要做到谨慎处理就可以了。所谓谨慎处理，与恪尽职责、适当谨慎以及合理注意等同义，即尽到了谨慎的、合理的注意义务。这必须在具体案件中结合具体案情才能知道。如水从污水管漏出并污染了货物，船员在开航前检验船舶时只对水管进行了目测检查，而没有使用任何工具，如果对这种部位的这种水管通常的检查方法就是目测而不使用工具，则承运人可能被认为尽到了适当谨慎的义务。但如果对这种部位的这种水管的常规检查方法就是要使用工具检验，则承运人很可能被认为没有尽到适当谨慎的义务。

(4)不适航的后果。适航是海上货物运输中的一个重要而特殊的概念。在传统法下适航义务比较严格，但合同当事人可以用明确的语言排除这项义务。《海牙规则》下，适航义务不再是绝对的，而是限制在“适当谨慎”的范畴内；即使船舶不适航，承运人也只在不适航引起了货损发生时才负责，即在适航与损失之间要求有因果关系。在我国，通常认为适航只是承运人义务之一，违反适航义务与其他违约行为的后果是一样的，即承运人应对由此引起的货物灭失或损坏负责，损失和船舶不适航之间必须要有因果关系。不适航也并不必然构成“根本违约”或使另一方得到解除合同的权利。在船舶不适航导致货损的情况下，托运人应先举证证明货物有损害且是因船舶不适航的事实所致，再由承运人对船舶的适航与否承担举证责任。承运人主张免责时，应提供充分、确实的证据，证明其在船舶开航前和开航时已尽谨慎处理之责，货物毁损灭失是由于经谨慎处理仍未发现的船舶潜在缺陷造成的。通常认为，船舶适航证书或者其他表明船舶适航状态的证书，并不构成承运人已尽谨慎处理之责的充分证据。

在本章的引例中，尽管事故船舶进行了年检并取得适航证书，但经检验，其货舱锈蚀特别严重，船底 K 列板上有一条长度约为 400mm 的纵向裂口，痕迹较旧并用木塞塞住。另外被核定抗风能力 8 级的该轮，在遭遇 6 级风浪时即造成船体损坏、货舱进水，故其开裂进水的原因是由于船舶结构缺陷或船舶材质问题所致，且该情形在船舶开航前和开航时已经存在，故该实际承运人违背了适航义务。

---

① 司玉琢：《海商法专论》，法律出版社 2007 年版，第 102 页。

2. 管货义务

我国《海商法》第48条规定:"承运人应当妥善地、谨慎地装载、搬移、积载、运输、保管、照料和卸载所运货物。"这项义务一般称为"管货义务"。

(1)管货义务的内容。承运人的管货义务限于装载、搬移、积载、运输、保管、照料和卸载所运货物七个方面。首先是装载,即承运人应该在约定的时间、约定的地点,将货物安全装船。其次是搬移和积载。搬移是指货物自装载后到积载之间的一切活动;积载是指将货物在船舱内适当妥善地加以堆积配置,以保持船舶良好的稳性以及货物安全。例如,相互易发生化学反应的货物不宜堆放在一起,堆码不宜过高以免压坏底层货物等。再次是运输、保管和照料货物。承运人应该将货物从起运地安全运抵目的地,并且在整个运输途中都要妥善保管和照料好货物。由于照料货物是针对具体货物的,是否妥当要根据货物情况判断。最后是卸载,承运人应该采用安全和合适的方法将货物卸下船。船上没有积载图造成货物不能迅速卸下,或为了赶船期而不顾货物怕潮的特性在雨天卸货等都是不恰当的卸载。[①]

(2)管货义务的主观要求。对于管货义务,只需要承运人做到妥善地、谨慎地处理即可。所谓"妥善",通常指技术上的要求,即承运人、船员或者其他受雇人员在管理货物的各个环节中,应发挥通常要求的或者为所运货物特殊要求的知识与技能;所谓"谨慎",通常是指责任心上的要求,即承运人、船员或者其他受雇人员在管理货物的各个环节中,应发挥作为一名能胜任货物管理或者海上货物运输工作的人可预期表现出来的谨慎程度;二者相辅相成,缺一不可。通常情况下,这需要结合具体情况才能确定。

(3)管货义务的期间。从法条规定来看,管货义务的时间应该是从开始装货到卸货完毕的整个货运期间。从理论上来说,管货义务的期间要短于运输合同的期间。在运输合同的其他时间里,例如收到货物后开始装货之前,承运人仍然负有照管货物的义务,只是该义务属于普通法而非《海商法》第四章项下的管货义务,允许当事人协商。

(4)管货义务的免除与抗辩。管货是承运人的法定义务。有的运输中提单包括"FIO"(Free in and out,不负责装卸)等条款。该条款在航次租船合同可能是有效的,但在提单运输中,这种条款显然不能将装卸责任转移给托运人或收货人。因为《海商法》规定承运人的管货义务是强制性的,承运人不能用合同条款将其免除或减轻。

3. 不作不合理绕航

我国《海商法》第49条规定:"承运人应当按照约定的或者习惯的或者地理上的航线将货物运往卸货港。"此即承运人的第三项法定义务:不作不合理绕航。

(1)合理绕航与不合理绕航。所谓绕航(Deviation),是指船舶有意脱离约定的或者习惯的或者地理上的航线航行。所谓"约定的"航线,是指承托双方以合同方式约定的航线;"习惯的"航线,是指经过长期的航海实践形成的为航运界所公认的惯常航线;"地理上"的航线,是指在航海地理上距离最近的航线。绕航必须是明知而有意为之。如船长为了让随船的多余人员下船而离开预定航线停靠中途港,这就构成了绕航。而如果是发生了海难事故,船舶在大风的吹动下被迫偏离了航线,则不属于绕航。绕航有合理与不合理之分。绕航一般是基于承运人本身的利益和方便而发生的,而绕航行为不仅可能会增加航行时间,造成运输迟延,还可能招致意外的风险,因此不合理绕航对收货人的危害较大,应予严格禁止。

---

① 郭瑜:《海商法教程》,北京大学出版社2002年版,第83页。

当然，并非所有的绕航都是不合理的。按照我国《海商法》第 49 条第 2 款规定，船舶在海上为救助或者企图救助人命或者财产而发生的绕航或者其他合理绕航，不属于不合理绕航的行为。最典型的合理绕航是为救助或者企图救助人命或者财产而进行的绕航。无论是否实际采取了救助行动，救助是否有效果，只要有证据证明绕航的动机是为了救助或者企图救助人命或者财产的，即为合理绕航。至于其他合理绕航的界定，要取决于具体案情，通常是为了船货双方的利益或其他的合理事由。例如：躲避风暴或战争风险，送病危人员上岸治疗，基于有关政府或主管当局的命令等。

有时，运输合同会规定承运人有权根据需要偏离既定航线，此即"自由绕航条款"。这一条款通常会被认为违反了《海商法》第 44 条的规定，应该是无效的。

(2)不合理绕航的后果。航线的选择是海上航行中最重要的事项之一，因此绕航一直被视为非常严重的违约行为。英国普通法下，承运人未经许可驶离规定的航线，货物即失去保险的保护，即使货物发生的灭失或损害与绕航无关，承运人仍然被剥夺了抗辩的权利；此外，货损与绕航之间不需要存在因果关系，而且绕航会使承运人丧失运输合同下的一切权利。《海牙规则》第 4 条第 4 款仅对合理绕航作了规定，但没有规定不合理绕航的定义和后果，承运人是否仍受到公约或合同规定的免责或责任限制的保护同样并不明确。《海牙—维斯比规则》、《汉堡规则》对此也没有提出明确的解决措施。

我国《海商法》对绕航的规定和《海牙规则》基本一致，同样存在上述缺陷。因此，在解释上应该认为不合理绕航为一项普通违约行为，货损与绕航之间具有因果关系时承运人应予负责。而且，只要没有按照有关规定被剥夺免责或责任限制的权利，就应享受上述权利。此外，在举证责任方面，应由承运人举证证明其绕航行为的合理性。

除此之外，承运人还负有合同约定或法律所规定的其他义务，这主要是指及时地、安全地运输货物的义务。

(二)承运人的主要权利

承运人主要享有运费、亏舱费、滞期费、共同海损分摊费用、承运人为货物垫付的必要费用等的请求权。这已在"托运人的义务"中予以阐述，此处不再探讨。此外，还有货物留置权、损害赔偿责任的免除与限制以及特定情形下变更履行地等权利。

四、提单及其他运输单证

在船商分离的情况下，需要一定的单据来证明货物已交给承运人，并凭此要求承运人交付货物，这就是提单(B/L，Bill of Lading)或其他运输单证。我国《海商法》第 71 条规定，提单，是指用以证明海上货物运输合同和货物已经由承运人接收或者装船，以及承运人保证据以交付货物的单证。

提单是目前海上货物运输中使用最多、最为重要的单据，而且在国际货物买卖的其他环节中都发挥着重要作用。提单的业务流程通常是：承运人与托运人签订运输合同后，托运人在指定的地点将货物交承运人或直接交到船上，承运人则签发装货单。如果缔约托运人与发货人不是同一人时，则承运人通常会向发货人签发装货单。装货单一般由三联组成，一联是作为留底，供承运人编制装船清单之用，又称作"装货清单"；一联是装货单正本，返还给托运人作货物出口报关之用，故又称作"关单"；另一联是收货单，返还给托运人作为承运人已收取货物的凭证，由于其上有船上大副的签字，习惯上又称为"大副收据"。托运人凭大副收据向承运人换取提单。托运人取得提单后,即将提单寄交目的港的收货人,以便收货人能凭提单提取货物。托运人也可能不是直接将提单递交收货人,而是根据买卖合同下的付款协议,将提单交付款银行,再由银行将提单转交给买方。如果货物在运输途中发生了转卖,提单就可能通过转卖的买方、银行再转交给最终的买方。

(一)提单的格式与内容

各国船公司都制定有自己的提单格式,不过由于提单都是根据长期以来在海运实践中形成的习惯做法和有关法律确定的,因而提单上所记载的内容均大同小异。一般而言,提单有正反两面,正面是提单记载的事项及一些声明性的条款,背面则为关于双方当事人权利和义务的实质性条款。

提单正面记载的内容通常包括以下几项:(1)船名;(2)承运人,包括其名称和主营业所;(3)托运人;(4)收货人;(5)装货港以及在装货港接收货物的日期、卸货港、联运提单的转货港;(6)货物品名、标志、包装或件数、重量或体积;(7)运费支付方式,即规定运费是预付还是到付;(8)提单签发日期、地点和份数;(9)承运人或其代表的签字。

其中,“收货人”一栏通常有三种填写方式。第一种是直接记载具体的收货人的名称,此种提单称为记名提单。根据记名提单的规则,只有提单上载明的收货人才能提货,承运人也只能向该收货人交付货物。第二种是填写“凭某某指示”(To order of ××)或“凭指示”(To order)字样,前者为记名指示提单,后者为不记名或空白指示提单。依多数国家的规定,指示提单必须经过背书才能转让。由于指示提单克服了记名提单和不记名提单的不足,兼顾了提单的流通性和安全性,所以在国际贸易和海运中使用最为普遍。第三种是不写明具体的收货人或由某人指示,仅注明“持有人”(Bearer)或“交与持有人”(To Bearer)的字样,甚至将收货人一栏空白不填,此种提单称为空白提单或不记名提单。依大多数国家的法律规定和国际贸易惯例,不记名提单无须背书即可转让,仅以交付提单为要件。谁合法持有不记名提单,谁就有权提货,因此不记名提单流通性虽强,但颇不安全,易引起纠纷,在国际贸易和海运实务中亦较少使用。

提单背面(Reverse Side)条款,是承运人预先印制好并规范当事人间权利义务的条款。通常情况下,提单背面条款只要不违背强制性立法,并与承运人和托运人事先达成的协议不相抵触,便是承运人和托运人之间海上货物运输合同的构成部分。但是,当提单转移至收货人或者提单受让人时,这些条款是确定承运人与收货人或者提单受让人之间权利义务关系的依据。当然,提单背面条款除了要受到国际公约及各国关于海上货物运输的强制性规则约束外,还要受到各国关于“格式条款”立法规定的约束。虽然各种提单背面条款多少不一,内容不尽相同,但通常都包括承运人责任(Carrier's Liability),责任期间(Period of Responsibility),运费及其他费用(Freight and Other Charges),装货、卸货和交货(Loading, Discharging and Delivery),留置权(Lien),货物灭失或损坏的通知、时效(Notice of Loss or Damage, Time Bar),赔偿责任限额(Package Limitation),危险物、违禁品(Dangerous Goods, Contraband),舱面货、活动物和植物(Deck Cargo, Live Animals and Plants),集装箱货物(Cargo in Container),选港货(Optional Delivery),转运、换船、联运与转船(Forwarding, Substitute of Vessel, Through Carriage and Transshipment),共同海损条款(General Average Clause)等条款。其中比较重要的条款包括:

(1)管辖权(Jurisdiction)与法律适用(Applicable Law)。管辖权条款通常规定处理提单纠纷的法院，其典型措辞是，一切由提单引起的纠纷由船东所在国家法院行使管辖权。有时该条款还会规定解决争议应适用的法律，此即法律适用(选择)条款。

(2)首要条款(Paramount Clause)。该类条款通常规定，提单应受某一国际公约或某一国内法的制约，例如"《海牙规则》适用于本提单"，或"《海牙—维斯比规则》是本提单的一部分"等。对于该条款的效力，一般认为，如果该提单本应受某国际公约或某一国内法的约束，那么提单的各项规定不得与之相违背；如果该提单不属于某国际公约或某一国内法的适用范围，那么该国际公约或国内法的规定即应作为提单条款或组成部分被并入提单。根据我国《海商法》第 269 条的规定，国际海上货物运输合同的当事人可以选择合同适用的法律，因此该类条款在我国是合法有效的。首要条款与法律适用(选择)条款是不同的，前者仅是援引某一具体的国际公约或某一国内法，后者选择适用的却是一国的所有相关法律，即该国的法律体系。而且，由于通过首要条款并入的国际公约或国内法已成为提单的条款或组成部分，因此将失去其作为立法的强制性，并且还要受到法律适用(选择)条款的制约。

(二)提单的签发、转让与注销

1. 提单的签发

应托运人请求签发提单是承运人的法定义务之一，承运人必须依照约定和法定规则签发提单。实践中承运人可能由于未收到本应预付的运费或由于与托运人的其他商业纠纷而拒绝签发提单或者"扣押"提单，这样会使托运人不能及时得到提单，妨碍提单及时进入流通领域，因而构成违背签发提单义务的行为。

(1)提单的签发人。签发提单的只能是承运人或其授权的人，未经授权签发的提单不能约束承运人。但是船长签发的提单，法律推定为代表承运人签发，无论其是否得到承运人的授权，都可以约束承运人。除填写相关事项外，签发人还必须在提单上签字。签字是提单签发人承担提单上责任的重要意思表示，没有经过签字就进入流通的提单是无效提单。

(2)提单的签发对象。提单应该签发给托运人。但是，由于《海商法》第 42 条规定了两种托运人，因此应该签发给哪一种托运人并不明确，这在 FOB 价格条件下显得更加突出。既然立法没有规定，从理论上来说两种托运人均有权要求承运人签发提单，因此承运人无论签发给哪一种托运人都是合法的。

(3)提单的签发份数。提单有正本提单和副本提单之分。正本提单通常为一式三份，提单正面都注有"正本"(Original)字样。每份正本提单具有同等效力，在卸货港凭其中一份办理提货手续后，其余各份失效。正本提单也是托运人向银行议收货款的主要结汇单证之一，在贸易合同或信用证中所提到的"全套"提单，通常是指经过签署的所有正本提单。在向银行结汇、改变目的港、改变收货人以及提单在国外转让时，应同时提交所有正本提单。副本提单是在提单正面注有"副本"(Copy)字样，其份数视需要而定。副本提单只起参考作用，不具有正本提单的性质。对一票货物通常只能签发一套正本提单。如果向多人签发多套正本提单，承运人可能会涉嫌欺诈行为，并应对所有基于善意、合法取得正本提单的人承担相应责任。承运人可向第一个凭合法有效的正本提单提货的人交货；在多人同时请求交货时，较为合理的做法是由法院裁决向谁交货。

(4)提单的如实签发与批注。提单正面所载明的事项为本航次的基本事项，应由承运人依据实际情况和法律规定如实填写，此即承运人的如实签发义务。对于船名、承运人、托运人、收货人、装货港、卸货港、货物的说明、运费支付方式，提单签发日期、地点和份数，承运人或其代表的签字等提单载明的事项,承运人必须如实填写。

上述事项中对货物的说明通常是由托运人提供或填写的。但是,承运人或者代其签发提单的人,知道或者有合理的根据怀疑提单记载的货物的品名、标志、包数或者件数、重量或者体积与实际接收的货物不符,在签发已装船提单的情况下怀疑与已装船的货物不符,或者没有适当的方法核对提单记载的,可以在提单上批注,说明不符之处、怀疑的根据或者说明无法核对。

在提单上批注,通常是在提单正面批注,并且仅限于“目力所及的货物表面状况”,而不能用贸易合同中的货物质量标准进行衡量。例如,批注“内装货物外露”、“包破”、“锈蚀”、“污损”等。由于被批注的提单会影响到货物贸易的正常进行以及提单的正常流转,因此提单的批注必须谨慎、合理,要符合实际情况,既不夸大也不缩小,否则应承担相应的责任。承运人或者代其签发提单的人,在签发提单时未在提单上对货物的外表状况提出异议,视为承运人在货物表面状况良好的情况下收到货物。承运人在目的港交货时,应当将外表状况良好的货物交给收货人。因此,没有在提单上批注的,是承运人已经按照提单所记载的状况收到货物或者货物已经装船的初步证据。

但是,当提单转让到第三人手里,承运人向善意受让提单的包括收货人在内的第三人提出的与提单所载状况不同的证据,不予承认。在这种情况下,提单在承运人与包括收货人在内的第三人之间,成了最终证据。这有利于保护善意的第三人的利益,因为其是基于提单正面记载的状况决定是否买进提单项下货物的。①

如实签发和批注不仅是承运人的义务,也是承运人的权利。承运人有权依据法律规定和实际情况如实签发提单和进行批注;托运人要求承运人违反客观事实签发提单的,承运人有权拒绝。

2. 提单的转让

提单是可以转让的单据。我国《海商法》第 79 条对提单的转让规定了三种情形:(1)记名提单,不得转让;(2)指示提单,经过记名背书或者空白背书转让;(3)不记名提单,无须背书,即可转让。

(1)记名提单的转让。对“记名提单,不得转让”有不同的理解。有人认为不得转让就是绝对禁止转让。有人则认为只是禁止托运人的转让,托运人取得记名提单后只能交给记名的收货人而不得转让给他人,但记名收货人收到提单后,仍然可以背书转让。② 按照后一种理解,记名提单和记名指示提单的用法基本一致,这种说法因为没有足够的说服力在实践中较少被采纳。实践中,在签发了记名提单后又希望转让货物的,通常是另外签订一份货物买卖合同和转让提单下的收货权的合同。③

(2)指示提单的转让。指示提单,经过记名背书或者空白背书转让。记名背书是指有权指示的人在提单上记载自己和被背书人双方的名字,又称为完全背书;空白背书是指有权指示的人只在提单上记载自己的名字而不记载被背书人,又称为不完全背书。记名指示提单中有权指示的人是记名的指示人,空白指示提单中有权指示的人是托运人。

---

① 张湘兰等:《海商法论》武汉大学出版社 2001 年版,第 101 页。

② 傅旭梅:《中华人民共和国海商法诠释》,人民法院出版社 1995 年版,第 158 页。

③ 郭瑜:《海商法教程》,北京大学出版社 2002 年版,第 142 页。

(3)不记名提单的转让。对不记名提单，无须背书，凭提单的交付即可转让。但如果其中有人背书转让的，则受让人也要背书才能转让。因此，背书转让和不经背书交付转让两种提单转让方式是可能互换的。

(4)提单转让的效力。对于提单转让的效力，并没有明确的法律规定。不过我国《海商法》第78条规定："承运人同收货人、提单持有人之间的权利、义务关系，依据提单的规定确定。"据此可以推断出，提单的受让人受让提单的同时，也一并受让了提单上的权利和义务，这主要包括对货物的物权、对承运人的债权以及运费等债务。不过，如果提单受让人(提单持有人)并没有行使提单项下的权利，却要求他承担提单项下的义务，这对提单持有人是不公平的，也必将影响到提单的正常流转。因此，英国1992年《海上货物运输法》第3条规定，提单转让时权利随同转让，但义务不同时转让；只有当持单人行使权利时，义务才发生转让。

3. 提单的注销

收货人提货时应以提单作为凭证，而承运人凭提单交付货物后，应当收回提单或在提单上进行作废或注销的批注，以终止提单的效力。如果提单没有被注销或废止，那么承运人在提单项下的义务就不会终止。

(三)提单的性质与功能

提单的性质，也称为提单的功能、功效或提单的效力。通常认为，提单是海上货物运输合同的证明，是承运人接收货物或已将货物装船的证明，并且是承运人保证据以交付货物的凭证。

1. 提单是海上货物运输合同的证明

提单多在班轮运输的情况下签发。班轮运输下，托运人与承运人一般并不另外订立详细的海运合同，而是以提单条款来确定双方的权利义务。但是，这些提单条款并非海上货运合同本身，而是海上货运合同的证明，因为海上货运合同早已于承运人在托运人依据班轮公司规定的船期、运费率等情况填写的托运单上签字盖章时就已成立，签发提单不过是承运人履行海运合同的行为而已。此外，海运合同为双务有偿合同，而提单仅由承运人单方制作和签发，托运人并未参与提单的制作过程，也不在提单上签字盖章，因此提单仅为承运人单方法律行为的结果，不能构成海上货运合同，仅是海上货物运输合同的证明。《汉堡规则》与我国《海商法》均采取此观点。在"阿登内斯"案中，英国高等法院认为：提单并不是合同本身，合同在提单签发前就已存在，后者只是由一方签发的，且在货物装船时才将其交给托运人。①

但在特殊情况下，提单就成为海上货物运输合同：(1)班轮运输中，当提单转让给包括收货人在内的善意第三人时，按照有些国家的提单法或海商法，善意受让人和承运人之间的权利义务按提单条款办理，此时提单就不再是海上货物运输合同的证明，而是承运人和善意提单受让人之间的海上货物运输合同。这是因为收货人不是承托双方订立合同的当事人，他无法知道他们之间除提单以外的合同关系，他只知道手里的提单，只能以此作为运输合同。② (2)在租船运输的情况下，出租人和承租人之间的权利义务依租船合同而定，但是若承租人和其他托运人将其持有的提单转让给善意第三人时，提单就转为出租人和善意第三

---

① Lloyd's Law Reports [1950](1)304.

② 吴焕宁：《海商法学》，法律出版社1996年版，第97页。

人之间的海上货物运输合同，出租人和善意第三人之间的权利义务只能适用提单条款的规定。因此，在另有协议的当事人之间，提单只对海上货物运输合同起到证明或补充作用，而对没有另订协议的当事人而言，提单实际上起到运输合同的作用。[①] 我国《海商法》第 78 条第 1 款也规定，承运人与收货人、提单持有人之间的权利、义务关系，依据提单的规定确定；第 95 条规定，对按照航次租船合同运输的货物签发的提单，提单持有人不是承租人的，承运人与该提单持有人之间的权利、义务关系适用提单的约定。

2. 提单是承运人接收货物或已将货物装船的证明

承运人或船长在接收货物或将货物装船后，即应按托运人的要求签发提单，并在提单中记载货物的品名、标志、包装、件数或数量、质量和货物的外表状况等具体情况。按照我国《海商法》第 77 条的规定，此时的提单即为承运人或船长已按照提单所载状况收到货物或者货物已经装船的表面证据或初步证据(Prima Facie Evidence)。若承运人没有足够的有效证据证明其实际收到的货物与提单所记载的货物在主要标志、包装、件数、外在状况等方面不符，就应按提单上记载的货物说明向托运人或收货人交付该货物，否则应当承担赔偿责任。

但是，提单也可能成为对承运人有约束力的最终证据(Conclusive Evidence)。依据《海牙—维斯比规则》第 1 条规定，当提单已被转让给善意的第三人时，便不能接受与提单所载货物各种说明相反的证据，提单由此成为对承运人有约束力的最终证据，即使承运人有足够的证据证明提单所载货物不实，也应按提单记载交货。我国《海商法》第 77 条也规定，承运人向善意受让提单的包括收货人在内的第三人提出的与提单所载状况不同的证据，不予承认。所谓善意第三人，是指在接受该提单时，并不知悉该提单所载货物数量、质量、包装等与实际情况不符的提单受让人。善意受让人在主观上并无过错，因此应保护其合法利益，并最终促进交易的安全与稳定。

不过，如果提单上有“不知条款”或其他类似的规定，即使提单已转让至善意的第三人时，也不能使其成为最终证据。所谓“不知条款”，是指承运人或其代理人有正当理由怀疑托运人提供的有关货物的说明与实际情况不符，但没有适当方法进行检验时，即可在提单上批注保留字句，如“据称”、“重量不知”、“托运人装船、铅封和计数”等，以表明自己的立场。“不知条款”不能全盘否认提单上关于货物记载的证据效力，但对于声称“不知”的部分，不发生最终证据的效力。《德国商法典》第 665 条、《法国海上运输合同和租船合同法》第 36 条以及《汉堡规则》第 16 条第 1 款和第 3 款均有类似的规定。[②]

3. 提单是承运人保证据以交付货物的凭证

提单是承运人保证据以交付货物的凭证，承运人在卸货港应当将货物交给有权凭提单提货的人。《海商法》第 71 条进一步规定，提单中载明的向记名人交付货物，或者按照指示人的指示交付货物，或者向提单持有人交付货物的条款，构成承运人据以交付货物的保证。

提单之所以成为承运人保证据以交付货物的凭证，或者说收货人的提货凭证，在于提单所具有的物权凭证(Document of Title)功能。如前所述，基于货物转让贸易的需要和商业习惯做法，法律赋予提单代表其项下货物权利的功能，提单的转让即意味着提单项下货物权

① 傅旭梅：《中华人民共和国海商法诠释》，人民法院出版社 1995 年版，第 142 页。

② 张湘兰等：《海商法论》，武汉大学出版社 2001 年版，第 85 页。

利的转让,因而提单是一种物权凭证。

提单的物权凭证功能决定了交货或提货应凭正本提单进行。因为指示提单和不记名提单是可以转让的,因此有权提货的人即收货人应当向承运人或其代理人出示提单以证明自己是合法有效的提单持有人,承运人也应当凭单交货。不过,对于记名提单是否应凭提单提货和交货,却有肯定和否定两种不同的观点。有人认为仍然应凭提单提货和交货,有人认为从《海商法》第71条的字面意义上可以看出,记名提单只要向提单中载明的记名人交付货物即可,无须凭提单交付和提取,因为记名提单是不能转让的,提单中载明的记名人即为合法有效的收货人。从理论上来说,记名提单不能转让,不具有物权凭证的效力,因而无须凭单交货或提货。但是按照我国现在的司法实践,记名提单仍要凭正本提单交货或提货。

(四)提单的分类

1. 已装船提单与收货待运提单

依据提单签发时货物是否已装船,可以分为已装船提单与收货待运提单。

已装船提单(Shipped or On Board Bill of Lading),是指船长、承运人或其代理人在货物装上指定的船舶后签发的提单。已装船提单正面注明的装船日期,即为提单项下货物的装船日期。在实务中,大多数提单均为已装船提单。收货待运提单(Received for Shipment Bill of Lading),是指承运人或其代理人、船长在接收货物后尚未装船,应托运人的请求而签发的提单。这种提单往往并不加注船名和装船日期,只能说明货物在承运人的掌管之下,具体的承运船舶和装船日期完全由承运人决定。因此,收货日期也难准确判定。

已装船提单和收货待运提单具有不同的法律效力。已装船提单能够保障收货人按时收取货物,故而在国际贸易中深受买方欢迎,以致某些国际贸易惯例,如《2010年国际贸易术语解释通则》(INCOTERMS 2010)、《跟单信用证统一惯例》(UCP500 及 UCP600)等通常仅适用于已装船提单。因此,为了便于融资,大多数国家均允许托运人在货物装船后向承运人换取已装船提单,或者要求承运人在收货待运提单上加注"已装船"的字样,载明船名和装货日期,并在提单上签字。这样,收货待运提单就取得了同已装船提单相同的效力。我国《海商法》第74条即有此类规定。

2. 清洁提单与不清洁提单

依提单有无批注,可将提单分为清洁提单与不清洁提单。清洁提单(Clean Bill of Lading),是指在提单上对货物的表面状况是否良好未作批注的提单。承运人签发了清洁提单表示货物已如数装船,而且在装船时货物的表面状况良好。不清洁提单(Unclean or Foul Bill of Lading),是指在提单上批注了货物表面状况有缺陷的提单。承运人签发了不清洁提单,表明货物在装船前或装船时,货物的表面状况就已处于不良状态。但是,并非提单上关于货物表面状况的任何批注都表明货物表面状况存在缺陷,只有那些明确声明货物或包装状况有缺陷的条款或批注,才构成不清洁批注。通常情况下,下列批注不构成不清洁提单:(1)批注未明确说明货物或包装不令人满意;(2)批注所强调的是承运人对由于货物的性质或包装所引起的风险不负责的内容;(3)批注是关于否认承运人知道货物的内容、重量、尺码、质量或技术规格的内容,即"不知条款"。①

清洁提单和不清洁提单在国际贸易和国际支付中具有不同的地位。一般而言,买方、货

① 赵德铭:《国际海事法学》,北京大学出版社1999年版,第223页。

物受让人或银行拒绝接收不清洁提单,而要求卖方或托运人提供清洁提单。UCP500 第 32 条(b)款规定以及 UCP600 第 27 条均有类似规定。因此,在海运实务中,托运人为了取得货款或转让提单,在无法通过改善货物的表面状况以取得清洁提单的情况下,通常以出具保函的形式换取承运人签发清洁提单。

所谓清洁提单保函,是指托运人为了换取清洁提单而向承运人出具的,声明由其承担因承运人签发该提单而引起一切相关损失的书面文件。托运人出具清洁提单保函可能是善意的,因为有时轻微的包装缺陷并不影响货物的质量;但有时会是恶意的,因为货物本身是有缺陷的,或者托运人可能与承运人串通欺诈等。各国对保函的法律性质和地位认识不一。我国法律对此并无明文规定,由于在海运实践中不可能完全杜绝此类做法,最高人民法院在《关于保函是否具有法律效力问题的批复》中专门指出:"海上货物运输的托运人为换取清洁提单而向承运人出具的保函,对收货人不具有约束力。不论保函如何约定,都不影响收货人向承运人或托运人索赔;对托运人和承运人出于善意而由一方出具另一方接受保函,双方均有履行之义务。"这成为当前处理此类纠纷的重要依据。①

3. 直达提单、联运提单与多式联运提单

根据运输方式的不同,可以将提单分为直达提单、联运提单和多式联运提单。

海运直达提单(Direct Bill of Lading),是指在提单中无中途转船的批注,表明货物自装货港装船后直接运往卸货港的提单,该提单在实务中最常见。若提单条款中有承运人有权转装他船的所谓"自由转船条款",但没有"转船"的批注,这种提单仍应被视为直达提单。

联运提单(Transshipment or Through Bill of Lading),是由两艘以上的船舶将货物在中途转船,相继运往目的港而由第一程海运承运人签发的提单。接运货物的承运人称为接运承运人或实际承运人。海上联运与转船并不完全相同:海上联运是根据联运承运人与托运人达成的协议或者得到托运人默许,利用两艘或两艘以上的船舶相继完成运输的行为;而转船通常发生在运输途中遭遇风险或其他意外情况,不得已而将货物转船运输的场合。二者主要表现为原因上的不同。

多式联运提单(Multimodal Transport or Combined Transport Bill of Lading),是多式联运经营人以两种以上的运输方式(其中一种为海运)负责将货物从接收地运至目的地而签发的提单。这种提单主要用于国际集装箱运输,多式联运经营人一般对货物的全程运输负责。

4. 预借提单与倒签提单

预借提单(Advanced Bill of Lading),是指在货物尚未全部装船,或者货物虽已由承运人接管但尚未装船的情况下签发的已装船提单。预借提单通常在信用证规定的装船日期和交单结汇日期即将届满时,托运人为了使提单上的装船日期与信用证规定的日期相符而要求承运人在货物装船前签发的。

倒签提单(Antidated Bill of Lading),是指承运人在货物装船后签发的,但提单中注明的装船日期早于实际装船日期的提单。倒签提单通常在货物的实际装船日期晚于信用证规定的装船日期时,托运人为了能顺利结汇而要求承运人签发的。

预借提单和倒签提单一样,掩盖了货物的实际装船日期,并使信用证对装货这一环节的

① 张湘兰等:《海商法论》武汉大学出版社 2001 年版,第 95 页。

制衡力丧失，无法保证货物准时到达，从而避开了迟延交货的责任，对收货人构成欺诈。关于承运人和托运人对倒签提单和预借提单的责任属性，理论上存在侵权责任说、违约责任说、侵权责任和违约责任竞合说，以及缔约过失责任说等不同观点。

（五）提单的电子化与电子提单

1. 电子提单的产生

电子提单（Electronic Bill of Lading），指通过电子数据交换（Electronic Data Interchange，EDI）系统传送的按特定的规则组合而成的有关海上货物运输合同的数据。电子提单与传统的提单不同，它不再是一种纸面单证，而是一种无纸单证，是纸面提单的电子化。

电子提单是航运发展与电子商务发展相结合的产物，它更加符合现代航运发展的需求。首先，传统海运建立在纸面提单之上，靠寄送等方式，流转慢、环节多，其速度往往跟不上现代集装箱货物、散装液体货物运输速度，这在短距离货物运输中更是如此，因而实践中出现了大量的无单放货事件，但是电子提单的快速流转可以解决这一问题。其次，电子提单采用密码在封闭的EDI系统中进行流转，并通常有电子签章的认证，可以有效地防范航运单证欺诈的发生。①

电子提单产生的时间虽然不长，但它有着广阔的应用前景，其取代纸面单证已成为必然趋势，这也是运输单证现代化的根本出路所在。国际商会《国际贸易术语解释通则》（Incoterms2000 及 Incoterms2010）和国际商会《跟单信用证统一惯例》（UCP 500 及 UCP600），均明确允许使用电子提单。1990 年 6 月在巴黎召开的国际海事委员会第 34 届大会上，则通过了《国际海事委员会电子提单规则》（CMI Rules for Electronic Bills of Lading），来规范电子提单的法律问题。此外，英国 1992 年《海上货物运输法》可适用于电子提单，澳大利亚 1998 年《海上货物运输法》、南非 2000 年《海运单证法》也对电子提单的适用作出了规定。我国《合同法》第 11 条、《电子签名法》等法律均赋予电子数据以书面效力。

2. 电子提单的流转

目前电子提单流转所依据的规则主要是《联合国管理、商业和运输电子数据交换规则》和《1987 年远距传送贸易数据交换行为统一规则》，它们均已为《国际海事委员会电子提单规则》所采纳。电子提单的流转是通过电子数据交换实现的，其具体流程是：(1)托运人通过向承运人发送订舱电讯进行订舱。(2)承运人如接受订舱，向托运人发送接受订舱以及有关运输合同条件的电讯，由托运人加以确认。(3)托运人按照承运人接受订舱的电讯中的要求，将货物交给承运人或其代理人或其指定的人。承运人或其代理人或其指定的人收到货物后，向托运人发送收货电讯，其内容包括：托运人的名称，货物的说明，对货物外表状态等所做的保留（批注），收货的时间与地点，船名、航次等船舶的情况以及此后与托运人进行通讯的密码。托运人确认后，即可取得对货物的支配权。(4)承运人在货物装船后，发送电讯通知托运人，并按托运人提供的电子通讯地址抄送银行。(5)托运人根据信用证到银行结汇后，发送电讯通知承运人，货物的支配权即转移至银行，承运人便销毁与托运人通讯的密码，并向银行确认其控制着货物，提供给银行一个新的通讯密码。(6)收货人向银行支付货款后，取得对货物的支配权。银行向承运人发送电讯，通知货物支配权已转移至收货人，承运人即销毁与银行通讯的密码。(7)承运人向收货人发送电讯，确认其控制着货物，并将货物

① 张新平：《海商法》，中国政法大学出版社 2002 年版，第 159 页。

的说明、船舶的情况等通知收货人，由收货人加以确认。(8)承运人向目的港代理人发送电讯，将货物的说明、船舶的情况以及收货人的名称、电子通讯地址通知该代理人，由其在船舶到达目的港之前或者之后，向收货人发送到货通知电讯。(9)收货人根据到货通知电讯，凭其身份证明，到承运人在该港的代理人那里获取提货单提货。①

3. 电子提单的主要法律问题

电子提单带来的法律问题主要有两个方面：一是电子数据的书面效力、电子签名、电子数据的认证等电子单证本身的法律问题，这属于电子商务的一般法律问题；二是电子提单发挥传统提单的作用和海上货物运输法律对电子提单的适用问题，这属于海上货物运输法需要解决的问题。《国际海事委员会电子提单规则》试图解决第二个问题。但是，该规则只是一个民间规则，并不具有强制性的约束力，只有在被当事人协议采纳时才能适用。其主要内容如下：

(1)电子提单的书面效力。该规则赋予电子提单以书面提单相同的性质。该规则第11条规定，承运人、托运人及其他有关各方，应将电脑存储器中储存的，并可在电脑屏幕上用人类语言显示或者已由电脑打印出来的电子数据视为书面形式；由于电子数据在传送过程中已经接受者确认，应视为已满足了经双方当事人签署的要求。该规则还规定，在交货前的任何时候，密码持有人有权选择是否向承运人索取书面提单，承运人也可主动选择是否向密码持有人签发书面提单。

(2)电子提单的法律适用。该规则第6条规定，通过电子数据交换程序传送的海上货物运输合同，即电子提单，应受适用于传统提单的国际公约或者国内法的制约。

(3)电子提单条款。传统的提单背面印有很多条款。但在电子提单情况下，一般只是在传送的电讯中，援引特定的运输合同条款与条件。对此，该规则第5条规定，这种条款与条件被视为运输合同的组成部分。

(4)货物控制与转让权。该规则第7条规定，货物控制与转让权，包括向承运人请求提货、指定收货人或者替换收货人以及根据运输合同条款与条件，就货物运输的其他方面向承运人发出指示，如请求在运抵目的港前交付货物等项权利。这一权利在托运人从银行结汇后，从托运人转移至银行，并在收货人向银行支付货款后，从银行转移至收货人。拥有这一权利的货物所有人，可以通过转让这一权利实现货物在海上运输过程中的转卖。电子提单的这一功能，继承了传统提单的流通功能，且能克服海运单缺乏可流通性的缺陷。

(5)密码。电子提单密码是确保电子提单安全性的保证，应为电子提单规则的重心。它是经当事人同意为确保电子数据传送的真实性和完整性而采用的技术上的适当方式，如一组数码或字母。依该规则之规定，电子提单密码的持有人所持有的密码各不相同，是不得相互转让的，承运人和密码的持有人应各自保持密码的安全性。承运人只负责向最后一个由其给予电子提单密码的持有人发送确认的提单电子数据。

(六)海运单

1. 海运单的产生

海运单(Sea Waybill,SWB)，是证明国际海上货物运输合同和货物由承运人接收或者装船的一种不可流通的海上货物运输单证。海运单主要适用于短距离运输。某些国家如美

① 司玉琢：《海商法》，法律出版社2007年版，第152页。

国的记名提单(Straight Bill of Lading),实际上与海运单相同。① 国际商会《跟单信用证统一惯例》(UCP 500 及 UCP 600)已明确规定在跟单信用证项下可使用海运单结汇,国际商会《国际贸易术语解释通则》在 FOB、CIF 等价格术语下也均接受海运单的使用。1990 年 6 月国际海事委员会在巴黎通过了《海运单统一规则》(*CMI Uniform Rules for Sea Waybills*),专门解决和统一海运单带来的主要法律问题。

与传统提单相比,海运单具有以下优势。(1)快速交付货物:海运单运输无须凭单交货,只需验明收货人身份即可,因此货物运抵后,只要通知收货人并且验明其身份即可交货,不会产生提单迟延到达带来的一系列问题,也有助于缓解码头拥挤,缩短船货等待装卸的期间,减少有关费用;(2)减少手续、开支:海运单运输无须凭单交货,因此可以减少签发份数,节省手续作业以及邮寄、中转的时间和费用;(3)预防海事欺诈:海运单不具有转让性及提货凭证的效力,因此可以有效预防和减少利用单据进行欺诈的行为;(4)有助于 EDI 的开展:海运单并非物权凭证,更有助于利用 EDI 系统进行运输单证无纸化作业的推广工作。② 因此,海运单的使用率在不断上升。据统计,目前大西洋上 85%的集装箱运输使用海运单,如跨国公司下属的子公司、联营公司之间的货物运输,长期合作、值得信赖的客户之间的货物运输,短程货物运输等。

不过海运单也有它的缺陷。由于海运单不具有物权凭证的功能,因而在货物运输途中,不能凭海运单的转让实现货物的单证贸易,也不能作为权利质押的标的物,这就不利于融资和贸易的支付。③

2. 海运单的法律地位

同传统的提单一样,海运单也是一种书面单证,具有正面记载事项和背面条款,其签发事项与提单也大致相同。当然,有的海运单背面并没有承运人义务、责任与免责的条款,而在正面或者背面订有一"参照条款",规定这些事项适用承运人标准运输条件或者承运人的普通提单或者其他文件中的规定,从而达到简化海运单条款的目的。

与传统提单相比,海运单有以下几个重要特点:(1)海运单不可流通转让。海运单正面通常注有"不可转让"或"不可流通"(Non-negotiable)的字样。海运单本就是适应短途运输的需要产生的,由于航程短,收货人没有机会出售正在运输中的货物,因而海运单无法也无须转让。(2)海运单不是提货凭证,无须凭单提货。由于海运单不得转让,承运人的义务就是向指定的收货人交货。因此,收货人提货时无须提交海运单,而只需提交其身份证明,即证明自己是海运单上载明的收货人即可。由此可见,海运单虽然同提单一样,是海上货物运输合同以及承运人接收货物或将货物装船的证明,但是由于海运单不能转让和流通,无须凭单即可提货,因而它不是提货凭证,不具有物权凭证的法律属性,这是它与提单的根本不同之处。

3. 国际海事委员会《海运单统一规则》

国际海事委员会《海运单统一规则》是目前唯一一部专门解决和统一海运单带来的法律问题的国际规则。但是,这一民间规则不具有强制性的约束力,只能在运输合同中被双方当

① 赵德铭:《国际海事法学》,北京大学出版社 1999 年版,第 332 页。

② 张新平:《海商法》,中国政法大学出版社 2002 年版,第 155～157 页。

③ 张湘兰:《海商法》武汉大学出版社 2008 年版,第 122～124 页。

事人协议采纳时才能适用,而且当其与强制适用的国际公约或者国内法相抵触时,便不发生效力。因此,这一规则实施的效果有着很大的局限性。

(1)适用范围。《海运单统一规则》第 4 条规定:“海运单所包含的运输合同,应受强制适用于由提单或类似的物权凭证所包含的运输合同的国际公约或国内法的约束。”根据这一规定,《海牙规则》、《海牙—维斯比规则》或与之相应的国内立法应适用于海运单。但是,这一民间规则的规定能否改变《海牙规则》、《海牙—维斯比规则》或与之相应的国内立法的适用范围,仍然存在很大疑问。因为传统的海上货物运输法是以提单运输为基础的,因而《海牙规则》、《海牙—维斯比规则》不适用于海运单运输。在我国,除有关提单的规定外,我国《海商法》第四章的其他规定同样可以适用于海运单所证明的国际海上货物运输合同。此外,除非有相反的强制性立法规定,《海运单统一规则》可以通过当事人的约定得以适用。

(2)收货人的权利和义务。在提单运输中,收货人可依据其持有的提单向承运人主张权利。但在海运单情况下,收货人在卸货港无须凭海运单即可提取货物,而且他可能自始至终都不持有海运单。因而,收货人向承运人主张权利、承担义务就缺乏依据。《海运单统一规则》对此采用代理原则予以解决。《海运单统一规则》第 3 条规定:“托运人不仅为其自身利益,同时作为收货人的代理人,并为收货人的利益而订立运输合同,并向承运人保证,他具有这种权限。”据此,收货人被视为海运单所证明的运输合同的当事人之一,从而可依据海运单向承运人主张权利,并承担义务,但收货人承担的义务不应超过当运输合同为提单或者类似的物权凭证所证明时,他所应承担的义务范围。

(3)货物控制权。在海运单情况下,托运人是唯一有权向承运人就货物的交付等运输合同事宜发出指令的人。这一权利在《海运单统一规则》第 6 条中被称为货物控制权。该条规定:“除所适用的法律另有规定外,托运人有权在海运单上载明的收货人在目的港请求提货之前的任何时候变更收货人,但应以书面形式或者其他承运人能接受的方式,将变更事宜通知承运人,并偿付承运人因此而支付的额外费用。”该条同时规定:“托运人可以在承运人接收货物之前,将上述对货物的支配权转让给收货人,并在海运单上注明。”这种货物支配权及其转让的规定,在一定程度上可以弥补海运单不可流通的缺陷。这是因为,如果货物支配权转让给收货人,便可实现货物在运输过程中从海运单上记名的收货人转卖给收货人另行指定的收货人,其效果相当于实现了海运单的一次转让。

五、货物的交付

(一)货物的交付与接收

承运人将货物运抵目的港后,通常要将货物卸离船舶并交付给收货人。承运人应当履行安全、及时、正确交付货物的义务,将货物如数、完整地交给收货人,收货人应予接收和配合。

不过,承运人的交付在一些情况下可能无法完成,例如货物全损的,承运人即无法完成交付任务;货物部分损坏的,其交付给收货人的就只能是损坏的货物。有时还会发生错交付或错交货(Misdelivery)的情况,即承运人未将正确的货物交给收货人,而是将部分或全部非收货人的货物错误地交给了收货人。除此之外,承运人迟延交付和无正本提单交付是最常发生的两种违背交货义务的行为。

(1)迟延交付。《海商法》第 50 条第 1 款规定,货物未能在明确约定的时间内在约定的卸货港交付的，为迟延交付。对这一规定有两种理解。一种认为，这是给迟延交付下的一个定义，因此只有明确约定交付时间的，才会发生迟延交付；没有约定便没有迟延交付，不存在交付超过合理时间的问题。另一种则认为它不构成对迟延交付的定义，而只是对约定交付时间而发生迟延交付这一种情况的规定；没有约定交付时间的仍应在合理期间内交付货物。[①] 目前理论界和司法界占主流的观点是第一种观点。

(2)无正本提单交货。承运人应凭正本提单交货，同时收货人也应凭正本提单提货。如果承运人将货物交给未持有正本提单的人，那么持有正本提单的收货人就无法再实现其提货的权利。目前在我国，司法实务对此已经明确，一般情况下，海上货物运输中合法的提单持有人向承运人请求无单放货赔偿的或提单持有人向无单提货人主张权利的，支持提单持有人的主张。无正本提单放货是一种严重的违约或侵权行为，实践中通常认为属于明知会造成损失而故意或轻率地作为或不作为，因而丧失了单位责任限制的权利。

实践中，承运人通常是凭副本提单加保函的方式无单放货的，其主要原因仍是提单流转速度太慢，货物已经运到但收货人尚未取得提单。因此，并非所有的无单放货都要承担责任，如果无单放货的对象就是合法正当的收货人，或者无单放货的对象事后取得了正本提单并交回，或者已过诉讼时效的，承运人通常无须承担赔偿责任。而对于副本提单保函的效力，立法没有规定，司法实践中采取同清洁提单保函相同的处理方式。

(二)货物的检验与索赔

1. 货物的检验

收货人在目的港提取货物前或者承运人在目的港交付货物前，均有权要求检验机构对货物状况进行检验；要求检验的一方应当支付检验费用，但有权向造成货物损失的责任方追偿。货物交付时，收货人也可以会同承运人对货物进行联合检查或者检验。在对货物进行检验时，承运人和收货人双方应当相互提供合理的便利条件。

2. 货损的索赔及其效力

如果货物处于不良状态，收货人应及时用书面通知承运人，口头方式通常不发生索赔的效力。如果货物的灭失或损害是显而易见的，通知应当场作出，以便于双方及时进行辨认和确定货损状况。如果收货人已经会同承运人对货物进行联合检查或者检验的，无须就所查明的灭失或者损坏的情况提交书面通知。

如果承运人向收货人交付货物时，收货人未将货物灭失或者损坏的情况书面通知承运人，此项交付视为承运人已经按照运输单证的记载交付以及货物状况良好的初步证据。而在货物灭失或者损坏非显而易见的情形下，从货物交付的次日起连续七日内，集装箱货物交付的次日起连续十五日内，收货人未提交书面通知的，也视为承运人已经按照运输单证的记载交付以及货物状况良好的初步证据。所谓"初步证据"，是指收货人未在规定时间内依规定方式提出索赔通知的，即初步认为承运人已经按照运输单证的记载交付且货物状况良好。但是，如果收货人能在诉讼时效期限内提出充分有效的证据证明确有货损发生的，承运人仍应承担赔偿责任。[②]

如果是迟延交付，收货人必须自交货次日起连续 60 日内提出迟延造成经济损失的书面

---

① 赵德铭：《国际海事法学》，北京大学出版社 1999 年版，第 280～281 页。

② 张湘兰：《海商法》，武汉大学出版社 2008 年版，第 114～115 页。

通知，否则承运人不负赔偿责任。与上述对货损的通知不同，没有在法定期间内采用法定方式提出迟延交付通知的，按照《海商法》第 82 条规定，承运人不再承担赔偿责任。之所以如此，是因为迟延交付造成的损失是一种纯经济损失，与有形的货损相比，它的确定要难得多。而且，这种金钱上的损失是与特定时间、特定地点的市场行情等紧密相关的，因此及时通知承运人有利于采取措施、保全证据并确定损失。不过，如果因迟延交付发生货物的灭失或损坏，仍然应该按照货损的规定提出索赔通知。

对于上述货损的索赔通知，如果货物是由实际承运人交付的，那么收货人向实际承运人提交的书面通知，与向承运人提交书面通知具有同等效力；向承运人提交的书面通知，与向实际承运人提交书面通知具有同等效力。不过对于迟延交付的通知，《海商法》没有此类规定。

（三）货物的留置

承运人在交付货物前，可以基于法律的规定或合同的约定而留置货物，这就是承运人的留置权。我国《海商法》第 87 条规定，应当向承运人支付的运费、共同海损分摊、滞期费和承运人为货物垫付的必要费用以及应当向承运人支付的其他费用没有付清，又没有提供适当担保的，承运人可以在合理的限度内留置其货物。此即《海商法》第四章中的货物留置权。

对于该留置权的行使，应符合以下要件：(1)留置的货物须在其控制之下，货物已经脱离其控制的不能再行使留置权。不过这并不仅限于直接占有，货物卸下后存于承运人或其代理人的仓库或者其能控制的第三方仓库，或者行使留置权后被法院等扣押而丧失控制的，留置权仍能成立。(2)留置货物必须是在合理限度内，即货物价值和欠付款项大致相当。如果留置的货物价值大大超过应付款项，承运人要对由此引起的货方损失负责。(3)承运人留置的应当是债务人所有的货物。虽然对“留置其货物”有不同的理解，但通说认为“其”指的是债务人。如果应该向承运人支付运费的是托运人，而货物的所有权已经转让给了收货人，那么承运人就不能在卸货港留置收货人的货物。

就该留置权的行使方式来说，承运人可以自行控制该货物，也可以申请法院予以扣押。至于该留置权的实现方式，则有多种可能：(1)如果收货人及时付清了欠付款项或者提供了相应的担保，承运人应交付货物。(2)如果货物抵达卸货港的次日起满 60 日无人提取的，承运人可以申请法院裁定拍卖。对此应从两个方面理解，一是申请拍卖的期间，是以货物抵达卸货港作为计算 60 日期限的根据，而不是以货物卸离船或者承运人留置货物作为依据，因为后者易受承运人的影响，容易产生对收货人不公的现象；二是“无人提取”货物既包括无人要求提货，也包括收货人既没有付清欠款又没有提供相应的担保，因而无法提货。(3)在货物易腐烂或者货物的保管费用可能超过其价值的情形下，如果收货人既没有付清欠付款又没有提供相应的担保，承运人还可以申请提前拍卖而不受上述“满 60 日”的期限限制。对于拍卖所得价款，应用于清偿保管、拍卖费用和欠付费用，不足部分还可以向托运人追偿，多余部分则退还托运人；无法退还且自拍卖之日起满一年又无人领取的，上缴国库。

六、承运人的责任

承运人在运输过程中承担着许多法定和约定的义务，如果承运人违反上述义务即应承担损害赔偿责任。不过，按照《海商法》第四章的规定，承运人通常并不承担赔偿全部实际损失的责任，而只是承担过错责任并且可以享受法定免责和责任限制的权利。此外，《海商法》

第58条还规定，就海上货物运输合同所涉及的货物灭失、损坏或者迟延交付对承运人提起的任何诉讼，不论海事请求人是否合同的一方，也不论是根据合同或者是根据侵权行为提起的，均适用《海商法》第四章关于承运人的抗辩理由和限制赔偿责任的规定；上述诉讼是对承运人的受雇人或者代理人提起的，经承运人的受雇人或者代理人证明，其行为是在受雇或者委托的范围之内的，也适用上述规定。在非合同之诉中适用"承运人的抗辩理由和限制赔偿责任"的规定，可以有效地维护承运人在国际海上运输法中的固有利益。

（一）承运人的责任期间

《海商法》第46条第1款规定，承运人对集装箱装运货物的责任期间，是指从装货港接收货物时起至卸货港交付货物时止，货物处于承运人掌管之下的全部期间。承运人对非集装箱装运货物的责任期间，是指从货物装上船时起至卸下船时止，货物处于承运人掌管之下的全部期间，俗称"钩到钩"(Tackle to Tackle)或"舷到舷"(Rail to Rail)。

在非集装箱运输时，承运人可能在装船前就已接收货物，倘若在接货后装船前货物发生灭失或者损坏，承运人是否应承担责任，不无疑问。这主要取决于对承运人责任期间的性质的理解。通常认为，责任期间只是承运人要承担法律责任的强制期间，在责任期间内，该项义务是不可通过合同改变的，而在责任期间以外的合同期间内承运人的责任可以通过合同减轻或解除。因此，《海商法》第46条第2款规定，"前款规定，不影响承运人就非集装箱装运的货物，在装船前和卸船后所承担的责任，达成任何协议。"

（二）承运人的责任基础

在国内水路货物运输中，承运人应承担严格责任。但是，在国际海上货物运输中，基于对承运人利益的保护，我国《海商法》继承了《海牙规则》的规定，仅要求承运人承担过错责任，并同时允许承运人对其驾驶船舶过失和管理船舶过失主张免责，这被称为不完全的过错责任。这是民法归责原则的一项例外。

（三）承运人的法定免责

根据《海商法》第51条的规定，在承运人责任期间内，货物发生的灭失或者损坏是由于下列原因之一造成时，承运人不负赔偿责任。该规定系参照《海牙规则》第4条第2款而制定，虽然两者在数量和表述上存在差异，但实质内容并无不同。

1. 船长、船员、引航员或者承运人的其他受雇人在驾驶船舶或者管理船舶中的过失

此即通常所说的驾驶船舶过失和管理船舶过失免责，或者航海过失免责。不过，该免责仅限于船长、船员、引航员或者承运人的其他受雇人的过失，而不适用于承运人本人的过失。[①]

"驾驶船舶"(Navigation of the Ship)中的过失，是指船长、船员和引航员等在船舶航行或者停泊操纵上的过失。前者主要表现为船长、船员或者引航员违反国际性的或者地方性的避碰规则或其他航行规则，如疏于瞭望、没有适当采取避让措施等；或者违反良好船艺的要求，如没有顶风浪靠码头造成船舶碰撞、搁浅等。后者是指在船舶锚泊或者系泊中的过失，如锚泊的位置或者方式不当，系泊所用的缆绳数量不够或者系泊方法有误等。

"管理船舶"(Management of the Ship)中的过失，是指船长、船员等在维持船舶的性能和有效状态上的过失，例如操纵机器不当致使机器损坏；开启阀门失误使燃油混水，船舶失

---

① 王千华、向明华：《海商法》，中山大学出版社2007年第2版，第96～98页。

去动力;风浪太大但没有采取适当的压载措施致使船舶倾覆等。这里的“管理船舶”,既非船舶的经营管理,也非船舶上对船员的日常管理。

上述过失免责正是承运人承担不完全过错责任的症结所在。不过实践中,管船过失常常与管货义务中的过失难以分辨。如何区分有多种学说,但通常以行为的对象和目的作为区分标准。如果某一行为针对货物,其目的是管理货物,则该行为属于管理货物的行为;反之,则属于管理船舶的行为。例如风浪太大需往压载舱打压载水以提高船舶的稳性,但误将海水打入货舱使货物湿损,由于该行为的目的是管理船舶,因此属于管理船舶的过失。又如,在进入货舱察看货物时打开舱盖但忘记将其关上,后因雨水进入货舱使货物受损,由于该行为的目的是管理货物,这一过失属于管理货物的过失。

2. 火灾,但是由于承运人本人的过失所造成的除外

火灾损失除火焚或者烟熏造成者外,还包括在采取合理的救火措施过程中造成的损失,如湿损、践踏、喷洒化学灭火剂造成货物污染等。

火灾免责仅限于船长、船员、承运人的其他受雇人或者代理人因过失造成火灾的情形,如果火灾是承运人本人过失造成的,承运人便不能免责。由于承运人多为航运公司,因此对于如何确定承运人本人有不同观点。狭义观点认为“承运人”仅指公司的董事会成员或有所有权的经理人,而广义观点认为“承运人”指参与公司的主要经营管理的人,包括所有在陆上或船上的公司高级雇员、职员以及具体负责工作的管理人员。[①] 广义观点更为合理。

3. 天灾,海上或者其他可航水域的危险或者意外事故

天灾(Act of God)是指承运人通过采取合理预期的各种措施后,仍不能抵御或者防止的自然现象,诸如海啸、地震、雷击和冰冻等。天灾与不可抗力不是一个概念,天灾是自然现象,不涉及人为因素;不可抗力则既可以是自然现象,也可以是社会事件,如战争等。

海上或者其他可航水域的危险或者意外事故,即通常所说的海难或者海上危险,包括海上大风浪、暴风雨、暗礁、浅滩等。一般应为不能合理预见、超出一艘适航的船舶所能抵御的范围。

4. 战争或者武装冲突

战争或武装冲突造成的损失,不论宣战与否,也不论是战时或战后(如战后水雷造成船货损害),承运人均可免责。

5. 政府或者主管部门的行为、检疫限制或者司法扣押

政府或者主管部门的行为,是指一国政府或者有关主管部门所采取的禁止装货或者卸货、禁运、封锁港口、管制、征用、没收充公等行为。但是,船舶违反有关强制法规或者不适航或者发生事故手续未清或者未支付应由船舶支付的有关费用且未提供充分担保等情况下,海事主管机关禁止船舶离港或者停止作业的行为不在此限。

检疫限制是指一国检疫主管机关根据检疫法规,在发现停靠本国港口的船舶上有疫情或者船舶来自有疫情的港口等情况时,禁止船舶进港装卸货物或者要求对船货进行熏蒸等消毒处理等。

司法扣押通常限于公法上的原因,基于债权债务纠纷而采取诉讼保全措施或者为执行判决或其他司法文书对船舶实施的司法扣押不在此限。

---

① 尹东年、郭瑜:《海上货物运输法》,人民法院出版社 2000 年版,第 102 页。

6. 罢工、停工或者劳动受到限制

罢工、停工或者劳动受到限制是指因劳资纠纷或者工潮等原因,引起罢工、停工或劳动受到限制,使船舶无法及时装卸货物。劳动受到限制包括雇佣不到足够的码头装卸工人。当船员发生罢工,致使承运人无法履行或者继续履行海上货物运输合同时,承运人亦可援引此项免责。但因承运人的不法行为或者其他应负责的原因,如承运人违反与船员之间的雇佣合同,不按时支付或者非法克扣船员工资造成船员罢工的除外。

7. 在海上救助或者企图救助人命或者财产

在海上救助人命或财产,是指对在海上遇险的人员或财产实施了救助行为。企图在海上救助人命或财产,是指意图要对在海上遇险的人员或财产实施救助,但客观上没有实施救助。

8. 托运人、货物所有人或者他们的代理人的行为

例如,托运人未正确申报货物或者未妥善运输危险货物,收货人拒不提货或未及时提货等。不过,对于托运人未正确申报货物而收货人依据提单索赔的,通常应由承运人向收货人赔偿后再向托运人追偿。

9. 货物的自然特性或者固有缺陷

自然特性是指货物的自然或正常品质,固有缺陷是指货物中隐藏的缺陷。这通常会产生两类损失,一是自然损耗,如谷物、桶装酒类会有水分蒸发,散装油类会有部分黏附于舱壁或者结块沉淀而无法泵出;二是货物损害,如水果、兽皮等易发生腐烂或者变质,谷物易发热变质或者虫蚀,煤炭容易自燃等,承运人对此均可免责。但如果这些损失是承运人违反适航或管货等义务造成的,其对此不能免责。

10. 货物包装不良或者标志欠缺、不清

货物包装不良是指货物包装的方式、强度或者状态不能承受货物装卸和运输过程中的正常风险,因而易导致货物损坏。而货物标志欠缺、不清可能会造成货物的辨识困难,易造成货物混载或错误交付,或者因包装上没有禁止倒置、易碎、防湿等标志易导致损坏等。同样,如果货物包装不良或者标志欠缺、不清属于货物"表面状况不良",而承运人对此未在提单或者其他运输单证中批注,则不能援引此项免责对抗善意的收货人提出的索赔。

11. 经谨慎处理仍未发现的船舶潜在缺陷

承运人欲援引此项免责,应证明他事实上已谨慎处理,但船舶的潜在缺陷仍未发现。例如在"Amstelslot"轮一案中,"Amstelslot"轮在航行途中因减速齿轮断裂失去自航能力,英国上议院认为,验船师在装货港已按英国劳氏船级社技术规范,并用熟练的技巧,以通常的方法,对船舶做了全面的检验而无任何疏忽;验船师已尽谨慎处理之责,他无须擦去齿轮上的润滑油检查每一个螺丝。但是,国际上对于该项免责的普遍解释是,即使承运人事实上没有谨慎处理,但如果能证明某一缺陷即使他谨慎处理也不能发现,则仍可援引此项免责。

12. 非由于承运人或者承运人的受雇人、代理人的过失造成的其他原因

此项为概括性的免责,在英美法中称为"同类"规定,通常解释为与前述第 1 项至第 11 项免责事项属于相同性质或者相似的事由,即所谓"同类规则"。不过从字面上来说,无论是否类似,只要是非由于承运人或者承运人的受雇人、代理人的过失造成的损失均可免责。

承运人欲援引上述免责事项,必须证明损失是其中的某一项或几项免责原因所致。承运人如不能举证,则应对货物的所有灭失或损坏负责。但是,当因火灾造成货物灭失或者损

坏、货物迟延交付所造成的其他经济损失时，火灾是承运人本人过失造成的举证责任，由请求人承担。火灾举证责任的例外或倒置，并非基于举证责任分担的合理性，而是船货双方利益平衡和妥协的产物。

此外，货物的灭失、损坏或者迟延交付是由于承运人或者承运人的受雇人、代理人的不能免除赔偿责任的原因和其他原因共同造成的，承运人仅在其不能免除赔偿责任的范围内负赔偿责任。但是，承运人对其他原因造成的灭失、损坏或者迟延交付也应当负举证责任。

(四)承运人的赔偿责任限制

承运人赔偿责任限制，是指对承运人不能免责的原因造成的货物灭失或损坏、货物迟延交付所造成的其他经济损失，可以将其责任限制在一定金额范围内的制度。承运人对货物灭失或损坏的赔偿责任限制的数额，按照货物件数或其他货运单位数计算，因而该制度又称为承运人单位责任限制(Package Limitation of Liability)。承运人赔偿责任限制实质上是承运人赔偿责任的部分免除，是民法上赔偿全部损失原则的例外，是以保护承运人利益和航运业发展为目的的。不过，只有当货物灭失或者损坏的金额超过赔偿限额时，承运人的赔偿责任限制才会真正得以适用。

1. 承运人对货物灭失或者损坏的赔偿责任限制

《海商法》第 56 条规定，承运人对货物灭失或者损坏的赔偿限额，按照货物件数或者其他货运单位数计算，每件或者每个其他货运单位为 666.67 计算单位，或者按照货物毛重计算，每公斤 2 计算单位，以两者中赔偿限额较高的为准。

货物的件是指货物的包装单位，如箱、桶、包、捆等。其他货运单位通常是指非包装货物的自然单位，如一辆汽车、一台机床等。对散装货物而言，通常按照货物毛重计算。当货物用集装箱、货盘或者类似装运器具集装时，根据《海商法》第 56 条的规定，如果提单或者其他运输单证中载明在此类装运器具中装运的货物件数或者其他货运单位数，则以所载明的件数或者其他货运单位数为准；反之，如提单中未载明，则每一装运器具视为一件或者一个单位。当装运器具不属于承运人所有或者非由承运人提供时，装运器具本身也视为一件或者一个单位。

计算单位是指国际货币基金组织创设的特别提款权(Special Drawing Right，SDR)。《海商法》第 277 条规定，特别提款权的人民币数额，按法院判决之日、仲裁机构裁决之日或者当事人协议之日，国家外汇主管机关规定的特别提款权对人民币的换算办法进行计算。

不过，如果托运人在货物装运前已申报其性质和价值，并在提单中载明或者承运人与托运人另行约定了更高的赔偿限额，则承运人的赔偿限额以货物的实际价值或者另行协定的限额为准，《海商法》第 56 条规定的赔偿限额不适用。承运人这种赔偿限额的提高，通常出现在贵重物品或者价值较高货物的运输中。

2. 承运人对货物迟延交付的赔偿责任限制

按照《海商法》第 57 条的规定，承运人对货物因迟延交付造成经济损失的赔偿限额，为所迟延交付的货物的运费数额。货物的灭失或者损坏和迟延交付同时发生的，承运人的赔偿责任限额适用上述第 1 项的限额。

3. 承运人赔偿责任限制权利的丧失

《海商法》第 59 条规定，经证明，货物的灭失、损坏或者迟延交付是由于承运人的故意或者明知可能造成损失而轻率地作为或者不作为所造成，承运人便不得援用上述赔偿责任限制的规定。对此，要求在主观上为明知自己的行为可能造成货物灭失、损坏或迟延交付的后果，但是希望或放任这种结果的发生；在客观上，有故意或者轻率的行为，包括作为或者不作为。而如果承运人的受雇人、代理人有上述行为的，同样不得援用上述赔偿责任限制的规定。

承运人欲主张责任限制，或者收货人希望承运人承担全部赔偿责任的，应各自承担相应的举证责任。不过，国际上对责任限制普遍作限制性解释，使得责任限制权利轻易不丧失，因为赔偿责任限额与过去相比已大为提高，而且责任限制有利于实现船货双方利益平衡以及发展责任保险的需要。①

(五)承运人与其他责任主体的责任分担

1. 承运人与承运人的受雇人、代理人的责任关系

根据雇佣关系或代理关系的一般原理，受雇人或代理人在委托权限内的行为应由雇主或被代理人负责。根据我国《海商法》第 58 条第 2 款规定，就海上货物运输合同所涉及的货物灭失、损坏或者迟延交付对承运人(包括实际承运人)的受雇人或者代理人提起的任何诉讼，经承运人证明，其行为是在受雇或者委托的范围之内的，不论海事请求人是否合同的一方，也不论是根据合同或者是根据侵权行为提起的，均适用本章关于承运人的抗辩理由和限制赔偿责任的规定。② 这不仅是保护承运人利益的需要，也是雇佣关系或代理关系的必然要求。

2. 承运人与实际承运人的责任关系

(1)承运人对全程运输负责并对实际承运人的行为负责。《海商法》第 60 条规定，承运人将货物运输或者部分运输委托给实际承运人履行的，承运人仍然应当依照规定对全部运输负责。对实际承运人承担的运输，承运人应当对实际承运人的行为或者实际承运人的受雇人、代理人在受雇或者受委托的范围内的行为负责。

(2)实际承运人仅对其实际承担的运输行为承担责任。至于该责任的范围，按照《海商法》第 61 条规定，《海商法》第四章对承运人责任的规定，适用于实际承运人，因此第四章有关承运人的权利义务、责任、免责以及责任限制等的规定，均应适用于实际承运人。

(3)承运人与实际承运人的连带责任及其追偿。承运人与实际承运人都负有赔偿责任的，应当在此项责任范围内负连带责任。这主要发生在实际承运人负有赔偿责任，同时承运人仍对全程运输负责的场合。而一方承担了连带责任后，自然可以向对方追偿。

在本章的引例中，作为实际承运人的临海市某航运公司在其实际承担的运输中，违背了

---

① 司玉琢：《海商法》，法律出版社 2007 年版，第 117 页。

② 该规定最初渊源于 1954 年“喜马拉雅(Himalaya)案”。该案中，一位乘客在船上由于舷梯倒塌而受伤，如果该乘客起诉承运人，将因为运输合同中的免责条款的约束而得不到赔偿。结果她直接起诉船长和水手长，并得到了赔偿。法院认为，承运人可以为自己利益或其受雇人的利益订立合同，但是客票上并没有明示或默示赋予其受雇人或代理人任何利益，因此船长等必须为其侵权行为承担责任。该案判决后，承运人感受到了威胁，纷纷在运输合同中增加适当的条款来保护自己及其受雇人、代理人。最典型的做法是在合同中规定，承运人的雇佣人和代理人，包括承运人雇佣的独立履约人，对其在受雇过程中的任何过失不向货方负责，并且享受运输合同中承运人享受的一切权利和免责。这一类条款被称为“喜马拉雅条款”。《海牙—维斯比规则》以及其他许多国家的国内法纷纷将“喜马拉雅条款”转化为法律条文，赋予其确定的法律效力。我国《海商法》的这一规定正是借鉴《海牙—维斯比规则》的产物。

适航义务导致货损，因此应当承担赔偿责任。而作为契约承运人的秦皇岛市某船务公司应同实际承运人一起承担连带责任。

第三节 航次租船合同

一、航次租船合同的概念与特征

航次租船合同(Voyage Charter Party)，亦称航程租船合同，是指船舶出租人向承租人提供船舶的全部或部分舱位，装运约定的货物，从一港运至另一港，由承租人支付约定运费的合同。航次租船合同应当书面订立。

航次租船合同虽名为租船合同，但它基本上不具有租赁合同的性质，它支付的是运费而不是租金，承租人获得的是特定的运输服务而非船舶使用权。因此我国《海商法》将其规定在第四章“海上货物运输合同”中，而不是第六章“船舶租用合同”中。不过，虽然航次租船合同属于运输合同，但它有别于班轮运输合同，除了适航和不得不合理绕航的强制义务外，出租人与承租人的权利义务关系由其自由约定。《海商法》第四章的其他规定，仅在航次租船合同没有约定或者没有不同约定时，才适用于航次租船合同的出租人和承租人。

航次租船合同的主要特征有：(1)航次租船合同一般都有完整的合同格式，比较系统地规定出租人和承租人的权利和义务；(2)有关航次租船合同的法律规定多为任意性规范，仅在合同没有约定的情况下适用，故合同当事人的订约自由度较大；(3)航次租船合同一般都有装卸时间、滞期费、速遣费的约定；(4)提单在航次租船合同下的作用与班轮运输不同，航次租船合同下签发的提单，在承租人手里仅仅作为货物的收据和物权凭证。承租人和出租人的权利义务依据租船合同约定。①

二、航次租船合同的订立及其格式

与班轮运输不一样的是，依照我国《海商法》规定，航次租船合同应当书面订立。之所以如此，一方面是因为航次租船关系比较复杂，容易产生歧义和纠纷；另一方面是因为航次租船合同遵循契约自由原则，其权利义务关系多由当事人自行协商确定，这样在缺少强制性条款和内容的前提下双方的约定就显得至关重要，因此要求必须是书面形式。② 航次租船合同下，一般由船货双方就合同的具体条款进行逐条谈判，最后才缔结合同。航次租船往往使用由国际航运组织或某些船公司制定的标准租船合同条款。航次租船合同的标准格式很多，其中最有影响力的是统一杂货租船合同(Uniform General Charter)，简称“金康格式”，租约代号“金康”(GENCON)。此格式由国际船东组织——波罗的海国际航运公会制订，先后经过1922年、1976年和1994年三次修订，目前国际上普遍适用的仍然是1976年格式。“金康”条款较明显地维护了出租人的利益，它适用于不同航线和不同货物的航次租船运输，我国各大航运公司也常用“金康格式”。

---

① 傅旭梅：《中华人民共和国海商法诠释》，人民法院出版社1995年版，第177～178页。

② 傅旭梅：《中华人民共和国海商法诠释》，人民法院出版社1995年版，第78～79页。

三、航次租船合同的主要内容

航次租船合同的主要内容有:出租人和承租人的名称、船名、船舶国籍、载货重量、容积、货物名称、装货港和卸货港、受载期限、装卸期限、运费、滞期费和速遣费、合同的解除、留置权条款、承租人的责任终止条款、互有责任碰撞条款、新杰森条款、共同海损条款、提单条款、罢工条款、战争条款、冰冻条款、仲裁条款、佣金条款。其中比较重要的内容包括:

(一)提供约定的货物

承租人必须如实载明装载货物的名称、类别,并提供约定的货物。

(二)受载期限

合同中规定的所租船舶到达装货港准备受载的预订日期叫受载期限。由于船舶在营运中可能出现各种影响船期的意外事项,故而要确定一个具体的受载日期是不合理的。在实践中,通常是规定一段期限。

(三)装货港和卸货港的选择

装货港和卸货港都由承租人提出并规定在合同内。出租人可以明确指定几个港口,也可以指定某个特定区域的一个安全港口,供承租人选择。如果有几个港口可供选择,承租人负有在合理期限内或根据合同"宣港"的义务。如果承租人未做到这一点,以致引起船舶因等待租船人的"宣港"造成时间上的延误与损失,承租人应对其后果承担责任。

(四)装卸时间的计算

装卸时间即航次租船合同中订明的允许承租人完成装卸货物的时间。装卸时间的计算同滞期费和速遣费有着密切的联系。在装卸时间内,承租人若提前完成装卸作业,可以从出租人那里得到若干金额的报酬,此报酬称为速遣费(Despatch Money)。若在装卸时间内,承租人未能完成装卸作业,则应向出租人支付延误违约金,此违约金称为滞期费(Demurrage Money)。速遣费一般是滞期费的一半。装卸时间的计算,一般自船舶到达装、卸港口,做好装货或卸货的准备并发出装、卸货通知后,按合同规定的时间计算。在实践中,可用工作日、连续工作日、晴天工作日、24 小时连续工作日等来计算装卸时间。

实践中,极易引起纠纷的是滞期时间的计算问题。"金康"条款规定,"一旦滞期,永远滞期"(Once on Demurrage, Always on Demurrage)。这一规定表明,一旦进入滞期,所有节假日或其他不计入装卸时间的规定都例外,均计入滞期的时间;另一种计算滞期的方法是按原合同的有关规定,原合同计算滞期的时间则计入,不计滞期时间的则不计入。

(五)提单的签发

航次租船合同下提单的签发,通常是货物在装货港由出租人接管货物或装船后,承租人要求船长或其代理人签发提单。当航次租船合同下所签发的提单转到承租人手中时,提单只是作为收据或物权凭证,双方之间的运输合同是租约。为避免一起租船运输下产生两份运输合同,并且因二者权利义务的不同使自己承担额外风险,出租人希望两份运输合同能在义务和责任方面统一起来,即出租人不论对承租人还是非承租人的提单持有人,都适用同一的权利、义务、责任。实践中,这通常是由船长在提单上加注"租船合同并入提单"的"提单并入条款"而实现的。"提单并入条款"的效力一直是学界争议的焦点之一。不过,我国《海商法》第 95 条规定,"提单中载明适用航次租船合同条款的,适用该航次租船合同的条款",依法确认了该条款的效力。但是,对此应作严格解释,以保护善意的提单持有人。①

第四节　多式联运合同

自20世纪五六十年代以来,集装箱运输以装卸效率高、装卸费用低、运输速度快、货损货差少等优点,备受各国海运营业者青睐,迅速风靡全球。在集装箱运输的带动下,国际货物多式联运也迅速发展起来。

一、多式联运合同的概念

多式联运(Multimodal Transport of Goods)是指多式联运经营人(承运人)以一份联运单证,通过两种以上的运输方式(其中一种是海运),将货物从一国运至另一国特定地点的国际货物运输。我国《海商法》第102条对多式联运合同作了如下定义:"本法所称多式联运合同,是指多式联运经营人以两种以上的不同运输方式,其中一种是海上运输方式,负责将货物从接收地运至目的地交付收货人,并收取全程运费的合同。"因此,《海商法》所调整的多式联运是包括海运方式的多种运输方式的结合。

二、多式联运的法律规定

由于国际多式联运产生的时间并不长,各种制度并不健全。即使在国际多式联运日臻成熟的发达国家,其商法或海商法对此仍未作规定或未作相对完善的规定。国际社会为确定多式联运合同各方当事人的权利义务和责任,保障和促进多式联运的发展和繁荣,制定了相应的公约和规则。1980年5月,联合国贸发会议在日内瓦通过了《1980年联合国国际货物多式联运公约》(*United Nations Convention on Multimodal Transport of Goods*,1980,简称《1980年多式联运公约》)。该公约在承运人责任制度方面沿用了《汉堡规则》的基本原则,因而响应者甚少,目前仍未生效。为了能够保证国际社会的普遍认可和参与,联合国贸发会议和国际商会在国际商会《1973年联运单证统一规则》的基础上联合制定了《1991年多式联运单证规则》,作为最终实施《1980年多式联运公约》的过渡。该规则依然以规范多式联运经营人的责任为其目的和核心。

(一)多式联运经营人的责任制度

多式联运经营人(Multimodal Transport Operator,MTO),是以一份合同、一张单证、一次收费负责门到门全程运输的现代化运输组织。多式联运经营人是同托运人签订多式联运合同的承运人,必须负责履行多式联运合同,并对全程运输负责。对于多式联运经营人的责任,依各国法律及国际公约的规定,有统一责任制与网状责任制之分。

1. 统一责任制(Uniform Liability System),是指多式联运经营人负责全程运输时,其法定的赔偿责任和责任限额等统一适用于整个运输区段,即不论货损发生在哪一运输区段。

2. 网状责任制(Network Liability System),是指对全程运输负有责任的多式联运经营人,在确知货物的灭失或损坏发生于某一运输区段的(非隐藏性损失),多式联运经营人的赔

---

① 赵德铭:《国际海事法学》,北京大学出版社1999年版,第321～323页。

偿责任和责任限制,适用调整该区段运输方式的法律规定;在货物的灭失或损坏发生的运输区段不能确定的(隐藏性损失),多式联运经营人应按海上货物运输合同所约定的国际法或国内法直接规定的赔偿责任和责任限额负赔偿责任。现在多数国家采用网状责任制,因为网状责任制将多式联运经营人的责任与区段承运人的责任统一起来,避免因责任制度的不同而给多式联运经营人增加额外责任,有利于多式联运业的发展。

依我国《海商法》第 104 条至第 106 条的规定,多式联运经营人的责任制度同样为网状责任制。不过,货物的灭失或者损坏发生的运输区段不能确定的,多式联运经营人应当依照《海商法》第四章关于承运人赔偿责任和责任限额的规定负赔偿责任。多式联运经营人与参加多式联运的各区段承运人,可以就多式联运合同的各区段运输,另以合同约定相互之间的责任。但是,此项合同不得影响多式联运经营人对全程运输所承担的责任。

(二)多式联运经营人的责任期间

多式联运是在集装箱运输的基础上发展起来的,而且涉及不同的运输方式,若多式联运经营人的责任期间采取传统的海上承运人的责任期间的规定,既不符合现代化运输方式和运输技术的要求,也难以公平保护托运人的利益,因此一般采取多式联运经营人对全程负责的方式。《1980 年多式联运公约》在多式联运经营人的责任期间方面采纳了与《汉堡规则》对海上承运人责任期间类似的规定,即多式联运经营人对于货物的责任期间,自其接管货物时起至其交付货物时止(公约第 14 条)。联合国贸发会议和国际商会制定的《1991 年多式联运单证规则》也将多式联运经营人的责任期间确定为从接收货物时起到交付货物时止的一段期间。我国《海商法》第 103 条也作相同规定。

(三)多式联运经营人的责任基础

《1980 年多式联运公约》在多式联运经营人责任基础方面与《汉堡规则》的规定一致,采用推定过失与举证责任相结合的完全过失责任制。

《1991 年多式联运单证规则》虽然也在总体上采用推定过失责任制,但是在海运区段却采用了《海牙规则》的"航海免责"规定,即多式联运经营人对由于承运人的船长、船员、引航员或受雇人员在驾驶或管理船舶中的行为、疏忽或过失所致的货损不承担赔偿责任。因此《1991 年多式联运单证规则》在本质上仍为不完全过失责任制。

(四)多式联运经营人的赔偿限额

在多式联运经营人的赔偿限额方面,《1980 年多式联运公约》和《1991 年多式联运单证规则》对包括水运和不包括水运的多式联运采用不同的责任限制。多式联运中包括水运的,责任限制采用双轨制,《1980 年多式联运公约》将其限定为每件或每货运单位 920 SDR 或货物毛重每公斤 2.75 SDR(以高者为准),《1991 年多式联运单证规则》将其调低为每件或每一其他货运单位 666.67 SDR 或货物毛重每公斤 2 SDR(以高者为准)。若不包括水运,责任限制采用单轨制,《1980 年多式联运公约》规定为货物毛重每公斤 8.33 SDR,《1991 年多式联运单证规则》亦规定为货物毛重每公斤 8.33 SDR。

我国《海商法》对此没有明确规定,如果多式联运经营人承担国际海运阶段的赔偿责任时,可以依照《海商法》第四章的规定主张责任限制。

(五)国际多式联运单据

国际多式联运单据(International Mutimodal Transport Document),是国际多式联运经营人签发的,用以证明国际多式联运合同和据以交付货物的单证。国际多式联运单据具有以下三项作用:(1)货物的收据;(2)国际多式联运合同的证明;(3)收货人据以收取货物的凭证。国际货物多式联运单据为多式联运经营人接管该单据所载货物的初步证据,但当单据转让给善意第三人时,就成为最终证据。

多式联运经营人依托运人的请求可签发可转让的或不可转让的多式联运单据。若签发了不可转让的多式联运单据,应在收货人一栏注明收货人的具体名称。若签发可转让的多式联运单据,应在收货人一栏注明“凭指示”或“交付持单人”。对于“凭指示”交付的单据,需经背书才能转让。对于“交付持单人”的单据,无须背书即可转让。若签发一套一份以上的正本单据,应注明正本份数;若签发任何副本单据,则每份副本应注明“不可转让副本”的字样。①

第五节 海上货物运输的国际公约

在目前并存的四个海上货物运输公约中,《海牙规则》、《海牙—维斯比规则》这一体系对国际海上货物运输的影响仍然是巨大的。据统计,目前《海牙规则》、《海牙—维斯比规则》这一体系的成员方约 108 个,包括了世界上主要的贸易和航运大国,如美国、英国、德国、法国、日本等。相反,《汉堡规则》仅有 33 个成员方,而且多是不发达国家和内陆国,故影响甚微。② 至于《鹿特丹规则》则尚未生效。因此下面将主要针对《海牙规则》、《海牙—维斯比规则》进行论述。值得注意的是,上述公约在一定程度上仅为框架性、原则性的规定,并未涵盖海上货物运输的所有环节和法律制度,因此国际海上货物运输纠纷可能还需要援引有关人的国内法来解决。

一、《海牙规则》

《海牙规则》共 16 条,其中前 10 条是实质性条款,后 6 条是程序性条款,主要是关于公约的批准、加入和修改等。该规则的内容主要包括:

(一)调整对象

《海牙规则》并不适用于所有的运输合同,而是仅适用于以提单或任何类似的物权凭证证明的海上货物运输合同。这里的提单,包括缔约国签发的一切提单。当然,在租船合同下或根据租船合同所签发的提单或任何物权凭证,在它们成为制约承运人与提单持有人之间关系的准则时,也受《海牙规则》的调整。不过,在租船合同下虽签发提单但并未流转到租船人以外的第三方手中的,不适用《海牙规则》。此外,海运单等不可转让的、不具有物权凭证效力的运输单据下的运输合同也不受《海牙规则》的调整。

(二)承运人的义务

谨慎适航与妥善管货被认为是承运人的两项最低法定义务。除《海牙规则》另有规定外,《海牙规则》所规定的承运人的义务和责任都是最低的,也都是强制性的,不能通过合同约定减轻和排除。

---

① 张湘兰等:《海商法论》武汉大学出版社 2001 年版,第 115~119 页。

② 吴焕宁:《国际海上运输三公约释义》,中国商务出版社 2007 年版,第 396~397 页。

签发提单也是承运人的法定义务，不过这以托运人的请求为前提。至于提单的效力，按照《海牙规则》规定，提单为承运人或船长已按照提单所载状况收到货物或者货物已经装船的表面证据或初步证据。若承运人没有足够的有效证据证明其实际收到的货物与提单所记载的货物在主要标志、包装、件数、外在状况等方面不符，就应按提单上记载的货物说明向托运人或收货人交付该货物，否则应当承担赔偿责任。

（三）承运人的责任

(1)承运人的责任期间。《海牙规则》第 1 条“货物运输”的定义是，货物运输期间为从货物装上船时起至货物卸下船时止的期间，即“钩至钩”或“舷至舷”。因此货物在装卸期间以及海上运输期间均属于承运人的强制责任期间，也是最低责任期间。这一期间内承运人的义务、责任等强制适用《海牙规则》的规定。

(2)承运人的免责条款。在责任期间内发生货物毁损灭失的，承运人应当承担损害赔偿责任。不过，承运人享有一系列法定免责事由。首先，由于船舶不适航所引起的灭失和损害，如果承运人举证证明自己已恪尽职责，那么承运人可以免责。其次，承运人享有以下免责事由：① 航海过失免责。该项免责偏向于保护承运人的利益，也因此引起了许多国家的反对。② 不可抗力或承运人无法控制的事项，如海上或其他可航水域的灾难、危险和意外事故，天灾，战争行为，公敌行为，君主、当权者或人民的扣留或管制或依法扣押，检疫限制，不论由于任何原因所引起的局部或全面罢工、关厂停止或限制工作，暴动和骚乱。③ 托运人或货方的行为或过失，如托运人或货主、其代理人或代表的行为或不行为，由于货物的固有缺点、性质或缺陷引起的体积或重量亏损或任何其他灭失或损坏，包装不善，唛头不清或不当。④ 特殊免责条款：一是火灾，只有是承运人本人的实际过失或知情参与时才不能免责；二是救助或企图救助海上人命或财产；三是谨慎处理仍不能发现的潜在缺陷。

(3)承运人的责任限制。《海牙规则》对承运人的赔偿规定了最高限额，即责任限制。该规则第 4 条第 5 款规定，承运人对每件或每单位的最高赔偿额为 100 英镑或与其等值的其他货币，但托运人于装货前已经申报了货物的实际价值并已列入提单者，不受此限，可按托运人与承运人约定的数额赔付。鉴于该限额太低，许多国家以国内立法的方式对此作了不同规定。

（四）索赔与诉讼时效

在货物交付时，收货人通常对货物进行检验，发现问题的一般要及时提出索赔。不过，除非收货人在卸货港将货物的灭失和损害的一般情况用书面通知承运人或其代理人，则这种移交应作为承运人已按照提单规定交付货物的初步证据。如果灭失或损坏不明显，则这种通知应于交付货物之日起的三天内提交。当然，如果货物状况在收受时已经进行联合检验或检查，就无须再提交书面通知。

对于货物的灭失或损坏，《海牙规则》规定，在货物交付之日起一年内，如果货方不向法院提起诉讼，承运人在任何情况下都将解除对货损的一切责任。如货方请求延长上述时效，承运人通常应同意展期。

二、《海牙—维斯比规则》

《修订统一提单若干法律规定的国际公约的议定书》即《维斯比规则》是适应 20 世纪 50 年代中期集装箱运输的出现，以及广大发展中国家经济力量的不断增长的需要，对《海牙规则》进行修改的产物。《维斯比规则》共有17条，主要对《海牙规则》第3条、第4条、第9条、第10条进行了修改。不过，单纯的《维斯比规则》并不是一个独立的法律文件，它必须与《海牙规则》结合起来才是完整的一个公约。因此，修改后的公约通常称为《海牙—维斯比规则》。同《海牙规则》相比，《海牙—维斯比规则》主要在以下方面作出修订：

（一）调整对象

《海牙—维斯比规则》适用于在两个不同国家港口之间与货物运输有关的每一提单，只要该提单在某一缔约国签发；或者货物从某一缔约国港口起运；或者被提单所包含或所证明的合同受本公约各项规定或者给予这些规定以法律效力的任一国家立法的约束，而不论船舶、承运人、托运人、收货人或任何其他关系人的国籍如何。后两种情况是对《海牙规则》的扩充，扩大了《海牙—维斯比规则》的适用范围。而且，各缔约国还可以将《海牙—维斯比规则》适用于未在上面列明的提单。此外，每一缔约国应将《海牙—维斯比规则》的各项规定适用于上述提单，这样就赋予了公约以强制适用的效力。

（二）提单的性质与效力

《海牙规则》仅规定提单是承运人收到货物的初步证明。《海牙—维斯比规则》进一步明确，当提单已转让给善意的第三人时，相反的证据不予采用，这样提单对第三人来说就成了货物按提单记载状况装船的最终证据。这一修改明确了提单善意受让人的法律地位，可以更好地保护提单受让人的合法权益，有利于提单的转让和流通。因此，对于第三人，承运人不得借口在签发清洁提单以前货物就已存在缺陷或包装不当来对抗提单持有人。

（三）对承运人及其受雇人、代理人的诉讼

对于货物在运输中发生的毁损、灭失，按照许多国家的法律，既可以提起违约之诉，也可以提起侵权之诉。倘若以此为由提起侵权之诉，那么就应适用侵权法的规定，从而可以绕过《海牙规则》的规定，使得承运人无法享受到《海牙规则》的规定的抗辩和责任限制。《海牙规则》的强制力和约束力也就大打折扣。为避免出现这一问题，《海牙—维斯比规则》进一步规定，该公约所规定的抗辩和责任限制，应适用于因运输合同项下货物的灭失或损害对承运人提起的任何诉讼，而不论诉讼是以合同或是以侵权行为为依据。

此外，《海牙—维斯比规则》还规定，如果诉讼是对承运人的受雇人员或代理人提起的（该受雇人员或代理人并非独立合同人），该受雇人员或代理人有权援引承运人依照公约可援引的各项抗辩和责任限制。这一规定起因于1954年的"喜马拉雅"（Himalaya）案。《海牙—维斯比规则》也肯定了"喜马拉雅条款"的法律效力，但是将英美法中的独立合同人排除在外。

（四）承运人的责任限制

《海牙—维斯比规则》第2条第1款对《海牙规则》第4条第5款规定的责任限额进行了修改，并规定了丧失赔偿责任限制权利的条件，即如经证明，损害是由于承运人故意造成的，或是知道很可能会造成这一损害而毫不在意的行为或不为所引起，则承运人就无权享受责任限制。其后1979年《修订〈海牙—维斯比规则〉的议定书》（1984年4月生效）将承运人责任限制的计算单位从金法郎改为特别提款权，每15金法郎等于1特别提款权。该议定书规定，承运人责任限制金额为每件或每一其他货运单位货物666.67特别提款权，或按毛重每公斤2特别提款权计算，两者之中以较高者为准。这一修订的实质内容为包括我国在内的许多国家所认可。

（五）诉讼时效延长

《海牙—维斯比规则》规定的诉讼时效仍为1年，但增加了"在诉讼事由发生之后，得经当事方同意，将这一期限加以延长"的规定，明确诉讼时效可经双方当事人协议延长。关于追偿时效的问题，在第3条第6款后增加了"即使在前款规定的1年期满之后，只要是在受诉法院的法律准许期间之内，便可向第三人提起索赔诉讼。但是，准许的时间自提起此种诉讼的人已经解决索赔案件，或向其本人送达起诉状之日起算，不得少于3个月"。

三、《汉堡规则》

《汉堡规则》对《海牙规则》进行了全面彻底地修改，并明显地扩大了承运人的责任。它共分7部分34条和1项共同谅解附件，是一个较为完备的国际海上货物运输公约，也是国际海运领域建立新的国际经济秩序的一次不太成功的尝试。与《海牙规则》体系相比。其主要突破有：

（一）适用于国际海上货物运输合同

《汉堡规则》适用于两个不同国家之间的所有海上货物运输合同，并且：海上货物运输合同中规定的装货港或卸货港位于某一缔约国之内，或备选的卸货港之一为实际卸货港并位于某一缔约国内；或者提单或作为海上货物运输合同证明的其他单证在某一缔约国签发；或者提单或其他单证规定，海上货物运输合同受该规则或采纳该规则的任何国家立法的约束。《汉堡规则》同样不适用于租船合同，但如提单根据租船合同签发，并调整承运人与承租人以外的提单持有人之间关系的，则适用该规则。除了托运人与承运人外，《汉堡规则》第一次确立了实际承运人(actual carrier)这一概念及其责任。

（二）承运人的责任

(1)承运人的责任期间。《汉堡规则》第4条第1款规定，承运人对货物的责任期间，包括货物在装货港、运输途中和卸货港处于承运人掌管下的期间，即"港到港"(Port to Port)。

(2)承运人的责任原则。《汉堡规则》摒弃了不完全过失责任制，确定了推定过失与举证责任相结合的完全过失责任制，放弃了《海牙规则》中的航海过失免责制度。《汉堡规则》规定，凡是在承运人掌管货物期间发生货损，除非承运人能证明其已为避免事故的发生及其后果采取了一切可能的措施，否则便推定为损失系由承运人的过失所造成，承运人应承担赔偿责任。

(3)承运人的责任限制。《汉堡规则》第6条第1款规定，承运人对货物灭失或损坏的赔偿限额为，每件或每一其他货运单位835特别提款权或毛重每公斤2.5特别提款权，两者之中以其较高者为准。对非国际货币基金组织的成员，且国内法不允许适用特别提款权的国家，承运人的责任限额为货物每件或每一其他货运单位12500法郎，或按货物毛重计算每公斤37.5法郎，二者之中以较高者为准。这一数额比《海牙—维斯比规则》规定的数额提高了25%。

（三）保函的法律效力

通过保函换取清洁提单已成为业界一项通行做法，但是《海牙规则》对此没有规定。为解决这一问题，《汉堡规则》第17条规定，托运人为了换取清洁提单，可以向承运人出具承担赔偿责任的保函，该保函在承运人与托运人之间有效，但对包括受让提单的收货人在内的第三人一概无效。如有欺诈，该保函对托运人也属无效。

(四)诉讼时效

《汉堡规则》将诉讼时效扩展为2年,并且还规定,被要求赔偿的人,可以在时效期限内的任何时间向索赔人提出书面声明延长时效期限,并可再次声明延长。这一规定同《海牙—维斯比规则》的协议延长时效虽无实质性差别,但却更为灵活。

(五)管辖权

《海牙规则》、《海牙—维斯比规则》均无管辖权的规定,船方往往在提单上载明由航运公司所在地法院管辖。这显然对托运人、收货人不利。为此,《汉堡规则》第21条规定,原告可以选择管辖法院,但其选择的法院必须在公约规定的范围以内。此外,争议双方可达成书面仲裁协议,但其选择地点必须在以下范围内:(1)被告的主要营业所所在地或其通常住所;(2)合同订立地;(3)装货港或卸货港;(4)海上运输合同、仲裁条款或协议中为此目的指定的任何其他地点。

四、《鹿特丹规则》

《鹿特丹规则》是一部切实反映时代发展、力图调和各方利益、寻求各国货运法律统一的海上国际运输新公约。《鹿特丹规则》共计18章96条。与前述公约相比,它更加先进、也更加全面。

(一)适用的范围

《鹿特丹规则》第1条规定,"运输合同"是指承运人收取运费,承诺将货物从一地运至另一地的合同;此种合同应对海上运输作出规定,且可以对海上运输以外的其他运输方式作出规定。亦即公约也可适用于非海运方式,即所谓的"海运+其他",以适应国际集装箱货物"门到门"运输方式发展的需要。但是,根据《鹿特丹规则》第6条该公约不适用于班轮运输中的租船合同以及使用船舶或其中任何舱位的其他合同;该公约也不适用于非班轮运输中的运输合同,但非班轮运输中当事人之间不存在使用船舶或其中任何舱位的租船合同或其他合同并且运输单证或电子运输记录已签发的除外。《鹿特丹规则》适用于批量(运输)合同,但是允许其在一定程度上背离公约的规定。

《鹿特丹规则》第5条规定,公约适用于收货地和交货地位于不同国家且海上运输装货港和同一海上运输卸货港位于不同国家的运输合同,条件是运输合同约定的收货地、装货港、交货地或卸货港之一位于一缔约国,而无须考虑船舶、承运人、履约方、托运人、收货人或其他任何有关方的国籍。

对于运输单证,《鹿特丹规则》将之区分为"可转让运输单证"和"不可转让运输单证",并用专章规定了上述单证的内容、证据效力、单证签发等相关事项。《鹿特丹规则》还规定了电子运输单证,并具体规定了有关"签发"、"转让"等事项,填补了以往公约在这一问题上的空白。

此外,《鹿特丹规则》没有采用"实际承运人"这一概念,而是引入了"履约方"和"海运履约方"这一称呼。所谓"履约方"是指承运人以外的,履行或承诺履行承运人在运输合同下有关货物接收、装载、操作、积载、运输、照料、卸载或交付的任何义务的人,但以该人直接或间接在承运人的要求、监督或控制下行事为限。"履约方"不包括不由承运人而由托运人、单证托运人、控制方或收货人直接或间接委托的任何人。所谓"海运履约方"是指凡在货物到达船舶装货港至货物离开船舶卸货港期间履行或承诺履行承运人任何义务的履约方。内陆承

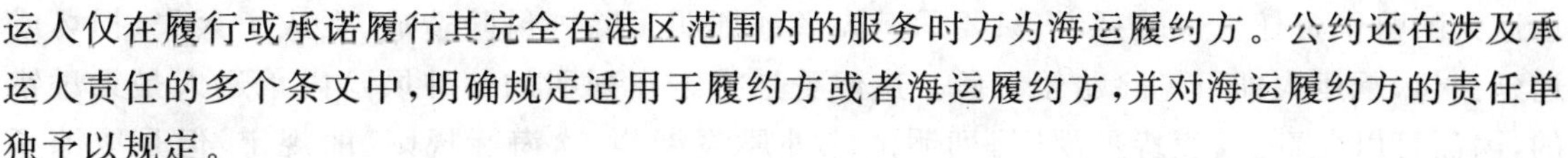

运人仅在履行或承诺履行其完全在港区范围内的服务时方为海运履约方。公约还在涉及承运人责任的多个条文中,明确规定适用于履约方或者海运履约方,并对海运履约方的责任单独予以规定。

(二)承运人的义务

(1)管货义务。《鹿特丹规则》第13条规定,承运人应妥善而谨慎地接收、装载、操作、积载、运输、保管、照料、卸载并交付货物。从七个环节扩大到包括接收、交付在内的九个环节,扩大了承运人的管货义务期间,这也是与承运人的整个义务与责任期间相一致的。

(2)适航义务。《鹿特丹规则》第14条规定,承运人必须在开航前、开航当时和海上航程中恪尽职守:(1)使船舶处于且保持适航状态;(2)妥善配备船员、装备船舶和补给供应品,且在整个航程中保持此种配备、装备和补给;(3)使货舱、船舶所有其他载货处所和由承运人提供的载货集装箱适于且能安全接收、运输和保管货物,且保持此种状态。这样承运人的适航义务的期间就延长到了整个海上运输过程。

(3)不得绕航的义务。《鹿特丹规则》第24条规定,如果绕航根据适用的法律构成违反承运人义务,承运人或海运履约方不得因此被剥夺本公约为其提供的任何抗辩或赔偿责任限制,但第61条规定的情形除外。

(4)不擅自装载舱面货的义务。《鹿特丹规则》第25条规定,在船舶舱面上载运货物,只能限于下列情形:(1)根据法律的要求进行此种运输;(2)货物载于适合舱面运输的集装箱内或车辆内,而舱面专门适于载运此类集装箱或车辆;(3)舱面运输符合运输合同或相关行业的习惯、惯例或做法。否则,将对于完全由于舱面载运货物所造成的货物灭失、损坏或迟延交付,承运人负赔偿责任,且无权享有第17条规定的抗辩。

(三)承运人的责任

(1)责任期间。《鹿特丹规则》第12条规定,承运人对货物的责任期间,自承运人或履约方为运输而接收货物时开始,至货物交付时终止。这样就能够适应接收货物或交付货物地点多样性的要求,有利于国际货物多式联运的发展。当然,它在一定程度上也加重了承运人的责任。

(2)责任基础与免责。《鹿特丹规则》是以过错责任制为基础的,但是在举证责任分配和过错认定方面又不同于《汉堡规则》,其规则也更加复杂。

总体上,《鹿特丹规则》实行的是过错推定,按照《鹿特丹规则》第17条第1款至第2款的规定,"如果索赔人证明,货物灭失、损坏或迟延交付,或造成、促成了灭失、损坏或迟延交付的事件或情形是在第四章规定的承运人责任期内发生的,承运人应对货物灭失、损坏和迟延交付负赔偿责任。"而"如果承运人证明,灭失、损坏或迟延交付的原因或原因之一不能归责于承运人本人的过失或第十八条述及的任何人的过失,可免除承运人根据本条第一款所负的全部或部分赔偿责任。"这就类似于《汉堡规则》的过错推定,但在范围和程度上仍有所区别。①

除证明不存在上述过失之外,按照《鹿特丹规则》第17条第3款规定,如果承运人证明列明的除外风险内的一种或数种事件或情形造成、促成了灭失、损坏或迟延交付,也可免除

① 司玉琢:《承运人责任基础的新构建——评〈鹿特丹规则〉下承运人责任基础条款》,载《中国海商法年刊》2009年第3期。

承运人的赔偿责任。也就是说，只要承运人举证证明了除外风险造成、促成了灭失、损坏或迟延交付，承运人即可免除赔偿责任。这似乎是推定在列明的除外风险内承运人是无过错的，因而可以免责。《鹿特丹规则》列明的除外风险借鉴了《海牙规则》的规定，但是取消了"航海过失"和"承运人的受雇人、代理人的过失导致的火灾"的免责，并增加了"海盗、恐怖活动"、"海上救助或试图救助财产的合理措施"、"避免或试图避免对环境造成危害的合理措施"、"对危险货物的处置行为"以及"共同海损行为"5 个免责事项。

不过除外风险内承运人的无过错推定是可以被推翻的，按照《鹿特丹规则》第 17 条第 4 款规定，如果索赔人证明，承运人或第 18 条述及的人的过失造成、促成了承运人所依据的事件或情形；或本条第 3 款所列事件或情形以外的事件或情形促成了灭失、损坏或迟延交付，且承运人无法证明，该事件或情形既不能归责于其本人的过失，也不能归责于第 18 条述及的任何人的过失的，则承运人仍应对灭失、损坏或迟延交付的全部或部分负赔偿责任。

(3)责任限制。《鹿特丹规则》第 59 条规定，除须遵循第 60 条以及第 61 条第 1 款的规定外，承运人对于违反公约对其规定的义务所负赔偿责任的限额，按照索赔或争议所涉货物的件数或其他货运单位计算，每件或每一其他货运单位 875 个计算单位，或按照索赔或争议所涉货物的毛重计算，每公斤 3 个计算单位，以两者中较高限额为准，但货物价值已由托运人申报且在合同事项中载明的，或承运人与托运人已另行约定高于本条所规定的赔偿责任限额的，不在此列。这就进一步提高了承运人的赔偿责任限额，加重了承运人的责任。

(四)货方的权利、义务与责任

《鹿特丹规则》除规定了"托运人"、"收货人"外，还首次规定了"单证托运人"和"持有人"。"单证托运人"被界定为托运人以外、同意在运输单证或者电子运输记录中记名为"托运人"的人。

《鹿特丹规则》首次在海运公约中引入控制权概念。按照《鹿特丹规则》第 50 条规定，控制权是控制方(货方)就货物发出指示或修改指示的权利，此种指示不构成对运输合同的变更；在计划停靠港，或在内陆运输情况下在运输途中的任何地点提取货物的权利；以及由包括控制方在内的其他任何人取代收货人的权利。通常情况下，托运人为控制方，除非托运人在订立运输合同时指定收货人、单证托运人或其他人为控制方。控制权存在于整个承运人责任期间，该责任期届满时即告终止。

(五)时效与管辖

《鹿特丹规则》第 62 条规定了两年的诉讼时效，该时效自承运人交付货物之日起算，未交付货物或只交付了部分货物的，自本应交付货物最后之日起算。时效期间的起算日不包括在该期间内。

《鹿特丹规则》第 66 条规定了法院的管辖权。按照该规定，除非运输合同载有排他性法院选择协议，否则原告有权在下列管辖法院之一对承运人提起司法程序。(1)对下列地点之一拥有管辖权的任一管辖法院：承运人的住所；运输合同约定的收货地；运输合同约定的交货地；货物的最初装船港或货物的最终卸船港；(2)为裁定本公约下可能产生的向承运人索赔事项，托运人与承运人在协议中指定的一个或数个管辖法院。

思考题

1. 试述海上货物运输合同当事人的主要权利和义务。

2. 试述提单的法律性质。

3. 评述《海牙规则》、《汉堡规则》、《鹿特丹规则》和我国《海商法》对承运人责任期间的规定。

4. 试述承运人的免责条款。

5. 案例分析：

1995 年 2 月 20 日，鞍钢公司与香港千金一公司签订了买卖合同，鞍钢公司供给千金一公司热轧卷板 5000 吨，每吨 295 美元，FOB 价格，信用证结算。富春公司所属的"盛扬"轮在莫帕提公司期租期间，按照莫帕提公司与千金一公司的航次租船合同的要求，7 月 8 日在大连港受载了上述合同项下的货物，7 月 9 日货物装船。大连外代的收货单上记载日期为 7 月 9 日，并批注：货物锈蚀，钢卷松动无箍。同日，承运人莫帕提公司的代理大连外代在鞍钢公司出具保函的情况下签发了日期为 6 月 30 日的一式三份正本提单交给了鞍钢公司。该提单载明：托运人为鞍钢公司，收货人根据雅加达 BUMI DAYA 私人银行 SAID 支行指示，装货港为大连，卸货港为雅加达，货物重量 5155 吨。"盛扬"轮在大连港装货的同时，莫帕提公司于 7 月 8 日凭千金一公司出具的保函签发了一份提单给千金一公司。该提单上的签发地为大连。千金一公司出具的保函抬头为：致"盛扬"轮船东/代理/承运人船长。保函称：考虑到贵方在我方未出示第一套装港提单的情况下，签发给我方或按我方指示给有权拥有人等第二套提单……

鞍钢公司在取得大连外代代表承运人莫帕提公司签发的清洁提单后，通过通知行中国银行鞍山分行向开证行转交包括正本提单、商业发票等在内的全套单证予以结汇，商业发票载明鞍钢公司货物总价值 1520878 美元。上述单据于 7 月 18 日转到开证行，因信用证出现不符点，开证行将全套单证退回，鞍钢公司于 8 月 20 日收到了退回的提单和发票。

7 月 21 日，"盛扬"轮抵雅加达港，货物卸船后，收货人向莫帕提公司出具了银行保函。按照莫帕提公司的指令，凭着银行保函和 7 月 8 日莫帕提公司签发给千金一公司的提单副本，"盛扬"轮将该批货物交给了收货人，事后收回了 7 月 8 日的正本提单。该提单经过银行流转，并经指示人的背书。放货过程中，收货经办人出具的货物收据抬头为：致"盛扬"轮 101 航次（即担负本案运输任务的特定航次）；雅加达 BUMI DAYA 私人银行 SAID 支行为收货人出具的保函的抬头为：关于"盛扬"轮的银行保函，由此可见本案的放货确系"盛扬"轮所实施。

鞍钢公司以富春公司和莫帕提公司为被告诉至大连海事法院，要求被告承担无单放货造成的损失并申请财产保全。法院于 1996 年 5 月 6 日扣押了富春公司所属的"SAN WAI"轮，5 月 31 日中国人保为被扣船舶的船东提供 180 万美元银行担保，法院解除了扣押。一审审理中，鞍钢公司撤回对莫帕提公司的起诉。

一审、二审法院审理后均认为：自承运人莫帕提公司签发提单并将货物交给富春公司所属的"盛扬"轮承运时起，富春公司便具有了法定的实际承运人的法律地位。提单依法是海上货物运输合同的证明，是所载货物的权利凭证，是承运人保证据以交付货物的单证。在托运人持有提单的情况下，承运人与提单持有人之间的权利义务关系，应依据提单的规定确定。根据法律规定，凭正本提单交付货物是承运人的法定责任，依据《海商法》第61条的规定，凭正本提单交付货物也是实际承运人的责任。在期租的情况下，《海商法》第136条虽赋予承租人就船舶的营运向船长发出指示的权利，但本案承运人以承租人的名义向船长发出的不凭正本提单放货的指示，不仅超出了承租人的合法权利，而且也违反了法律规范承运人、实际承运人凭正本提单交货的强制性义务。富春公司明知凭正本提单交货是自己的强制性义务，仍坚持无正本提单放货，是明知故犯的违法行为，依法不能享有提单中关于免责和责任限制的权利，应承担鞍钢公司全部损失的民事赔偿责任。

富春公司不服，向最高人民法院申请再审。最高人民法院再审认为，本案鞍钢公司据以起诉的提单是“盛扬”轮的期租船人莫帕提公司的代理人大连外代所签发，提单亦是莫帕提公司的提单，提单上明确显示承运人为莫帕提公司。依照《海商法》的规定，富春公司作为承运船舶“盛扬”轮的船主，其与承运人莫帕提公司之间订有期租合同，并实际履行运输，应为本航次海上货物运输的实际承运人。鞍钢公司凭此提单诉富春公司海上货物运输合同纠纷，其诉权存在。但本案所涉货物运输中，除前述提单外，承运人莫帕提公司还签发给航次租船合同的租船人千金一公司一份提单。货物抵达目的港后，提货人向莫帕提公司出具银行担保。按照莫帕提公司的指令，凭银行担保和莫帕提公司签发给千金一公司的提单副本，船方将该货物交给了提货人，但在事后收回了莫帕提公司签发给千金一公司的提单正本。根据现有证据显示，装货港和卸货港的代理人均为承运人莫帕提公司委托，而根据期租船合同的约定，有关船舶营运的事宜，船方应听从租船人的指挥。故鞍钢公司主张富春公司参与无单放货的依据不充分。因此，原审认定船主富春公司对本案无单放货承担责任缺乏事实依据和法律依据。鞍钢公司以富春公司实际接受了千金一公司申请签发提单的保函，并在香港起诉千金一公司为由，主张富春公司参与了签发提单给千金一公司的行为，依据不足，不予支持。因此，撤销一、二审法院判决，驳回鞍钢公司诉讼请求。

鞍钢公司不服再审判决，又向最高人民法院申请二次再审。2005年10月17日，最高人民法院作出二次再审判决：依照《海商法》第71条、第72条规定，正本提单应签发给交运货物的托运人。鞍钢公司所持提单是其实际交运货物后凭“盛扬”轮大副签发的收货单以及“盛扬”轮船长的授权书而签发，尽管是由大连外代签发的，“盛扬”轮应当知道该提单的存在。而千金一公司持有的提单是其出具保函换得的，尤其是在该提单下载明的托运人为鞍钢公司时，莫帕提公司应无权签发给非以托运人身份出现的千金一公司，故该提单应被认为非法无效。根据《海商法》第61条的规定，实际承运人在其所负担的运输任务内，应承担与承运人同等的法律责任。富春公司作为本案实际承运人，其所拥有的“盛扬”轮不仅负担了本案货物的运输任务，也确实担负了最终放货任务；在履行放货任务时，本应凭正本提单却仅凭保函加提单副本放货，构成无单放货，应对鞍钢公司承担无单放货责任。因此撤销原再审判决，维持二审法院判决。

请结合相关理论知识和立法规定，谈谈你对该案的见解。

司法考试真题链接

1. 一批货物由甲公司运往中国青岛港，运输合同适用《海牙规则》。运输途中因雷击烧毁部分货物，其余货物在目的港被乙公司以副本提单加保函提走。丙公司为该批货物正本提单持有人。根据《海牙规则》和我国相关法律规定，下列哪一选项是正确的？（2010年）

A. 甲公司应对雷击造成的货损承担赔偿责任，因损失在其责任期间发生

B. 甲公司可限制因无正本提单交货的赔偿责任

C. 丙公司可要求甲公司和乙公司承担连带赔偿责任

D. 甲公司应以货物成本加利润赔偿因无正本提单交货造成的损失

2. 甲公司依运输合同承运一批从某国进口中国的食品，当正本提单持有人乙公司持正本提单提货时，发现货物已由丙公司以副本提单加保函提走。依我国相关法律规定，下列哪一选项是正确的？（2009 年）

A. 无正本提单交付货物的民事责任应适用交货地法律

B. 乙公司可以要求甲公司承担违约责任或侵权责任

C. 甲公司对因无正本提单交货造成的损失按货物的成本赔偿

D. 丙公司提走了货物，不能要求甲公司承担责任

3. 海运单是 20 世纪 70 年代以来，随着集装箱运输的发展，特别是航程较短的运输中产生出来的一种运输单证。关于海运单正确的？（2007 年）

A. 海运单是一种可流通的书面运输单证

B. 海运单不具有证明海上运输合同存在的作用

C. 第三方以非法的方式取得海运单时无权提取货物

D. 海运单具有物权凭证的特征，收货人凭海运单提取货物

4. 关于海上货物运输中的迟延交货责任，下列哪一表述是正确的？（2006 年）

A.《海牙规则》明确规定承运人对迟延交付可以免责

B.《维斯比规则》明确规定了承运人迟延交付的责任

C.《汉堡规则》只规定了未在约定时间内交付为迟延交付

D.《汉堡规则》规定迟延交付的赔偿为迟交货物运费的 2.5 倍，但不应超过应付运费的总额

5. 甲国 A 公司（买方）与乙国 B 公司（卖方）签订一进口水果合同，价格条件为 CFR，装运港的检验证书作为议付货款的依据，但约定买方在目的港有复验权。货物在装运港检验合格后交由 C 公司运输。由于乙国当时发生疫情，船舶到达甲国目的港外时，甲国有关当局对船舶进行了熏蒸消毒，该工作进行了数天。之后，A 公司在目的港复验时发现该批水果已全部腐烂。依据《海牙规则》及有关国际公约，下列哪一选项是正确的？（2004 年）

A. C 公司可以免责

B. A 公司应向 B 公司提出索赔，因为其提供的货物与合同不符

C. A 公司应向 C 公司提出索赔，因为其没有尽到保管货物的责任

D. A 公司应向 B 公司提出索赔，因为其没有履行适当安排保险的义务

6. A公司委托B海运公司运送一批货物,B公司在责任期间对下列哪些损失无须承担赔偿责任?(2004年)

A. 因B公司过失迟延交货而造成A公司在商业上的经济损失

B. 因船长在驾驶船舶中的过失致使货物损坏

C. 船舶在正常航线上发生意外致使货物灭失

D. 船舶航行中为救助他船而使货物部分损毁

7. 在国际海上货物运输中,如承运人签发的是指示提单,下列关于该提单的表述中哪些是正确的?(2002年)

A. 提单正面载明了收货人的名称

B. 提单在转让时不需要背书,只要将提单交给受让人即可

C. 提单的转让必须经过背书

D. 提单中的收货人一栏没有具体的收货人名称,而是载明"凭指示"的字样

8. 中国甲公司与美国乙公司于1995年10月签订了购买4500公吨化肥的合同,由某航运公司的"NEWS WAY"号将该批货物从美国的新奥尔良港运至大连。"NEWS WAY"号在途中遇小雨,因货舱舱盖不严使部分货物湿损。下列关于货物责任的选项哪个是正确的?(1999年)

A. 承运人应赔偿货物湿损的损失;

B. 承运人可依海商法的规定主张免责,但应承担举证责任

C. 乙公司应自行承担此项损失;

D. 甲公司应赔偿乙公司的损失

9. 依据海商法的规定,下列关于承运人对非集装箱装运的货物的责任期间的表述,哪个是正确的?(1999年)

A. 承运人的责任期间是指从装货港接收货物时起至卸货港交付货物时止,货物处于承运人掌管下的全部期间;

B. 承运人的责任期间自接收货物时起至交付货物时止;

C. 承运人的责任期间自货物进入装货港的仓库起至货物进入卸货港的仓库时止

D. 承运人的责任期间,是指从货物装上船时起至卸下船时止,货物处于承运人掌管下的全部期间

10. 在通常情况下,因不可抗力导致船舶不能在约定的目的港卸货物时,船长将货物卸在邻近港口或地点的做法,应如何认定?(1997年)

A. 已履行合同　B. 未履行合同　C. 根本违反合同　D. 部分履行合同

11. 根据我国《海商法》的规定,下列运输方式中哪些属于多式联运?(1997年)

A. 空—海　B. 陆—空　C. 陆—海　D. 陆—海—空

第五章 海上旅客运输法律制度

【引例】 1999年10月,原告乘坐舟山HX轮船有限公司所属的HX6号船,额定载客人数20人,从沈家门载客24人前往普陀山旅游。开航后不久即提速至1800RMP,海况良好,涨潮风向N-NW,风力3～4级,海潮流速1节。因多艘船舶余浪叠加,且船长未按要求减速,造成穿浪航行的船舶纵向波动加剧,导致船体倾斜、翻沉,船上所有人员全部落水。后20人获救,7名旅客死亡。其中原告一行4人中有2人死亡。事故后,经港务监督调查认定,其他多艘船舶经过的余浪叠加和当时的风浪是造成事故的主要原因,船长操作不当是事故的重要原因,船舶超载也是事故原因之一。被告对落水旅客进行了赔偿,其中包括赔偿给原告财产损失3100元。原告还接受了心理医生诊治。后原告以被告安全责任性差,事故处理不妥,且隐瞒事实真相为由,向法院提起侵权之诉,要求法院判令被告:(1)赔偿原告经济损失和精神损失人民币1元;(2)公布事实真相;(3)在原告指定的媒体上向原告致歉。

请问:原告的诉讼请求(2)是否有依据?法院应如何适用法律?承运人是否可以根据海商法规定享受责任限制?如可以,该如何享受责任限制?

第一节 海上旅客运输概述

海上旅客运输法律制度是调整国际海上旅客运输关系法律规范的总称,包括海上旅客运输法律的基本原则和具体规定,主要涉及运输合同的订立、变更、履行以及合同双方当事人的权利义务等方面。作为一种合同制度,海上旅客运输亦应遵循平等原则、合同自由原则、诚实信用原则、公序良俗原则等合同法基本原则。

一、海上旅客运输合同的概念

海上旅客运输合同,是指承运人以适合运送旅客的船舶经海路将旅客及其行李从一港运至另一港,由旅客支付票款的合同。客运承运人和旅客是海上旅客运输合同的当事人。其中,承运人是本人或者委托他人以本人名义与旅客订立海上旅客运输合同的人;旅客则是依据合同约定而被运输的人。旅客不一定自己支付对价,不支付对价的亦可以称为旅客,比如享受优惠或赠送船票或者有权免费享受运输服务的儿童,以及在滚装船或类似船舶上随船监管货物的人等。海上旅客运输合同的标的是承运人的履行运输服务的行为,包括对旅客及旅客行李的运输以及相关的随附服务,比如简单的医疗服务等。所谓行李,是指由承运人运输的任何物品和车辆,但不包括活动物。行李可以分为自带行李和非自带行李。自带行李指在运输期间,旅客自行携带、存放和保管与照看的行李,旅客应对该行李的安全和保管承担主要责任。非自带行李是旅客自带行李之外的其他行李,或者委托承运人运输、保管照看的行李,承运人应承担对该类行李的安全和保管与照看责任。

二、海上旅客运输合同的分类及法律适用

根据不同的标准,海上旅客运输可以分为国内海上旅客运输合同、国际海上旅客运输合同,直达海上旅客运输合同和转船海上旅客运输合同。国内海上旅客运输合同是起运港和目的港均位于一国境内的海上旅客运输合同,而不论其当事方是否具有涉外因素。这种运输合同又称水路旅客运输合同或者沿海旅客运输合同,但不包括单纯的内河旅客运输合同。国际海上旅客运输合同是指合同的起运港和目的地港分别位于不同国家的海上旅客运输合同,跨越不同国家的单纯内河运输也不包括在内,比如穿越多个欧洲国家的多瑙河水上旅客运输,由于不涉及海上运输合同,因此不能划归于国际海上旅客运输合同。

就适用而言,我国《海商法》第五章"海上旅客运输合同"不同于第四章"海上货物运输合同",除其中的第 117 条关于承运人赔偿责任限额的规定外,它既适用于国际海上旅客运输,又适用于国内沿海旅客运输。此外,交通部 1993 年《中华人民共和国港口之间海上旅客运输赔偿责任限额的规定》、1999 年《合同法》等,在与《海商法》不冲突的条件下,亦应适用。就国际旅客运输而言,我国还参加了《1974 年海上旅客及其行李运输雅典公约》(以下简称《1974 年雅典公约》)及其《1976 年议定书》,在涉及公约适用的条件下,公约有关规定与《海商法》第五章等规定不同的,应优先适用公约的规定。

第二节　海上旅客运输合同的订立与变动

一、海上旅客运输合同的订立

订立海上旅客运输合同,亦需经过要约和承诺,双方意思表示一致,合同方成立。根据我国《合同法》第 293 条的规定:"客运合同自承运人向旅客交付客票时成立,但当事人另有约定或者另有交易习惯的除外。"即旅客预付客票价款和告知目的地是要约,承运人或其代理人出票交付客票是承诺。但我国《海商法》第 110 条规定"客票是海上旅客运输合同成立的凭证。"可见,在海上旅客运输中,交付客票并不是运输合同成立的要件。客票的记载事项一般包括以下项目:船舶名称、航次、开航时间、起运港、目的港、客舱等级和位号、票价以及背面条款等。

国际海上旅客运输凭证上,一般还记载承运人的名称和地址、旅客姓名、船舶起航和抵达日期,以及背面条款。背面条款一般记载海上客运条件或旅客注意事项以及法律选择条款等。记载旅客姓名的客票是记名客票,不能随意转让。由于海上旅客运输属于公共运输,因此旅客支付的票款中一般还包含旅客在海上运输过程中的海上风险而引发的人身伤亡保险费用。

二、海上旅客运输合同的变动

合同的变动是指合同因各种原因而发生的变化，包括合同的变更和解除。合同的变更是指合同的内容，即权利和义务发生变化的民事法律行为。合同变更有广义与狭义之分。广义的合同变更，包括合同内容的变更与合同主体的变更。前者是指当事人不变，合同的权利义务予以改变；后者是指合同关系保持同一性，仅改换债权人或债务人。从而导致合同权利义务移转给新的债权人或者债务人，因此合同主体的变更实际上是合同权利义务的转让。

合同的解除，是指合同有效成立后，在一定条件下通过当事人的单方行为或者双方合意终止合同效力或者溯及地消灭合同关系的行为。在适用情势变更原则时，合同解除是指履行合同确实困难，若履行即显失公平，法院裁决合同消灭的现象。这种解除与一般意义上的解除相比，有一个重要的特点，就是法院直接基于情势变更原则加以认定，而不是通过当事人的解除行为。

（一）因旅客原因而变更或解除合同

旅客作为缔结海上旅客运输合同的一方，根据法律规定有权解除合同，但应当承担解除合同的不利后果。我国《合同法》第 295 条规定，旅客因自己的原因不能按照约定时间乘坐运输船舶，应当在约定的时间内办理变更或者解除合同手续。一般情况下，旅客单方变更或者解除合同，需要向承运人支付一定的解约费用，如支付改签费或退票费。如果乘客改签，变更乘船时间、航次，构成变更运输合同，原合同失效，双方受新合同约束；乘客退票则是解除海上旅客运输合同，双方不再履行。

旅客变更或者解除运输合同的条件一般由法律规定或者承运人事先以格式条款约定。如果旅客没有在规定或者约定时间内办理退票，承运人可以根据规定或者事先约定不退还客票价款，并且不承担运输责任。另外，通常情况下，法律规定或者承运人事先约定，承运人可以根据旅客变更或者解除合同行为在开航前时间的长短，按不同比例收取改签费或者退票费，以补偿承运人损失，同时也防止旅客单方任意解除合同。

（二）因承运人的原因导致合同变更或解除

客票出售后即证明运输合同成立，因此承运人应当按照客票上记载的时间和起运港开航，否则即构成违约。如果船舶不能在约定的时间和地点开航，旅客一般可以解除运输合同，并要求承运人退还全部运费。根据我国《合同法》第 299 条规定，如果承运人不能按照客票上约定的时间和航次运输旅客，旅客有权要求承运人安排其他航次履行合同，或者要求解除合同并退还票款。但在实践中，承运人迟延开航或者迟延到多久才承担赔偿责任或者解除合同则存在空白。《合同法》第 300 条进一步规定，如果承运人单方更换船舶并导致服务标准低于原合同约定，旅客可以要求解除合同并要求承运人返还运费，或者变更合同并退还相应票款。但如果承运人更换船舶导致服务标准高于原合同约定，则承运人无权要求加收运费。

（三）因不可抗力而变更或者解除合同

合同缔结后的履行往往受很多因素的制约，因不可抗力或者第三人原因导致合同不能履行，则双方得解除合同并互不负赔偿责任。所谓不可抗力，指“不能预见、不能避免和不能克服的客观情况”，主要包括：(1)自然灾害，如台风、洪水、冰雹；(2)政府行为，如征收、征用；(3)社会异常事件，如罢工、骚乱。不可抗力条款，是合同中规定在合同订立后发生当事人在订立合同时不能预见、不能避免、不可控制的意外事件，以致不能履行合同或不能如期履行合同时，遭受不可抗力的一方可以免除履行合同责任的条款。

如果船舶在开航前因不可抗力事件导致合同无法履行时，双方当事人都可以解除合同，承运人应退还运费，但不承担违约责任。如果因第三人导致船舶损坏或者灭失而使承运人无法履行合同，旅客和承运人都可以解除合同，承运人退还运费。但如果船舶在开航后，因第三人或者不可抗力致使船舶无法到达目的港，承运人则应将旅客运抵预定的中途港或者目的地就近港口，但承运人须退还没有实际运输航程的运费。承运人运输旅客超出约定途程的，承运人不得收取额外运费。如果承运人将旅客送返起运港，则应返还乘客全部运费。

三、旅客运输合同的格式条款问题

格式条款，是当事人为了重复使用而预先拟定，并在订立合同时未与对方协商的条款，又称标准合同、定型化合同、制式合同。对于格式条款的相对方而言，往往被要求接受格式条款，否则得放弃订立合同。现实生活中的车票、船票、飞机票、保险单、提单、仓单等一般均属于格式合同。格式合同虽然具有节约交易的时间、事先分配风险、降低经营成本等优点，但由于其限制了合同自由原则，格式合同的拟定方可以利用其优势地位，制定损害对方合法权益的不公平条款。

为消除格式合同的弊端，各国都对格式条款的使用作出若干限制。如我国《合同法》第 39 条、第 40 条、第 41 条对格式条款的内容、解释及无效认定等作出了具体规定。《海商法》第 126 条第 1 款亦规定，海上旅客运输合同中含有免除承运人对旅客应当承担的法定责任的条款无效。

第三节　海上旅客运输合同当事人的权利义务

一、承运人的主要义务

（一）使船舶适航并保持适航状态

所谓适航，指承运人应在开航前和开航当时，提供适航的船舶，配备适当船员、装备船舶和储备供应品，并在整个运输期间保持适航状态，以保证旅客和船舶的安全以及各项服务的完全履行。该义务是承运人的默示义务，也是法律规定的强制性义务，承运人不得以任何理由减轻该义务。

（二）提供合适的仓位

旅客在依照约定登船后，承运人必须向旅客提供合同约定的等级客舱或者铺位、座位，舱室内的设备和器具以及必备用具应与舱位的等级相适应。如果承运人提供的舱位或设施低于舱位等级的要求，旅客有权要求更换。如果承运人更换后的设施或提供的用具高于原等级要求，旅客不必缴纳额外费用。

（三）合理尽快、直达目的港

承运人应该在约定期间或者合理期间内，按照约定航线或者通常航线将旅客运送至目的地。船舶在航行中，不得有不合理的绕航和延误，但为救助或企图救助海上人命或者财产，或者有其他合理情况的除外。其他的合理情况一般包括：为旅客和船舶安全而采取措施绕避风暴或者其他海上自然风险，政府或有关机关发布行政命令致使航线改变，为抢救面临生命危险的旅客而脱离航线就近靠港，船舶因不能归责于承运人的原因而出现故障并必须靠港修理等。

（四）为旅客提供膳食服务和运输行李服务

海上旅客运输多数情况下航程比较长，旅客在航行途中需要饮食等，因此如果合同约定运费中包括膳食费用，则承运人应为旅客提供相应等级的饮食服务。即使客票中不包含膳食费，如果航程超出正常的餐间时间，承运人也应该准备膳食，以备旅客选用。另外，根据各国法律规定和商业实践，承运人应免费为每位旅客运送规定重量范围内的自带行李。对于旅客非自带的行李，承运人应当谨慎保管和运输，直至交付到旅客手中。

（五）赔偿责任

承运人在履行合同中，如果造成人身伤亡或者行李损失或灭失，承运人应当负赔偿责任。如我国《海商法》第 114 条规定，在旅客及其行李的运送期间，因承运人或者承运人的受雇人、代理人在受雇或者受委托的范围内的过失引起事故，造成旅客人身伤亡或者行李灭失、损坏的，承运人应当负赔偿责任。该规定与《1974 年雅典公约 1976 年议定书》的规定相同，采用过错责任，对于因过失造成的人身伤亡或者财产损失，承运人应负赔偿责任，但请求人对承运人或者承运人的受雇人、代理人的过失，应当负举证责任。然而，如果旅客的人身伤亡或者自带行李的灭失、损坏，是由于船舶的沉没、碰撞、搁浅、爆炸、火灾所引起或者是由于船舶的缺陷所引起的，除非承运人或者承运人的受雇人、代理人提出反证，应当视其有过失。旅客自带行李以外的其他行李的灭失或者损坏，不论由于何种事故所引起，承运人或者承运人的受雇人、代理人除非提出反证，亦应视其有过失。

赔偿责任涉及另一个重要问题是承运人的责任期间。只有在其责任期间内发生的人身伤亡或者财产损失或灭失承运人才可能负赔偿责任。根据我国《海商法》第 111 条的规定，海上旅客运输的运送期间，自旅客登船时起至旅客离船时止。客票票价含接送费用的，运送期间并包括承运人经水路将旅客从岸上接到船上和从船上送到岸上的时间，但是不包括旅客在港站内、码头上或者在港口其他设施内的时间。旅客自带行李的运送期间同前。旅客自带行李以外的其他行李，运送期间自旅客将行李交付承运人或者承运人的受雇人、代理人时起至承运人或者承运人的受雇人、代理人交还旅客时止。

在承运人的责任期间，如果旅客的人身伤亡或者行李的灭失或者损坏是由于旅客本人故意造成的，或者旅客的人身伤亡是旅客本身健康状况引起的，承运人则不负赔偿责任；如果旅客的人身伤亡或者行李的灭失或损坏是由于旅客本人过失和承运人的过失共同造成的，则承运人应当按比例承担自己过失引起的损失或者人身伤亡部分。旅客的贵重物品，如货币、金银、珠宝、有价证券或者其他贵重物品，如果由旅客本人保管，发生了灭失或者损坏，承运人不负赔偿责任；如果旅客将此类物品交由承运人保管和看护，则承运人应根据法律规定，按非自带行李承担相应责任。

二、承运人的主要义务

（一）运费请求权

所谓运费就是旅客支付的票款。作为合同当事人，根据合同对价原理，旅客在获得承运人提供的服务时，应当履行支付运费的义务。我国《海商法》第 112 条还规定，当旅客无票乘船、越级或者超程乘船时,承运人有权要求旅客补足票款,或者按规定加收票款;我国《合同法》第294条也作类似规定。

(二)留置权

留置权,是指债权人依合同约定占有债务人的动产,在债务人不按照合同约定的期限履行债务时,债权人得留置该动产,以作为债权担保的权利。留置担保的范围包括主债权及利息、损害赔偿金,留置物保管费用和实现留置权的费用。海上旅客运输合同的履行过程中,如果旅客未支付或者未足额支付运费和行李费、承运人为旅客垫付的款项或者其他应当由旅客负担的费用的,承运人有权对旅客的非自带行李行使留置权。

(三)享受赔偿责任限制的权利

海上旅客运输的承运人对于应负赔偿责任的人身伤亡或者行李灭失或损坏,依法享受责任限制的权利。值得注意的是,我国对于国际和国内海上旅客运输,实行内外有别的赔偿责任限制制度。根据我国《海商法》第117条的规定,国际海上旅客运输中,承运人赔偿责任限制分为以下几种情况:(1)对于旅客的人身伤亡,每位旅客不超过46666计算单位;(2)旅客自带行李灭失或者损坏,每名旅客不超过833计算单位;(3)旅客车辆包括该车辆所载行李的灭失或损坏,每辆车不超过3333计算单位;(4)对旅客非自带行李的灭失或损坏,每一旅客不超过1200计算单位。当然,根据合同自由原则,旅客和承运人可以约定高于上述限额的赔偿责任限制额度,但低于法定最低限额的无效。另外,承运人和旅客还可以约定对旅客的车辆或者非自带行李损坏的免赔额,但对每一辆车的免赔额不得超过117计算单位,对非自带行李的免赔额不得超过13计算单位。

根据《海商法》第117条的规定,我国港口之间的海上旅客运输,承运人的赔偿责任限额,由国务院交通主管部门制定,报国务院批准后施行。据此,我国交通部在1993年制定了《中华人民共和国港口间海上旅客运输赔偿责任限额规定》,经国务院批准于1994年1月1日施行。根据该规定第3条规定,承运人在每次海上旅客运输中的赔偿责任限额为:(1)旅客人身伤亡的,每名旅客不超过4万元人民币;(2)旅客自带行李灭失或者损坏的,每名旅客不超过800元人民币;(3)旅客车辆包括该车辆所载行李灭失或者损坏的,每一车辆不超过3200元人民币;(4)上述第(2)、(3)项以外的旅客其他行李灭失或者损坏的,每千克不超过20元人民币。承运人和旅客也可以书面约定高于上述规定的赔偿责任限额。

综上可知,国内港口间旅客运输的赔偿责任限额远远低于海商法规定的赔偿责任限额。按1993年底的汇率计算,国际海上旅客运输每位旅客人身伤亡的赔偿责任限额约为56万人民币,至今日人民币升值后,其限额约为48万人民币。无论以何时计算,国内港口运输的赔偿责任限额都不到前者的十分之一。1993年我国人均GDP 2644元,赔偿责任限额为4万元,是前者的15倍多,而现在我国人均GDP为3万人民币,限额仍保持4万不变。现在来看,这一限额已经很不合时宜。

(四)责任限制权利的丧失

承运人的责任限制是法律赋予承运人的一种特权,但这种权利不是在任何情况下都适用的。我国《海商法》第118条规定了承运人丧失责任限制权利的条件。旅客的人身伤亡或者行李的灭失或损失是由承运人的故意或者明知可能造成这种后果而轻率地作为或者不作为造成时,承运人不得援用责任限制条款,而应全额赔偿旅客所遭受的损失。

另外,由于法律规定承运人的义务时,采最低限度原则,因此承运人不得再有任何减轻自己义务的行为。故我国《海商法》第 126 条明确规定,海上旅客运输合同中含有下列减轻或者免除自己责任的条款无效:(1)免除承运人应当承担的法定责任;(2)降低承运人的赔偿责任限额;(3)对承运人的举证责任作出相反的约定;(4)限制旅客提出赔偿请求的权利。

三、旅客的权利和义务

(一)主要权利

合同的权利和义务是相对应的,一方的权利往往是另一方的义务。在海上旅客运输合同中,承运人的义务对于旅客来讲就是他的权利。因此,旅客的权利主要包括以下几个方面:(1)要求承运人按照合同约定的时间和地点提供运输工具和运输服务以及相关的其他服务,包括约定的船舶或者同类的替代船舶,约定的舱室和铺位以及相应的设施;(2)要求承运人按时地、安全地运输旅客至目的地;(3)免费携带规定数量和性质的行李;(4)索赔权利,即如果因承运人的过失造成人身伤亡、行李灭失或者损失,或者造成迟延损失的,旅客有权向承运人获得损害赔偿。

因旅客的死亡或人身伤害或行李灭失或损坏而引起的损害赔偿诉讼,诉讼时效期间为二年:对人身伤害,自旅客离船之日起算;对运输中发生的旅客死亡,自该旅客应离船之日起算;对运输中发生的导致旅客在离船后死亡的人身伤害,自死亡之日起算,但此期间不得超过自离船之日起三年;对行李灭失或损坏,自离船之日或应离船之日起算,以迟者为准。

(二)主要义务

旅客作为合同当事一方,在合同履行期间应当:(1)支付约定票款。(2)遵守有关旅客运输的法律和规章,服从船长及船员的指挥和管理,不影响其他旅客的权利,不妨碍船长和船员履行职务。(3)不得私自携带或者在行李中夹带违禁品以及易燃、易爆、腐蚀性、有毒、放射性以及其他可能危及船上人身或者财产安全的危险物品。对于旅客擅自携带或者在行李中夹带的违禁品或者危险物品的,承运人可以在任何时候任何地点将其卸下、销毁或者使之不能为害,或者送交有关部门,并不负赔偿责任。(4)按照规定限量携带行李,不得超出规定限度。如果旅客携带或者夹带违禁品或者危险品,承运人应当拒绝运输。如果旅客违反此项规定,因此造成船舶损害或者承运人的其他损害,旅客应当承担赔偿责任。

旅客还有及时提交行李灭失或者损坏通知的义务,这是获得赔偿的前提。我国《海商法》第 119 条规定,旅客对自带行李的明显损坏,应在离船前或离船时,向承运人或者其受雇人、代理人提交书面通知,如果其他行李发生明显损坏,旅客应在该行李提交给他之前或者当时提交通知。如果行李损坏不明显,或者行李发生灭失,应该在离船之日或者行李交还之日或者本应交还之日起十五日内提交书面通知。如果旅客没有按照规定提交通知,则推定旅客收到完好无损的行李,除非旅客提出反证,才能向承运人要求损害赔偿。如果旅客在提取行李时,双方已对行李进行了联合检查或检验,则无须提交损害通知。

四、承运人相关方的权利义务

承运人作为合同的当事方,根据法律规定享有责任限制的权利。但是作为承运人的代理人、受雇人,以及受委托代承运人行事的实际承运人或者实际承运人的受雇人、代理人是否也能享受承运人的抗辩权和责任限制权利?在以前,这些人是不能享受承运人的抗辩权和责任限制权利的,但喜马拉雅条款的出现并得到法律的承认后,情况就改变了。我国海商法也采纳了这种做法,即当旅客的人身伤亡、行李灭失或者损坏的索赔请求没有向承运人提出,而是向其代理人或者受雇人,或向实际承运人、其受雇人或者代理人提出时,如果该受雇人或者代理人能证明其行为是在承运人指示或者受委托范围内,则有权援引承运人的抗辩或者责任限制。当然,其丧失责任限制权利的条件也与承运人一致,即如果旅客的人身伤亡、行李灭失或者损坏是由于该受雇人或者代理人明知可能发生而轻率作为或不作为或者故意导致的,则就丧失享受责任限制的权利。

实际承运人是接受承运人委托,从事旅客运输或者部分运输的人,包括接受转委托从事此项运输的其他人。根据《海商法》第121条和123条的规定,如果承运人应该对实际承运人及其代理人、受雇人在受雇或者委托范围内的行为负责,不管实际承运人承担全部或者部分运输义务,承运人仍应对全程运输负责。承运人和实际承运人均负有赔偿责任的,应在责任限额内负连带赔偿责任。承运人和实际承运人之间则可以向对方追偿超出自己应负责赔偿额度的那部分。第124条进一步规定,对于旅客的人身伤亡或者行李的灭失、损坏,分别向承运人、实际承运人以及他们的受雇人、代理人提出赔偿请求的,赔偿总额不得超过该法规定的限额。

第四节 海上旅客运输的国际法制

一、海上旅客运输国际立法概况

国际海上旅客运输法是较早得到国际社会重视的一个领域。为避免相同的事实关系可能因适用不同国家的法律而导致不同的结果,20世纪50年代,国际社会就试图制定统一的海上旅客运输国际条约。1957年10月10日,国际海事委员会第10届海洋法会议(比利时布鲁塞尔)通过了《统一海上旅客运输某些法律规则的国际公约》。但该公约的规定比较简单,有关承运人义务的规定很不完善。为了更好地解决这一问题,国际海事委员会第11届海洋法会议遂在该公约的基础上通过了《1961年统一海上旅客运输某些规则的国际公约》,[①]由于该公约规定的旅客人身伤亡赔偿责任限额过低,而且未涉及旅客行李的赔偿问题,该组织不得不又另行制定《1967年统一海上旅客行李运输的国际公约》,该公约仅两个国家加入。[②] 这两个公约分开处理紧密相联的旅客运输及行李运输问题,给国际社会带来了困扰。为此,国际海事委员会于1969年制定了一个旅客运输草案。该草案后由政府间海事协商组织接手,并在此基础上于1974年12月在希腊雅典召开的海上旅客和行李运输国际会议上通过了《1974年海上旅客及行李运输雅典公约》(简称《1974年雅典公约》)。该公约于1987年4月28日生效,现有阿尔巴尼亚等34个缔约国。该公约其后又经过1976年,

---

① 该公约共22条,主要内容包括:(1)旅客因为承运人的过失或疏忽行为而受到损害,由承运人负责;(2)由于海难引起人身伤害,应推定承运人有过失;(3)免除承运人责任的条款一律无效;(4)对于旅客死亡或伤害的赔偿,每人不得超过25万金法郎。

② 参见*CMI Yearbook* 2009,pp.473～474.

1990 年和 2002 年三次修订。1976 年议定书于 1989 年 4 月 30 日生效，有 25 个缔约国，而 1990 年和 2002 年议定书目前均未到达生效条件。1994 年我国全国人大常务委员批准加入该公约及其 1976 年议定书，公约于当年 9 月 30 日对我国生效。

二、《1974 年雅典公约》及其 1976 年、1990 年议定书的主要内容

（一）公约的适用范围

公约明确规定，适用公约的连结点包括船舶国籍、合同订立地和合同履行地，即船舶应悬挂本公约某一缔约国的国旗或在其国内登记，或运输合同在本公约某一缔约国内订立，或按照运输合同，起运地或到达地位于本公约某一缔约国内。但是如根据有关以另一运输方式运输旅客或行李的任何其他国际公约的规定，本公约所述运输应受该公约规定的某种民事责任制度约束的，则在这些规定强制适用于海上运输的范围内，本公约不适用。

（二）公约的其他内容

《1974 年雅典公约》主要还涉及以下内容：(1)公约对“承运人”、“实际承运人”、“旅客”、“行李”等几个基本概念作出明确定义。(2)确定了承运人的责任基础。(3)规定了承运人及其雇用人、代理人的抗辩、责任限额及丧失限制责任权利的条件。(4)允许合同当事人提高赔偿责任。(5)限制索赔依据，即要求索赔人除依据本公约外，不得以任何其他理由向承运人或实际承运人提起因旅客死亡或人身伤害或行李灭失或损坏而引起的损害赔偿金的诉讼。(6)有关旅客行李灭失或损坏的通知。(7)诉讼时效 2 年。与我国做法不同的是，当事人可以协议延长诉讼时效。(8)管辖权。依公约产生的诉讼，经原告选择，可以向缔约国以下法院之一提起：被告永久居住地或主营业所地的法院；运输合同规定的起运地或到达地的法院；原告户籍地国或永久居住地国的法院，但被告须在该国有营业所并受其管辖；运输合同订立地国的法院，但被告须在该国有营业所并受其管辖。另外，在损害事故发生后，当事各方还可商定将该相应索赔提交任何法院管辖或交付仲裁。

（三）雅典公约的 1976 年议定书及 1990 年议定书

1976 年 11 月 17 日至 19 日，政府间海事协商组织在伦敦通过了《1974 年海上旅客及其行李运输雅典公约的 1976 年议定书》。该议定书主要涉及对《1974 年雅典公约》项下责任限制金额的货币计算单位的修改问题，即规定了由金法郎换算为国际货币基金组织特别提款权的有关问题。①

1987 年“自由企业先驱”号事故导致 188 人丧生，国际反响巨大。1987 年 10 月，国际海事组织第 58 届会议开始讨论修改《1974 年雅典公约》，拟大幅度提高旅客伤亡的赔偿限额。1990 年 3 月，国际海事组织伦敦外交大会通过了《修订 1974 年海上旅客及其行李运输雅典公约的 1990 年议定书》。该议定书将承运人对旅客人身伤亡的赔偿责任限额提高到每名旅客每次运输 1.75 万特别提款权；承运人对旅客自带行李、其他行李和车辆的赔偿限额分别提高到 1800、2700 和 10000 特别提款权。此外，承运人对旅客自带行李以外的其他行李和车辆损失的免赔额分别规定为 135 和 300 特别提款权。该议定书还确立了修正责任限额的默认接受程序，即该修正案经扩大法律委员会 2/3 多数通过后，由国际海事组织通知所有缔

① 《1974 年雅典公约》及其 1976 年议定书的具体内容，基本为我国《海商法》第五章吸收，故可参见本教材及立法的相关内容，这里不再赘述。

约国,并在通知之日起 18 个月的期间结束时,视为已获接受,除非在此期间有不少于 1/4 的缔约国通知秘书长不接受该修正案。

三、《2002 年雅典公约》

海上旅客运输海难的频发,使人们认识到单纯提高承运人的责任限额尚不足充分保障旅客权益,有必要进一步调整承运人的责任基础和建立旅客运输强制保险制度。2002 年 11 月 1 日,国际海事组织伦敦外交大会通过了《修订 1974 年海上旅客及其行李运输雅典公约的 2002 年议定书》。经该议定书修订的《1974 年雅典公约》,即《2002 年海上旅客及其行李运输雅典公约》,简称《2002 年雅典公约》。该公约不仅提高了赔偿责任限制金额,还确立了双重责任基础和强制保险制度,对《1974 年雅典公约》作出了巨大发展。①

(一)责任基础

《2002 年雅典公约》借鉴了《1999 年统一国际航空运输某些规则的公约》并用严格责任与过失责任的做法,其第 3 条确立承运人严格责任及过错责任重叠适用的双重赔偿责任基础:(1)航运事故导致旅客人身伤亡的,承运人在每名旅客每一事故 25 万特别提款权的责任限额内承担严格责任,但承运人能证明事故是由于战争行为、敌对行为、内战、暴乱或者特殊的、不可避免和不可抗拒的自然现象所致,或者完全由于第三者有意造成事故的作为或不作为造成的除外。(2)航运事故导致旅客人身伤亡的,承运人对上述责任限额以外的损失承担推定过失责任,但最高不超过 40 万特别提款权。(3)非因航运事故导致旅客人身伤亡的,承运人承担过失责任。(4)航运事故导致旅客自带行李灭失或损坏的,承运人承担推定过失责任。(5)非因航运事故导致旅客自带行李灭失或损坏的,承运人承担过失责任。(6)旅客自带行李以外的其他行李灭失或损坏的,不论致害原因,承运人均承担推定过失责任。所谓航运事故,主要包括海难、捕获、船舶碰撞或搁浅、船舶爆炸或火灾、船舶缺陷事故等。

(二)责任限额

与上述双重责任基础对应,《2002 年雅典公约》就人身伤亡赔偿设置了双层责任限额,其中第一层为 25 万特别提款权,第二层为 40 万特别提款权。同时,公约还允许缔约国在其国内法中作出高于此限额的规定。

《2002 年雅典公约》还在 1990 年议定书的基础上提高了对旅客行李的赔偿限额。其中自带行李的赔偿限额从 1800 特别提款权提高到 2250 特别提款权,提高了 25%;车辆及物品的赔偿限额从 1 万特别提款权提高到 1.27 万特别提款权,提高了 27%;其他行李的赔偿限额从 2700 特别提款权提高到 3375 特别提款权,提高了 25%;车辆及行李的免赔额分别从 300、135 特别提款权提高到 330、149 特别提款权,提高了 10%。

(三)强制保险和直接索赔

尽管严格责任的引入和责任限额的提高有助于旅客得到更充分的赔偿,但如果承运人无力赔偿,旅客的权利保障仍难以落实。《2002 年雅典公约》为此借鉴了《1969 年国际油污损害民事责任公约》的做法,要求实际履行运输义务的承运人应就公约规定的旅客人身伤亡责任提供保险或其他有效财务担保,如银行或类似金融机构出具的担保。强制保险或其他

---

① 傅国民、叶红军:《〈2002 年海上旅客及其行李运输雅典公约〉介绍》,载《中国海商法年刊》(2002),第 355～365 页。

财务担保的额度为每名旅客每次事故不少于25万特别提款权。同时,公约还赋予了旅客人身伤亡的索赔人对保险人或财务担保人的直接索赔请求权。与此对应,公约同时赋予保险人、财务担保人下列对抗权利:(1)其责任以承保金额为限,即使承运人或履约承运人丧失责任限制权的亦然;(2)行使承运人依据公约有权援用的抗辩,但不包括承运人破产或停业清理之抗辩;(3)可以以损害源于承运人的故意不当行为为由提出抗辩,但不得行使承运人对他提出的诉讼中有权援用的任何其他抗辩;(4)要求承运人或履约承运人参加诉讼。

在本章的引例中,原告关于"公布事实真相"的诉讼请求没有法律依据,一是该请求不属于法定的救济方式,二是被告并非法定的案情调查、发布机关。法院在适用法律时,应优先适用特别法,故其适用顺序为《海商法》、《合同法》、《民法通则》。事故主要由自然灾害及驾驶过失导致,承运人有权限制其赔偿责任,具体应适用交通部1993年《中华人民共和国港口间海上旅客运输赔偿责任限额规定》的有关规定。

思考题

1. 试述旅客运输合同变动的形式与条件。
2. 旅客运输承运人与其受雇人或代理人的法律地位是如何发展变化的?
3. 试述旅客运输承运人的权利与义务。
4. 试析雅典公约及其议定书的主要内容。
5. 案例讨论:

2007年7月29日早晨,杨某(男,1931年8月出生)搭乘摩托艇从湛江霞山海滨码头到对岸的特呈岛,杨因头晕,让摩托艇慢开一点。约8点5分时,杨乘坐"特机802"船从特呈岛返回霞山海滨码头,其登船时由船上工作人员搀扶上船并被安排在船右前部的座位就座。约8点15分时,船行至油轮锚地附近时,杨自其座位起身,绕过一辆搭载的汽车,从船的左边落海。船上工作人员随即开展救生工作,但杨最终溺水身亡。"特机802"船为某公路管理总站所有,由某渡口所经营。在"特机802"船的两侧,均有绞锚机,该处没有固定的栏杆,而用活动的铁链连接。该处未设立警示标志。杨某之妻及其三子因此向海事法院起诉上述公路管理总站、渡口所称:由于两被告对"特机802"船管理不善,该船安全防护措施缺失,导致杨某途中落水身亡,请求法院判令两被告连带赔偿四原告死亡赔偿金、丧葬费、交通费、误工费、通讯费等物质损害赔偿金95801.95元、精神损害抚慰金30000元。两被告辩称:其已尽法定管理义务,死者杨某具有完全民事行为能力,其落水身亡系个人行为,两被告对此无法预测和控制,不应对此承担责任。

请结合旅客运输的有关法律和理论,分析本案当事人双方的诉辩主张是否成立。

司法考试真题链接

根据我国合同法的规定,在运输过程中发生旅客伤亡的,应如何确定赔偿责任?(1999年)

A. 应由承运人承担损害赔偿责任

B. 伤亡如果是因旅客自身健康原因造成的，承运人不承担损害赔偿责任

C. 承运人如能证明伤亡是旅客自己的故意、重大过失造成的，则不承担损害赔偿责任

D. 承运人对无票旅客一律不承担损害赔偿责任

第六章　船舶租用法律制度

【引例】星海运输公司与广航公司签订了一份定期租船合同，该合同采用了NYPE93格式。租船合同约定：星海运输公司将"星海1号"轮租给广航公司使用，租期为6个月，租金每天5500美元；在整个合同期内，该轮在天气良好的情况下，速度可达约12节，耗油量约为30吨工业燃油(1500秒)。在租期内，经气象导航公司评估，第二航次该轮航速只达到11.60节。另外，期间船舶机器发生故障修理用时3天，使得船舶停航3天。请问：广航公司因船速降低可以向星海运输公司索赔吗？机器故障导致的停航，广航公司能停付租金吗？如果广航公司未按时支付租金，星海运输公司有何权利？

第一节　船舶租用合同概述

一、船舶租用合同的概念和种类

船舶租用合同，是指船舶出租人向承租人提供约定的由出租人配备船员或者不配备船员的船舶，由承租人在约定的期间内按照约定的用途使用，并向承租人支付租金的合同。实务中，租船合同主要有三种形式，即航次租船合同、定期租船合同和光船租赁合同。在我国，航次租船合同被认为是海上货物运输合同的特殊形式，因而《海商法》将其放在"海上货物运输合同"一章中进行规范。故本章仅讨论定期租船合同和光船租赁合同。

二、船舶租用合同的订立

(一)租船合同的各方当事人

在船舶租用关系中涉及船舶出租人和承租人(Charterer)两方当事人。其中，船舶出租人可能是船舶所有人，也可能是得到船舶所有人授权而出租或转租的船舶经营人或承租人，但在租船合同中并不探究他们的真实身份，而是一概称为"Shipowner"(船东、船舶所有人)。

此外，航运市场中存在着大批专门从事船舶的租赁、订舱、买卖、保险等中介业务的租船经纪人或航运经纪人。其中专门从事租船订舱等经纪业务的经纪人，称为租船经纪人(Chartering Broker)，他们熟悉租船市场行情，精通租船业务，可为委托人提供行情调查及其他信息咨询服务，促成合同的签订。促成租船合同签订的，一般可获得相当于运费或租金1%至4%的佣金。未促成协议的，根据我国《合同法》第427条的规定，租船经纪人不得要求支付报酬，但可以要求委托人支付从事居间活动所支出的必要费用。

（二）租船合同的订立

《海商法》第128条规定，定期租船合同和光船租赁合同，均应当书面订立。实践中，船舶租用合同通常是在双方当事人选定的租船合同格式基础上，对格式中所列条款，按双方意图进行修改、删减和补充而达成。

三、船舶租用合同的法律适用

目前，国际上没有关于船舶租用合同的国际公约。相对班轮运输业务而言，各国政府对租船运输业务几乎不采取任何管制，在不影响各国公共利益的情况下，几乎完全按照"合同自由"的原则，交由承租双方进行自由协商。

《海商法》第六章是关于船舶租用合同的专门规定。但是，为了与国际上的通常做法保持一致，《海商法》第127条规定："本章关于出租人和承租人之间权利、义务的规定，仅在船舶租用合同没有约定或者没有不同约定时适用。"可见，《海商法》这一章中有关船舶租用合同双方当事人权利、义务的规定，均为任意性条款，但这一章中非有关船舶租用合同双方当事人权利、义务的规定，如第128条关于船舶租用合同应当书面订立的规定，为强制性条款。

就船舶租用合同法律适用的实务而言，合同当事人之间一般不会发生法律适用的争议，因为在各种船舶租用合同的格式文本中，通常均载有明示的法律适用条款。即便如"贝尔康"格式合同，虽然其中留有法律选择的空格，但该合同却同时载明，如果该空格没有填写，则以英国法为其准据法。

在合同当事人未选择合同准据法的条件下，一般认为应适用最密切联系原则确定解决争议的准据法。该条件下，法院地法或仲裁地法往往会被优先适用，因为对管辖权法院或仲裁机构的选择，往往被视为当事人接受当地法律管辖的重要标识，而法官或仲裁员一般也倾向于适用其熟悉的本国法。此外，出租人或承租人的本国法，一般也被认为是很重要的联结因素。而合同缔结地法或履行地法一般不予适用，因为在船舶租用条件下，租船合同的缔结地和履行地具有很强的不确定性和偶然性。

第二节　定期租船合同

一、定期租船合同的概念、特点

（一）概念

定期租船合同(Time Charter party)，又称期租合同，《海商法》第129条将其定义为"船舶出租人向承租人提供约定的由出租人配备船员的船舶，由承租人在约定的期间内按照约定的用途使用，并支付租金的合同"。

（二）特点

(1)由出租人和承租人双方分享船舶经营管理权。出租人主要负责船舶本身的营运，包括航行安全和机械、补给、人员等的配备；承租人主要负责船舶的商业使用，包括货物运输的起运地和目的地的指定、货物的提供、货物的装卸、保管、处理等。

(2)由出租人和承租人双方分担船舶营运费用。出租人主要负担船舶的日常营运成本，包括船员工资、船舶保险费、船舶保养及维修费用、机械备件及补给和船舶管理费等；而承租人主要负担航程使费，主要包括货物装卸费用、港口费、燃油费、拖轮及领港费、运河费、运费税等。

(3)承租人按使用船舶的时间支付费用。定期租船期间内的时间损失主要由承租人负担，即在不是由于任何一方的过错引起时间损失时，将由承租人承担后果。

二、定期租船合同格式

目前，国际上常用的定期租船合同格式主要是下表中的前两种。

名称	《统一定期租船合同》(*Uniform Time Charter*)	《定期租船合同》(*Time Charter*)	《定期租船合同》(*Time Charter Party*)
租约代号	"波尔的姆"(BALTIME)	"土产格式"(Produce Form)，又称"政府格式"(Government Form)、"NYPE"或者"纽约格式"	SINOTIME 1980(中租 1980)
制定者	波罗的海国际航运公会	美国纽约土产交易所，后经美国政府批准使用；1981 年 6 月 12 日，美国船舶经纪人和代理人协会对此格式进行修订	中国租船公司
制定时间	1909 年	1913 年	1980
修订情况	1910 年、1912 年、1920 年、1939 年、1950 年、1974 年和 2001 年七次修订	1921 年、1931 年、1946 年、1981 年和 1993 年五次修订	
最新版本	2001 年	NYPE'93	
总体评价	比较袒护出租人的利益	比较公正	

三、定期租船合同的主要内容

《海商法》第 130 条规定："定期租船合同的内容，主要包括出租人和承租人的名称、船名、船籍、船级、吨位、容积、船速、燃油消耗、航区、用途、租船期间、交船和还船的时间和地点以及条件、租金及其支付，以及其他有关事项。"定期租船合同通常订有以下条款：

(一)船舶说明条款(Description of Ship)

在定期租船合同中，船名、船舶国籍、船级、吨位、船舶状态等有关船舶说明的事项，均与航次租船合同的相同或者相似，本章不再重述。

(二)船速与燃料消耗(Vessel's Speed and Fuel Consumption)

此条款的一般表述为：船舶"……在满载、良好天气条件下，每小时能航行大约……海里，消耗……(燃油)大约……吨。"所谓良好天气，一般理解为风力不超过蒲氏 4 级(最大风力16海里/小时),浪不超过道格拉斯3级(浪高3～5英尺)。但是,对大型船舶而言,上述标准应相应提高。

上述船速与燃油消耗量的规定,适用于船舶满载(Fully Laden)状态。如果在租期内,船舶处于半载或者空载(压载)状态,通常根据合同约定的船舶满载时的船速与燃油消耗量,推算出船舶半载或者空载(压载)时,出租人应保证的船速与燃油消耗量的数值。当实际船速低于推算的数值,或者,实际燃油消耗量超过推算数值时,即视为出租人违约。有的合同为了明确起见,对满载、半载、空载等状态下的船速与燃油消耗量分别作出规定。

1. 船速

承租人按照使用船舶的时间支付租金,因而,船舶航行速度直接影响承租人在租期内使用船舶的经济效益;如果实际船速低于合同的约定,对因此造成的时间损失,承租人可向出租人索赔,称为船速索赔(Speed Claim)。然而,导致船速降低的原因有多种,如恶劣天气、燃油质量问题、船舶污底 (Bottom Fouling)等,实践中不能简单认定全部是出租人的责任。

2. 燃油消耗

承租人负责提供燃油并支付费用,因而,船舶燃油消耗量直接关系到承租人使用船舶成本的大小。出租人有义务提供符合合同约定的船速与燃油消耗量的船舶。如船舶实际燃油消耗量大于合同的约定,承租人可就因船舶多消耗燃油而造成的损失向出租人索赔。

(三)交船与解约条款

1. 交船(Delivery of Vessel)

交船,是指船舶出租人按合同约定的时间、地点和状态,将船舶交给承租人使用。一般情况下,交接双方会签署交船证书。

(1)交船时间,要明确是当地时间还是格林尼治时间,以减少交船时间上的纠纷。另外,还要规定出租人在交船前的一定时间向承租人发出交船通知,以便承租人做好接船准备。如果发生错给通知、漏报等,会面临承租人的索赔。

(2)交船地点,可以是某一具体港口、或者港口内具体交船地点,如船舶到达引航站或者引航员登船的地点,也可以是承租人指定的某一泊位交船,但应当明确等待泊位的时间损失由谁承担。所谓"指定泊位交船",由船东负责所有费用和时间,在租船人指定的泊位交船。泊位是否能直接靠上的风险在船东,除非在措辞上使用"可靠泊的"(Reachable),则风险就转移到了租船人。此条款在期租租约中较少使用。"到达某港口交船",即船舶只要到达某港口范围就算交船。这对船东比较有利,但有时候港口具体范围比较难确定。"到达引航站交船",即船舶到达了指定的引航站就算交船。此条款在期租租约中用得最多。每个港口一般均有引航站,具体位置比较明确。当然也有特殊的情况,如船舶去深圳的赤湾,必须由香港的引航员先引一段,然后才是赤湾港的引航。因此最明确的措辞为"到达第一个海上引航站"。"引航员登船时交船"这一条款容易产生争议,因为引航员由租船人安排,而引航员是否登船同双方利益所在的交船有关。从字面意义上讲,只要引航员未登船,船舶就不能算交船,租期就没有开始。但如果引航员未登船是租船人的过失,则如何去判断呢?已有仲裁案例裁决,由于港口拥挤,引航员未登船的时间损失归租船人,但也有不少仲裁员有相反意见。"经过某一港口经纬度交船",即船舶如果南北向行驶,则以过纬度为准,如果东西向行驶,则以过经度为准。此条款明白无误,一般不会有争议。

(3)交船时船舶的状态,《海商法》第132条规定,出租人交付船舶时,应当做到谨慎处理，使船舶适航，交付的船舶应当适于约定的用途。否则，承租人有权解除合同，并有权要求赔偿因此遭受的损失。船舶状态影响船舶的使用，一般在租船合同中要规定：包括国籍证书、所有权证书、吨位丈量证书、船舶适航证书、船级证书、航海日志、船员名单、轮机日志以及无线电报日志等在内的船舶证书齐全、有效；船上存油量及其购买；船舶机器、设备和船体的状态等。为了确定所交船舶是否符合约定，通常要进行交船检验。检验所用的时间，一般由出租人承担，检验费用则由委托方负责。交船检验一般有以下三种方式：①比较常用的是出租人和承租人共同指定一名检验师；②双方各自委托一名检验师；③由一方指派一名检验师，另一方对此表示。

2. 解约(Cancellation of Contract)

解约日(Cancelling Date)，是指租船合同中规定的，船舶未能在某一日期之前到达装货港或交船港并做好装货准备，或不符合合同规定的交船条件，承租人可以解除合同的日期。《海商法》第131条规定，出租人应当按照约定的时间交付船舶，否则，承租人有权解除合同。出租人将船舶延误情况和船舶预期抵达交船港的日期通知承租人的，承租人应当自接到通知时起48小时内，将解除合同或者继续租用船舶的决定通知出租人。因出租人过失延误提供船舶致使承租人遭受损失的，出租人应当负赔偿责任。由于该法律规定是任意性的，允许当事人自行约定相应的时间。

如果交船期是一个期限，可以约定该期限的最后一天为解约日，或者解约日为交船期届满后的某一天；如果受载期规定的是具体日期，解约日通常约定在这一具体日期之后的10至20天中的某一天。

通常情况下，承租人考虑解约的因素主要包括：贸易合同能否展期交货；船舶延误装货或交船时间的长短；租船市场运价比租船合同原订运价的高低等。

(四)租期条款(Period of Charter)

租期，又称租船期间，是承租人租用船舶的期限。有的以日历月(Calendar Month)表示，有的以30天作为一个月。租期通常从交船之时起算。租期届满时，承租人应将船舶还给出租人。但由于海上运输的特点，租期届满之日与承租人使用船舶的最后航次结束之日很难吻合，因而合同中通常约定一宽限期(Grace Period)。在英美等国，即使合同中未规定宽限期，法院或者仲裁机关在合同解释上，也给予承租人一默示宽限期。承租人在宽限期内还船，不视为违约，但超出租期的，应支付相应的超期租金。

有的合同规定，租期为船舶完成从一港至另一港的一个或者几个航次所需的时间。这种合同称为航次期租合同(Time Charter on Trip Basis-TCT)。

(五)运送合法货物条款(Lawful Merchandise)

通常规定，在租期内，承租人使用船舶，只能从事合法运输，装运合法货物，并列明某些特殊货物除外。所谓合法，是指符合装货港、卸货港、中途停靠港所在地法律、船旗国法律或者合同所适用的其他法律。如果承租人使用船舶装运非约定的合法货物，或者擅自装运活动物或者危险货物，则应对出租人因此遭受的损失负赔偿责任。

(六)航行区域与安全港口条款(Trading Limit and Safe Ports)

承租人应当保证船舶在约定航区内的安全港口或者地点之间从事约定的海上运输。否则，出租人有权解除合同，并有权要求赔偿因此遭受的损失。

合同中一般列明承租人可以指示船舶前往的区域。有的特别订明承租人不能指示船舶前往的地区，通常包括战区、冰冻区、与船旗国处于敌对状态的国家或者地区、传染病流行的地区、冬季北半球高纬度地区等。如承租人指示船舶前往上述地区，除非事先征得出租人同意，否则，船长有权拒绝接受承租人的指示。

在租期内，承租人应保证其指示船舶前往的港口或者泊位是安全港口或者泊位。所谓安全港口或者泊位，指承租人在给船长下达指示时，应预期船舶能安全地进入、停靠和驶离港口或者泊位，而不会遭受运用良好的船舶驾驶和船艺所不能避免的损害风险。一个安全的港口或者泊位，不仅地理上是安全的，政治上也是安全的。

（七）出租人和承租人负责提供并支付费用的项目条款（Owners or Charterers to Provide）

出租人负责船长和船员的工资、伙食和给养，以及甲板和机舱的备用品及船用品并支付费用，支付船舶保险费、折旧费、检验费、修理费和船舶日常开支。

承租人负责船舶燃油、淡水（船员生活用水按约定除外）、垫舱物料和防移板（船上已有的除外）并支付费用，安排货物装卸，支付货物装卸费及其他港口使费、代理费、税金等费用。如承租人要求船员在工作时间外加班，则应负担船员加班费。一般还约定，如经船长要求，承租人应垫付船舶日常开支，但可在事后支付的租金中扣除。承租人可以免费使用船上的装卸设备及照明设备。

（八）租金的支付与撤船条款（Payment of Hire and Withdraw of Vessel）

按合同约定的租金数额、币种、方式、时间和地点支付租金是承租人的主要义务。租金的数额按船舶载货能力每吨按月计算，或者按船舶每日的租金率计算。承运人未按照合同约定支付租金的，出租人有权解除合同、撤船，并有权要求赔偿因此遭受的损失。撤船系出租人单方的法律行为，无须征得承租人同意，但出租人应在合同约定的或者合理的时间内行使这一权利，否则构成弃权。

实践中，承租人未准时支付租金的原因，有时出在银行业务工作上，而非承租人本人的过错所致。为防范出租人在航运市场行情上涨时以此为借口撤船，不少合同订有抵御市场波动条款（Anti-technicality Clause），[①]一般规定：如承租人未准时和全额支付每一期租金，出租人应书面通知承租人在若干个银行工作日内予以弥补。只有当承租人未及时予以弥补时，出租人才能行使撤船的权利。

此外，合同一般还约定，承租人未向出租人支付租金或者合同约定的其他款项时，出租人对船上属于承租人的货物和财产以及转租船舶的收入享有留置权（Lien）。

（九）停租条款（Off-hire）

停租是指在租期内，非由于承租人的原因，承租人不能按合同约定使用船舶的，可以停付相应的租金。如《海商法》第133条第2款规定：“船舶不符合约定的适航状态或者其他状态而不能正常营运连续满24小时的，对因此而损失的营运时间，承租人不付租金，但是上述状态是由承租人造成的除外。”停租的原因主要有：（1）人员或者物料不足；（2）船体、船机或者设备的故障或者损坏；（3）船舶或者货物遭受海损事故而引起延误；（4）船舶入干坞或者清洗锅炉。（5）其他类似事由。

停租的起算必须具备以下条件：一是停租事项发生；二是船舶不能正常营运达约定时间；三是前两者具有因果关系。

---

① 又称反技巧性条款。参见杨良宜：《租约》，大连海事大学出版社1994年版，第89页。

停租的时间，指由于停租原因的发生而导致的营运时间损失，通常有两种计算方法：(1)净时间损失计算法：承租人仅对停租事项所引起的净时间损失或者实际时间损失停租，如果船舶、设备等已回到正常工作状态，已经没有时间损失的话，则不能停止支付租金。在NYPE93的停租条款里还有"等距离条款"，即"船舶在航行中，非由于货物发生事故或下述第257～258行允许情况的任何其他原因，违反承租人的指示或命令，而发生绕航或返航，则从船舶绕航或返航之时起，至船舶再次驶回相同航向或距目的港等距离的地点时止，承租人停止支付租金，并且推定航次从那里开始。"设立这一条款的目的是为了解决停租后遗症，保护承租人免受船舶因海损事故而修理的绕航时间损失。(2)期间停租计算法：承租人对停租事项发生到该原因结束的期间均可以停租，而不考虑该段时间的实际时间损失有多少。

一般来说，期间停租条款对承租人更有利，净时间损失条款对出租人更有利。

(十)转租条款(Sublet)

转租在租船业务中经常发生，在定期租船业务中尤为多见。转租行为至少涉及三方当事人：原出租人、原承租人(又称二船东)和新承租人，两份租约：原租约和转租租约。原租约中一般订明，承租人可将船舶转租，如果转租租约规定的出租人的责任超出原租约规定的范围，原出租人所承担的责任仍以原租约为准。《海商法》第137条还规定，承租人转租船舶时，应将转租的情况及时通知出租人。原出租人对转租收入在一定条件下享有留置权。

(十一)还船条款(Redelivery of Vessel)

还船是指承租人按合同约定的时间、地点和状态，将船舶还给出租人。但是，如果经合理计算，完成最后航次的日期约为合同约定的还船日期，但可能超过合同约定的还船日期的，承租人有权超期用船以完成该航次。超期期间，承租人应当按照合同约定的租金率支付租金；市场的租金率高于合同约定的租金率的，承租人应当按照市场租金率支付租金。

(1)还船时间。原则上，承租人应在约定的租期(考虑宽容期在内)届满之时，将船舶还给出租人。一般规定承租人在还船前的一定时间向出租人发出还船通知，以便出租人做好接船准备或安排下一个租约。如果发生错给通知、漏报等会面临出租人的索赔。

但是，船舶最后航次结束之日很难恰好就是租期届满之时。因而，延期还船或提前还船的现象较为普遍。承租人提前还船时，出租人应接受船舶，但有权就因此遭受的租金损失向承租人索赔。超期还船的情况下，承租人要向出租人支付超期用船的租金。但是，出租人应采取措施减轻损失，如尽快将船舶再行出租，或者以其他方式从事营运。

(2)还船地点。通常为两个或者几个港口，或者一个区域，由承租人选择具体还船地点。还船地点对于承租人方便还船、出租人就近安排船舶修理或履行下一个租约均有较大影响，往往都是双方妥协的产物。

(3)还船时船舶的状况。通常规定，除自然耗损(Ordinary Wear and Tear)外，还船时，船舶应处于交船时相同的良好状态。《海商法》第142条第1款即作了此种规定。对于还船时船舶的损坏是否属于正常耗损，通常通过比较交船检验报告和还船检验报告予以确定。此外，同交船时的要求一样，合同中通常规定，还船时船上所剩燃油，由出租人按当时当地的价格购买。

(十二)出租人的责任和免责(Owner's Responsibility and Exceptions)

租船合同中通常规定，出租人交船时应提供适航船舶，并使船舶适航状态在租期内维持。出租人适航义务的程度限于"谨慎处理"，即只要其做到了应有的谨慎，即使船舶不适航,也不承担赔偿责任,但当事人另有约定的除外。如果船舶出现不适航情况,出租人应及时采取合理措施进行恢复。

在定期租船合同中一般还规定有免责事项,如果在租期内遇有天灾、公敌、火灾、政府限制,海上、河流、机器、锅炉和航行危险和事故,以及航行过失等,导致定期租船合同无法履行的,合同双方均可免责。此外,定期租船合同还经常订有"首要条款",规定出租人的责任、权利和豁免,依据《海牙规则》、《海牙—维斯比规则》或相应国内法确定,要求出租人应对租期内每一航次承担船舶适航义务,同时享有相应免责、责任限制等权利。

(十三)使用与赔偿条款(Employment and Indemnity)

根据《海商法》第136条的规定,承租人有权就船舶的营运向船长发出指示,但是不得违反定期租船合同的约定。故船长虽然由船舶出租人任命,但在船舶使用、代理或者其他安排上,应服从承租人的指示。

"使用",是指船舶的营运,包括船舶驶往什么港口,装运何种货物及多少货物,在什么港口卸货等船舶营运事宜。船长有义务为货物签发所递呈(as presented)的提单。但是,承租人无权就船舶航行及安全、船舶内部的管理事宜向船长发出指示,也不能发出违反合同、与合同无关的或不合理的指示。如:承租人不得指示船长签发不实提单、装运约定范围之外的货物或驶往约定航行区域之外的地区等。

"赔偿",是指由于船长服从承租人的指示,造成船舶的损害,或者使出租人因此遭受其他经济损失,包括对收货人或者其他人承担的赔偿责任,应由承租人负责。例如,由于船长按承租人的指示签发提单,但出租人按提单对收货人承担的责任大于其按租船合同应承担的责任时,出租人可根据本条款,就超出租船合同规定的部分,向承租人追偿。

除了上述条款外,定期租船合同中一般还有共同海损条款、新杰森条款、法律适用条款、仲裁条款、留置权条款、双方互有责任碰撞条款、佣金条款、战争条款等。双方当事人可以根据具体情况协商确定。

四、定期租船合同当事人的权利和义务

(一)出租人的主要权利与义务

1. 交船义务。出租人最重要的义务是将船舶交给承租人使用。交船必须在合同约定的时间和地点进行,而且,出租人应谨慎处理,使船舶适航并适于约定的用途。

2. 维修船舶的义务。出租人应负责船舶在租期内的维修。船舶在租期内不符合约定的适航状态或者其他状态,出租人应当采取可能采取的合理措施,使之尽快恢复。连续24小时不能恢复造成营运时间损失的,承租人不付租金,但事故是承租人造成的除外。

3. 通知船舶转让的义务。船舶所有人转让已出租船舶的所有权,应当及时通知承租人。船舶所有权转让后,原租船合同由受让人和承租人继续履行。

出租人在定期租船合同下的主要权利与承租人的义务相对应,主要包括收取租金、到期收回船舶等。

(二)承租人的主要权利与义务

1. 支付租金义务。承租人在租期内有权使用船舶,但得交付租金。承租人未按照合同约定支付租金或合同约定的其他款项的,出租人有权解除合同,并有权要求赔偿因此遭受的

损失。

2. 还船义务。承租人在租期届满后应将船舶交还给出租人。还船时，该船舶应具有与出租人交船时相同的良好状态，但是船舶本身的自然磨损除外。船舶未能保持与交船时同样良好状态的，承租人应当负责修复或者给予赔偿。承租人不应超期使用船舶，但属于“最后合法航次”的除外。超期期间，承租人应当按照合同约定的租金率支付租金；但如果市场租金率高于合同约定的租金率的，承租人应当按照市场租金率支付租金。

3. 按照约定使用船舶的义务。承租人应当保证船舶在约定航区内的安全港口或者地点之间从事约定的海上运输。

4. 指挥船长的权利。承租人有权就船舶的营运向船长发出指示，但是不得违反定期租船合同的约定。

5. 承租人转租的权利。承租人可以将租用的船舶转租，但是应当将转租的情况及时通知出租人。租用的船舶转租后，原租船合同约定的权利和义务不受影响。

6. 获得救助报酬的权利。在合同期间，船舶进行海难救助的，承租人有权获得扣除救助费用、损失赔偿、船员应得部分以及其他费用后的救助款项的一半。

第三节　光船租赁合同

一、光船租赁合同的概念、特点与性质

(一)概念

光船租赁合同(Bareboat Charterparty, Charterparty by Demise)，又称“空船租船”或“船壳租赁”合同，是指船舶出租人向承租人提供不配备船员的船舶，在约定的期间内由承租人占有、使用和营运，并向出租人支付租金的合同。

(二)特点

1. 船舶出租人只提供一艘空船，全部船员由承租人配备并听从承租人的指挥。
2. 承租人承担船舶营运的各种费用。
3. 租金按船舶的装载能力、租期及商定的租金率计算。
4. 承租人负责船舶的经营及营运调度工作，并承担在租期间的时间损失。

(三)性质

在国际航运市场上，光船租赁出现上升趋势。一方面，部分发达国家的船舶所有人，由于受到雇佣外国船员的限制及本国船员工资上涨等原因，船舶营运成本增加；另一方面，部分发展中国家的航运企业拥有丰富的劳动力资源，又能掌握一定的货源，但缺乏足够资金建造或者购买船舶。这样，发达国家的船舶所有人与发展中国家的航运企业之间，就容易建立起光船租赁关系。

光船租赁合同属于一种财产租赁合同。因此，光船租赁的船舶出租人保留船舶的处分权，而船舶的占有权、使用权、经营权、收益权则依约定移转给承租人。

二、光船租赁合同格式

目前，国际上使用比较广泛的光船租赁合同格式是波罗的海国际航运公会1974年《标

准光船租赁合同》(Standard Bareboat Charter),租约代号“贝尔康”(BARECON)。该格式经过1989年修订和2001年两次修订。2001年版条款由五个部分组成,其中第一和第二部分是光船租赁的基本条款,第三部分是新造船舶光船租赁的附加条款,第四部分是光船租购的附加条款,第五部分是针对光船租赁合同登记的附加条款。

三、光船租赁合同的主要内容

光船租赁合同在内容上与定期租船合同有很多相同或者相似之处。如《海商法》第145条规定:“光船租赁合同的内容,主要包括出租人和承租人的名称、船名、船籍、船级、吨位、容积、航区、用途、租船期间、交船和还船的时间和地点以及条件、船舶检验、船舶的保养维修、租金及其支付、船舶保险、合同解除的时间和条件,以及其他有关事项。”

(一)船舶说明

合同中通常约定有船名、船旗与船舶登记国、船舶呼号、船型(干货船、油船、冷藏船或者客船等)、登记吨、载重量、建造日期与地点、船级、上一次船级社特检日期,以及船舶证书有效期限等。这些事项使船舶特定化。出租人应保证上述内容的正确性。

(二)交船

出租人应按照约定的时间、地点和状态,将船舶交与承租人。出租人在交船时,一般应谨慎处理,使船舶适航,包括船体、船机和设备在各方面适合于约定的用途。交船时,船上的各种文件与证书应齐全,即出租人在交船时,除向承租人转移船舶实体的占有外,还必须向承租人交付有效船舶证书。为划分双方的责任,在交船时,应进行船舶检验,确定船舶在交船时的状态,其费用和造成的时间损失一般由出租人承担。

交船的时间和地点一般由双方约定,并在合同中注明,其最后一天为解约日。为此合同通常还规定,出租人应事先将预期交船的时间通知承租人。船舶由出租人按合同约定交给承租人并由承租人接收,即视为出租人履行了合同约定的义务。嗣后,承租人不得就出租人对船舶所作的说明和保证提出任何索赔。但是,出租人对交船时船舶存在的潜在缺陷应负责弥补,但以承租人在一定时间内发现为限。另外,双方当事人应对船舶的各种设备、备用品、器具和船上所有用于消耗的物料列出清单。承租人应按交船时当地的市场价格购买交船时船上所剩的燃油、润滑油、淡水、食品、油漆、缆索和其他用于消耗的物料。

(三)船舶的使用与保养

船舶在租期内,完全由承租人占有,并为其自己的目的对船舶进行控制和支配。对此,《海商法》第147条规定:“在光船租赁期间,承租人负责船舶的保养、维修。”承租人在租期内应保持船舶(包括船机、锅炉、属具和备件)处于良好状态。

(四)船舶的检查

为查明承租人在光船租赁期间是否对船舶进行正常的维修和保养,出租人有权随时检查船舶的状况或检查船舶各种日志等,或指定验船师对船舶进行检验。但在行使检查权时,一般不应影响承租人正常使用船舶。

(五)租金

承租人应按合同规定的数额、货币种类、支付方式、时间、地点和费率预付每一期租金。如果承租人未能准时、全额地支付每一期租金的,出租人有权撤回船舶,且不影响其根据合同向承租人索赔的权利。但合同中通常约定宽限期,即当承租人未按照合同约定的时间支付租金时,经出租人催告,承租人应在该宽限期内支付,否则,出租人有权解除合同。如《海商法》第152条规定:"承租人应当按照合同约定支付租金。承租人未按照合同约定的时间支付租金连续超过七日的,出租人有权解除合同,并有权要求赔偿因此遭受的损失。"

(六)船舶抵押

合同通常约定,未经承租人书面同意,出租人不得在光船租赁期间对船舶设定抵押权。如果交船前船舶已经抵押,出租人应在合同中予以说明,并将抵押合同的内容告知承租人。

(七)船舶保险

通常由承租人按照合同约定的船舶价值,以出租人同意的方式进行投保,并负担保险费。如承租人未按约定进行投保,出租人有权撤回船舶并解除合同,而不影响其向承租人索赔的权利。如系油船光船租赁,合同通常要求承租人在接船时,投保国际油污损害民事责任公约规定的责任保险或者取得财务保证,并在租期内保持这种状态。

(八)还船

承租人应在租期届满时,在合同约定的地点将船舶还给出租人。还船时,船舶应处于交船时相同的状态、结构和船级,但自然耗损除外。为确定还船时船舶的状态,需对船舶进行检验,其费用和时间的损失一般由承租人承担。出租人一般还应依约购买还船时船上所剩的燃油、润滑油、淡水、食品及用于消耗的物料。

(九)合同的转让与船舶转租

与定期租船合同明显不同,光船租船合同中通常约定,除非事先征得出租人书面同意,承租人不得转让合同或者将船舶光船转租。

(十)出租人和承租人权益的保护

在租期内,因承租人对船舶占有、使用和营运的原因使出租人的利益受到影响或者遭受损失的,承租人应当负责消除影响或者赔偿损失。承租人经营船舶时可能由于他本人所负债务致使船舶被扣押。此时,承租人应立即提供担保使船舶释放。如因船舶被扣押使出租人遭受损失的,承租人应负责赔偿。

因船舶所有权争议或者出租人所负的债务致使船舶被扣押的,出租人应当保证承租人的利益不受影响;致使承租人遭受损失的,出租人应当负赔偿责任。如果船舶的扣押直接影响了船舶的营运,使承租人遭受船期损失的,出租人必须及时消除扣押船舶的因素或提供担保以解除扣押,如给承租人造成了损失,出租人应负责赔偿。

除上述内容外,光船租赁合同中通常还订有留置权、救助报酬、共同海损、提单、船舶征用、战争、佣金、法律适用和仲裁等条款。

此外,根据《海商法》第153条的规定,该法第六章第二节"定期租船合同"中的第134条关于承租人保证船舶在约定航区内安全港口之间运输约定货物,第135条第1款关于承租人保证运输约定的合法货物,第142条关于还船时船舶的状态,以及第143条关于最后航次等规定,均适用于光船租赁合同。

四、出租人和承租人的权利和义务

(一)出租人的主要权利与义务

(1)交船的义务。光船租赁合同下,出租人应当在合同约定的时间和地点,向承租人交付约定的船舶以及船舶证书。出租人应当谨慎处理,使船舶适航。船舶还应当适于合同约定的用途。

(2)权利担保义务。出租人必须保证承租人在租赁期间内有权依合同占有和使用船舶。如果因船舶所有权争议或者出租人所负债务致使船舶被扣押的,出租人应当保证承租人的利益不受影响,致使承租人遭受损失的,出租人应当负赔偿责任。

(3)不得抵押船舶的义务。在光船租赁期间,未经承租人事先书面同意,出租人不得对船舶设定抵押权,如果违反此义务并给承租人带来损失的,应当负责赔偿。

出租人的主要权利是收取租金。

(二)承租人的主要权利与义务

(1)照管船舶的义务。光船租赁期间,承租人应当负责船舶的保养、维修及保险。

(2)不得转租船舶的义务。未经出租人书面同意,承租人不得转让合同的权利和义务或者以光船租赁的方式将船舶进行转租。

(3)支付租金的义务。承租人应当按照合同约定的时间、方式和数额支付租金。但船舶灭失或者失踪的,租金应当自船舶灭失或者得知其最后消息之日起停止支付。如果租金已经预付,应按照比例退还。

承租人的主要权利是按照约定使用船舶。承租人通过其自己雇佣的船长、船员直接控制船舶。

五、船舶租购合同

船舶租购合同(Bareboat Charter with Hire Purchase),又称光船租购合同,是光船租赁合同的一种特殊形式,指船舶出租人向承租人提供不配备船员的船舶,在约定的期间内由承租人占有、使用和营运,并在约定期间届满时将船舶所有权转移给承租人,而由承租人支付租购费的合同。

光船租购实际上是一种分期付款购买船舶的融资租赁。光船租购的主要目的是船舶买卖,光船租船只是一种途径。对于购船者(承租人)而言,其试图购买船舶却一下子拿不出巨额资金,通过与船舶所有人订立这种船舶租购合同,承租人在获得船舶所有权之前便获得占有和使用船舶的权利,将巨额的船舶购买价款转化为租期内小额的定期船舶租金支出,并在租期届满时获得船舶的所有权,从而解决购船资金困难。对船舶所有人(出租人)而言,通过这种办法出卖船舶,在租期届满之前,仍享有对船舶的所有权。如果承租人在租期内不按约定支付任何一期租金,出租人有权将船舶撤回,从而保证其得到出卖船舶的价款。

因此,船舶租购合同具有船舶租赁合同和船舶买卖合同的双重属性。船舶出租人同时又是船舶出卖人,船舶承租人同时又是船舶买受人。在这种合同中,承租人在租期内需支付的租金,大大高于同样船舶光船租赁条件下的租金,因为租金中包含了船舶价款在每一期租金中的分摊。

在本章的引例中,广航公司因船速降低不能向星海运输公司索赔,因为船速的约定是“可达约 12 节”,一般允许有半节的上下浮动。机器故障导致的停航,广航公司可以停付租金 16500 美元。如果广航公司未按时支付租金,星海运输公司可以撤船并解除租船合同。

思考题

1. 分析定期租船合同的特点。

2. 简析定期租船合同中的使用与赔偿条款。

3. 分析停租的原因和条件。

4. 简析光船租赁合同的特点。

5. 案例讨论：

2008 年 3 月，原告与被告签订一份租船合同，约定将建造中的“海河 2 号”轮租赁给原告，期限一年，自 2008 年 3 月 10 日至 2009 年 3 月 9 日，年租金为人民币 150 万元，交船地点为广州。此后，原告向被告支付了人民币 138 万元，“海河 2 号”轮于 2008 年 12 月 10 日改建完毕。被告将船舶交付原告，但该船没有国籍证书和船舶检验证书。

分析：涉案船舶是否已经交付？船舶租赁合同能否实际履行？原告主张解除合同能否得到支持？

司法考试真题链接

1. 在光船租赁合同中，出租人假若要在光船租赁期间对船舶设定抵押权，必须满足下列哪项条件？（1998 年）

A. 承租人利益不受影响　　　B. 承租人事先书面表示同意

C. 承租人不再进行转租　　　D. 出租人书面通知承租人

2. 太子号于 1990 年 3 月 1 日在汉堡交付承租人使用，1991 年 3 月 5 日在中国上海港还给船舶所有人。租用时间超过了租船合同规定的 10 个月租用期。由于市场租金率上涨，船舶所有人要求承租人按本应还船时的市场租金率支付超期租船期间的租金，根据我国海商法的规定，此案中，超期还船租金应按（　　）计算。（1996 年）

A. 1991 年 1 月 1 日租用期届满时的市场租金率

B. 按 1990 年 12 月 15 日，该轮上个航次结束时的市场租金率

C. 按合同规定的租金率

D. 按 1991 年 3 月 5 日还船时的市场租金率

第七章　海上拖航法律制度

【引例】香港井川集团与广州华威公司签订了一份"TOWCON"格式的海上拖航合同，约定：由华威公司派"华吉"轮拖带井川集团的"昌瑞"轮和"昌鑫"轮，从台湾安平港拖至广州桂山锚地。拖带合同约定：根据合同应支付给承拖方的承包价和一切其他款项均无任何回扣、抵销、留置、索赔和反索赔，不论拖轮和或被拖物灭失与否；不论是否由于被拖方、其工作人员或代理人违反合同、疏忽或任何其他过失而发生无论何种原因对拖轮或拖轮上任何财物造成或使其遭受任何性质的灭失或损坏，有关对残骸的清除或有关拖轮的移位、照明或设标的费用，或有关预防或清除拖轮造成的污染所产生的一切责任，均由承拖方单独承担，承拖方对被拖方及其工作人员或代理人无任何追偿权；不论是否由于承拖方、其工作人员或代理人违反合同、疏忽或任何其他过失而发生对被拖物造成上述情况和产生的一切责任，均由被拖方单独承担，被拖方对承拖方及其工作人员或代理人无任何追偿权。事后，因未按照船检部门的要求在被拖船舶上配备随船员等原因，"昌鑫"轮在拖航过程中严重倾斜，随后在桂山锚地附近抢滩沉没。为此，井川集团诉请华威公司赔偿其沉船及相关损失，华威公司则反诉要求华威公司付清拖欠的拖航费及其他垫付款。请问：他们各自的诉讼及反诉请求是否成立？

第一节　海上拖航概述

一、海上拖航的概念与性质

（一）海上拖航的概念

海上拖航（Towage by Sea），又称海上拖带或船舶拖带，是指拖轮利用自己的动力和设备将另一船舶或其他适拖的漂浮物经海路从一地拖至另一地的海上作业。其中提供拖航服务、收取拖航费的一方为承拖方，接受拖航服务、支付拖航费的一方为被拖方。承拖方可以是专业性的海上拖航公司，也可以是兼营或主营打捞救助业务的企业或航运公司。拖轮是具有特定的拖航能力并装备拖带设备的机动船舶。被拖物通常是无法或不方便使用货船载运的超重、超长、超宽或超大可漂浮物体，包括驳船、无动力或操作能力受限制的船舶、石油钻井平台、浮动码头、浮动船坞等海上装置和设备。

比较常见的海上拖航作业主要包括：(1)在港口、狭窄水道或拥挤的水域内拖带船舶航行；(2)协助大型船舶靠离码头、泊位、调头或其他操作；(3)拖带无自航能力的载货驳船航

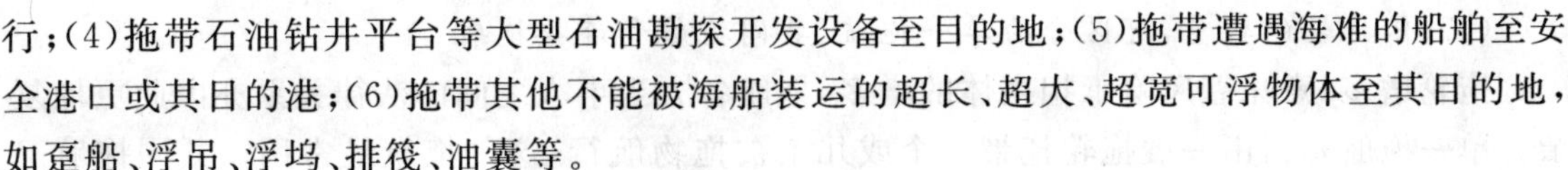

行;(4)拖带石油钻井平台等大型石油勘探开发设备至目的地;(5)拖带遭遇海难的船舶至安全港口或其目的港;(6)拖带其他不能被海船装运的超长、超大、超宽可浮物体至其目的地,如趸船、浮吊、浮坞、排筏、油囊等。

(二)海上拖航的性质

海上拖航是一种综合了海上货物运输、承揽等服务业性质,但又与它们存在明显差别的独立海上作业。

1.海上拖航的海上货物运输属性

海上货物运输是指承运人收取运费,负责将托运人托运的货物经海路由一港运至另一港的海上作业。与海上货物运输的功能一样,海上拖航的主要功能也是实现被拖物的海上空间位移。这使其具有了海上货物运输的部分性质。特别在载货驳船属于承拖方的条件下,根据《海商法》第164条的规定:"拖轮所有人拖带其所有的或者经营的驳船载运货物,经海路由一港运至另一港的,视为海上货物运输。"然而,因为拖轮与被拖物相对分离,两者之间仅以缆绳或其他拖航设施联结,从而导致承拖方对被拖物的照管责任及承拖双方的风险分摊机制,与承运人对船载货物的责任及船货双方的责任分摊机制存在重要差别。

2.海上拖航的承揽属性

承揽是承揽人利用自己的工作条件为定作人完成一定的工作,定作人在验收后支付约定报酬的民事法律行为,主要包括加工、定作、修理、复制、测试、检验等工作。海上拖航的承揽性质主要表现为,承拖方利用自己的拖轮及拖航设备,向委托方提供拖航服务并收取服务费,以实现被拖物的海上位移。但海上拖航本质上是一种海上冒险,不但风险高,而且不涉及使被拖物本身的形状或性质发生改变。这使其与普通的承揽服务差别明显。这种差别导致这两种作业权利义务的配置差别明显。

二、海上拖航的种类

(一)根据拖轮与被拖物在拖航过程中的相对方位,可区分为拖拉、顶推和拖带

海上拖航作业的方式较复杂,包括拖拉、单侧拖带、双侧拖带及顶推等。所谓拖拉,又称一列式拖带或单一拖带,是最常见的拖航方式,是指拖轮在前被拖物在后,用拖缆联结拖轮和一个或数个被拖物的拖航方式。顶推是指被拖物在前,拖轮用自己的船首顶着被拖物尾部推动被拖物航行的拖航方式,其多用于江河拖航和协助大船靠离码头、调头。拖带又称傍拖,是指被拖物位于拖轮的一侧或两侧,拖轮用系缆横向联结被拖物、携带被拖物航行的拖航方式,其多用于港区内浮吊拖航。

(二)根据拖航作业的区域,可区分为港区内拖航、河海拖航、沿海拖航、国际拖航

拖带作业的水域不同,作业的风险亦不同,所适用法律往往也不一样。港区内拖航指拖轮在一港口区域内协助他船进出港口、靠离码头、移泊或提供其他服务。一国港口内的拖航一般不适用其海商法。河海拖航指起拖地、目的地分别位于内河和海上的拖航。沿海拖航指起拖地和目的地位于一国海域的拖航。港区内拖航、河海拖航和沿海拖航面临的风险相对较小,各国为保护本国拖航市场,一般将其保留给本国拖轮。国际拖航,又称远洋拖航,指起拖地、目的地分别位于不同国家或地区的海上拖航。国际拖航的风险较大,往往还涉及国际条约、国际惯例及不同国家法律之间的冲突与适用。

（三）依拖轮的数量，可区分为单一拖航、共同拖航和连接拖航

拖轮增多，意味着风险承担主体的增多，拖航各方当事人之间的法律关系亦因此更加复杂。单一拖航是指由一艘拖轮拖带一个或几个被拖物航行，这种拖航最常用。共同拖航又称平行拖航，指两艘或多艘拖轮并行地拖带一个或几个被拖物航行。在这种方式下，数艘拖轮的动力分别直接加于被拖物。连接拖航又称相继拖航，是指两艘或多艘拖轮前后连续衔接，拖带一个或几个或一连串被拖物的拖航。在单一拖航中，当被拖物的所有人与拖轮所有人不同时，拖轮所有人与被拖物所有人未有相反约定的，由承拖方承担指挥责任，对拖航中对第三人产生的损害负责；在共同拖航与连接拖航中，各拖轮的所有人不同时，它们对拖航中所发生的损害负连带责任，但无过失的拖轮方对过失拖轮方享有追偿权。

（四）依拖航费的计付方式，可区分为日租型拖航和承包型拖航

日租型拖航指承拖方在拖轮租赁服务期间，按每日租金率或服务费率向被拖方收取拖航费的拖航。承包型拖航是指承拖方按照拖航合同中约定的固定金额，向被拖方收取拖航费的拖航。在承包海上拖航中，通常还可通过日租金率方式确定因解拖、起拖延误和拖航过程中时间损失的赔偿金额。

第二节　海上拖航合同的订立与解除

一、海上拖航合同的订立

海上拖航合同，是指承拖方用拖轮将被拖物经海路从一地拖至另一地，而由被拖方支付拖航费的合同。就合同的订立而言，承拖方和被拖方双方当事人就拖航合同的主要条件协商一致，合同即告成立。但在有些国家，拖航合同需经经纪人签订。就合同的要式性而言，在我国，《海商法》第156条规定："海上拖航合同应当书面订立。"其中"书面"是广义的要求，不仅指书面的正式合同文本，而且包括可借助电报、电传、传真、信函、电邮等纸质或非纸质材料予以证明的合同。但在大多数国家，它为不要式合同，允许当事人以任何适当的方式达成。在实务中，因承拖方多为专营或兼营拖航业务的公司，一般均制定有各自的标准合同格式，或采用相应航运组织推荐的拖航合同格式，故拖航合同多以书面形式订立。

在各国及主要国际航运组织制定的拖航合同标准条款中，比较有影响的有英国1979年联合王国拖航合同标准条款、日本航运交易所的拖航合同标准条款（代号"NIPPON-TOW"）、德国巴格希尔船舶和救助股份有限公司的拖航合同格式（承包式和日租式），以及国际救助同盟、欧洲拖船船舶所有人协会和波罗的国际航运公会三家联合推荐的国际远洋拖航协议（日租）格式（代号"TOWHIRE"）等。在我国，中国海洋工程服务有限公司的拖航合同（承包）格式（代号"CHINATOW"）、中国拖船公司的拖航合同（日租）格式较有影响。

二、海上拖航合同的主要内容

（一）海上拖航合同的主要条款

在众多的海上拖航合同格式中，波罗的海国际航运公会（The Baltic and International Maritime Conference—BIMCO）的合同格式较具代表性。它将合同内容分为基本条款和特

别约定条款两部分。其中的基本条款包括:签约日期与地点;承拖方与被拖方的名称与营业地点;拖轮船名、船旗、登记地、船级社、保险责任承保人;拖轮类型、吨位、指示马力、绞车和主要拖航索具、预计燃料平均日消耗量;被拖物的名称与类型、总吨位或排水吨、长度、宽度和吃水等;起拖地和目的地、计划航线;拖航费(承包价或日租费率)及其支付;起拖日期与预计抵达目的地的日期;解约日与解约费等。特别约定条款主要规定双方的权利、义务与责任,主要包括:价格、附加费和额外费用与支付;拖轮的适拖性、拖轮的替换;被拖物的适拖性、随船人员;拖航设备与被拖物上索具的使用;当前航次所需证书和许可证;绕航、救助、共同海损事项;安全港保证;留置权;时效、法律适用和管辖权等。

在我国,根据《海商法》第 156 条的规定,海上拖航合同的内容,主要包括承拖方和被拖方的名称和住所、拖轮和被拖物的名称和主要尺度、拖轮马力、起拖地和目的地、起拖日期、拖航费及其支付方式,以及其他有关事项。其中的"其他有关事项",主要涵盖拖轮的适航与适拖、被拖物的适拖、安全港保证、留置权、绕航、救助、延滞费、共同海损、对第三人的损害责任、港口费、合同的解除与免责、管辖权与法律适用等。

(二)承拖双方的权利与义务

1. 承拖方的主要义务

(1)提供适航适拖的拖船。承拖方按约定提供适航适拖的拖轮,是保障拖航作业顺利完成的前提条件。为此,我国《海商法》第 157 条第 1 款要求:"承拖方在起拖前和起拖时,应当谨慎处理,使拖轮处于适航、适拖状态,妥善配备船员,配置索具和配备供应品以及该航次必备的其他装置、设备。"此外,拖轮船长一般还应在起拖日期 24 小时之前向被拖方或其代理人递交准备就绪通知。

(2)负责拖航作业及相应费用。海上拖航中,除非另有约定,一般由承拖方负责指挥整个拖航作业,包括拖轮与被拖物之间的接拖、拖带航行安全和解拖等。拖轮与被拖物脱离的,拖轮应守护被拖物,并尽一切努力重新接上缆绳,救助被拖物。除非提供了服务范围以外的救助,承拖方不得主张救助报酬。相应地,承拖方应承担拖航期间与拖轮相关的费用,诸如拖轮船员的工资与伙食费、拖轮保险费、代理费、燃料、税费、领航费、港口使费、运河通行费及其他与拖轮相关的费用。

(3)合理速遣及不得绕航。拖航过程中,承拖方应按约定或通常航线,合理地、尽快地在合同约定的时间内将被拖物安全地从起拖地拖至目的地,而不得延误和绕航,但合理的延误和绕航除外。合理的延误和绕航通常产生于救助或企图救助海上人命和财产、被拖物不适合拖带、恶劣天气或恶劣天气报告,以及其他拖轮自由权项下的计划外停靠港口等。

(4)及时交付被拖物。拖轮抵达目的地 24 小时之前,承拖方应向被拖方发出准备交付被拖物通知。在抵达后,应及时按约定条件交付被拖物。

(5)承拖方违约的,承担相应的违约责任。

2. 承拖方的主要权利

(1)拖航费请求权。承拖方有权按约定向被拖方预收或收取相应的拖航费。合同一般均明确地规定了拖航费的构成项目、数额、支付时间与方式。如果发生不可抗力事件或不能归责于承拖方的原因致使拖航航程受阻的,承拖方可以在目的地的邻近地点或者拖轮船长选定的安全港口或者锚泊地,将被拖物移交给被拖方或其代理人,视为拖航任务完成,承拖方有权向被拖方收取合同规定的全部拖航费。

(2)留置权。被拖方未支付约定拖航费和其他合理费用的,承拖方有权留置被拖物,并依法处置被拖物以清偿被拖欠的费用。被拖欠的费用主要包括拖航费、滞期费、承拖方为被拖方垫付的各种款项,以及其他应付的合理费用。

(3)自由权。各拖航合同标准条款一般均规定,拖轮可在拖航期间的任何时间,直至在目的地交付被拖物时止,为了救助人命或财产而赴援任何遇难船舶,或为了加油、修理、补充给养或其他必需品,或为送伤病员上岸而停靠计划外的港口或地点。

(4)免责权。尽管在一般情况下,承拖方违反拖航合同造成被拖方损失时,应承担损害赔偿责任。但是,承拖方往往基于目前有关立法的不完善或其非强制性,倾向于滥用合同自治原则,在其拟制的格式条款中规定了相当广泛的免责事由。这类免责事由不仅包括不可抗力、被拖物本身的原因或被拖方的过错,一般还包括承拖方或其代理人、雇员的错误或过失,以及拖轮及其机件设备不适合或故障等。常见的免责条款主要有以下几类:[①]①雇佣推定条款,即规定拖轮的船长、船员不是承拖方而是被拖方的受雇人员或代理人、代表人。这不仅可使被拖方按雇主责任原则对拖轮船长、船员在拖航中的过失承担责任,而且还可以要求被拖方赔偿承拖方的任何损失。②损失免责条款,即规定除因拖轮的缺陷(不适航、不适拖)或拖轮船员的过错对拖轮造成的损失由承拖方负责外,因任何其他原因对被拖物或第三人所造成的任何性质损失或损坏,均由被拖方负责。该条款实际上免除了承拖方对外的一切责任。③补偿条款,即要求由被拖方赔偿第三人向承拖方提出的任何索赔,或要求被拖方补偿承拖方的对外赔偿。这使得承拖方在依法对第三人承担了赔偿责任后,可以从被拖方得到相应的补偿,从而可将某些法定义务转嫁给被拖方。我国《海商法》第 162 条第 2 款规定承拖方还可享有以下两种免责:第一,拖轮船长、船员、引航员或者承拖方的其他受雇人、代理人在驾驶拖轮或管理拖轮中的过失;第二,拖轮在海上救助或企图救助人命或财产时的过失。

被拖方对于上述的部分免责规定,往往主张其与强行法冲突,应认定无效。免责条款的内容与效力因此成为海上拖航合同纠纷中的主要争议之一。

(三)被拖方的权利与义务

1. 被拖方的主要义务

(1)提交适拖的被拖物。被拖物适拖与拖船适航适拖一样,也是海上拖航合同得以顺利履行的前提条件。为此我国《海商法》第 157 条第 2 款要求:"被拖方在起拖前和起拖时,应当做好被拖物的拖航准备,谨慎处理,使被拖物处于适拖状态,并向承拖方如实说明被拖物的情况,提供有关检验机构签发的被拖物适合拖航的证书和有关文件。"

(2)安全港/地保证。被拖方应保证起拖港/地、目的港/地和合同约定的中途停靠港/地在各方面能使拖轮和被拖物安全地进港、操作、停泊和出港,并在潮汐的所有阶段保持漂浮。这种安全既包括地理、自然条件方面的安全,也包括社会、政治条件方面的安全。

(3)服从承拖方船长指挥。因政府部门要求,或者拖轮船长、保险人验船师认为被拖方有必要,或者应被拖方的要求,在被拖物(或拖轮)上配备被拖方的随船船员及其他人员时,在拖航过程中,被拖方的船员或其他人员应服从拖轮船长的指挥,采取合理措施,积极配合拖轮的航行,并随时将被拖物的情况报告给拖轮船长。

① 张湘兰:《海商法》,武汉大学出版社 2008 年版,第 189~190 页。

(4)承担拖航费和其他相关费用。这是被拖方的基本义务之一。被拖方应按合同规定的费率或金额以及支付的时间、地点和方式支付拖航费。在起拖后,因不可抗力或不能归责于承拖方的原因致使拖航未完成的,除非另有约定,被拖方一般应对已拖航的部分里程支付拖航费。因可归责于被拖方的原因造成起拖、解拖和航行时间的损失,被拖方应按合同规定支付滞期费。被拖方还应承担其配备在拖轮或被拖物上的人员与设施的费用,以及与被拖物有关的其他一切费用,诸如涉及被拖物的保险费、代理费、税费、领航费、港口使费、运河通行费、检验费、护航船舶费等。

(5)接收被拖物。在收到承拖方发出的准备交付通知后,被拖方应在目的港/地采取合理措施,及时接收被拖物。当因不可抗力或其他不能归责于承拖方的原因使被拖物不能拖至约定目的地以致承拖方将被拖物拖至目的地的邻近地点或选定的安全港口时,被拖方则应在该邻近地点或安全港口接收被拖物,除合同另有约定外,不得主张承拖方违约;航程因此延长的,被拖方应按约定或按原计划航距的比例另行增付相应费用;航程因此缩短的,费用可按比例作相应扣减。

2. 被拖方的主要权利

(1)预付拖航费返还请求权。起拖前因不可抗力或其他不能归责于承拖方和被拖方的原因致使海上拖航合同被解除的,除合同另有约定外,被拖方有权要求承拖方返还已付的拖航费。起拖后,因上述原因致使拖航提前终止或航程缩短的,拖航费用可视原航程的距离按比例作相应扣减。

(2)被拖航权。被拖方以支付拖航费为对价,有权要求承拖方按约定完成拖航作业,并在目的地领收被拖物。除不可抗力和其他不能归责于双方的原因外,承拖方未完成拖航作业的,被拖方有权拒付拖航费。

(3)损害赔偿请求权。因承拖方不可免责的原因致使被拖物灭失、损坏或逾期交付的,被拖方有权要求承拖方承担相应的损害赔偿责任。

三、海上拖航合同的解除

合同的解除,是指合同在尚未履行或未全部履行的条件下,提前终止合同的效力。海上拖航合同有效成立的,当事人双方均应严格遵守合同约定,履行各自的义务,而不得擅自变更、解除合同,否则应承担相应的违约责任。但是,如果履约条件发生变化,致使合同无法履行或没有履行必要的,法律或合同一般赋予合同当事人相应的合同解除权,其中前者为法定解除权,后者为约定解除权。它们一般表现为:

(一)合同因当事人双方协商一致而解除

海上拖航合同当事人可以在合同中约定解除合同的条件,一旦条件成就,任何当事人一方均可解除合同。当事人也可在合同履行过程中,协商一致解除合同。

(二)合同因当事人一方根本违约而解除

合同一方的行为构成根本违约的,对方当事人有权解除合同。一般而言,如果承拖方未能在约定的解约日之前,在约定的地点提供约定的适航适拖拖轮;或者,被拖方未能在约定的解约日之前,在约定的地点提交适拖的被拖物;或者承拖方或被拖方有其他违约、违法行为,致使合同无法履行或使继续履行失去意义的,均构成根本违约,守约方有权解除合同,并可要求对方承担相应的违约责任。

(三)合同因不可抗力或其他不能归责于双方当事人的原因而解除

我国《海商法》第 158 条规定:"起拖前,因不可抗力或者其他不能归责于双方的原因致使合同不能履行的,双方均可以解除合同,并互相不负赔偿责任。除合同另有约定外,拖航费已支付的,承拖方应当退还给被拖方。"同时,该法第 159 条规定:"起拖后,因不可抗力或者其他不能归责于双方的原因致使合同不能继续履行的,双方可以解除合同,并互相不负赔偿责任。"

第三节 海上拖航中的损害赔偿责任

海上拖航作业过程中发生的损害,既可能发生在承拖方与被拖方之间,也可能发生拖航合同当事人与第三人之间。前者受海上拖航合同或合同法的调整,被称为合同责任,后者则被称为侵权行为责任。然而,即使海上拖航合同当事人在合同中约定由谁对第三人的人身伤亡及财产损失承担责任,这种约定对第三人不产生效力。

一、拖航合同当事人之间的损害赔偿责任

由于承拖方和被拖方之间的损害赔偿责任属于违约责任,无疑应适用关于违约责任的一般规定,依照合同的约定或合同准据法确定。然而,在海上拖航领域,有关立法多为任意性规定,合同当事人之间的责任分担主要取决于合同的约定。综观各种合同格式和各国的海商法,承拖方与被拖方之间的损害赔偿主要适用指挥原则、被拖方责任原则和过失责任原则。

指挥原则,是指谁负责指挥拖航作业,谁承担损害赔偿责任,而无论其是否存在过错。拖航作业的指挥者,既可以是承拖方,也可以是被拖方,谁负责指挥依法律规定或依具体情况而定。如在英国港区的拖航作业中,有"拖轮听任被拖轮支配与控制"的法律规则。因被拖轮大,受雇提供服务的拖轮服从被拖轮船长、船员的指挥、根据雇主责任原理。因拖轮过失发生拖轮或被拖轮损害的赔偿责任归于雇主即被拖方。但在其他情况下,一般由拖轮船长负责指挥,故由承拖方承担相应的损害赔偿责任。作为例外,如果指挥一方能证明他本人或其雇员对损害的发生没有过失,则不负赔偿责任。由此可见,指挥原则实质上是过失推定原则。被拖方责任原则,是指在拖航过程中,无论何种原因对被拖物或第三方造成的任何性质的损失、损害,均由被拖方负责。这主要体现在许多拖航格式条款中,但如果其违背了相应的强行法,则可能被认定无效。过失责任原则,是指拖航过程中发生的一切损害,均由过失方承担赔偿责任;承拖方和被拖方互有过失的,按过失程度的比例分摊责任。过失原则与指挥原则的差别,主要体现在举证责任方面:因指挥责任属于过失推定,故由指控方承担证明其没有过失的举证责任。

我国《海商法》采纳了过失原则责任,同时还免除了某些过失的赔偿责任,属于一种不完全的过失责任原则。如《海商法》第 162 条第 1 款规定,在海上拖航过程中,承拖方或被拖方遭受的损失是由一方过失造成的,有过失的一方负赔偿责任;由双方过失造成的,各方按过失程度的比例负赔偿责任。该条第 2 款规定,经承拖方证明,被拖方的损失是由于拖轮船长、船员、引航员或承拖方的其他受雇人、代理人在驾驶拖轮或管理拖轮中的过失造成的,或

者拖轮在海上救助或企图救助人命或财产时的过失造成的，承拖方不负赔偿责任。

二、拖航合同当事人对第三方的损害赔偿责任

拖航合同当事人对第三方的损害责任，属于侵权责任，应适用关于侵权责任的一般规则。对第三方而言，拖船与被拖船(物)应被视为一个利益整体。该利益共同体在拖航过程中造成第三方人身伤亡或财产损失的，对外无疑应承担连带赔偿责任，但在其内部，则可按约定或按上述过失责任原则确定各自的责任。我国《海商法》肯定了这种做法。如《海商法》第163条规定："在海上拖航过程中，由于承拖方或者被拖方的过失，造成第三人人身伤亡或财产损失的，承拖方和被拖方对第三人负连带赔偿责任。除合同另有约定外，一方连带支付的赔偿超过其应当承担的比例的，对另一方有追偿权。"据此可知，较常见的承拖方和被拖方对第三方的责任，以及承拖双方之间的追偿主要有以下几种情形：

(1)第三人遭受的损害是由承拖方或者被拖方的单方过失造成的，承拖方和被拖方作为一个整体，应向第三人承担连带赔偿责任。

(2)第三人遭受的损害是由承拖方和被拖方的共同过失造成的，二者仍应作为一个整体对第三人承担连带赔偿责任。

(3)承拖方或被拖方连带支付的赔偿超过其依约或依法应承担的比例或数额的，有权向另一方追偿。

(4)拖航合同约定的责任分摊规则对第三方没有约束力。但在拖航合同双方内部的责任确定与分摊上，如果约定的与法定的责任规则冲突的，前者居优先地位。这对于保护第三方的合法权益至关重要。

在本章的引例中，因合同双方已就拖航费用的支付及损害责任的承担作出明确约定，且该约定未违背有关强制性规定，该约定对当事人双方具有约束力。因此，井川集团的诉讼请求不成立，而华威公司的反诉请求基本成立。

❋ 思考题

1. 试析海上拖航的特点。
2. 试析拖航合同当事人双方的权利与义务。
3. 试析海上拖航制度中的损害赔偿责任机制。
4. 案例分析：

揭东某公司委托新中国造船厂将其购买的"凯旋门"海鲜舫改装和调整结构后，取得了中国船级社签发的《船体技术状况检验报告》及《适拖证书》。随后，揭东公司和广州某船务公司签订了《拖航协议书》，其中第4条规定，在拖航过程中，如海鲜舫发生事故，承拖方不承担赔偿责任。根据合同约定，承拖方所属"穗港拖601"在黄埔港吊拖海鲜舫起航前往揭东。拖航过程中，拖轮值班人员发现海鲜舫船艏漏水，虽经施救行动，海鲜舫最后仍沉没在浅滩上。交通部广州海上安全监督局在事故原因分析中认为，该船因船体潜在缺陷破漏进水而沉没。海鲜舫起拖前，揭东公司向中国人民保险公司广东省分公司办理了船舶保险。事故发生后，保险公司依约向揭东公司支付船舶保险金，取得了代位求偿权。保险公司因此向海

事法院起诉,认为上述《拖航协议书》第4条违反了有关法律规定,应属无效,被告船务公司在拖航过程中的严重过失行为导致了沉船事故,请求法院判令被告赔偿相应船舶保险金。被告辩称,《拖航协议书》合法有效,海鲜舫沉没是因其自身的潜在缺陷,请求驳回原告的诉讼请求。一审法院判决支持了原告的诉讼请求,被告不服上诉。二审法院判决,撤销一审判决,驳回保险公司的诉讼请求。

结合本章的有关知识,评析两级法院及当事人各方的观点与理由。

司法考试真题链接

1."天伦"号货轮从香港至日本的航行中因遇雷暴天气,使船上部分货物失火燃烧,大火蔓延到机舱。船长为灭火,命令船员向舱中灌水,由于船舶主机受损,不能继续航行。船长雇拖轮将"天伦"号拖到避难港。下列选项哪个不应列入共同海损?(1999年)

A. 为灭火而湿损的货物

B. 失火烧毁的货物

C. 为将"天伦"号拖至避难港而发生的拖航费用

D. 在避难港发生的港口费

2. 拖轮所有人拖带其驳船,将货物从大连港运至连云港,属于哪一类合同?(1997年)

A. 拖航合同　　B. 货物买卖合同

C. 海上货物运输合同　　D. 涉及运输的买卖合同

3. 一条载货船从青岛港出发驶往日本,在航行途中货船起火,大火蔓延到机舱。船长为了船货的共同安全,命令采取紧急措施,往舱中灌水灭火。火扑灭后,由于主机受损,无法继续航行。船长雇用拖轮将货船拖回青岛修理,检修后重新将货物运往日本。事后经调查,此次事件造成损失有如下几项:(1995年)

(1)500箱货物被火烧毁;

(2)1500箱货物因灌水灭火受到损失;

(3)主机和部分甲板被烧坏;

(4)雇用拖船费用;

(5)额外增加的燃料和船长、船员工资。

现问:以上各项损失,哪些属共同海损,哪些属单独海损,如在日本进行理算,应适用哪个国家的法律?

第八章 船舶碰撞法律制度

【引例】被告龙盛公司所属"东方3"轮于2001年1月1日晚因选择避风锚地而误入原告昌盛公司所属养殖区,造成养殖区大面积受损。"东方3"轮没有配备最新版《中国航路指南》。昌盛公司虽持有养殖证,但既未在其养殖区周围设置警示标志,也未申请威海港务监督部门对其养殖区发布航行通告。请问:如何判定这一碰撞事故的损害赔偿责任?

第一节 船舶碰撞概述

船舶碰撞是一种严重威胁航运安全的海上侵权行为,船舶碰撞的发生不仅会给海运企业造成经济损失,同时也会给海上安全、海洋环境等带来严重威胁。随着航海及船运技术的发展,船舶碰撞造成的危害更为巨大,因此各国的《海商法》以及相关国际条约都对这一问题进行调整,避免碰撞事故的发生。

一、船舶碰撞概念与构成要件

(一)船舶碰撞的概念

船舶碰撞的概念有广义和狭义之分。广义的船舶碰撞是指任何与船舶发生的碰撞,包括船舶与船舶之间的碰撞、船舶与水上非船舶的浮动设施和物体发生的碰撞,以及船舶与水上或者岸边固定的物体发生的碰撞。狭义的船舶碰撞仅指由海商法碰撞法律制度所调整的船舶碰撞,不包括内河船舶之间的碰撞。

我国对船舶碰撞的定义主要体现在《海商法》及相关司法解释中。《海商法》第165条规定:"船舶碰撞,是指船舶在海上或者与海相通的可航水域发生接触造成损害的事故。"第170条规定:"船舶因操纵不当或者不遵守航行规章,虽然实际上没有同其他船舶发生碰撞,但是使其他船舶以及船上人员、货物或者其他财产遭受损失的,适用本章的规定。"最高人民法院1995年《关于审理船舶碰撞和触碰案件财产损害赔偿的规定》(以下简称《船舶碰撞和触碰损害赔偿规定》)第16条亦规定:"船舶碰撞是指船舶在海上或者与海相通的可航水域,两艘及两艘以上的船舶之间发生接触或者没有直接接触,造成财产损害的事故。"

(二)船舶碰撞构成要件

通过前述船舶碰撞的概念可知,构成船舶碰撞需要满足以下条件:

(1)碰撞发生在船舶之间。根据我国《海商法》第3条、第165条的定义,船舶碰撞特指船舶之间发生碰撞，从而排除了船舶与其他非船舶，如码头、灯塔以及其他水上或水中的固定物体发生的碰撞，即触碰。有关触碰的纠纷，可适用相应的侵权法。同时也应注意，船舶碰撞法法律制度所调整的船舶，其状态不限于在航状态，还包括处于系泊、修理等非在航状态。

（2）碰撞发生在海上或者与海相通的可航水域。然而，也有一些国家和国际条约对船舶碰撞发生的水域规定相对广泛。如1910年《统一船舶碰撞某些法律规定的国际公约》（简称《船舶碰撞公约》）第1条规定：“海船与海船或海船与内河船发生碰撞，致使有关船舶或船上人身或财产遭受损害，不论碰撞发生在任何水域，对这种损害的赔偿，都应按公约规定办理。”

（3）船舶间要有接触。所谓接触，是指两艘或两艘以上船舶的某个部位同时占据一定空间的物理状态，使相撞船舶一方或多方受损。① 如果船舶间没有发生实质性接触，即使发生了损害，也不构成船舶碰撞，但法律另有规定的除外。如一船或多船存在着法律规定的“操纵不当或者不遵守航行规章”而导致的间接碰撞或者浪损，也构成船舶碰撞。

（4）碰撞须有损害。倘若任何一方都没有损害，也就不存在诉因。② 没有诉因，则船舶碰撞就不能成立。具体的损害包括了船舶碰撞当事人和第三人所受到的损害，如船舶货物的灭损、人员伤亡、环境污染等。需要注意的是，这种损害后果的发生需要与碰撞行为有直接的因果关系。

二、船舶碰撞的分类

（一）过失碰撞

过失碰撞是指船舶碰撞责任方因故意或过失导致碰撞发生的行为。从碰撞责任归属角度出发，可以把过失碰撞分为以下几种类型：

（1）单方过失碰撞。单方过失碰撞是指，碰撞事故完全是由于碰撞一方的故意或过失所引起的。我国《海商法》第168条规定：“船舶发生碰撞，是由于一船的过失造成的，由有过错的船舶负赔偿责任。”1910年《船舶碰撞公约》第3条亦作出与之相同的规定。如船舶在港内航行，因操作失误，碰撞了停靠在码头旁或系泊于浮筒上的船舶，无辜的停泊船舶所受到的损失应由航行的船舶负责赔偿。

（2）双方互有过失碰撞，是指碰撞双方或多方应该预见有船舶碰撞的可能，因疏忽或过失而未能避免，造成船舶碰撞事故。在这一类型的船舶碰撞中，由于碰撞各方均有过错，责任各方应按各自的过失比例承担相应的损害赔偿责任。如果碰撞各方过错程度相当或碰撞各方均存在过错但无法具体划分过错程度时，就要适用平均过错原则来承担责任。平均过错原则的责任承担是各船对船载货物、船舶损害和第三人的财产损失均承担等额的责任。平均过错原则弥补了按过错比例承担责任下无法举证的问题，使受害方能得到公平的补偿。如果在船舶碰撞事故中出现人身伤亡，碰撞责任各方应对此承担连带赔偿责任。

（二）无过失碰撞

无过失碰撞是指完全由不可抗力或意外事件等而非人为因素导致的船舶碰撞，可分为

---

① 张湘兰：《海商法》，武汉大学出版社2008年版，第196页。

② 司玉琢：《海商法》，法律出版社2007年第2版，第260页。

以下几种：

(1)不可抗力(Force Majeure)导致的船舶碰撞。不可抗力是指一种不能预见、不可避免、不能克服的客观现象，既包括地震、海啸等自然灾难，也包括战争、罢工等社会事件。在海上运输中，常有因为台风、海啸等自然原因造成的船舶碰撞。然而，在这些原因造成的损害事故中，除了考虑因不可抗力这一客观原因外，还要考虑当事人的主观因素，即在不可抗力事件发生之时，当事人是否尽到了应有的注意义务。如果当事人没有尽到应有的注意义务，则可认为当事人对损害的发生有一定的过错。如果当事人已经尽到注意义务，则碰撞损失由受害方自行承担。

(2)意外事件导致的船舶碰撞。意外事件是指行为人虽已做到通常的谨慎和努力并且符合相应的技术要求，但仍然不能避免的碰撞事故。[①] 常见的船舶意外事件主要有船舶机件的潜在缺陷、供给电力系统故障、电脑操作系统故障等。在实践中，判断碰撞是否是由意外事件所导致的要件有：①事故的发生无法提前预见，加害一方的人员在谨慎注意的前提下仍不能预见事故的发生；②事故的发生无法避免，即在此种情形下，加害方人员在事发当时尽到了注意义务，采取了及时的避险措施仍不能阻止碰撞的发生；③碰撞的发生具有偶然性，不以行为人的主观意志为转移。根据诉讼法“谁主张谁举证”原则，在船舶碰撞事故的举证中，如果一方当事人以意外事件为抗辩，则其要承担举证的责任。

(3)原因不明的碰撞。原因不明的碰撞是指碰撞事故发生后，船舶相撞各方和受理案件的法院、仲裁机构、检验部门无法查清碰撞发生的真实原因。这种碰撞比较少见。如在天气晴朗、能见度好的平静海面，两艘船舶却发生碰撞沉没，船员也全部遇难，此时船舶碰撞的原因就难以查清。在发生原因不明碰撞的情形下，由于碰撞原因难以确定，甚至也无从推定，因此碰撞造成的损失只能由受害方各自承担。

第二节　船舶碰撞的民事责任

一、船舶损害赔偿的归责原则

归责原则，“是确定行为人的侵权民事责任的根据和标准，也是贯穿于整个侵权行为法之中，并对各个侵权法规范起着统率作用的立法指导方针。”[②]船舶碰撞作为侵权行为的一种，其归责原则在船舶碰撞法中具有重要的地位。船舶碰撞归责原则经历了一个从平分损害原则到过错责任原则的转变。在早期的船舶碰撞中，平分损害原则一直占据着主导地位。平分损害原则是指船舶发生碰撞后，不论过错船舶之间的过错程度的大小，均需对碰撞损害承担平等的赔偿责任的原则。这一归责原则是基于“公正”原则而产生的，但只是体现了形式上的公正，却无法实现实质上的公正。

因为平分损害原则的缺陷，1910 年《船舶碰撞公约》首次对船舶碰撞适用过错责任原则。过错原则是指以船舶碰撞双方的过错程度为标准来承担船舶碰撞所引起的损害赔偿责

① 傅廷中：《海商法论》，法律出版社 2006 年版，第 314 页。

② 王利明：《侵权行为法归责原则研究》，中国政法大学出版社 2003 年版，第 16 页。

任。有过错的一方需要承担责任，没有过错的则可免责；碰撞双方都有过错的，碰撞各方依其过错的大小按比例承担碰撞损失。我国《海商法》第八章确立了船舶碰撞的过错责任原则，但同时对特殊情况采用“非过错原则”。

二、船舶碰撞损害赔偿的因果关系

因果关系是侵权责任法的核心问题之一。国内学者多以相当因果关系说作为判定船舶碰撞和损害结果间是否有因果关系的标准。相当因果关系说是19世纪德国学者巴尔首先提出的，其认为某一事实仅因现实情形发生某种结果，尚不能认为有因果关系，必须在一般情形，依社会的一般观察，亦认为能发生同一结果时，才能认为有因果关系。因果关系的认定可分两步：首先，要确定被告的行为或依法应由他负责的事件是否在事实上属于造成损害的原因；其次，再确定这一原因是否属于法律上的原因。[①]

对于一因一果的船舶碰撞事故，行为与损害事实之间的因果关系不难确认。当有两个以上或更多的因素介入，而只产生一个损害结果时，碰撞损害因果关系的确认就应具体分析。当碰撞一方存在多个过失时，不管这些过失是同时发生，还是其中的一个过失是另一个过失的结果，只要是与损害事实有因果关系，均被视为应对损害负责的过失。而当碰撞双方同时都有导致损害的过失时，则应根据双方过失的程度，分出主要原因和次要原因，并据此确定双方的过失责任比例。

第三节　船舶碰撞损害赔偿

一、船舶碰撞损害赔偿的原则

船舶碰撞和其他侵权行为一样，都需赔偿其造成的财产与人身损失。根据《海商法》、最高人民法院1995年《船舶碰撞和触碰损害赔偿规定》以及相关法律法规和国际条约的规定，船舶碰撞损害赔偿应遵循以下原则：

(一)恢复原状原则

恢复原状(Restitutio in Integrum)原则，在英美法中又叫做“完全赔偿权”(The right to a full and complete indemnity)，其来源于罗马法上“当事人一方因欺诈、无知、暴力胁迫或非故意的错误而导致合同解除时，应恢复到缔约前的状况”这一规则。这原本是针对违约行为的救济，后来被引入到侵权行为法中，作为受害方要求赔偿的标准。在海事法中，恢复原状原则首先在“the Clarence”(1850)案中得到确立。其后国际海事委员会1985年《确定海上碰撞损害赔偿的国际公约(草案)》及其1987年《里斯本规则》，以及各国国内立法，均将恢复原状原则作为船舶碰撞损害赔偿的基本原则加以规定。恢复原状不仅仅局限于通过对受损物的修理使之恢复受损前的状况，还指通过赔偿，使受害方的经济状况尽可能恢复到未受损前的水平。如上述1985年公约草案第3条规定：“碰撞损害赔偿应使索赔方尽量接近索赔事故发生之前的状况。”

---

① 王家福：《民法债权》，法律出版社1991年版，第477页。

恢复原状原则尽管在最大程度上体现了法律的公平与合理。但这一原则只适用于对受害方的财产性补偿,并不适用于人身伤害的赔偿。同时在船舶碰撞损害赔偿中,恢复原状原则的适用还受其他因素的限制。比如根据海事赔偿责任限制制度,在船舶碰撞加害方非故意造成损害的条件下,加害方船东有权将其赔偿责任限制在法定限度之内。

(二)实际损失赔偿原则

实际损失赔偿原则,是指致害人应该以其致害行为所造成的实际损失为依据承担损害赔偿责任的赔偿原则。实际损失一般包括直接损失和间接损失。直接损失是指加害人不法行为侵害受害者的财产权利、人身权利,致使受害人现有财产直接受到的损失。间接损失指可得利益损失,即应当得到的利益因侵权行为的发生而没有得到,包括因人身损害而产生的间接损失和因财产损害产生的间接损失。间接损失有三个特征:一是间接损失是一种未来的可得利益,在侵权行为发生时,它只具有一种财产取得的可能性。二是这种丧失的可得利益不是抽象和假设的,是有现实依据的、可以合理预见的利益。三是间接损失应限于损害财物的直接影响所及的范围内,如果超出这一范围就不能被认定为间接损失。

在船舶碰撞损害赔偿领域,船舶碰撞事故直接造成的损害,既包括直接损失,也包含了因碰撞事故造成的可合理预见利益的损失,即间接损失。[①] 如最高人民法院 1995 年《船舶碰撞和触碰损害赔偿规定》第 1 条规定:“请求人可以请求赔偿对船舶碰撞或者触碰所造成的财产损失,船舶碰撞或者触碰后相继发生的有关费用和损失,为避免或者减少损害而产生的合理费用和损失,以及预期可得利益的损失。”其中船舶碰撞造成的财产损失为直接损失,而船舶碰撞或者触碰后相继发生的有关费用和损失、为避免或者减少损害而产生的合理费用和损失、预期可得利益的损失等都属于间接损失的范围。比如,因船舶碰撞而导致本应赚得而没有赚得的运费损失,或因碰撞事故导致租船合同取消而产生的违约金损失等。

赔偿实际损失原则将直接损失和间接损失均纳入了船舶碰撞损害赔偿的范围,一方面最大限度地保护了无过失受害方的利益,另一方面可提醒船舶所有人和船员应尽谨慎义务,减少海上碰撞事故的发生。

(三)受损方尽力减少损失原则

受害人尽力减少损失原则是各国在确认侵权损害赔偿时所普遍遵循的原则,同时也是海事司法实践中碰撞损害赔偿的基本原则之一。该原则要求,即便是没有过失的受害人也必须及时地采取合理的措施减少损害。受害人故意或过失地不采取减损措施的,或其虽采取措施但费用不合理的,受害人不能要求加害人赔偿扩大的损失和不合理的费用支出。如《船舶碰撞和触碰损害赔偿规定》第 1 条第 2 款规定:“因请求人的过错造成的损失或者是损失扩大的部分,不予赔偿。”

在海事司法实践中,判断受损方是否尽力减少损失的标准是合理谨慎标准,即作为一个谨慎的船舶所有人,当船舶发生碰撞后,通常是否会采取同样的、必要的减损措施。

(四)适当赔偿原则

该原则是指在确定损害赔偿范围时,责任人可以根据法律的规定,在一定范围内适当限制赔偿数额的原则。由于海上航行风险巨大,为了保护航运业、鼓励投资,各国均确立了海事赔偿责任限制制度。但如经证明,引起赔偿请求的损失是由于责任人的故意或者明知可

---

① 司玉琢、吴兆麟:《船舶碰撞法》,大连海事大学出版社 1995 年版,第 113 页。

能造成损失而轻率地作为或者不作为造成的，责任人无权限制其赔偿责任。

（五）人身伤害连带赔偿原则

船舶碰撞事故除了造成经济损失之外，往往还伴有人身伤害事件。在司法实践中，与财产损害赔偿制度不同，各国除将实际损失赔偿原则作为其基本原则之一外，还要求有过失的侵权人对第三人的人身伤害承担连带赔偿责任，受害人还可索赔精神损害，体现了对人身权的特殊保护。

精神损害是指由于受害人遭受人身损害而导致的心理痛苦损失赔偿，其和财产损失一起组成了人身损害。虽然《民法通则》和《海商法》没有对精神损害赔偿作出明确规定，但最高人民法院2001年《关于确定民事侵权精神损害赔偿责任若干问题的解释》明确规定了精神损害赔偿。2009年《侵权责任法》第22条对此予以肯定。

二、船舶碰撞损害赔偿责任主体

船舶碰撞损害赔偿责任主体，是指对船舶碰撞事故所造成的损害依法应承担赔偿责任的人。在船舶碰撞损害赔偿案件中，确定赔偿责任主体是解决损害赔偿问题的前提。

根据1910年《船舶碰撞公约》第3条的规定：“如果碰撞是由于一艘船舶的过失所引起，损害赔偿责任便应由该艘过失船舶承担。”第4条第1款规定：“如果两艘或两艘以上船舶犯有过失，各船应按其所犯过失程度，按比例分担责任。但考虑到客观环境，不可能确定各船所犯过失的程度，或者看起来过失程度相等，其应负的责任便应平均分担。”我国《海商法》第168、169条亦作类似规定。尽管相关立法都将“船舶”作为责任主体，这主要是与船舶的拟人化属性有关，但它事实上只是一种交通运输工具。因此船舶碰撞事故中的责任主体应该是加害船舶背后的利益相关人。随着航运业的进步，船舶运输关系越来越复杂，与船舶紧密联系的利益相关人不仅包括船舶所有人，还有承运人、光船承租人、航次承租人、船舶经营人甚至船舶抵押权人及船舶保险人等。在这种情形下，确认船舶碰撞的赔偿主体就成为索赔船舶碰撞损害的必要条件。为此，最高人民法院2008年《关于审理船舶碰撞纠纷案件若干问题的规定》第4条规定：“船舶碰撞产生的赔偿责任由船舶所有人承担，碰撞船舶在光船租赁期间并经依法登记的，由光船承租人承担。”该条款是一种没有弹性的封闭性条款，明确列举了我国船舶碰撞损害赔偿的责任主体，即在一般情况下，船舶所有人是船舶碰撞的第一责任主体，只有当碰撞船舶在光船租赁期间并经依法登记的情况下，光船承租人才能成为船舶碰撞的责任主体。

三、船舶碰撞损害赔偿的计算

（一）船舶碰撞的财产损害赔偿

船舶碰撞事故财产损失赔偿包括全部损失赔偿和部分损失赔偿两种，其损害赔偿计算标准各有不同。

1. 船舶全损的赔偿范围与计算标准

船舶全损包括实际全损和推定全损，前者指船舶实际灭失或报废，如船舶灭失，后者是实际全损已不可避免，或者船舶损坏已达到相当严重的程度，以至于救助、打捞、修理费等费用之和达到或者超过碰撞或者触碰发生前的船舶价值。海事实务中，船舶实际全损和推定全损的赔偿范围及计算基本相同，其赔偿范围主要包括：船舶价值损失；未包括在船价内的船上燃料、物料、备件、供应品,渔船上的捕捞设备、渔网、渔具等损失;船员工资、遣返费和其他合理费用;合理的救助费,沉船的勘察、打捞和清除费及设置沉船标志的费用;拖航费、航次租金和运费损失,共同海损分摊;合理的船期损失;其他合理费用以及利息损失。其计算公式可为:索赔额=船价+运费或租金损失(渔船为渔捞损失和渔获损失)+合理的船期损失(具体到月)+支付给第三方的赔偿+船员工资、遣返费+利息+杂费。其主要损失项目的计算具体如下:

(1)船价损失,以船舶碰撞发生地当时类似船舶的市价确定;碰撞发生地无类似船舶市价的,以船舶船籍港类似船舶的市价确定,或者以其他地区类似船舶市价的平均价确定;没有市价的,以原船舶的造价或者购置价,扣除折旧(折旧率按年4%～10%)计算;折旧后没有价值的按残值计算。船舶被打捞后尚有残值的,船舶价值应扣除残值。

(2)船期损失,以找到替代船所需的合理期间为限,但最长不得超过两个月。船期损失,一般以船舶碰撞前后各两个航次的平均净盈利计算;无前后各两个航次可参照的,以其他相应航次的平均净盈利计算。渔船渔汛损失,以该渔船前三年的同期渔汛平均净收益计算,或者以本年内同期同类渔船的平均净收益计算。计算渔汛损失时,应当考虑到碰撞渔船在对船捕鱼作业或者围网灯光捕鱼作业中的作用等因素。

(3)租金或运费损失:因碰撞导致期租合同承租人停租或者不付租金的,以停租或者不付租的金额,扣除可节省的费用计算。因货物灭失或者损坏导致到付运费损失的,以尚未收取的运费金额扣除可节省的费用计算。

2. 船舶部分损害的赔偿范围与计算标准

船舶部分损害的赔偿包括船舶修理费用、维持费用和其他相关费用。修理与维持费用主要是指合理的船舶临时修理费、永久修理费及辅助费用、维持费用。船舶临时修理费是指对船舶损坏进行临时性修理而产生的费用。船舶永久修理费是指对船舶的损坏进行彻底的恢复性修理的费用,而辅助费用则是指为了辅助船舶修理而产生的合理费用,如必要的进坞费、清舱除气费、港口使费、检验费、监修费、代理费以及检疫费等。维持费用是指船舶修理期间日常消耗的费用,如船员的工资、燃料费用、淡水以及供应品的消耗等。其他相关费用主要包括合理的救助费、拖航费、合理的船期损失、租金运费等的损失以及共同海损分担等。

船舶的修理应就近,除非请求人能证明在其他地方修理更能减少损失和节省费用,或者有其他合理的理由。如果船舶经临时修理可继续营运,请求人有责任进行临时修理。此外,船舶碰撞部位的修理,同请求人为保证船舶返航,或者因其他事故所进行的修理,或者与船舶例行的检修一起进行时,赔偿仅限于修理本次船舶碰撞的受损部位所需的费用和损失。

船期损失的计算期间为船舶实际修复所需要的合理期间,其中包括联系、住坞、验船等所需的合理时间。

3. 船上财产损害的赔偿范围与计算标准

船上财产的损害赔偿包括:船上财产的灭失或者部分损坏引起的贬值损失;合理的修复或者处理费用;合理的财产救助、打捞和清除费用;共同海损分摊;其他合理费用以及利息损失等。

上述各项船上财产损失的计算标准为:(1)货物的灭失,按货物的实际价值即货物装船时的价值加运费、保险费,扣除节省的费用。(2)货物损坏,以修复所需的费用,或货物的实际价值扣除残值和可节省的费用计算。(3)延迟交付的损失,以延迟交付货物的实际价值加预期利润与到岸时的市场差价计算。但预期利润不超过货物实际价值的10%。(4)船上捕捞的鱼获以实际的鱼获价值计算。鱼获价值参照碰撞发生当时当地的市价,扣除可节省的费用。(5)船上渔网、渔具种类与数量,以本航次出海捕捞作业所需量扣减现存量计算,所需量超过渔政部门规定或者许可的种类和数量,不予认定。渔网、渔具的价值按原购置价或原造价扣除折旧费和残值计算。(6)旅客行李、物品(包括自带行李)的损失,按海上旅客运输合同及其责任限额处理。(7)船员个人生活必需品的损失,按实际损失适当赔偿。(8)货币、有价证券、金银、珠宝与贵重物品由承运人保管的,其损失按海上旅客运输中的规定处理,凡由船员、旅客、其他人员自带的上述物品的损失,不予认定。(9)其他财产的损失,按其实际价值计算。

(二)船舶碰撞致人伤亡的损害赔偿

目前,我国对于船舶致人伤亡的国内案件和涉外案件分别适用不同的赔偿标准。对于前者,适用我国《民法通则》第119条及最高人民法院2003年《关于审理人身损害赔偿案件适用法律若干问题的解释》等法规。有关船舶致人伤残的赔偿主要包括:医疗费、护理费、伤残生活补助、残疾赔偿金、误工收入损失等。有关船舶致人死亡的赔偿主要包括:医疗费、护理费、丧葬费、死亡补偿金以及受害人亲属办理丧葬事宜支出的交通费、住宿费和误工损失及其他合理费用。

对于涉外船舶致人伤亡的案件,根据《侵权责任法》第22条的规定,结合最高人民法院1991年《关于审理涉外海上人身伤亡案件损害赔偿的具体规定(试行)》。其中船舶碰撞致人伤残的赔偿主要包括:收入损失、医疗护理费用和其他必要的费用支出。收入损失应按照伤残者受伤前的实际收入水平计算,对其进行全额赔偿。医疗护理费用主要包括挂号检查费、医药费、住院费、护理费等。其他必要的费用主要包括运送伤残人员的交通、食宿之合理费用、伤愈前的营养费、补救性治疗费、残疾用具费、医疗期间陪住家属的交通费、食宿费等合理支出。而船碰撞致人死亡的赔偿主要包括:收入损失、医疗护理费用、丧葬费用及其他必要的费用。死者收入损失为根据其生前的综合收入水平计算的一定期限内的收入总额。

第四节　调整船舶碰撞的国际规则

国际社会为统一各国有关船舶碰撞的法律,先后制定了以下国际规则。

一、1910年《船舶碰撞公约》

1910年9月23日,国际海事委员会(CMI)在布鲁塞尔主持召开的第三届海洋法外交会议通过了《1910年统一船舶碰撞若干法律规则的国际公约》(*International Convention for the Unification of Certain Rules of Law with Respect to Collisions*,1910),简称1910年《船舶碰撞公约》。该公约于1931年3月1日生效,先后经过了四次修订,得到了世界大多数国家的接受,目前有80多个缔约方。我国尽管于1994年才参加该公约,但我国1992年《海商法》中“船舶碰撞”的内容与《船舶碰撞公约》基本保持一致。该公约由17个条款和一个附件构成,其主要内容包括:

(一)公约的适用范围

公约适用于海船与海船,或者海船与内河船舶在任何水域发生的造成船舶或船上人身、财物损害的直接碰撞或间接碰撞事故,但军用船舶或专门用于公务的政府船舶除外。如果各当事船舶均属于公约缔约国所有,以及国内法对此有所规定的情况下,公约的规定适用于全体利害关系人。

(二)船舶碰撞责任划分

公约确立了过错责任原则及相应的划分规则,为当代的船舶碰撞立法奠定了基础。公约第 2 条规定,当船舶由于意外、不可抗力或不明原因造成碰撞事故,造成的损失由受损方自行承担。公约第 3 条规定,在单方过失条件下,碰撞损失由过失一方承担。公约第 4 条规定,相撞的船舶互有过失的,各船应按照其过失的比例大小承担损害责任。对于因碰撞造成的人身伤亡,各过失船舶对第三人应承担连带责任,但这并不影响已承担连带责任过失一方向其他过失船舶追偿的权利。此外,《碰撞公约》第 6 条第 2 款还明确地废止了法律推定过失原则的适用。

(三)起诉权与诉讼时效

因碰撞而引起的损害赔偿起诉权,不以提出海事报告或履行其他特殊手续为条件。其诉讼时效为 2 年,从事故发生之日起算。对第三人人身伤亡承担了连带赔偿责任的过失船舶对其他过失船舶的追偿之诉,须自付款之日起一年内提出。

(四)救助责任

船舶发生碰撞事故后,碰撞各方在不至于对其船舶和人员、旅客造成严重危险的情形下,负有救助另一船舶及其人员、旅客的义务。同时,各相碰撞船舶的船长还应尽可能将其船名、船籍港、出发港、目的港通知对方。

二、1972 年《国际海上避碰规则》

《国际海上避碰规则》(*International Regulations for Preventing Collisions at Sea*, 1972)是由国际海事组织(IMO)于 1972 年在伦敦制定的海上航行国际规则,于 1977 年 7 月 15 日生效,我国于 1980 年正式加入该规则。随着航运技术的不断进步,《国际海上避碰规则》也作出了相应的修订,其最新版本为 2007 年国际海事组织第 25 届大会通过的决议案。《国际海上避碰规则》包括正文五章和四个附则。① 其主要内容包括:

(一)适用范围与责任条款

就适用范围而言,该规则适用于航行于公海、连接公海并可供海船航行的一切水域的一切船舶。但部分国家对此作出了保留。如我国在加入时就作出保留:"属于中华人民共和国的非机动船舶不受海上避碰规则的约束。"

就责任承担而言,该规则并不免除任何船舶或其所有人、船长或船员由于对遵守该规则各条中的任何疏忽,或者对船员通常做法或当时特殊情况可能要求的任何戒备上的疏忽而产生的各种后果的责任。

---

① 其正文五章分别为:总则、船舶互见时的措施、号灯与号标、音响和灯光信号、豁免。四个附则包括:号灯与号标的安装位置及技术细则、渔船群集捕鱼时的增设信号、音响信号设备的技术细则以及遇难信号。

（二）驾驶与航行规则

1. 正规瞭望

正规瞭望(Proper Look-out)，指船舶在航行中应根据能见度的不同，安排相应数量的适格船员在适当的位置，经常地利用视觉、听觉以及适合当时环境和情况的一切有效手段，进行瞭望，保证航行安全。

2. 安全航速

安全航速(Safety Aviation Speed)，指在采取有效的避碰行动后，能在适合当时环境和情况的距离以内把船舶停住的航行速度。决定安全航速时应综合考虑多方面的因素，主要包括能见度、通航密度、船舶操作性能、风浪以及吃水和可用水深等。对于有雷达设施的船舶，还要考虑到雷达设备的特性、外界因素对雷达探测的影响等。

3. 分道通航制

分道通航制(Traffic Separation Scheme，TSS)，指在船舶来往比较频繁的海区，用分隔线或分隔带等方法划定专门的区域，规定在这些区域中，船舶只能单向行驶，以避免船舶对遇，减少碰撞事故的制度。该制度要求，船舶在分道通航制区域附近行驶时应尽到谨慎义务，船舶应在相应的通航分道内顺着该分道的船舶总流向行驶，尽可能让开通航分隔线或分隔带，尽量避免穿越通航分道，尽可能避免在分道通航区域或其端部附近锚泊；如果不得不穿越时，应尽可能以与分道的船舶总流向成直角的方向穿越。除紧急情况外，船舶通常不应进入分隔带或者穿越分隔线。对于不适用分道通航制区域的船舶应尽可能远离该区，从事捕鱼的船舶也不应妨碍按通航分道行驶的任何船舶的通行。

（三）号灯与号型

各类船舶在各种天气中都应当遵守相应的号灯和号型规范。从日没到日出期间都应当显示号灯，在白天还应遵守有关号型的各项规定。该规则第 23 条至第 30 条还具体规定了各种性质的船舶，如在航机动船、拖带和顶推、在航帆船和划桨船、渔船、失去控制的船舶、引航船等各应显示的号灯和号型。

此外，《国际海上避碰规则》第四章“音响信号与灯光信号”还明确了在不同情况、不同状态下的船舶使用声号和灯号的具体操作规则。

三、1987 年《里斯本规则》(草案)

1910 年《船舶碰撞公约》明确了船舶碰撞责任的划分，但未涉船舶碰撞的损害赔偿问题。基于此，国际海事委员会于 1985 年提出了《确定海上碰撞损害的国际公约(草案)》(*Preliminary raft International Convention on the Assessment of Damages in Maritime Collisions*)，并于 1987 年在葡萄牙里斯本对这一草案作出修改，所以后者又称《里斯本规则》(草案)。《里斯本规则》确立了若干船舶碰撞损害赔偿原则(Rules of Assessment of Damage Following a Collision)，诸如恢复原状原则、直接损失赔偿原则、受害方尽力减少损失原则等。同时，该规则还对船舶碰撞损害的赔偿范围和计算方法作出了详细的规定。虽然这一公约草案尚未通过，其规则也不具有强制性，但在实践中已成为各国船舶碰撞立法的重要参考。

此外，国际海事委员会还主持制定了《1952 年统一船舶碰撞中民事管辖权方面若干规则的国际公约》(*International Convention on Certain Rules Concerning Civil Jurisdiction in Matters of Collision*,1952)及《1952年统一船舶碰撞或其他航行事故中刑事管辖权方面若干法律规则的国际公约》(*International Convention for the Unification of Certain Rules Relating to Penal Jurisdiction in Matters of Collision or Others Incidents of Navigation*,1952)。前者规定了船舶碰撞案件的民事管辖法院,要求原告只能向下述法院之一提出诉讼:被告经常居住地或营业所在地法院;船舶扣押地法院或相应司法保全地法院;碰撞发生地法院,但当事人双方通过协议选择管辖法院或提交仲裁的除外。后者规定,船舶碰撞或其他航行事故中涉及船长或其他任何船舶服务人员的刑事和纪律责任的,应当由船旗国的法院或行政机关行使管辖权,除此之外,任何当局不得扣留或扣押船舶。

在本章的引例中,由于龙盛公司接受新版《航路指南》需要一定时间,"东方3"轮不持有最新版航路指南并非出于故意或重大过失。昌盛公司虽然持有养殖证,但其未履行强制性的申请发布航海通告的义务,其明知这会给过往船舶安全航行和自身财产安全造成损害而放任损害的发生,属过失的懈怠行为,而且该损失与"东方3"轮未持有最新版航路指南没有因果关系,故昌盛公司应当自行承担损失。

思考题

1. 试述船舶碰撞的概念及其构成要件。
2. 试析船舶损害赔偿的归责原则。
3. 船舶人身伤亡损害赔偿的赔付项目有哪些?
4. 船舶全部损失赔偿如何计算?
5. 案例讨论:

1994年10月13日,福建省石狮市船务公司所属"华煌"轮从海口港装载螺纹钢594吨开往广州港海沁沙码头,15日晚航至赤沙水道,中速顺水航行,航速6.5节,时值涨潮。广东省港澳航运公司所属"星湖"轮于15日21:00时从广州港洲头咀载客152人出港开往香港。在航行中,当两船相距400多米时,"华煌"轮后面有一艘小机动船窜出航道,距"华煌"轮船艏右前方约20米。"华煌"轮见状,立即停车、倒车、鸣笛,并向左转向避让。"星湖"轮看见"华煌"轮动态有变,随即发出警告信号,用照明灯照射对方,并减速前进。但由于"华煌"轮为避让小机动船,船头进入了航道左侧,双方虽然采取了避让措施,仍发生了碰撞。原告广东省港澳航运公司于1995年10月16向海事法院提起诉讼,认为碰撞事故完全是由于被告福建省石狮市船务公司所属"华煌"轮违反航行规则造成的,"华煌"轮应负事故的全部责任。海事法院认为:船舶进出港口航行,应当遵守1972年《国际海上避碰规则》和港口港章的有关规定,使用安全航速,保持正规瞭望,谨慎驾驶。"华煌"轮在进港航行中,未使用安全航速,未保持正规瞭望,在小机动船突然从右前方窜出航道时虽采取避让措施,但没有充分估计与"星湖"轮之间的安全距离,以致无法避免与"星湖"轮发生碰撞。"华煌"轮应负55%的碰撞责任。而"星湖"轮逆水航行出港,亦未保持正规瞭望,在避让时,未能运用良好船艺,在紧迫局面形成后,所采取的避让措施不能有效地避免与"华煌"轮发生碰撞。"星湖"轮应承担45%的碰撞责任。

请结合本章内容,谈谈你对本案的碰撞责任分配的看法。

司法考试真题链接

1. 某批中国货物由甲国货轮"盛京"号运送，提单中写明有关运输争议适用中国《海商法》。"盛京"号在公海航行时与乙国货轮"万寿"号相撞。两轮先后到达中国某港口后，"盛京"号船舶所有人在中国海事法院申请扣押了"万寿"号，并向法院起诉要求"万寿"号赔偿依其过失比例造成的撞碰损失。根据中国相关法律规定，下列选项正确的是(2010 年)

A. 碰撞损害赔偿应重叠适用两个船旗国的法律

B."万寿"号与"盛京"号的碰撞争议应适用甲国法律

C."万寿"号与"盛京"号的碰撞争议应适用中国法律

D."盛京"号运输货物的合同应适用中国《海商法》

2. 甲国贸易公司航次承租乙国籍货轮"锦绣"号将一批货物从甲国运往中国，运输合同载有适用甲国法律的条款。"锦绣"号停靠丙国某港时与丁国籍轮"金象"号相撞，有关货损和碰撞案在中国法院审理。关于该案的法律适用，下列哪些选项是正确的？(2009 年)

A. 有关航次租船运输合同的争议应适用与合同有最密切联系的法律

B. 有关航次租船运输合同的争议应适用甲国法律

C. 因为"锦绣"号与"金象"号的国籍不同，两轮的碰撞纠纷应适用法院地法解决

D. "锦绣"号与"金象"号的碰撞应适用丙国法律

3. 我国"协航"号轮与甲国"瑟皇"号轮在乙国领海发生碰撞。"协航"号轮返回中国后，"瑟皇"号轮的所有人在我国法院对"协航"号轮所属的船公司提起侵权损害赔偿之诉。在庭审过程中，双方均依据乙国法律提出请求或进行抗辩。根据这一事实，下列哪一选项是正确的？(2008 年)

A. 因双方均依据乙国法律提出请求或进行抗辩，故应由当事人负责证明乙国法律，法院无须查明

B. 法院应依职权查明乙国法律，双方当事人无须证明

C. 法院应依职权查明乙国法律，也可要求当事人证明乙国法律的内容

D. 应由双方当事人负责证明乙国法律，在其无法证明时，才由法院依职权查明

4. 巴拿马籍货轮"安达号"承运一批运往中国的货物，中途停靠韩国。"安达号"在韩国停靠卸载同船装运的其他货物时与利比里亚籍"百利号"相碰。"安达号"受损但能继续航行，并得知"百利号"最后的目的港也是中国港口。"安达号"继续航行至中国港口卸货并在中国某海事法院起诉"百利号"，要求其赔偿碰撞损失。依照我国法律，该法院处理该争议应适用下列哪一国法律？(2007 年)

A. 中国法律，因为本案两船国籍不同，应适用法院地法处理争议

B. 巴拿马法律，因为它是本案原告船舶的国籍国

C. 利比里亚法律，因为它是本案被告船舶的国籍国

D. 韩国法律，因为韩国是侵权行为地

5. 中国 X 公司与美国 Y 公司订立一项出口电器合同，约定有关该合同争议的解决适用《美国统一商法典》。X 公司负责安排巴拿马籍货轮运输，并约定适用《海牙规则》。该批

货物在中国港口装船时因操作失误使码头装卸设备与船舶发生了碰撞，导致船舶与部分货物的损失。依照我国有关法律，下列哪一选项是正确的？（2006 年）

A. 该案应由中国该港口辖区中级人民法院管辖

B. 该案应由中国该港口辖区海事法院管辖

C. 出口合同的双方选择适用《美国统一商法典》的约定是无效的

D. 运输合同应当适用中国法

6. 悬挂不同国旗的甲、乙两船在公海相撞后，先后驶入我国港口，并在我国海事法院提起索赔诉讼。根据我国《海商法》，我国法院审理该案应适用什么法律？（2004 年）

A. 甲船先到达港口，应适用甲船船旗国法律；

B. 乙船是被告，应适用乙船船旗国法律；

C. 应适用我国法律；

D. 应适用有关船舶碰撞的国际公约

第九章 船舶污染法律制度

【引例】A 轮为中国甲公司所有，该轮总吨位 497 吨，净吨位 325 吨，经营范围为福建至上海以南沿海航线。1999 年 5 月 1 日在广州港附近水域，满载 1000 吨 180 号燃料油的 A 轮，与中国乙公司所属的空载油轮 B 轮发生碰撞，A 轮在碰撞后沉没，船上所载的 180 号燃料油溢入事故水域造成污染损害。请问：是否可以适用《1992 年油污责任公约》处理本案所涉油污损害赔偿责任问题？

第一节 船舶污染概述

一、船舶污染的概念和特点

船舶污染指船舶逸漏、排放污染物于海洋，产生损害海洋生物资源、危害人体健康、妨害渔业和其他海上经济活动、损害海水质量、破坏环境优美等有害影响。船舶污染除了具有空间上的越境性、时间的跨度性、损害的累积性以及损害的不可逆转性等海洋环境问题的一般特点外，[①]还具有如下特点：

第一，船舶污染必须是船舶逸漏或不正当排放污染物于海中，有别于通过船舶向海洋倾废的行为。

第二，船舶污染是一种侵权行为，属环境侵权范畴。在这种侵权行为关系中，侵权人的范围一般包括船舶所有人、经营人、承租人和对环境污染事件负有直接责任的人员，如船长、船员等。船舶污染的受害人范围十分广泛，包括沿海各国、各地政府、居民、渔民和相关企业等。

第三，船舶污染的污染物通常是运输中的有毒有害物质和船舶垃圾、船上人员生活污水。其中最主要的是运输中的有毒有害物质，包括各种油类（原油、成品油、半成品油、船舶燃油、润滑油）、化学制品、其他有毒有害物质（如重金属、农药、放射性物质）和各种油水混合物（如压舱水、洗舱水等）。

第四，船舶污染具有国际性。船舶的移动性和海洋的天然整体性决定了船舶污染是一种具有跨国性的环境侵权行为。

---

① 林灿铃等：《国际环境法的产生与发展》，人民法院出版社 2006 年版，第 547 页。

二、船舶污染的类别

按照船舶污染的途径与方式，船舶污染可以分为事故性污染和排放性污染。事故性污染指运载有毒有害物质的船舶在航行过程中因过失、疏忽或不可抗力、意外事故等原因导致船舶发生海难事故，船载有毒有害物质逸漏进入海洋造成的污染。此类污染发生几率不大，但其时间和地点集中，且单次污染量巨大，因而对环境具有很大影响。排放性污染亦称操作性污染，是指船舶有意识地将船舶污染物排入海洋中。它分为正当排放和非正当排放两种。正当排放是指船舶排放的污染物未超过防污标准或未被禁止或限制的轻微船舶排污行为。不正当排放是指船舶排放的污染物超过防污标准，或在禁止区内排放污染物而造成的污染。相关统计资料显示，每年由船舶流入海洋的油类总数约 100 万～200 万吨，有意排放到海洋的油类每年大约有 70 万～140 万吨。① 此外，依污染物的不同，船舶污染可分为油污和其他有毒有害物质污染。

三、船舶污染的危害性

船舶污染会导致海洋生物资源和生态环境遭受严重破坏，造成物质财富的巨大损失，同时也给人体健康带来严重危害。据统计，世界各国在最近的 75 年中，损失石油运输船多达上千艘，其中 1966—1975 年的十年中，全世界发生油船事故 160 起，仅在 1969—1970 年的油船事故中泻入海洋的石油就有 44 万吨。② 1978 年利比里亚籍“阿英科卡迪兹”轮在法国西岸布列塔尼半岛附近触礁，溢油 22.5 万吨，形成近 2000 平方海里的黑油层，致使无数鱼类、海鸟死亡，毁坏贝类水产的繁殖海床，海滨浴场全部被污染，环境遭受巨大破坏。为保护当地居民身体健康，当地政府提供了大量的医疗服务。1989 年美国油轮“埃克森 · 瓦尔迪兹”(Exxon Valdez)号在阿拉斯加威廉王子湾触礁，溢油近 4 万吨，数千公里海岸线布满石油，10 万～30 万只海鸟死亡，约 4000 头海獭死亡，损失约 80 亿美元，恢复遭破坏的生态系统需要约 5 至 25 年。③

第二节　船舶污染损害赔偿责任的理论

一、船舶污染损害赔偿责任的界定

与传统侵权行为相比，环境侵权行为具有如下特征：第一，主体地位的不平等性及不可转换性。加害人多为具有特殊经济实力和地位的工商企业与集团，而受害人则是在认知、防御及诉讼方面都处于弱势地位的普通民众。第二，侵权原因行为在价值判断上的合法性。环境侵权行为多为正常的、合法的社会生产活动的副产品。第三，环境侵权状态的间接性、持续性和复杂性。第四，环境侵权行为兼具公害性和私害性。环境侵权大都表现为不特定

---

① 司玉琢：《国际海事立法趋势及对策研究》，法律出版社 2002 年版，第 220 页。

② 曲维政、邓声贵：《灾难性的海洋石油污染》，载《自然灾害学报》2001 年第 1 期。

③ 曲维政、邓声贵：《灾难性的海洋石油污染》，载《自然灾害学报》2001 年第 1 期。

众多污染源的复合污染，对一定区域不特定多数人多种权益的同时侵害。第五，救济方式的特殊性。环境侵权行为强调通过行政力量来弥补环境民事救济的诸多缺陷，民事救济和行政救济在环境侵权救济制度中均不可或缺。[①]

船舶污染除具有上述环境侵权行为的一般特征外，还具有如下特征：第一，船舶污染侵权行为地特定，一般发生在海上或与海相通的可航水域(包括公海、领海、内海和港口等)；第二，船舶污染中的污染物来自营运中的船舶，通常是运输中的有毒有害物质和船舶清除垃圾、船上人员生活污水，但最主要的是运输中的有毒有害物质，包括各种油类(包括原油、成品油、半成品油、船舶燃料油、润滑油等)、化学制品、其他有害有毒物质(如重金属、农药、放射性物质)、各种油水混合物(如压舱水、洗舱水)；第三，船舶污染主要影响海洋生态环境、海域范围内的生产作业以及沿岸居民和相关产业。上述特征使船舶污染损害赔偿责任制度具有相对独立性的现实基础。

二、船舶污染损害赔偿的归责原则

侵权法的核心问题是归责原则。归责原则既决定着侵权行为的分类，也决定着责任构成要件、举证责任、免责事由、损害赔偿的原则和方法、减轻责任的根据等。[②] 在侵权行为法发展史上，侵权行为的归责原则大体经过了结果责任原则、过错责任原则、无过错责任原则三种归责原则的转换。当然这并不存在泾渭分明的时期划分，支撑每种归责原则的要素在其他归责原则里仍有部分的或是隐微的显现，而且当代归责原则更是呈现出一种多元化趋势，即以一种归责原则为主而兼采其他归责原则。

对船舶污染侵权归责原则的探寻，应将之放入环境侵权行为范畴进行思考。鉴于环境侵权关系中的主体在地位上具有不平等性，环境侵权原因行为在价值判断上具有合法性，环境侵权状态具有间接性、持续性和复杂性等特点，使传统的过错责任原则不适合环境侵权行为，导致环境侵权行为最终只能转向无过错责任原则。当今，无过错责任原则已成为环境侵权的主导性归责原则，而以无过错责任取代过错责任几乎成为各国环境保护立法的首要问题。[③] 环境侵权行为领域的无过错责任原则具有如下特点：其一，不考虑当事人的过错；其二，不能推定加害人有过错；其三，因果关系是决定责任的基本条件；其四，有民法和环境法的特别规定，仅适用于法律有特别规定的情况；其五，通常与保险制度、责任分担制度相联系，并且通过这些制度得以实现。[④]

然而，在船舶污染领域确立无过错责任原则却经历了一番艰苦斗争。以船舶油污为例，在《1969 年国际油污损害民事责任公约》(以下简称《1969 年油污责任公约》)的制定过程中，人们始终为归责原则争论不休。如果公约适用过错责任，非船主过错造成油污损害的受害人将得不到赔偿；如果适用无过错责任，将赔偿义务施加于无过错的船方似乎也有失公平。草案的制定者最终向 1969 年布鲁塞尔会议呈送了两种选择方案。第一种方案采用举证责任倒置的过错原则，即船舶所有人须对其船舶溢油引起的污染损害承担责任，除非他能证明

---

① 宋宗宇：《环境侵权民事责任研究》，重庆大学出版社 2005 年版，第 16～18 页。

② 王利明：《侵权行为法》(上卷)，中国人民大学出版社 2004 年版，第 195 页。

③ 吕忠梅：《环境法学》，法律出版社 2008 年版，第 157 页。

④ 吕忠梅：《环境法学》，法律出版社 2008 年版，第 157 页。

损害的发生既不是他本人或雇佣人员造成的，也不是由于雇佣人员或代理人在运作、航行或管理船舶过程中的过错造成的。基于船方获取保险人承保的考虑，英国、日本、南非等国支持这一方案。第二种方案采用无过错责任原则，由法国、美国、加拿大、瑞士等国提出，坚持应体现对污染受害者的正义。会议的谈判者们直到最后才达成妥协，在确定保险市场的最多可保限额并研究建立赔偿基金对承担严格责任的船舶所有人予以补偿的前提下，英国等国代表作出让步，接受了无过错责任。至此，在国际领域船舶油污损害赔偿的无过错责任原则得以确立。其后，《1996 年国际海上运输有毒有害物质损害责任和赔偿公约》（以下简称《1996 年 HNS 公约》）和 2001 年《燃油污染损害民事责任国际公约》（以下简称《2001 年燃油公约》）在归责原则上也均采无过错责任原则。

三、船舶污染侵权行为的构成要件

在侵权行为法上，侵权行为的一般构成要件包括如下四项。第一，存在损害。"无损害即无责任"，损害事实的有无，是认定侵权行为的逻辑起点。第二，致损行为属不法行为，具有违法性。违法性有形式违法和实质违法两种形态。形式违法之行为抵触强制性法律规定，实质违法指行为违反法律所体现的价值。第三，致损行为与损害事实之间具有因果关系。关于法律上因果关系的学说异彩纷呈，但总体而言，主要有直接因果关系说和相当因果关系说，而民法学界通说采相当因果关系说，认为"无此行为，虽必不生此损害，有此行为，通常即足生此种损害者，即有因果关系"。① 第四，致损行为实施之际，行为人必须存在过错。但对于船舶污染，因其适用无过错责任原则，因而主观过错和行为的不法性不是船舶污染侵权行为的必备要件。故船舶污染侵权行为在构成要件上，只需存在船舶污染行为，船舶污染行为造成了损害，以及污染和损害之间存在因果关系即可。

四、船舶污染损害赔偿的范围

船舶污染对人身、财产所致损害事实较容易确定，但对损害赔偿具体金额的确定则较为困难。因为船舶污染造成的近期和远期损失具有潜伏性，海洋生物资源受污染而影响其生长、繁殖也是一个累积和渐进的过程，海岸风景区受污染所致收入的减少也难以精确评估。同时，受害方采取措施防止、减少损害和清除污染物，会耗费大量人力、物力和财力，其实际费用也难以准确计算。这就产生了船舶污染损害赔偿范围的确定问题。

船舶污染损害的赔偿范围，大致可区分为油类污染和非油类污染两类。对于油类污染，从"Torrey Canyon"号事件以后，②国际立法和国内立法逐渐趋于一致，其损害赔偿范围包

---

① 王泽鉴：《民法概要》，中国政法大学出版社 2003 年版，第 208～209 页。

② "Torrey Canyon"号油轮是当时世界上最大的油轮之一。该轮在事故航次中运载了 12 万吨原油，从荷兰鹿特丹出发，在 1967 年 3 月 18 日经过锡利群岛时触礁，上万吨原油从断裂的油舱中溢出，造成了有史以来最大的油污事件。船上原油流入大西洋，其中大部分流向英吉利海峡两岸，造成英国 100 公里海岸线和法国 80 公里海岸线被污染，英国皇家空军派飞机炸毁船舶残骸，使船上剩余约 4 万吨原油燃烧，造成进一步严重污染。据估算，全部清污费用达 300 万英镑。该轮在利比里亚登记，所有人为一家百慕大公司，主要机构住所地为纽约。事故发生时，该轮的定期承租人为一家美国石油公司，该航次的承租人为一家英国石油公司，事故发生地为英国，损害发生地为英国和法国。英国和法国政府分别在美国、百慕大、新加坡和鹿特丹对船舶所有人提起诉讼，该索赔事故最终以 300 万英镑达成和解。

括如下三类:其一,船舶逸出或排放油类直接造成的财产损失或人身伤害;其二,采取预防措施的费用;其三,采取预防措施造成的进一步灭失或损害。[①] 至于环境和生态平衡遭到破坏,渔业和旅游业收益减少等间接损失,不仅难以证明,而且难以计算,各国司法实践对此并不统一。对于非油类污染的损害赔偿范围,各国立法和国际公约尚未取得一致,实践中依各国法律自由处理。

五、船舶污染损害赔偿责任的主体

关于船舶污染损害赔偿责任主体问题,一直存在争议:其一,船东和货主,谁来承担船舶污染损害赔偿责任;其二,船舶的经营人和管理人、光船承租人是否应该承担船舶污染损害赔偿责任。

船东和货主之间的责任分配问题在制定《1969 年油污责任公约》时争论最为激烈。当时爱尔兰、瑞典等国代表主张由货物所有人承担民事责任,在船舶一方存在过错的情况下,货物所有人有向船方追偿的权利。其理由主要是:其一,油污与货物相关,而非与船舶相关;其二,由石油行业支撑的货物所有人最具赔偿能力;其三,施行船方严格责任制将从根本上背离传统海商法。反对者则提出:第一,油污受害者难以确定货物所有人;第二,运输过程中的货物保管人应视作责任方,因为在运输中能防止事故的是船舶所有人,而非货物所有人;第三,确定责任主体还须考虑获取保险的能力,船舶所有人不存在投保困难。如以石油公司取代航运公司承担民事责任,将导致全新的保险合同,保险险种和费率都要调整。[②] 最终《1969 年油污责任公约》将船舶所有人设定为民事责任主体,并将船舶所有人界定为“登记为船舶所有人的人,如果没有这种登记,则是指拥有该船的人。但如船舶为国家所有而由在该国登记为船舶经营人的公司所经营,船舶所有人即指该公司”。[③] 这种责任主体的确定方式也为其他船舶污染公约效仿。如《1996 年 HNS 公约》第 7 条第 1 款明确规定,事故发生时的船舶所有人应对其船舶运输的有毒有害物质造成的损害负责,其对船舶所有人的定义也与《1969 年油污责任公约》的一致。

虽然上述公约均确定船舶所有人为赔偿责任主体,但鉴于油污损害赔偿额巨大,在《1969 年油污责任公约》设定的限额内受害人往往不能获得充分赔偿,但进一步提高责任限额无疑将给船舶所有人带来过重的经济负担。为此《1971 年设立国际油污损害赔偿基金国际公约》(以下简称《1971 年基金公约》)首次以国际公约的形式引进了船方与货主分担油污损害赔偿责任的新做法。其正当性在于:在不增加船舶所有人额外经济负担的情况下可为受害人提供充分的、全面的赔偿;引起污染损害的污染源正是船载的货油,要求货主分担部分油污损害赔偿责任无疑是公平、合理的。

船舶经营人和管理人、光船承租人是否应该承担民事责任是船舶污染损害赔偿责任主体领域的另一大争议点。赞成船舶经营人、管理人和光船承租人承担民事责任者认为,除船舶所有人外,船舶经营人和光船承租人也可能参与经营活动,将之作为责任主体会激励他们避免溢油事件的发生,而且一旦发生溢油事件能迅速采取清污措施。此外,因船舶的登记所

---

① 司玉琢:《海商法》,法律出版社 2003 年版,第 324 页。

② 徐国平:《船舶油污损害赔偿法律制度研究》,北京大学出版社 2006 年版,第 41～42 页。

③ 参见《1969 年国际油污损害民事责任公约》第 1 条第 3 项。

有人往往不参与船舶的经营管理，由其承担民事责任是不公平的，不符合“谁污染谁赔偿”的原则，应由实际控制船舶的人来承担船舶污染赔偿责任。反对者则认为，“经营人”这一术语含糊不清，其定义难以确定，不便于适用；将民事责任确定为船舶经营人将使得证书的提交和更新变得频繁，会增加国家的行政管理负担。就目前有关船舶污染损害赔偿公约的规定来看，《1969 年油污责任公约》和《1996 年 HNS 公约》均将责任主体限定为船舶所有人，未扩展至船舶经营人、管理人和光船承租人。然而，《2001 年燃油公约》第 1 条第 3 项却将船舶所有人定义为“包括船舶登记所有人、光船承租人、船舶经营人和管理人。”显然，该公约赋予了船舶经营人、管理人和光船承租人的责任主体地位。其原因在于《燃油公约》仅调整燃油污染，不可能让货主参与分担，无法设立类似《1971 年基金公约》确立的损害赔偿基金机制，为保证赔偿的充分性和便捷性，其只能扩大责任主体的范围。

六、船舶污染损害赔偿的免责与责任限制

（一）船舶污染损害赔偿的免责

船舶污染侵权行为，虽在归责原则上采无过错责任原则，但无过错责任并不等同于绝对责任。因为无过错责任制度的基本思想，不在于制裁“反社会性”行为。船舶运输油类货物、有毒有害物质的过程中产生废油废水，这本身并无不法性可言。无过错责任的基本思想在于对不幸损害的合理分配，这也是分配正义原则的要求。[①] 这势必要求，不能将船舶污染带来的消极后果完全绝对地由责任主体承担，分配正义原则要求将特定事由下的不幸损害分配给其他主体承担。因而，针对船舶污染损害赔偿的国际公约和各国国内法往往就船舶污染损害赔偿设定了若干免责事由，诸如：(1)不可抗力导致污染损害；(2)第三者行为导致污染损害；(3)行政主管当局履行职责方面的过错导致污染损害；(4)受害人过错导致污染损害等。

（二）船舶污染损害赔偿的责任限制

完全赔偿被视为现代侵权法的基本原则之一，然而在船舶污染侵权法领域，完全赔偿原则受到了挑战，调整船舶污染损害赔偿的国际公约大都规定了责任人所承担的最高赔偿限额。设定赔偿责任限额的做法一方面是继承了海商法传统的海事赔偿责任限制制度，另一方面又在一定程度上反映了某些学者所坚持的严格责任的利益平衡原理。

第三节 船舶污染损害赔偿责任的立法实践

一、船舶污染的国际立法

（一）《1969 年油污责任公约》

1967 年“Torrey Canyon ”号事件直接推动了《1969 年油污责任公约》的出台。该事件发生后，在国际社会引发了许多法律问题思考。其一，由于该案与多个国家有联系，那么哪

---

① 王泽鉴：《民法学说与判例研究》(第二册)，中国政法大学出版社 2005 年修订版，第 140 页。

国享有管辖权？适用什么法律？[①] 其二，船舶所有人是否可以限制其赔偿责任？如果可以，如何确定具体赔偿限额？[②] 其三，如何使纠纷的解决具有终局性，从而消除纠纷解决的不确定性？[③] 总之，“Torrey Canyon ”号油污事件暴露出现行法律制度的诸多不足，制度的变革和创新势在必行。在这种背景下，政府间海事协商组织于 1969 年 11 月 29 日在布鲁塞尔海上污染损害法律会议上通过《1969 年油污责任公约》，该公约于 1975 年 6 月 19 日生效。该公约共 21 个条文。主要内容包括：

第一，适用范围。针对适用的地域，公约第 2 条规定其适用于在缔约国领土（包括领海）上发生的油污损害，以及为防止或减轻这种损害而采取的预防措施。针对适用的船舶，公约第 1 条规定，“船舶”指实际装运散装油类货物的任何类型的海洋船舶和海上船艇，但军舰或其他为国家所有或经营的，在当时仅用于政府的非商业性服务的船舶除外。[④] 针对适用的油类，公约第 1 条规定“油类”，是指任何持久性油类，例如原油、燃料油、重柴油、润滑油以及鲸油，不论是作为货物装运于船上，或是作为船舶的燃料。

第二，责任主体。公约第 3 条规定，油污损害赔偿的责任主体为船舶所有人，船舶所有人的代理人或工作人员对油污损害不负赔偿责任。船舶所有人包括：登记为船舶所有人的人；没有登记的，指拥有该船舶的人；船舶为国家所有的，而由在该国登记为船舶经营人的公司所经营，船舶所有人为这种公司。

第三，民事赔偿责任与免责。公约第 3、4 条规定，只要有关船舶逸出或排放油类并污染了缔约国领域，船舶所有人即应负赔偿责任。多船溢出排放油类而造成损害时，有关船舶所有人都应对不能合理区分的损害承担连带责任。船舶所有人证明损害是由下列原因造成的，不负赔偿责任：战争行为、敌对行为、内战、武装暴动，或特殊的不可避免的和不可抗拒的自然现象；完全由第三人故意的作为或不作为造成的；灯塔或其他助航设施管理的政府及其主管当局履行其职责时的疏忽或过失造成的；受损害人的故意或疏忽行为造成损害的，船舶所有人对故意引起的损害不负责任，对疏忽引起的损害可全部或部分免责。

第四，责任限额。公约第 5 条第 1 款规定，船舶所有人对任何一个事件的赔偿责任总额可按船舶吨位计算，限定为每吨 2000 法郎，但这种赔偿总额不得超过 2 亿 1000 万法郎。

第五，强制保险与保证。公约第 7 条规定，缔约国登记运载 2000 吨以上的散装油类货

---

① 对于船舶所有人而言，其担心的是，即便在一国设立责任限制基金，仍很可能被索赔者在他国基于另外一套法律规则提起诉讼；对于索赔者而言，其担心的是其索赔请求是否属于法院地法认可的能获得赔偿的诉讼请求，例如沿岸旅店业和渔民对纯经济损失的索赔，以及政府当局为预防污染和清污所做的支出。另外，索赔者还担心即便其索赔请求能获支持，但在缺乏强制保险以及对保险人直接诉讼规定的情况下，如何对一家财力有限的公司行使索赔权。

② 按照当时法国法律，船舶所有人不享有赔偿责任限额；按照英国和百慕大法律，船舶所有人享有的赔偿责任限额大约为 150 万英镑，但有可能因“实际过失或私谋”的除外规则而失去享受赔偿限额的权利；按照美国法律，船舶所有人享有的责任限额为 50 美元，因为按照采用船价制度的美国《1851 年责任限制法》，“Torrey Canyon” 事故中仅打捞起一只救生艇，该艇仅卖了 48 美元。

③ See Colin De La Rue & Charles B. Anderson, *Shipping and The Environment: Law and Practice*, LLP Reference Publishing, 1998, pp. 12～13.

④ 从这一规定可以看出，《1969 年油污责任公约》适用的船舶范围较窄，其排除了对如下船舶的适用：(1)非海运船舶；(2)未载运油类货物的船舶；(3)载运非散装油类货物的船舶。参见胡正良：《海事法》，北京大学出版社 2009 年版，第 421～422 页。

物的船舶所有人必须进行保险或获取相应的其他财务保证，以便履行公约项下对油污损害的赔偿责任，并向每一船舶签发证书以证明其进行保险或取得其他财务保证的有效性。对油污损害的任何索赔，可向保险人或财务保证人提出。

第六，诉讼时效。公约第 8 条规定，如果不在损害发生之日起三年内提出诉讼，按公约要求赔偿的权利即告失效。但是无论如何不得在引起损害的事件发生之日起六年之后提出诉讼，如该事件包括一系列事故，六年的期限应自第一个事故发生之日起算。

第七，管辖权。公约第 9 条规定，如已在一个或若干个缔约国领土(包括领海)内发生油污损害事件，或已在上述领土(包括领海)内采取防止或减轻油污损害的预防措施，赔偿诉讼便只能向上述的一个或若干个缔约国法院提出。每一缔约国都应保证它的法院具有处理上述赔偿诉讼的必要管辖权。此外，基金所在国的法院是决定有关基金分摊和分配的一切事项的唯一管辖权法院。公约第 10 条涉及判决的承认问题，规定由具有第 9 条所述管辖权的法院所作的任何判决，如可在原判决国家实施而无须通常的复审手续时，除非判决是以欺诈取得的或未给被告人以适当的通知和陈述其立场的公正机会，应为各缔约国所承认。

第八，程序性事项。公约第 12 至 21 条，分别规定了公约的签字、加入、生效、退出、修正、保存等事项。

《1969 年油污责任公约》分别在 1976 年、1984 年、1992 年、2000 年进行修订。① 其中《1976 年议定书》将责任限额的记账单位由金法郎改为特别提款权(SDR)，该议定书于 1981 年 4 月 8 日生效。《1984 年议定书》扩大了公约的适用范围，提高了责任限额，明确了污染损害赔偿范围，但因其苛刻的生效条件最终未能生效。《1992 年议定书》基本反映了《1984 年议定书》的变化，经其修订的《油污责任公约》被称为《1992 年油污责任公约》，该公约于 1996 年 5 月 30 日生效。其确定的责任限额分别为：(1)不超过 5000 吨位的船舶为 300 万 SDR；(2)超过 5000 吨位的船舶，除(a)项所述金额外，对每一额外吨位另加 420SDR。但该合计金额不应超过 5970 万 SDR。2000 年修正案于 2003 年 11 月 1 日生效。该修正案将 1992 年《油污责任公约》的赔偿责任限额提高了 50.37%：对于不超过 5000 总吨的船舶，责任限额为 451 万 SDR，对于 5000 总吨到 140000 总吨的船舶，在上述 451 万 SDR 基础上，对于超出 5000 总吨部分每吨位增加 631SDR，对于超过 140000 总吨的船舶，责任限额为 8977 万 SDR。

(二)《1971 年基金公约》

在 1969 年制定《油污责任公约》时，会议考虑到油污造成的损害十分严重，要保证使受害人得到充分和完全赔偿，同时又要减轻船舶所有人由于充分和完全地赔偿损害而承受的额外经济负担，认为很有必要建立一个国际性基金作为补充措施。因此，会议在通过《1969 年油污责任公约》的同时通过了一项“关于建立国际油污损害赔偿基金的决议”。根据该决议的精神，政府间海事协商组织于 1971 年 11 月 29 日至 12 月 18 日在布鲁塞尔召开了关于设立国际油污损害赔偿基金外交会议，该会议通过了《1971 年基金公约》，作为《1969 年油污责任公约》的补充。该公约于 1978 年 10 月 16 日生效。《1971 年基金公约》共 48 条，其主

① 我国是 1992 年油污责任公约及油污基金公约的缔约国，但油污基金公约只适用于香港特别行政区。因此，前者的 2000 年修正案对我国大陆地区和香港特别行政区均具有约束力，而后者的 2000 年修正案只对香港特别行政区具有约束力。

要内容包括两部分：

第一，赔偿与补偿。基金对遭受油污损害的人因下列原因不能按照油污责任公约的规定得到全部或足够的损害赔偿时给予赔偿：(1)按照油污责任公约不产生损害赔偿责任；(2)对损害负有责任的船舶所有人在财力上无履行全部义务的能力，按提供的财务担保也不能了结或不足以满足损害赔偿的请求，受害人采取各种补偿办法仍不能获得的应得赔偿；(3)其他情况下超过船舶所有人的责任的赔偿；(4)向船舶所有人提供相应补贴以减轻其负担，但船舶所有人本人故意、失职造成油污损害的除外。

第二，摊款。赔偿基金的款项由缔约国中在其领土内的港口或油站接受海运石油15万吨以上的公司的摊款组成。如果同一缔约国内接受"摊款石油"总量超过15万吨时，接受摊款石油的任何单位和个人即使接受石油的数量不足15万吨，也按实际收到数量交付摊款。

上述公约体系最大的贡献在于建立了两重赔偿主体机制。第一重赔偿主体由民事责任主体及其保险人或保证人构成。在传统的侵权法框架内，确定归责原则和民事责任主体，再通过强制保证要求，借助责任保险或其他保证形式，确保民事责任人赔偿责任的履行，索赔人有权直接针对保险人或保证人提起索赔诉讼；第二重赔偿主体为国际油污赔偿基金，赔偿基金的资金来源于对石油行业征收的摊款或税款。这种由航运业和石油行业分摊损害赔偿的赔偿责任机制，可使航运业的赔偿义务通过保险得到分散，使石油行业的赔偿义务通过基金摊款或税款得到分散。

《1969年油污责任公约》和《1971年基金公约》出台后，陆续发生了一系列大型油污事件。石油业的报告称，20世纪70年代共发生了148起历史性的大型溢油事故。① 在这些事故中，最有影响的是利比亚籍"Amoco Cadiz"号油轮油污事故。② 该油污事件发生时，《1971年基金公约》尚未生效，《1969年油污责任公约》所提供的赔偿根本不足以弥补损害，因而，包括法国政府、法国北方海岸灾难顾问委员会、各市政当局、商业机构和协会在内的索赔者，选择在美国法院向船舶所有人及其母公司等提起索赔。被告方请求依据美国《1851年责任限制法》限制责任，以船舶和运费价值为限承担赔偿责任，并宣称船舶全损，油轮在该事故航次中的租金79.5万美元是该船所有的剩余价值。北伊利诺伊地方法院认为，虽然法国和利比亚都是《1969年油污责任公约》的成员国，但《1969年油污责任公约》不是油污损害的唯一救济依据。1988年法院判定Amoco Cadiz一方赔偿法国索赔者8520万美元。1992年1月第七巡回上诉法院维持地方法院的判决，只是将利率从7.2%提高到11.9%，全部赔偿额达2.05亿美元。③

"Amoco Cadiz"油污事件警醒世人，《1969年油污责任公约》和《1971年基金公约》项下的赔偿远远不足。1984年国际海事组织外交大会在伦敦召开，最终形成的修订上述两部公

---

① See Douglas A. Jacobsen, James D. Yellen, *Oil Pollution: The* 1984 *London Protocols and the Amoco Cdiz*, JMLC, Vol. 15, No. 4, October, 1984.

② 1978年3月15日，"Amoco Cadiz"轮运载22万吨原油，在法国布利特尼海岸附近发生技术故障，失去控制，船载原油溢出，该船次日断裂成两截，大部分原油流入海洋，在海面形成18英里宽80多英里长的油带，造成巨大的经济和环境损害。法国军方的海陆联合清污计划——"Polmar计划"动用了40多艘船舶、4100名水手、4万名军人和大量民警志愿者，清污工作持续了600天。

③ See Nancy J. Eskenazi, *Forum Non Conveniens and Choice of Law In Re: The Amoco Cadiz Oil Spill*, JMLC, Vol. 24, No. 2, April, 1993.

约的1984年议定书，大幅度地提高了船舶所有人和国际油污赔偿基金的最高赔偿限额。但美国1990年《油污法》出台后，1984年公约议定书再无生效希望。其间又有大型油污事故发生，[①]修订1984年议定书并使其生效已是大势所趋。1992年国际海事组织外交大会在伦敦召开，通过了《1969年油污责任公约》和《1971年基金公约》的1992年议定书，两个议定书均于1995年5月生效。经两个议定书修订的两个合约又称《1992年油污责任公约》、《1992年基金公约》。

《1992年基金公约》的主要内容：该基金对每一事件中油污受害人的赔偿限额，包括油污受害人按《1992年油污责任公约》得到的赔偿金额，为1.35亿特别提款权。当在三个缔约国领土内接到的摊款石油总量，在前一日历年度达到6亿吨时，上述限额增加到2亿特别提款权。与《1971年基金公约》相比，有两点重要变化：第一，《1992年基金公约》取消了对船舶所有人的经济补偿；第二，《1992年基金公约》规定的摊款石油包括原油和燃料油，而《1992年油污责任公约》规定的油类为“任何持久性烃类矿物油，例如原油、燃油、重柴油和润滑油”，其中的润滑油便不属于《1992年基金公约》规定的摊款石油。但是，如果油类损害是由摊款石油以外的属于《1992年油污责任公约》调整的油类造成的，基金仍然按照规定予以赔偿。

国际海事组织于2000年10月召开的法律委员会第82届会议通过了对《1992年基金公约》的修正案。该修正案进一步提高了基金的赔偿责任限额：将对任一事故应付的赔偿累计金额限制由1.35亿特别提款权提高到2.03亿特别提款权；将对不可避免和不可抗拒的特殊自然现象造成的污染损害的赔偿累计金额限制由不超过1.35亿特别提款权提高到2.03亿特别提款权；对在任何期间发生的任何事故的前两项赔偿金额的总额限制由2亿特别提款权提高到3.0074亿特别提款权。

（三）《1996年有关国际海上运输危险和有毒物质的损害责任赔偿公约》

《有关国际海上运输危险和有毒物质的损害责任赔偿公约》（即《1996年HNS公约》）是继《油污责任公约》和《基金公约》之后又一采用严格责任制的责任赔偿公约。该公约最基本的特点是采用双层赔偿机制：第一层机制为船舶所有人的赔偿责任，第二层为由有毒有害物质进口方建立的赔偿基金的赔偿责任。其主要内容包括：

1. 公约的适用范围。公约对装载在船上包括石油在内的有毒有害物质予以调整，几乎涵盖了已经生效的有关公约列出的所有有毒有害物质，主要包括：(1)MARPOL73/78防污公约附件一所列的散装运输油类、附件二所列的散装液体有害物质；(2)《1983年国际散装运输危险化学品船舶构造和设备规则》第17章所列的散装运输危险液体物质；(3)《1983年国际散装运输液化气体船舶构造和设备规则》第19章所列的液化气体；(5)《国际海运危险货物规则》中所包括的以包装形式运输的危险、危害和有毒物质及材料；(6)闪点不超过60摄氏度的散装运输的液体物质；(7)有化学危害的固体散装材料；(8)前述物质散装运输的残渣。[②]

2. 赔偿责任基础。公约实行无过错责任制。发生事故的船舶所有人应当对海运有毒

① 1991年4月载有14.4万吨原油的“Haven”号油轮在法国戛纳附近着火爆炸，严重污染法国和意大利海滨的度假胜地。

② 参见《1996年HNS公约》第1条第5款。

有害物质造成的损害承担赔偿责任,但如果事故包括由同一原因引起的一系列事故,则由首先发生事故的船舶所有人承担赔偿责任。只有在发生战争行为、自然灾害、第三方发动的国际行动以及政府的错误行动时,方可免责。

3. 责任限制。船舶所有人享有责任限制权,对每一事故的赔偿责任限额为:2000 总吨以下的船舶,为 1000 万特别提款权;2000 总吨以上至 5000 总吨的船舶,每增加 1 吨,增加 1500 特别提款权;超过 5000 总吨的船舶,超过部分,每增加 1 吨,增加 360 特别提款权。对任何事故的赔偿总额,无论如何不得超过 1 亿特别提款权。但如果经证明,损害是由于船舶所有人故意或明知可能造成损害而轻率地作为或不作为造成,船舶所有人丧失责任限制权。

4. 赔偿机制。船舶所有人的赔偿和基金赔偿的总和,或者由赔偿基金单独赔偿的总额,不应超过 2.5 亿特别提款权。其第一层赔偿机制采取《1969 年油污责任公约》的模式,由船舶所有人对遭受损害的受害人进行赔偿。运输有毒有害物质的船舶应办理强制性保险。第二层赔偿机制采取《1971 年油污基金公约》的模式,设立有毒有害物质赔偿基金,要求有毒有害物质的托运人购买有毒有害物质证书,所缴纳的证书费作为赔偿基金的资金。设立赔偿基金的目的在于,当受害人不能从第一层赔偿机制得到足够的赔偿时,不足部分由赔偿基金给予赔偿。

缔结《1996 年 HNS 公约》具有十分重要的历史意义,因为越来越多的国家认识到建立一种体系来保障某一事故(包括有毒有害物质事故)的受害人得到足额赔偿的必要性和迫切性。如果该公约未被通过,这一领域内将会导致区域性及各国国内相关立法的不统一。这对于从事有毒有害物质运输的航运业是不利的,也不是立志制定全球统一海事法律的国际海事组织所希望的。公约的顺利通过消除了许多国家的顾虑,标志着全球基础上有毒有害物质损害责任与赔偿法律体系的初步建立。

(四)《2001 年燃油污染损害民事责任公约》

上述油污责任公约与基金公约并没有解决船舶燃油污染问题。在货油和有毒有害物质污染的国际赔偿机制已建立的情况下,燃油污染的损害赔偿国际立法显然是一块空白。尤其在世界范围内发生了几起较大的燃油污染事故,使人们意识到建立有效的燃油污染损害赔偿机制已迫在眉睫。在此情况下,国际海事组织在 1996 年第 73 届法律委员会会议上将制定关于燃油污染损害赔偿公约作为最优先的议题,在第 75 届法律委员会会议上,受国际海事组织的委托,澳大利亚、加拿大、芬兰、挪威、南非、瑞典、英国和爱尔兰等 8 个国家提交了《燃油污染损害民事责任公约》草案,供法律委员会讨论。该草案经过历次讨论,最终于 2001 年 3 月 19 日至 23 日,在伦敦国际海事组织总部召开的外交大会上审议通过,简称《2001 年燃油公约》。该公约的主要内容包括:

1. 适用范围。公约适用的"船舶"为任何类型的海上航行器,但不适用于军舰、海军辅助船舶或由国家所有或经营并在当时仅用于政府非商业服务的其他船舶,除非缔约国决定该公约适用于这些船舶。公约调整的"燃油"是指用于或打算用于操作或推进船舶的烃类矿物油,包括润滑油和此类油的任何残余物。公约适用的"船舶燃油污染损害"是指不论发生于何处的船上燃油溢流或排放,导致了污染,造成的船舶以外的损失或损害,但对环境损害的赔偿,应限于实际采取或将要采取的合理恢复措施的费用;船舶燃油污染损害还包括预防措施的费用及预防措施引起的进一步损失或损害。

2. 责任主体。燃油公约将船舶所有人确定为责任主体,但同时将船舶所有人的定义扩大为：登记所有人、光船承租人、船舶管理人和经营人。并规定如果污染损害事故有一个以上的人负有责任，他们将承担连带责任，这样规定的目的在于最大限度地方便受害人的索赔，保护受害人的合法权益。

3. 责任限制。公约未直接规定船舶所有人的责任限额，但该公约第 6 条间接地提出："本公约不影响船舶所有人或提供保险或其他财务保证的人，根据适用的国内法或国际法律制度，如《1976 年海事赔偿责任限制公约》及其修正案，享受责任限制的权利。"

《2001 年燃油公约》未涉及货主的赔偿分担机制和强制保险数额。因为燃油不是货物，是船舶所有人或承租人为船舶营运准备的燃料，难以要求货主分摊赔偿责任，无法设立类似船舶油污或运输有毒有害物质的赔偿基金。同时燃油公约没有自己的责任限额，而是适用有关的国际公约或国内法，但在任何情况下，此限额都不超过《1976 年海事赔偿责任限制公约》及其议定书规定的限额。由于强制保险涉及船旗国发证、港口国检查等，因此，船舶投保不能仅考虑船旗国国内法或其加入的国际公约，还应考虑船舶营运区域内相关国家的国内法或其加入的国际公约。

(五)国际油污损害赔偿机制的新发展

进入 21 世纪以来，国际油污损害赔偿机制的新发展主要表现为如下三个协议的创制：《1992 年设立国际油污损害赔偿基金国际公约的 2003 年议定书》(以下简称《2003 年补充基金议定书》)、《2006 年小型油轮油污赔偿协议》(STOPIA 2006)和《2006 年油轮油污赔偿协议》(TOPIA 2006)。《2003 年补充基金议定书》旨在为油污损害赔偿提供《1992 年油污责任公约》和《1992 年基金公约》之外的第三层额外保障。《2006 年小型油轮油污赔偿协议》和《2006 年油轮油污赔偿协议》则是船舶所有人和作为基金摊款的货主之间合理分摊《1992 年油污责任公约》、《1992 年油污基金公约》和《2003 年补充基金议定书》形成的油污损害三层保障机制所需全部款项的产物。

《2006 年小型油轮油污赔偿协议》是 29548 总吨以下油轮的船东们之间订立的一个协议，其主要内容是：将《1992 年油污责任公约》项下 29548 总吨以下油轮的责任限制提高到 2000 万特别提款权(但 5000 总吨以下船舶的责任限额为 451 万特别提款权)，根据该协议向 1992 年油污基金补偿《1992 年油污责任公约》项下船东的责任限额与 2000 万特别提款权之间的差额。这种补偿在油轮溢油到影响《1992 年基金公约》缔约国，并且船东按照《1992 年油污责任公约》需要承担责任时生效，与船舶的船旗国和货物的所有人无关，即如果船东的责任超过其在《1992 年油污责任公约》项下的责任，该协议就要作出补偿。由于这种补偿支付给 1992 年油污基金，因此所有 1992 年油污基金的摊款人都会受益于该协议的实施。

《2006 年油轮油污赔偿协议》与《2006 年小型油轮油污赔偿协议》基本相同，但存在如下三点区别：其一，根据《2006 年油轮油污赔偿协议》，当有索赔由 2003 年补充基金支付时，船东承诺向 2003 年补充基金补偿其中的 50%；其二，《2006 年油轮油污赔偿协议》适用于所有油轮；其三，《2006 年油轮油污赔偿协议》适用于《2003 年补充基金议定书》的缔约国，而《2006 年小型油轮油污赔偿协议》适用于《1992 年油污基金公约》的缔约国。

二、船舶污染国内立法的代表——美国《1990 年油污法》

(一)美国《1990 年油污法》的立法背景

"Torrey Canyon"号油污事件发生后，作为世界上最大石油输入国的美国也深刻认识到其也面临着类似的污染风险，于是其不仅参加了《1969 年国际干预公海油污事故公约》、《1972 年防止倾倒废物及其他物质污染海洋的公约》及《1973 年国际防止船舶造成污染公约》，并通过联邦立法执行了这些公约，同时还对若干相关问题作出了规定。[①] 但是在船舶污染民事损害赔偿方面，美国虽参与了《1969 年油污责任公约》和《1971 年油污基金公约》的制定及修订活动，却一直对是否加入该两公约犹豫不决。其主要原因是：第一，美国一旦加入国际公约，公约的效力将优先于各州的法律，但由于美国联邦和各州存在利益冲突，参议院在加入公约的问题上一直持反对态度。第二，美国的海商法长期以来与大陆法系国家的海商法存在若干分歧。第三，美国很难接受公约所规定的较低赔偿限额和船舶所有人的单一民事责任主体。美国认为《1969 年油污责任公约》和《1971 年油污基金公约》所提供的赔偿额不足以支付大型油污事件的有关费用和赔偿。第四，美国对公约所规定的赔偿范围即关于“污染损害”的定义也存在不满。其后 1989 年“Exxon Valdez”号油污事件终结了美国加入公约的进程。近万名原告向美国地方法院提起 400 多件民事诉讼，联邦政府也提起了刑事诉讼。Exxon 集团至少支付了 30 亿美元的清污费用和民事赔偿费用。[②] 而如果适用的是公约 1984 年议定书，赔偿额将不超过 6000 万美元。该事件造成的清污费用和损害赔偿远远超出公约所能提供的赔偿额，促使美国各方下决心制定本国油污法。1990 年 8 月时任美国总统的布什签署了《1990 年油污法》。该法建立了两重赔偿主体机制，责任制度较公约更为严格，并设定了很高的赔偿限额，以期充分赔偿损害。此外，还建立了健全的赔偿范围制度，其清污费用和自然资源损害赔偿制度也比公约的更完善。

（二）美国《1990 年油污法》的主要内容

(1)船舶的范围。该法将船舶界定为除公共船舶以外的各类水上运输工具以及用作或可以用作水上运输工具的人造设备。[③] 故该法中船舶的范围非常广泛，以至于除国家公务船外，任何船舶，无论其是否为装运油类货物而建造，是否装运油类货物，所装运的是散装油类货物还是桶装油类货物，溢出或排放的油类是作为货物还是作为燃料，均受该法的调整。此外，《1990 年油污法》除针对船舶外，还适用于“设施”(facility)。其“设施”指“被用于一个或多个下列目的的任何构造物(structure)、一组构造物(a group of structures)、设备(equipment)或装置(非船舶)(device)：开发、钻探、生产、储存、处置、转移、加工或运输石油。”[④]此定义不仅包括用于上述一个或几个目的的机动车、火车车皮、管道，也包括用于上述目的的陆上设施和近海设施，甚至包括位于国外的离岸设施。[⑤] 如此宽泛的界定，使得几乎所有与上述目的相关的处理油类的设施都有可能被纳入该法的调整范围，司法实践中构成上述“设施”例外的情形非常少。

(2)责任主体。该法对于责任主体使用了一个非常模糊的概念——责任方(responsible party)，指拥有、经营或光船租赁当事船舶的任何人。尽管航次租船人和定期承租人被排

---

① [加拿大]威廉·台特雷：《国际海商法》，张永坚等译，法律出版社 2005 年版，第 376 页。

② Colin De La Rue & Charles B. Anderson, *Shipping and The Environment: Law and Practice*, LLP Reference Publishing, 1998, p. 55.

③ 33 U. S. C. § 2701(37).

④ 33 U. S. C. § 2701(9).

⑤ Colin De La Rue & Charles B. Anderson, Shipping and The Environment: Law and Practice, LLP Reference Publishing, 1998, p. 178.

除，但把船舶经营人包括了进去。贷款银行如果有能力去影响借款人（责任方），参与其财务管理的，也要对油污损害的后果负责。关于"经营人"范围，美国海岸警卫队在执行《水质量改良法》的报告中有一份说明：任何人，包括但不限于船舶所有人、光船承租人或对船舶的建造、修理、碰撞或销售负有责任的人均属于经营人的范畴。在《1990年油污法》下，那些对船舶所有权和经营权进行控制的母公司将很有可能被视为责任方，承担该法下的油污责任。①

(3)适用的"油类"。其"油类"指任何种类或任何形态的油，包括但不限于石油、燃油、油泥、油渣以及除疏浚物之外的与废物相混合的油，但不包括《全民环境处理、赔偿和责任法》第101(14)条(A)至(F)项具体列举或指定为有害物质并受该法约束的石油（包括原油和其任何部分）。同时，该法将"排放油类"(discharge of oil)定义为任何故意或非故意地排放，排放包括但不限于逸漏(spilling)、渗漏(leaking)、泵出(pumping)、倾倒(pouring)、排放(emitting)、倾排(emptying)、倾泻(dumping)。② 属于排放例外的包括：联邦、州和地方法律签发了排放许可证的；公务船舶的排放（联邦政府、州、或其他政府单位以及外国政府所有的或光租并经营的未从事商业活动的船舶）；以及属于《跨阿拉斯加管道授权法》调整的陆上设施的排放。③

(4)赔偿范围。该法将可以赔偿的损失分为清污作业费用和损害赔偿两大类。对于清污作业费用，责任方必须赔偿美国主管当局和印第安部落为清除油污或为减少对海滨、海岸或自然资源的损害而发生的费用，包括已经发生的泄漏和虽未发生，但存在污染威胁时而采取的预防费用，以及任何人根据"国家应急计划"(national contingency plan)进行的清污作业所付出的任何清污费用。对于损害赔偿，该法规定了六种可以获得赔偿的损害：其一，自然资源的损害，包括因自然资源的毁坏、破坏、损失或失去其用途而遭受的损害，以及评估损害的合理费用，由美国、各州和印第安部落受托管理人或外国管理人获得赔偿。其二，不动产或个人财产的损害，由拥有或租用该财产的索赔人受偿。其三，因自然资源的生活用途损失而遭受的生活用途损害，由被毁坏的、破坏或损失的自然资源的使用人受偿，不考虑资源的归属或管理。其四，收入损失，包括因不动产、个人财产或自然资源的毁坏、破坏或损失而造成的税收、使用费、租金、费用或净利润份额的净损失，由美国、州或其各级政府(a political subdivision thereof)受偿。其五，利润和赢利能力的损害，即因不动产、个人财产或自然资源的毁坏、破坏或损失而造成的利润损失或赢利能力削弱损害，任何索赔人均可获得赔偿。其六，清污活动期间或之后为提供排放油类引起的增加的或额外的公共服务（包括消防、安全或防止卫生损害）净费用损害，由州或州的各级政府受偿。④

(5)责任基础。美国《1990年油污法》确立了无过错责任原则，对责任方仅规定了非常有限的几类免责事由：①不可抗力。②战争行为。③第三方的作为或不作为，但是责任方的雇员和代理人，以及其作为和不作为与责任方有任何合同联系的第三方均不在此列。同时，责任方还应充分证明：其一，其已根据油类的特性和所有相关事实与情况，对有关油类给予了适当的注意；其二，对可预见的上述第三方的作为和不作为以及可预见的此类作为或不作

---

① 韩立新：《船舶污染损害赔偿法律制度研究》，法律出版社2007年版，第94页。

② 33 U.S.C. §2701(7).

③ 33 U.S.C. §2702(c).

④ 33 U.S.C. §2702(b).2.

为的后果采取了预防措施。④前述几种事由的结合。⑤受害人对油污损害有重大过失或者故意不当行为引起的。[①] 但在下列情形下,责任方将丧失上述抗辩权利:①责任方知道或有理由知道该事件而未依法向有关当局报告油污事件的发生;②没有或拒绝向主管机关提供一切合理的清污活动的合作或者协助;③在无充分理由的情况下,没有或拒绝遵守法律规定的有关清除或减轻油污责任的法定义务。

(6)责任限额。《1990 年油污法》规定了比《1969 年油污责任公约》高数倍的赔偿责任限额。该法第 1004 条规定:除本条另有规定外,责任方根据第 1002 条的赔偿责任以及由责任方或代表责任方就每一事件产生的任何清污费用的总额不应超过:①油轮的,每总吨 1200 美元;或者,3000 吨以上的 1000 万美元,以两者中较高额为准;或者,3000 吨以下的 200 万美元,以两者中较高额为准。②其他船舶的,50 万美元或每总吨 600 美元,取其高者。③离岸设施的,不超过 7500 万美元。④陆上设施和深水港的,不超过 3.5 亿美元。[②]

第四节 我国船舶污染法律制度

一、我国船舶污染法律制度概况

我国已经初步建立了相应的船舶污染法律体制。在国际条约方面,我国于 1999 年 1 月 5 日加入了《1992 年油污责任公约》,该公约于 2000 年 1 月 5 日对我国生效;此外,我国于 2008 年 12 月 9 日加入《2001 年燃油公约》,该公约于 2009 年 3 月 9 日对我国生效。在国内法方面,我国目前尚无调整船舶污染的专门立法,但若干国内立法已不同程度地涉及船舶污染问题。

《宪法》第 26 条规定:“国家保护和改善生活环境和生态环境,防治污染和其他公害。”该条使我国的船舶污染立法有了宪法依据。《民法通则》第 124 条亦规定:“违反国家保护环境防止污染的规定,污染环境造成他人损害,应当依法承担民事责任。”

《海商法》没有对油污损害赔偿作出专门规定,仅在第 11 章“海事赔偿责任限制”中提及有关油污损害赔偿问题,规定我国参加的国际油污损害赔偿民事责任公约项下的油污损害赔偿请求属于不得依据该章享受责任限制的债权,但是针对公约调整以外的其他油污事故产生的财产损害和人身伤亡,仍然可依据第 11 章规定的责任限额确定。该法第 210 条还规定:“总吨位不满 300 总吨的船舶,从事中华人民共和港口之间的运输的船舶,以及从事沿海作业的船舶,其赔偿限额由国务院交通主管部门制定,报国务院批准后施行。”1994 年 1 月 1 日交通部颁布了《关于不满 300 总吨船舶及沿海运输、沿海作业船舶海事赔偿限额的规定》。结合该规定和我国《海商法》的规定可以得出以下结论:300 总吨以上从事国际航线运输的船舶因油污造成的损害,依据《海商法》和我国参加的相关公约,确定肇事船舶所有人的赔偿责任限额;300 总吨以下从事国际航线运输的船舶和从事沿海运输的船舶造成的油污损害赔偿请求,可以按照上述《关于不满 300 总吨船舶及沿海运输、沿海作业船舶海事赔偿限额

---

① 33 U.S.C. § 2703(a).

② 33 U.S.C. § 2704(a).

的规定》予以责任限制。①

《环境保护法》第 41 条规定，造成环境污染损害的责任人应当承担的责任，包括排除危害和赔偿损失，同时规定了处理赔偿责任和赔偿金额纠纷的方式及免责事项。第 43 条规定了造成重大环境污染事故的直接责任人应当承担刑事责任。虽然该法并未直接针对船舶污染作出规定，但是船舶污染是环境污染的一种，该法有关污染责任的规定也适用于船舶污染。

《海洋环境保护法》第 66 条规定："国家完善并实施船舶油污损害民事赔偿责任制度，按照船舶油污损害赔偿责任由船舶所有人和货主共同承担风险的原则，建立船舶油污保险、油污损害赔偿基金制度。"第 90 条规定："造成海洋环境污染损害的责任者，应当排除危害，并赔偿损失；完全由于第三者的故意或者过失，造成海洋环境污染损害的，由第三者排除危害，并承担赔偿责任。"虽然《海洋环境保护法》对船舶污染进行了规定，但仍然缺乏可操作性，没有解决具体的赔偿问题。为实施《海洋环境保护法》第 5 章"防止船舶对海洋环境的污染损害"以及相关条款的规定，国务院于 1983 年颁布了《防止船舶污染海域管理条例》。该条例第 7 条规定："船舶发生海损事故造成或者可能造成海洋环境重大污染损害的，港务监督有权强制采取避免或减少这种污染损害的措施，包括强制清除或强制拖航的措施。由此发生的一切费用，由肇事船方承担。"第 12 条规定："发生污染事故，或违章排污的船舶，其被处以罚款或需负担清除、赔偿等经济责任的船舶所有人或肇事人，必须在开航前办妥有关款项的财务担保或交纳手续。"第 40 条规定："凡由船舶造成海洋污染，受到污染损害的单位和个人，需要进行民事责任索赔的，按《中华人民共和国海洋环境保护法》第 42 条规定的处理程序处理。赔偿金额纠纷，可由港务监督调解处理，当事人对处理不服的，可以向人民法院起诉；也可直接向人民法院起诉。涉外案件可以按仲裁程序解决。"

《水污染防治法》第 40 条对船舶排放污水进行了限制性规定；第 53 条是对污染事故责任人的处罚规定，适用于船舶污染事故的责任人；第 55 条规定了造成水污染危害单位的赔偿责任，包括排除危害和赔偿损失，同时规定了处理赔偿责任和赔偿金额纠纷的方式及免责事项。

《防治船舶污染内河水域环境管理规定》于 2005 年 6 月 20 日经交通部第 12 次部务会议通过，自 2006 年 1 月 1 日起施行。其包括总则、一般规则、船舶载运污染危害性货物及相关作业、船舶垃圾和生活污水、船舶污染物的排放与接受、船舶拆解、打捞、修造和其他水上水下施工作业、船舶污染事故应急反应、污染事故调查处理、法律责任及附则等 10 章，共 60 条，对防治船舶污染内河水域环境作出了较为全面的规定。

二、我国船舶污染法律制度存在的问题

(一)我国的船舶污染法规分布过于分散

我国的船舶污染法规分布在不同层次的法律法规中，虽然从宪法到规章都有相关的规定，但缺乏针对船舶污染问题的系统规定。过于分散的立法使得船舶污染法律适用变得极不统一。以船舶油污案件为例，目前我国处理涉外船舶油污案件适用《1992 年油污责任公约》；而不具有涉外因素的船舶油污案件的法律适用则较为混乱，有的适用国际公约，有的适

① 司玉琢：《海商法专题研究》，大连海事大学出版社 2002 年版，第 383 页。

用《海商法》，还有的则适用《民法通则》及相关法规。

（二）偏重海上船舶污染立法，忽视内河水域船舶污染立法

我国海上船舶污染防治法规已初步形成了以《海洋环境保护法》、《防治船舶污染海域管理条例》为基础的法规框架，已参加的有关国际公约也已经基本覆盖了海上船舶污染防治的各个方面，并仍在不断发展完善中；但在内陆水域船舶污染立法方面，其规定散见于《水污染防治法》、《水污染防治法实施细则》等有关的法律法规中，十分松散和单薄。《防治船舶污染内河水域环境规定》立法层次过低，难以适应我国目前日益严峻的内河水域污染形势的要求。迫切需要加强对内河水域船舶污染的立法工作。

（三）重船舶油污立法而轻船载毒有害物质污染立法

国内船舶污染防治法规目前主要集中在防止船舶油污方面，在油轮安全、生产、监督管理等方面建立了较为完备的法律体系，而对船舶载运有毒有害物质发生事故造成的污染方面的立法则相对滞后，也未参加《1996 年 HNS 公约》。在防治船舶油污方面，我国虽然加入了《国际油污防备、反应和合作公约》，但国内法中仍无配套的油污应急体系，不利于及时有效地控制污染；虽然参加了《1992 年油污责任公约》，但该公约仅适用于具有涉外因素的船载货油所造成的污染损害赔偿。①

（四）重行政责任而轻民事责任

我国现有立法中有关船舶污染损害的责任形式主要是行政责任，民事责任的规定极不完善。我国《水污染防治法》"法律责任"部分所定法律责任全部为行政责任；《海洋环境保护法》在 1999 年修订时虽然对法律责任作了细化和多元化处理，但整体上仍是侧重于行政处罚。重行政责任而轻民事责任不利于对船舶污染受害者的保护，也弱化了高额赔偿费用对潜在船舶污染主体的警醒和训诫作用。

（五）船舶污染诸多具体问题尚待明确

(1)船舶污染责任主体界定不清。现行立法缺乏对船舶污染损害责任主体的明确规定，相关法规使用的"船舶所有人"缺乏清晰的界定，部分法规使用的"肇事人"、"责任者"缺乏明确的界定。这给船舶污染损害赔偿案件的处理带来极大困难。

(2)船舶污染损害赔偿范围尚需进一步明确。现有立法仅针对财产损害形成了比较完善的赔偿制度，对于船舶污染所致的清污费用、纯经济损失和自然资源损害则没有明确规定。但是在司法实践中，我国已经有案例支持了原告对渔业的中、长期损失的索赔。② 对此，迫切需要立法进一步明确船舶污染损害赔偿范围。

(3)赔偿责任限额规定过于笼统。对于涉外油污案件，责任主体根据《油污责任公约》享受赔偿责任限额；对于不属于《油污责任公约》调整范围的船舶污染，仍然依据《海商法》第 207、210 条以及交通部有关规定享受海事责任限额。但我国有关法规规定得过于笼统，不利于司法实践的操作。

在本章的引例中，如从纯粹的法律适用角度考虑，《1992 年油污责任公约》第 2 条规定

① 司玉琢、胡正良：《〈中华人民共和国海商法〉修改建议稿条文、参考立法例、说明》，大连海事大学出版社 2003 年版，第 521 页。

② 早在 1997 年"海成"轮油污损害赔偿纠纷案中，广东省高级人民法院作为二审法院就对中长期损失的赔偿请求予以支持。

“本公约适用于在缔约国领土和领海上发生的污染损害和为防止或减轻这种损害而采取的预防措施”。我国政府在加入该公约时，没有作出任何保留。本案油污事故发生在广州港水域，因而可以适用该公约。但从实际角度考虑，《1992 年油污责任公约》的赔偿限额为 300 万特别提款权，约合人民币 3000 多万元，远远高于我国沿海船舶油污的平均水平。同时，中国沿海油轮绝大多数没有油污责任保险，对直接诉讼也存在争议，因此对中国沿海油轮适用油污责任公约缺乏实际意义和与之配套的制度支持。由此可见我国当前处理国内沿海油污损害赔偿不宜适用《1992 年油污责任公约》。

思考题

1. 试析船舶污染侵权行为与一般侵权行为的区别和联系。

2. 如何确定船舶污染损害赔偿的范围？

3. 如何理解船舶污染损害赔偿责任限制丧失的条件？

4. 试析我国船舶污染损害赔偿责任的立法现状及存在的问题。

5. 案例讨论：

原告广东省海洋与渔业局诉称：2001 年 6 月 21 日，被告甲公司所属 A 轮与被告乙公司所属 B 轮在粤东近海发生碰撞，A 轮搁浅沉没，所载油类大量泄漏入海，严重污染了事故现场及附近海域，造成天然水产品直接经济损失 330.73 万元、天然渔业资源经济损失 992.19 万元，原告为此支出损失调查费用 42.76 万元，三项损失合计 1365.68 万元。被告丙是 B 轮的经营人，被告丁是 B 轮油污损害赔偿责任的保险人。原告请求判令甲、乙、丙和丁四被告连带赔偿原告上述损失及其利息，并承担本案诉讼费。

法院经审理认为，原告是请求本案油污损害赔偿的适格主体，判决 A 轮与 B 轮的船舶所有人和经营人均应承担油污赔偿责任，但法院仅支持了原告所主张的天然水产品直接经济损失，而其天然渔业资源经济损失因证据不足未获支持。

请结合船舶污染损害赔偿的法律知识和相关司法裁决分析：本案原告是否具备索赔资格？如何确定本案的责任主体和损害赔偿范围？如何在不同责任主体之间分配损害赔偿责任？

司法考试真题链接

1. 甲国某船运公司的一艘核动力商船在乙国港口停泊时突然发生核泄漏，使乙国港口被污染，造成严重损害后果。甲乙两国都是《关于核损害的民事责任的维也纳公约》及《核动力船舶经营人公约》的缔约国，根据上述公约及有关规则确定，乙国此时应得到 7800 万美元的赔偿，但船运公司实际赔偿能力最多只能够负担 5000 万美元。对此事件，根据国际法上的国家责任制度，甲国国家对乙国承担的义务是什么？（2002 年）

A. 甲国国家应承担全部 7800 万美元的赔付

B. 甲国有义务在保证船运公司赔付乙国 5000 万美元的同时，船运公司无力赔付的其

余2800万美元，由甲国政府先行代为赔付

C. 甲国有义务保证督促船运公司进行赔偿，但以船运公司能够负担的实际赔偿能力为限，即只能赔付5000万美元，其余2800万美元可以不予赔付

D. 由于该行为不是甲国国家所从事，故甲国国家不需就此事件承担任何义务

2. 甲国某核电站因极强地震引发爆炸后，甲国政府依国内法批准将核电站含低浓度放射性物质的大量污水排入大海。乙国海域与甲国毗邻，均为《关于核损害的民事责任的维也纳公约》缔约国。下列哪一说法是正确的？（2011年）

A. 甲国领土范围发生的事情属于甲国内政

B. 甲国排污应当得到国际海事组织同意

C. 甲国对排污的行为负有国际法律责任，乙国可通过协商与甲国共同解决排污问题

D. 根据“污染者付费”原则，只能由致害方，即该核电站所属电力公司承担全部责任

第十章 海难救助法律制度

【引例】1999年2月21日4点55分时，承运广州某油品销售中心所有的90号汽油1500吨的“闽海油3”轮在广西钦州港水域起火后发生爆炸，钦州港务监督部门在接到报告后组织两艘拖轮施救，由于火势太大未果。同日13点53分时，交通部电话通知广州海上救助打捞局施救。广州海上救助打捞局派“穗救拖9”轮和“德顺”轮抵达现场守护难船，伺机救助。后在其他船撤离现场的情形下，“德顺”轮根据交通部的指令将“闽海油3”轮大火扑灭并将其拖回钦州港锚地。获救的1420吨汽油价值284万元。

请问：本案的救助是否属于海难救助？广州海上救助打捞局是否有权获得救助报酬？

第一节 海难救助概述

海上航行存在着不可预测的风险。船舶在遇到海难时，第三方出手施救，产生了海商法上古老的救助制度。古代《罗得海法》中有关于救助报酬的记载，《奥列隆惯例集》、《海事裁判例》中亦提到了对救助人补偿的案例，法国的《海事条例》中有关于海难事故中船上货物救助问题的规定，这些记载和规定逐渐形成了关于海难救助制度的习惯法。各国海商法在此基础上对海难救助制度作出了不同的国内法规定。直到20世纪初，国际社会通过了《1910年救助公约》，后修改为《1989年救助公约》。海难救助制度从传统的习惯法发展到了国内成文法乃至国际公约，现已成为现代海商法不可或缺的部分，日趋完备和统一。

一、海难救助及其构成要件

(一)海难救助的定义

海难救助是指在海上或者与海相通的可航水域，对遇险的船舶和其他财产进行的救助。但这种救助不适用于“海上已经就位的从事海底矿物资源的勘探、开发或者生产的固定式、浮动式平台和移动式近海钻井装置”，亦不包括海上人命的救助。海上人命救助在我国《海商法》中系法定的义务救助，对获救人员不得请求酬金，但是有权从救助船舶或者其他财产、防止或者减少环境污染损害的救助方获得的救助款项中，获得合理的份额。

(二)海难救助的构成要件

海难救助是海商法中一项特有的法律制度，与日常理解的救助有明显不同的含义。根据我国《海商法》的规定，海难救助必须具备以下条件。

1. 救助地点必须是在海上或者与海相通的可航水域

救助行为必须是发生在海上或者与海相通的可航水域。除此地点之外诸如与海隔绝的内陆水域、陆地岸上、仓储码头等地点的施救,均不属于我国海商法上海难救助的范畴。然而《1910 年救助公约》第 1 条规定:"在任何水域范围内实施的救助服务,均构成海难救助。";《1989 年救助公约》第 1 条(a)款采取了类似的规定。故公约规定的"救助地点"涵盖了实施救助作业的任何可航水域,与我国《海商法》规定的范围存在明显差别。我国《海商法》对救助地点作了限制性的规定,不包括不与海相通的内陆水域。

2. 救助对象必须是法律承认的船舶、其他财产

我国《海商法》所认可的救助对象仅是船舶和其他财产,其中的"船舶"仅指《海商法》第 3 条所指的船舶,以及与其发生救助关系的任何其他非用于军事的或政府公务的船艇,不包括海上已经就位的从事海底矿物资源的勘探、开发或者生产的固定式、浮动式平台和移动式近海钻井装置。即如果救助方不使用船舶进行救助,则被救船舶应当是《海商法》第 3 条所称的船舶;如果救助方使用船舶进行救助,则救助船舶与被救船舶两者之一应当是《海商法》第 3 条所称的船舶,而另外一方只要不是用于军事的、政府公务的船舶即可,包括《海商法》第 3 条所称的船舶,以及非用于军事的、政府公务的内河船、内湖船或 20 总吨以下的小型船艇。

"其他财产"是指非永久地和非有意地依附于岸线的任何财产,包括由承运人(包括船舶所有人和租船人)承担风险的到付运费。一般来说,永久地和有意地依附于岸线的财产是指依附于岸线的桥梁、防波堤、码头、与岸线固定相连同时伸入海中的输油装置、装卸货设施等固定建筑。

《1910 年救助公约》规定救助对象包括"海船、船上财产和客货运费",不包括军舰和政府公务船舶。《1989 年救助公约》规定救助对象包括"船舶或任何其他海上财产"。《1989 年救助公约》将"船舶"定义为"船舶是指任何船只、船筏或任何能够航行的构造物",但不包括海上已经就位的从事海底矿物资源的勘探、开发或者生产的固定式、浮动式平台和移动式近海钻井装置,亦不包括军舰和政府公务船舶。然而各国可以决定这类船舶是否适用公约。

我国海难救助制度是参照《1989 年救助公约》制定的,关于船舶范围的规定,小于公约规定的范围;但突破了"海上财产"的限制,包括了"与海相通的可航水域"遇难的财产。

3. 必须是处于危险状态之中

对于救助对象是否"处于危险状态之中",主要涉及如何合理判断的问题。在 1977 年美国"The Volendam"案中,"Monarch Star"轮主机在航行中失去动力,后为姊妹船所救。施救时,"Monarch Star"轮正随波漂流,但当时是海况良好,大海平静且仅有微风。法院判决最终认定该轮是"处于危险状态之中",因为在当地的潮水和可能出现的暴风雨作用下,该船舶存在着飘向海岸而触礁或搁浅的可能性。"法院必须认定的是危险是否可以合理地被预见,而非危险已经临近。"故"处于危险状态之中"系对救助对象所处境况的一种合理判断。危险必须是真实存在或不可避免的,不能是臆测和想象的,也不能是救助对象自己可以避免的危险。但值得注意的是,救助时所考虑的"危险"仅限于救助对象所处的境况,一般不考虑危险的性质和程度。至于危险的性质和程度,一般在确定救助报酬时予以考虑,如果救助时危险非常大,可以适当地增加救助报酬。

4. 救助必须是自愿的

根据我国《海商法》第 186 条第 2 项的规定，“不顾遇险的船舶的船长、船舶所有人或者其他财产所有人明确的和合理的拒绝，仍然进行救助”的救助人无权获得救助款项。《1989 年救助公约》亦有类似的规定。

自愿原则是海难救助制度的重要原则。自愿救助中，救助行为的实施不能是出于法定义务、职责或者合同义务，否则，救助人不能得到救助报酬。故这种“自愿”是有时间限定的，且有广义和狭义之分。广义的“自愿”是救助双方在遇难财产“处于危险状态之中”时达成的，系双方的自愿。对救助方而言，在救助时完全出于自愿，救助成功了，救助方有权获得救助报酬，不救不承担任何责任；而对被救助方来说，这种自愿不仅使得其有请求救助的权利，而且还有拒绝救助的权利。被救助方的拒绝权可以在救助作业开始前或开始后的任何时间行使。被救助方行使拒绝救助时，其拒绝救助的意思表示应是“清楚、合理”。

而狭义的自愿是针对救助方而言的，是指救助方是否与被救助方建立海难救助法律关系取决于其自身的意愿，并非源于法律上的强制性规定或其他合同上的约定。

5. 救助要有效果

“无效果，无报酬”源自海难救助的习惯法规定。1910 年和 1989 年《救助公约》均采取了“无效果，无报酬”的规定。我国海商法亦规定，确定救助报酬应考虑“救助方的救助成效”，“救助方对遇险的船舶和其他财产的救助，取得效果的，有权获得救助报酬；救助未取得效果的，除本法第 182 条或者其他法律另有规定或者合同另有约定外，无权取得救助款项”。标准的英国劳氏救助合同和中国海事仲裁委员会制定的救助合同亦采用“无效果，无报酬”原则。双方在救助合同中可事先不约定救助报酬的多少，只是约定确定救助报酬的原则。在救助成功后，按照这一原则来确定救助方的具体报酬数额。

海难救助中的“效果”系一个相对概念，并非要求救助具有绝对性效果或绝对性成功。只要救助方的救助行为能够给被救方提供帮助，而这种帮助使得遇难船舶、物品和人员避免全部或部分损失，或阻止了遇难损失的进一步扩大，即视为有效果。

二、海难救助的分类

救助本意是救助方对被救方施以援手帮助被救方摆脱危难的一种行为。在理解海难救助制度时，要注意海难救助和海上救助的区别。海上救助的范围很广，海难救助只是海上救助的一种。一般来说，海难救助根据不同的标准可以划分为以下几种。

(1)根据被救对象，可以分为海上人命救助、海上财产救助和海上人命财产救助三种。在这三种救助制度中，只有海上财产救助和海上人命财产救助情形下，施救者有权请求报酬。施救者施行海上人命救助是不能获取报酬的。

(2)根据救助人的所负义务可以分为强制救助、法定义务救助、合同救助和自愿救助。强制救助是指沿海国家或其主管机关依照法律对发生在其管辖范围内的港口、内水、领海、专属经济区内的某些具有重大危害的海难事件采取强制性救助措施。救助方系法律授权的主管机关，在施救时，无须征得被救方的同意，且无论有无救助效果，救助方均可主张救助报酬或救助费用。如我国《海上交通安全法》第 31 条规定：“船舶、设施发生事故，对交通安全造成或者可能造成危害时，主管机关有权采取必要的强制性处置措施。”

法定义务救助是指救助方依照法律规定的强制性义务和责任所施行的救助。义务救助系法律规定的航海人员尤其是船长、引航员、救生员所承担的法定义务。负有义务的责任人一旦违反法定救助义务,轻者吊销船员证书,重者负刑事责任。如我国《海商法》第174条要求"船长在不严重危及本船和船上人员安全的情况下,有义务尽力救助海上人命"。值得注意的是,法定义务救助和合同救助有明显区别,在法定义务救助中,救助义务系法定的。而合同救助中的义务系约定的,救助方按照约定范围和事项对被救方施救即可。

合同救助是指被救方处于危难之时,被救方与施救方达成的救助协议,是当今国际海难救助最普遍的形式。合同可以在救助实施前订立,也可以在救助过程中或之后订立。合同救助通常采取"无效果,无报酬"原则,救助人只有在救助有效果的情形下,才有权获得救助报酬。只有在少数情况下,合同救助才采用"实际费用",约定支付救助人救助费用,以补偿救助方。

自愿救助,又称纯救助。它是指既无法定救助义务,又无约定救助义务的救助方对被救方自愿施行的救助。自愿救助虽是一种见义勇为的行为,但救助如有效果,救助方有权获得报酬,纯人命救助除外。自愿救助是海难救助的发端,后发展成合同救助。当自愿救助在求救与施救双方达成一致协议时,就转化为合同救助。在英美法系国家,自愿救助一般按照合同救助处理。但注意的是,在自愿救助的情形下,如果被救方明确地表示反对施救,救助方即使施救成功,亦无权获得报酬。

由此可见,合同救助和自愿救助系海难救助的两种基本形态。自愿救助系海难救助的原始形态,合同救助系自愿救助的延伸和发展,系海难救助的完整形态。

三、海难救助的性质

关于海难救助的性质,法学界一直有无因管理说、特殊事件说、准合同说和不当得利说之分。各学说均有自己的理由和依据,但均难以概全。上述学说均有相同的方法论,即从民法理论中寻找海难救助的法理依据。殊不知,海商法虽是民法的特别法,但它来源于习惯法和海运实践,不但有私法的理论基础,而且有公法的目的和需要。故在海商法中有诸如海难救助、共同海损、海事赔偿责任限制、航海免责制度等法律制度的产生,而这些制度在传统民法理论上很难找到完全印证的理论依据。

海难救助是海商法所特有的一种法律制度,设立目的是鼓励救助人施救处于危难之中的人命和财产,是出于社会公共政策和利益需要设立的,考虑社会的整体利益。Clifford大法官在"The Blackwall"案中曾对海难救助作出了如下精辟地论述:"公共政策是为了鼓励勇敢而且富有冒险精神的海员从事这些艰苦有时甚至是危险的事务,也同时使他们摆脱监守自盗和欺诈的诱惑,因此,在他们的救助获得成效时,应让其取得丰厚的奖励。"这也是海难救助制度随着时代变迁亦处于变化之中的缘由之一,从"无效果,无报酬"原则发展到今天的特别补偿制度,无不与社会公共利益有关。

虽然如此,海难救助作为海商法的一项古老制度,从救助方获得救助报酬的角度来说,救助报酬的取得仍以"无效果,无报酬"为主导,特别补偿为例外,救助时以自愿救助为原则,合同救助为常态。故我们认为,在海难救助制度中,救助报酬的取得具有射幸性。

第二节　海难救助的国际公约

海难救助制度来源于习惯法。随着人类文明的不断发展，人类社会从航运界自由掠夺遇险物品时代到占有遇难物时代，再到禁止占有时代经历了漫长的时间。到了15世纪时期，各国法律均禁止救助人占有遇难物。1681年法国颁布了《海事条例》，其中规定了遇难物救助制度，开启了近代海难救助制度的先河。以后，各国海事立法纷纷效仿，并不断发展海难救助制度。但这些国内法规定不统一，到了20世纪，国际社会签署了《1910年救助公约》，后修订为《1989年救助公约》，进入了海难救助制度的国际法统一历程。

一、《1910年救助公约》

公约全称为《1910年统一海难援救和救助的某些法律规定的公约》，简称为《1910年救助公约》。它是1910年在布鲁塞尔召开的第三届海洋法外交会议上签订的，于1913年生效。1910年公约明确了救助双方的权利义务，确立了海上救助的"无效果，无报酬"传统原则，统一了各国海难救助的法律和实践，获得了国际社会的广泛承认和接受。我国《海商法》中海难救助制度的规定和中国海事委员会制定的救助合同格式的主要内容等均参考公约的规定，按照公约精神和原则规定来处理救助中的实践性问题，公约对我国海难救助制度的法律规定和实践影响深远。

《1910年救助公约》内容共计有19个条文，主要内容有：

(1)公约的适用范围。公约为此作出了双重规定。如前所述，公约首先是规定了公约适用的国家范围，其次是规定了公约适用的船舶范围。只有同时具备了公约规定的两个条件，才能导致公约的适用。

(2)无效果，无报酬原则。公约规定，取得有益结果的每一援助或救助行为，有权获得公平的报酬。反之便不应支付报酬。在任何情况下，应付报酬的金额不得超过获救财产的价值。

(3)报酬请求权的拒绝和例外。公约规定，下列情形不产生报酬请求权：被救船舶已经明白和合理地拒绝，但救助方仍参与救助作业的；拖轮对于被拖船舶或该船所载货物的援助或救助，但该拖轮被认为是履行拖航合同之外服务的除外。如果救助服务由属于同一所有人的船舶提供，或向属于同一所有人的船舶提供，报酬仍应支付。

在下列情形下，法院有权裁定减少或拒绝同意给予救助报酬：救助人的过失使救助成为必要，或者救助人犯有盗窃罪、欺诈性隐瞒或其他欺诈行为。

(4)救助报酬金额的确定与分配。公约第6条规定"报酬金额由当事各方协议确定；协议不成的，由法院决定。救助人之间报酬分配的比例，以同样方法确定。每一救助船舶的所有人、船长和其他服务人员之间报酬的分配，依据船旗国法律确定。"公约第8条第1款则进一步规定："报酬由法院根据具体情况确定，并以下列各项为依据：(a)首先，获得效果的程度；救助人的努力与劳绩；被救船舶、其旅客、船员、货物，以及救助人和救助船所冒的危险；救助人所用时间、所耗费用和所受损失；救助人所冒责任上的风险和其他风险，以及冒上述风险的财产价值；如果为救助目的而特殊调用救助人的船舶，也需加以考虑；(b)其次，获救财产的价值"。

(5)救助合同的变更与无效。公约第7条规定:"在危险期间并在危险影响下达成的援助或救助协议,经当事一方请求,如果法院认为协议的条件不公平,可以宣告该协议无效,或予以变更。在任何情况下,如经证明,当事一方同意的事项因欺诈或隐瞒而无效,或报酬与所提供的服务相比,高得过分或低得过分,经受影响的一方请求,法院可以宣告协议无效,或予以变更"。

(6)人命救助的法定义务与分配救助报酬。公约第11条规定:"船长在海上发现遭遇生命危险的每一个人,即使是敌人,都必须援助,只要这样做对其船舶、船员和旅客没有严重危险。船舶所有人不因上述规定的违反而承担责任。"但公约第9条规定:"获救人员不支付报酬,但本条规定不影响国内立法在这方面的规定。在发生援助或救助的事故中参与提供服务的人命救助人,在给予船舶、货物及其附属品的救助人的报酬中,有权获得公平的份额。"

(7)关于批准、加入、生效和退出公约的相关规定。《1910年救助公约》在1967年进行了修订,这被称为《1967年议定书》,全称为《1967年修订〈1910年统一海难援救和救助的某些法律规定的公约〉的议定书》,于1977年生效。其核心内容是将《1910年救助公约》扩大适用于军事船舶和公用的政府船舶,扩大了公约的适用范围。但总体上来说,《1967年议定书》在海难救助领域的影响不大。

二、《1989年救助公约》

随着海难事故对海洋环境的影响扩大,救助方在实施海难救助的同时,保护和保全海洋环境显得尤其重要。但《1910年救助公约》及《1967年议定书》在这方面却显得无能为力,"无效果,无报酬"原则无法激起救助者保护环境的积极性。于是,国际海事委员会于1981年在加拿大蒙特利尔第32届会议上提交了新的海难救助公约草案,后几经修改,1989年国际海事组织召开外交大会上正式通过了新的救助公约,即《1989年救助公约》。该公约于1996年生效。我国政府代表参加了1989年的外交大会,并签署了会议的最后文件。1993年经八届人大常委会五次会议批准,中国政府正式加入了公约,但我国政府对公约第30条第1款的a、b、d三项作出了保留。《1989年救助公约》有卷首语和正文五章,共计34个条款。

公约卷首语主要强调,"及时有效的救助作业,对处于危险中的船舶和其他财产的安全以及对环境保护能起重大的作用,相信有必要确保对处于危险中的船舶和其他财产进行救助作业的人员能得到足够的鼓励"。

公约第一章"总则",主要包括定义、公约适用范围、平台和钻井装置、国有船舶、公共当局控制的救助作业、救助合同、合同的废止和修改等七个方面的规定。

公约第二章"救助作业的实施",主要规定了救助人的义务及船舶所有人和船长的义务、沿海国的权利、提供救助的义务、合作等四个方面的规定。

公约第三章"救助人的权利",主要内容有支付报酬的条件、评定报酬的标准、特别补偿、救助人之间的报酬分配、人命救助、根据现有合同提供的服务、救助人不当行为的后果、制止救助作业。

公约第四章"索赔与诉讼",主要规定了优先请求权、提供担保的义务、先行支付款项、诉讼时效、利息、国有货物、人道主义货物、仲裁裁决的公布等内容。

公约第五章"最后条款"，主要规定了公约的签字、批准、接受、核准或加入、生效、保留、退出、修订或修正、保存和语言等。

第三节　海难救助合同

在海难救助中，有纯救助和合同救助之分。纯救助系救助方单方自愿实施的救助，除非被救方明确表示反对救助，否则，救助方有权就获救财产取得救助报酬。而合同救助是基于海难救助合同实施的救助。海难救助合同系合同双方就施救危难中的船舶、其他财物达成的一种救助协议。

一、海难救助合同概述

（一）救助合同的种类

在海难救助中，国际上通行的救助合同有两类："无效果，无报酬"救助合同和雇佣救助合同。

1."无效果，无报酬"救助合同

"无效果，无报酬"救助合同是一种传统的海难救助合同，也是国际上最通行的救助合同。这种合同是根据"无效果，无报酬"原则订立的，救助方只有在救助作业取得效果后，才能请求救助报酬。它的主要特点是：

（1）属于射幸合同。救助报酬能否取得具有不确定性，完全取决于救助是否有效果。如果没有效果或没有成功，救助人即是付出了大量的人力、物力和时间，也无权向被救助方主张报酬。

（2）合同中约定的救助作业由救助方负责指挥。救助方承担救助中的一切风险和过失责任，包括对第三人造成的人身伤亡和财产损害。但如果这种损害系第三人或被救方的过失造成的，救助方不承担责任；如果这种损害系救助方和被救方共同过失造成的，双方在外部责任上应对第三方承担连带责任，在内部责任上根据各自的过失比例分摊责任。

（3）救助合同一般为格式合同。海难救助一般是在紧急情况下发生的，双方往往无充分时间来商议合同内容，且实务界有事先准备的标准合同条款供双方参考，如英国劳氏救助标准格式合同，中国海事委员会救助合同标准格式等。合同中一般只约定救助报酬取得的原则，具体数额在救助成功后由双方根据救助效果协商确定，协商不成的，由仲裁机构或法院裁决。

2. 雇佣救助合同

雇佣救助合同又称实际费用救助合同，是指救助费用按救助方实际付出的救助费用、救助时间来计算的救助合同。它的特点是：

（1）性质上属于雇佣合同。救助方受被救方雇佣，对救助效果不承担责任，只要按照合同约定从事一定海难救助作业，即可获得报酬。

（2）救助作业由被救方指挥。在救助中发生的一切风险和过失，包括对第三方造成的人身伤亡和财产损害，均由被救方负责。

(3)救助报酬的计算以救助方在救助中实际支付的费用为原则,数额的确定以救助方每天的费用、救助人员的工作时间、消耗物料等实际费用计算。如果救助有较大的效果,可按一定比例增加救助报酬。

(二)救助合同的订立

各国法律对救助合同订立的形式并无严格的要求。救助合同可以是口头的、书面的或其他形式,只要救助双方达成一致协议,合同即告成立。但由于海难发生时,处于危险之中的除了船舶之外,还有货物,在救助合同订立时谁有资格代理被救方订立合同,是各国法律和公约中都必须解决的问题,它也关系到合同订立的有效性问题。在理论上处于被救位置的且有权和救助方订立合同的人有船舶所有人、船舶经营人、光船租赁人和货物所有人。事实上,海难救助合同一般由救助双方船舶的船长签署。船长代理本船船东或船舶经营人或光船租赁人订立救助合同无疑是具有法律效力的,因为各国法律都赋予船长法定代理人的地位。问题是遇难船舶的船长所签署的救助合同是否能够约束货物所有人,《1989 年救助公约》第 6 条第 2 款为此规定:“船长有权代表船舶所有人签订救助合同。船长或船舶所有人有权代表船上财产所有人签订此种合同。”

(三)救助合同的履行

《1995 年劳氏救助格式合同》第 1 条(a)款明确规定,救助人必须“竭尽全力”履行救助合同。《1989 年救助公约》第 8 条第 1 款、第 2 款规定救助双方的义务。

救助方的义务:(1)以应有的谨慎进行救助作业;(2)以应有的谨慎防止或减轻环境损害;(3)在合理需要的情况下,寻求其他救助人的援助;(4)同意被救方要求援助的指示;(5)在安全地点如实移交获救财产。

被救方的义务:(1)与救助方通力合作;(2)以应有的谨慎防止或减少环境污染损害;(3)接受救助方移交被救物品的要求;(4)担保与支付救助款项。

救助双方的上述义务既是合同义务,亦是救助法律制度下的法定义务。救助双方均应严格地依照约定或法律规定履行各自的义务,确保救助的有效性或救助成功。

(四)救助合同的变更与撤销

由于海难救助合同一般在紧急情况下订立,处于危急状态之中的被救方为了取得获救机会,往往会不顾一切地接受对方提出的任何合同条件,可能致使合同内容不平等、不公正,损害被救方的利益。为此各国法律和公约均赋予被救方申请变更甚至撤销合同的权利。如《1989 救助公约》第 7 条(合同的废止和修改)规定:“如有以下情况,可以废止或修改合同或其他任何条款:(a)在胁迫或危险情况影响下签订的合同,且其条款不公平;或(b)合同项下的支付款项同实际提供的服务大不相称,过高或过低。”我国《海商法》第 176 条亦规定:“有下列情形之一,经一方当事人起诉或者双方当事人协议仲裁的,受理争议的法院或者仲裁机构可以判决或者裁决变更救助合同:(一)合同在不正当的或者危险情况的影响下订立,合同条款显失公平的;(二)根据合同支付的救助款项明显过高或者过低于实际提供的救助服务的。”由此可见,我国海商法只规定了合同的变更权,没有规定当事人的合同撤销权,行使相应的合同撤销权只能依据《合同法》和《民法通则》。

根据我国《民法通则》和《合同法》的规定,在欺诈、胁迫、乘人之危或显失公平、重大误解的情形下,合同当事人可以主张变更或撤销合同内容。海商法是民法的特别法,其规定合同变更权应优先适用;海商法没有规定的救助合同撤销权,应该可以适用《民法通则》或《合同法》的规定，但海商法的合同变更的规定，仅限于两种情形：一是"合同条款显失公平的"，这种"显失公平"合同是在不正当的或者危险情况的影响下订立的；二是根据合同支付的救助款项过高或过低于实际提供的救助服务。但款项"过高"或"过低"的认定标准不仅仅与救助活动所支付的成本费用进行比较，还要综合考虑《海商法》第180条规定的确定救助报酬所需要考虑的十项因素，而不是简单地作数字金额的比较。

值得注意的是，法律赋予的救助合同变更与撤销权不是单独赋予被救方的，而是合同双方当事人的，包括救助方。

二、劳合社救助合同

劳合社救助合同(Lloyd's Open Form ,LOF)，是目前国际上海难救助活动中使用最为广泛的"无效果，无报酬"标准合同。实务中，许多救助公司参照该合同的内容制定了自己的标准格式救助合同。劳合社救助合同较为公平合理地规定了双方当事人的权利义务，在业界影响深远，甚至影响了各国的海事立法，有人称它在海难救助领域具有"准公约"或"国际惯例"地位。

劳合社救助合同是英国律师兼仲裁员威廉·瓦尔顿(William Walton)勋爵于1891年首创，1908年正式印刷出版。之后，该合同经过不断地修改和补充，截止到2010年，共计有11个版本，其中较为著名的有LOF1980、LOF1990和LOF2000三个版本。

传统劳合社救助合同不适用于油轮的救助。修订后的LOF1980规定，救助方在救助满载或部分装载油类货物的油轮时，只要救助方没有过失，即使救助不成功，或者只是部分成功，或者救助方因受阻未能完成救助作业，油轮所有人有义务单独向救助方支付为此而发生的合理费用和不超过该项费用15%的附加费。这一条款后被称为LOF1980"安全网条款"，仅适用于装载油类货物的油轮，对其他的遇险货船仍不适用，但它已经突破了海难救助传统的"无效果，无报酬。"原则，为《1989年救助公约》特别补偿制度的建立开了先河。而LOF1990则将适用范围扩展到任何对环境构成污染威胁或损害的船舶或货物，15%的特别补偿数额亦提高到30%甚至100%，将船上任何其他财产纳入到救助标的的范围内，要求救助方除了防止船舶漏油外，还要防止任何其他污染物质所致的环境损害。

三、中国海事仲裁委员会救助合同

中国海事仲裁委员会参考劳合社救助合同制定了自己的标准格式救助合同。这一救助合同是1994年颁布的，主要内容为：(1)由船长代表船舶、货物和运费所有人签订合同，船舶、货物、运费所有人应各负本合同规定的责任；(2)救助方有义务救助船舶、货物和其他财产并将其送至约定的地点；(3)救助方为进行救助工作，可以免费和合理使用被救船舶上的各种机械、链和其他设备；(4)救助方救助成功，获得报酬，部分成功的，救助方也可获得适当报酬，救助双方因救助报酬而发生争议，或因执行合同而发生的一切争议，都应提交中国海事仲裁委员会解决。

根据我国的实践，凡在我国管辖海域内的遇险船舶要求救助，如果救助双方都是中国船舶，则应使用该合同，如果双方或一方是外国船舶，则由当事人自己选择使用合同。

第四节 海难救助款项

海难救助款项是被救助方依照法律规定或合同约定向救助方支付的任何救助报酬、酬金或者补偿金。根据《1989年救助公约》和我国《海商法》的规定，海难救助款项由救助报酬和特别补偿两部分组成，一般表现为货币形式。除非获救财产是无主物，否则救助方不得主张用获救财产冲抵救助款项。

一、海难救助报酬

海难救助报酬是被救方根据救助效果支付给救助方一定数额的酬金。从法律性质上来说，该酬金的请求具有射幸性、法定性和优先受偿性。无论是纯救助还是合同救助，除非有特别约定之外，救助各方一般均不事先约定具体数额的救助报酬，而是等救助结束后，再行协商救助报酬。协商不成的，由仲裁机构或法院裁决解决。

(一)救助报酬的确定

1. 确定救助报酬的原则

(1)鼓励海难救助原则。英美法著作中将这一原则作为厘定救助报酬数额的"首要原则"(Overriding Criterion)。《1989年救助公约》强调"有必要确保对处于危险中的船舶和其他财产进行救助作业的人员能够得到足够的鼓励"、"确定报酬应从鼓励救助作业出发"。我国《海商法》第180条亦明确规定"确定救助报酬，应当体现对救助作业的鼓励"。在确定救助报酬时，考虑救助方的利益和积极性，鼓励海难救助，是海难救助制度创设的初衷，有利于维护社会公共利益和公共道德。

(2)鼓励海洋环境保护原则。这是现代海难救助的理念。保护海洋环境，保护人类社会的海洋家园，是现代环境保护不可忽视的内容。传统"无效果，无报酬"的海难救助，不能起到激励救助者保护环境的作用。为此，修订后的《1989年救助公约》在序言中就强调："本公约缔约国，认识到有必要通过协议制订关于救助作业的统一的国际规则，注意到一些重大发展，尤其是人们对保护环境的日益关心，证明有必要审查1910年9月23日在布鲁塞尔制订的《关于统一海上救助某些法律规定的公约》所确定的国际规则，认识到及时有效的救助作业，对处于危险中的船舶和其他财产的安全以及对环境保护能起重大的作用，相信有必要确保对处于危险中的船舶和其他财产进行救助作业的人员能得到足够的鼓励"，并为之设立了特别补偿制度，以求鼓励救助者在海难救助中保护海洋环境。

(3)利益平衡原则。海难救助都是在紧急情形下进行的，在确定救助报酬时既要考虑救助方的救助成效，又要顾及被救方的权益。故"无效果，无报酬"原则的约定就是最好的说明。在考虑救助成效时，1989年救助公约规定了确立救助报酬的10大因素，还为救助方设立了特别补偿制度，以便维护救助方的权益；与此同时，为保障被救方的权益，该公约又规定"报酬金额不包括应付的利息及可追偿的法律费用，不得超过获救船舶和其他财产的价值"，还赋予被救方"废止和修改"救助合同的权利。由此可见，《1989年救助公约》将救助报酬的确定建立在平衡救助双方利益的基础之上。

2. 确定救助报酬的具体因素

对于如何确定救助报酬，公约第 13 条第 1 款规定：

确定报酬应从鼓励救助作业出发，并考虑下列因素，但与其排列顺序无关：(a)获救的船舶和其他财产的价值；(b)救助人在防止或减轻对环境损害方面的技能和努力；(c)救助人获得成功的程度；(d)危险的性质和程度；(e)救助人在救助船舶、其他财产及人命方面的技能和努力；(f)救助人所花的时间、费用及遭受的损失；(g)救助人或其设备的责任风险及其他风险；(h)提供服务的及时性；(i)用于救助作业的船舶及其他设备的可用性及使用情况；(j)救助设备的备用状况、效能和设备的价值。

然而，公约对上述 10 个因素并没有进一步的解释，法官和仲裁员在适用公约该条款时只能结合国内法规定和救助时的具体境况等，运用自由裁量权去确定。我国《海商法》第 180 条规定同样的 10 项考虑因素，但没有规定“与其排列顺序无关”。我们在理解时，应认为两者并无差异。综合起来，可归纳为四个方面因素：(1)救助作业的难度和风险；(2)救助作业的实际成效；(3)救助作业投入成本和努力；(4)拯救环境和人命的技能和努力。

值得注意的是，《海商法》第 180 条的规定尚有其他的相关规定支撑。运用这一规定时应结合其他规定来共同确定最终的救助报酬。如关于“获救的船舶和其他财产的价值”，我国《海商法》第 181 条规定“是指船舶和其他财产获救后的估计价值或者实际出卖的收入，扣除有关关税和海关、检疫、检验费用以及进行卸载、保管、估价、出卖而产生的费用后的价值。前款规定的价值不包括船员的获救的私人物品和旅客获救的自带行李的价值”。

3. 救助方过失对救助报酬确定的影响

救助作业中，救助方(包括船舶所有人和船长)承担“以应有的谨慎进行救助作业”的法定义务，一旦存在救助过失，势必影响到救助报酬的确定，甚至承担相应的损害赔偿责任。

根据我国《海商法》第 187 条的规定，由于救助方的过失致使救助作业成为必需或者更加困难的，或者救助方有欺诈或者其他不诚实行为的，应当取消或者减少向救助方支付的救助款项。故导致救助款项被“取消或者减少”的仅限于两种情形：(1)救助方的过失且产生了“致使救助作业成为必需或者更加困难”的后果，它是与救助作业本身直接相关的过错；(2)救助方的品质不良，有“欺诈或者其他不诚实行为的”。而救助方对这两种情形一般都是以雇员个人的行为或第三人的行为来抗辩免责。特别是雇员个人的行为，如有船员品质不良，偷盗被救财物等。是否让雇主为此承担责任，应区分该雇员的行为系职务行为还是非职务行为。如该雇员的行为系非职务行为，则后果不应由雇主承担。

(二)救助报酬的分配与承担

1. 救助报酬的分配

救助报酬的分配，是指在存在着多个救助方的情形下，被救方应支付的救助报酬总额在各施救方之间的分配。

《1989 年救助公约》第 15 条规定：“(1)救助人之间的报酬分配应以第 13 条中的标准为基础。(2)每一救助船的所有人、船长及船上其他工作人员之间的报酬分配应根据该船旗国的法律确定。如救助作业不是在救助船上进行的，其报酬分配应根据制约救助人与其受雇人所订合同的法律确定。”依照公约该规定，救助报酬的分配分为两种：(1)共同救助人之间的分配。这种分配以公约上述规定为基础。(2)同一救助人内部的分配。它是指船舶所有人、船长、船员和参与救助的旅客或其他人员等之间进行的分配，分配标准根据船旗国法律确定。

我国《海商法》第 184 条规定:"参加同一救助作业的各救助方的救助报酬,应当根据本法第一百八十条规定的标准,由各方协商确定;协商不成的,可以提请受理争议的法院判决或者经各方协议提请仲裁机构裁决。"此规定比较笼统,特别是缺乏同一救助人内部的分配标准,需要法律进一步的厘定。

2. 救助报酬的承担

救助报酬的承担,是指在存在着多个获救方的情形下,待成功救助后,救助方应得到的救助报酬总额在各获救方之间按照获救财产价值的比例进行承担。

《1989 年救助公约》第 13 条第 2 款规定:"按照第 1 款确定的报酬应由所有的船舶和其他财产利益方按其获救船舶和其他财产的价值比例进行支付,但是缔约国可在其国内法中作出规定,报酬须由这些利益方中的一方先行支付,该利益方有权向其他利益方按其分摊比例进行追偿。本条中的任何规定均不影响抗辩权。"公约的这一规定有三层含义:(1)救助报酬由各获救方按照获救财产的价值比例进行承担;(2)国内法有权规定,一方独自承担后,有权向其他责任方按照分摊比例进行追偿。这意味着全体获救方对救助报酬承担连带责任;(3)上述规定获救方的抗辩权,包括承运托运双方关于运输关系的抗辩。例如,救助危险系承运人不可免责的原因造成的,货方在向救助方支付了救助报酬后,可以将救助报酬作为损失的一部分,向承运人追偿。

我国《海商法》第 183 条规定:"救助报酬的金额,应当由获救的船舶和其他财产的各所有人,按照船舶和其他各项财产各自的获救价值占全部获救价值的比例承担。"此规定只与公约规定的第一层含义相同,缺乏第二、三层含义的规定。

(三)救助款项的担保与先行支付

被救方在没有支付救助款项之前接管获救财物,如救助方要求,一定要向救助方提供担保,以保证救助方的救助报酬在数额确定后得以顺利支付。如《1989 年救助公约》第 21 条规定:"1. 应救助人要求,根据本公约规定应支付款项的人,应对救助人的索赔,包括救助人的利息和诉讼费用,提供满意的担保。2. 在不影响第 1 款的情况下,获得船舶的所有人,应尽力以保证在货物释放前,货物所有人对向其提出的索赔,包括利息和诉讼费用,提供满意的担保。3. 在对救助人的有关船舶和财产的索赔提供满意的担保前,未经救助人同意,获救的船舶或其他财产不得从完成救助作业后最初抵达的港口或地点移走。"我国《海商法》第 188 条作相同规定。可见,向救助方提供担保的获救财产方,既包括获救的船舶所有人、经营人或光船租赁人,亦包括获救货物所有人、运费所得人;担保方提供担保的时间是获救财产移交之前。否则,未经救助方的同意,被救方是不能强行移走财产的;获救方提供的担保应该是救助方满意的担保。但是"满意担保"的量度不能损害被救方的利益,应和救助报酬、利息和诉讼费用等费用总和相当。

救助方除了要求被救方提供担保的权利之外,法律还赋予救助方所得救助报酬的先行支付权利。如《1989 年救助公约》第 22 条规定:"1. 对救助人的索赔,有管辖权的法院或仲裁庭可根据案情,以公正合理的条件,通过临时裁定或裁决,责令向救助人先付公正合理的金额,包括适当的担保。2. 根据本条规定,如已先行支付款项,根据第 21 条所提供的担保则应作相应的扣减。"我国《海商法》第 189 条亦有此规定。

二、特别补偿

（一）特别补偿制度的产生

《1910年海难救助公约》确立“无效果，无报酬”海难救助原则，无疑会挫伤救助方保护海洋环境利益的积极性。而现代石油和化学品等危险货物运输，不但加大了救助的难度，而且对海洋环境造成了极大的威胁。如不对传统的海难救助报酬制度进行改革，国际社会将难以促进救助方在救助时同时保护和保全海洋环境。为此，1979年9月，国际海事委员会起草新的救助公约，在LOF1980“安全网条款”的基础上，对1910年公约进行了改革，创立了特别补偿制度。该制度随着《1989年救助公约》的生效得以正式确立。

特别补偿是指在“无效果，无报酬”原则之外，获救船舶所有人给予救助方相当于救助成本的特别补偿。它是随着现代海难救助作业的发展，为鼓励救助人从事防止和减少海上环境污染损害的救助而产生的一项新型法律制度。特别补偿制度的产生，是对传统“无效果，无报酬”原则的突破，标志着海难救助进入现代化时代，意义特别重大。

（二）《1989年救助公约》关于特别补偿制度的规定

《1989年救助公约》第14条规定：“1.如一船或其船上货物对环境构成了损害威胁，救助人对其进行了救助作业，但根据第13条所获得的报酬少于按本条可得的特别补偿，他有权按本条规定从该船的船舶所有人处获得相当于其所花费用的特别补偿。2.在第1款所述情况下，如果救助人因其救助作业防止或减轻了环境损害，船舶所有人根据第1款应向救助人支付的特别补偿可另行增加，其最大增加额可达救助人所发生费用的30%，然而，如果法院或仲裁法庭认为公平、合理，并且考虑到第13条第1款中所列的有关因素，可将此项特别补偿进一步增加，但是，在任何情况下，其增加总额不得超过救助人所发生费用的百分之百。3.救助人所花费用，就第1款和第2款而言，系指救助人在救助作业中合理支出的现付费用和在救助作业中实际并合理使用设备和人员的公平费率。同时应考虑第13条第1款(h)(i)(j)项规定的标准。4.在任何情况下，本规定的全部特别补偿，只有在其高于救助人根据第13条获得的报酬时方予支付。5.如果由于救助人疏忽而未能防止或减轻环境损害，可全部或部分地剥夺其根据本条规定应得的特别补偿。6.本条的任何规定不影响船舶所有人的任何追偿权”。

（三）特别补偿的构成要件及例外

1. 特别补偿的构成要件

根据公约的上述规定，救助人要取得救助报酬之外的特别补偿，其从事的海难救助必须符合下列条件：

(1)遇难船舶和船上货物对环境构成了损害威胁。关于环境损害，《1989年救助公约》第1条(d)款解释为“由污染、毒化、火灾、爆炸或类似事故，对沿海、内陆水域及其他相连水域的人类健康以及海洋生物、资源造成重大实质性破坏”。但我国《海商法》第九章对此没有解释，容易产生争议。

(2)救助人必须实施了针对船舶或船上货物的救助作业。如果未真正涉及船货救助，是不能从船舶所有人处取得特别补偿的；并且救助人的救助仅限于船舶或船上财物，不包括其他的海上财产。与救助报酬相比，特别补偿无须救助效果。即使救助对船货没有效果，也没能够防止或减轻环境污染，依照公约的规定，船舶所有人同样可要求救助人支付特别补偿。

(3)救助方花费的救助费用超过了其有获得的救助报酬。这主要是考虑了救助方的救助成本(救助费用),如果没有特别补偿制度,在救助没有效果的情况下,救助方的救助成本就成了沉没成本,无法得到补偿。

2. 特别补偿的取消或减少

特别补偿虽然可使得救助方获得更充分的保障,但如果由于救助人疏忽而未能防止或减轻环境损害,可全部或部分地剥夺其根据公约规定应得的特别补偿;另,由于救助方的过失致使救助作业成为必需或者更加困难的,或者救助方有欺诈或者其他不诚实行为的,也应当取消或减少特别补偿。

(四)特别补偿与救助报酬之间的关系

救助方在对环境构成了损害威胁的船舶或其船上货物进行了施救后,其所获得的救助报酬和特别补偿分别按照下列情况处理。

(1)救助方对船货救助无效果,亦未能保护环境。按照"无效果,无报酬"原则,救助方无权获得救助报酬,但可以从船舶所有人处获得相当于救助费用的特别补偿。

(2)救助方对船货救助无效果,但救助保护了环境。按照"无效果,无报酬"原则,救助方无权取得救助报酬,但可以从船舶所有人处获得相当于100%~200%的救助费用的特别补偿。

(3)救助方对船货救助有效果,但其救助未能保护环境。按照"无效果,无报酬"原则,救助方有权取得救助报酬,亦可获得特别补偿。如果救助报酬大于或者相当于救助费用,救助方则获得相当于救助报酬的特别补偿;如果救助报酬小于救助费用,救助方则获得相当于救助费用的特别补偿。值得注意的是,如果救助报酬大于或者相当于救助费用,救助方获得的"特别补偿"是"名义特别补偿",救助方只能取得救助报酬,船舶所有人无须另行支付特别补偿金额。如果救助报酬小于救助费用,救助方获得的"特别补偿"是"实际特别补偿",救助方除了取得救助报酬之外,还可以取得特别补偿的支付金额。特别补偿的金额是救助费用和救助报酬的差额。

(4)救助方对船货救助有效果,亦保护了环境。按照"无效果,无报酬"原则,救助方可以取得救助报酬,亦可获得相当于救助费用的100%~200%特别补偿。如果救助报酬大于或相当于特别补偿,救助方最终实际只能获得救助报酬的金额,不应再取得特别补偿金额的支付。如果救助报酬小于特别补偿,救助方除了实际取得救助报酬金额之外,还可以从船舶所有人处得到100%~200%救助费用和救助报酬之间的差额的特别补偿金额。

思考题

1. 试析海难救助及其成立的条件。
2. 简述《1989年救助公约》的内容及其影响。
3. 如何理解海难救助合同的变更和撤销?
4. 如何确定海难救助报酬及特别补偿?阐述二者之间的关系。
5. 案例讨论:

被告银河公司所属"织女星(VEGASS)"轮在蛇口港装货过程中突然起火。港口调度室通知原告某联达公司救火。原告派出“沪救16”、“青港拖5”和“青港拖10”三艘拖消两用船抵达失火现场将火扑灭，“织女星(VEGASS)”轮船货获救。事后，原告因向被告请求救助报酬未果，向海事法院提起诉讼。原告认为，其救助成功，被告获救财产价值为7 456万元人民币，其中包括船舶价值3 000万元、货物价值4 250万元和运费206万元。请求法院判令被告支付救助报酬450万元。海事法院经审理后认为：原告是经营拖带等港口业务的企业法人，其所属的拖消两用船是从事经营业务的生产工具。蛇口港公安局和港务监督编制的火灾应急指南是从行政管理的角度对港口消防安全作出的火灾应急工作计划，尽管该指南将原告所有的拖消两用船列为扑救力量，但这并不影响其作为企业法人的性质和其灭火行为的性质。原告接到通知后即派出船舶将火扑灭，避免了船、货的更大损失，构成了海难救助，有权获得救助报酬。但因救助中危险程度较小，所付出的费用和时间也较少，联达公司只可获得适当的救助报酬。据此海事法院判决：被告向原告支付救助报酬90 000美元及相应利息。

结合我国《海商法》对海难救助的规定，谈谈你对本案的看法。

司法考试真题链接

1. 一艘油轮在进入我国某海港时因受海浪影响而触礁，部分原油泄漏，我国某救助公司立即对其进行了救助，将其安全拖带到港口并防止了原油的进一步泄漏。关于此次海难救助，下列说法哪些是正确的？(2003年)

A. 救助报酬不得超过船舶和其他财产的获救价值

B. 获救船舶的船舶所有人和船上所载原油的所有人应就救助报酬承担连带责任

C. 救助费用可作为共同海损费用由利益各方分担

D. 有关救助报酬的请求权时效期间是2年，自救助作业终止之日起计算

2. 平安险是中国人民保险公司海洋货物运输保障的主要险别之一。下列哪一损失不能包括在平安险的责任范围之内？(2004年)

A. 被保险货物在运输途中由于自然灾害造成的全部损失

B. 被保险货物在运输途中由于自然灾害造成的部分损失

C. 共同海损的牺牲、分摊

D. 共同海损的救助费用

第十一章 共同海损法律制度

【引例】原告所属巴拿马籍船舶J轮,向被告ZGRM保险公司大连分公司投保了船舶一切险,保险期限自1999年2月25日至12月31日。保险期限内,该轮从仁川空载起航去青岛受载货物,途中发生主机停车事故,失去了航行能力。遂请YJ8号轮拖至大连港锚地,并守护、拖带J轮至被告指定的修船厂维修。维修即将结束时,原告与货主联系去青岛受载货物履行原航次被拒。其后原告与其他人签订新的运输合同。该轮维修后还进行了3次试航,其后驶往装货港履行新的运输合同。因本次事故发生的救助费、修理费、备件款,已由被告垫付。原告则垫付了拖航费、赶修费、疏通费,修船工人伙食费,船用柴油及润滑油款、淡水费、船员及监修人员工资与奖金、差旅费、港口费。原告向被告请求支付共同海损费用和润滑油损失,遭拒付,遂向法院起诉,请求判令被告:(1)按保险合同约定承担相应的共同海损和救助费用;(2)支付润滑油损失。

请问:该航次中,共同海损是否成立?保险条款是否改变了共同海损的认定?对于航程终止后的支出应否认定为共同海损?哪些损失和费用可以认定为共同海损?1974年《约克·安特卫普规则》与《北京理算规则》效力如何认定?

附:ZGRM保险公司1986年船舶保险一切险条款第2条第3款规定:"当所有分摊方均为保险人或者当被保险船舶空载航行并无其他分摊利益方时,共同海损应按《北京理算规则》或明文统一的类似规则办理,如同各分摊方不属于同一人一样。"

第一节 共同海损概述

一、共同海损的概念

共同海损(General Average)是指在同一海上航程中,当船舶、货物和其他财产面临共同危险时,为了共同的安全,有意并且合理地采取措施所直接造成的特殊牺牲、支付的特殊费用,由各个受益方按比例分摊的法律制度。在海上航行过程中,船舶和货物总是面临诸多的自然灾害、意外事故或者不可抗力等风险。两害相较取其轻,为了拯救更大利益,船长可以在船货面临共同风险时有意地决定以牺牲较小利益以拯救更大利益,为此作出的特殊牺牲或者支出的特殊费用即属于共同海损。譬如:船舶遭遇风浪有沉没危险时,船长决定将某些货物抛弃入海以减轻载重,或者将船舶搁浅;船舶起火时,为了灭火而向失火船舱喷淋注水;船舶在航行途中失去动力而雇佣拖轮救助而支付救助费用等,这些都是为了共同的安全而有意地作出的牺牲或者发生的特殊费用，也是受益各方为获得利益而应承担的成本，各受益人自然应分摊此牺牲和费用。

与共同海损相对的是单独海损(Particular Average)，是指由于自然灾害、意外事故或不可抗力直接造成的船舶或者货物的损害。单独海损是某特定方的损失，应由受害方自己承担损害后果或者转移至保险人，或者按照商业惯例、约定或者法律规定处理。

二、构成共同海损的要件

从上述概念中，我们可以看出共同海损必须具备以下要件：

(1)船货面临的危险必须是共同的，即危险对船舶和货物都会造成损害。船舶和货物在面临风险时，还必须是在同一个海上航程中，一起面对着风险。如果风险仅对某项财产造成威胁，如风浪过大，海水通过舱口进入船舱导致部分货物被浸湿损坏，或者船舶碰撞造成的船舶损坏或者货物被水浸，这些都不能被认定为共同海损。

(2)采取措施是有意的，并且是为了共同的安全。这包含两层涵义：①采取的措施必须是经审慎考虑后决定采取的，而非无意或者碰巧的措施，如船舶航行中出现漏洞进水，有沉没的危险，船舶自救过程中因海图陈旧碰巧搁浅在暗礁上而避免了沉没，此非有意采取的搁浅措施，就不能认定为共同海损；②采取措施是为了共同的安全，即为了船舶和所有载运货物的安全，而不是部分财产的安全。

(3)采取的措施必须是合理的。所谓合理，是一个模糊的词，应当根据个案的情况和环境作出判断，以判定此类措施是否合理。原则上，这些措施所导致的牺牲或者支出应当不大于获救的船舶和货物等的价值，否则就没有必要采取所谓的施救措施了。

(4)采取的措施必须是成功的。获救的船舶和货物是分摊共同海损的价值基础。如果采取的措施最终失败，船舶和货物灭失，没有获救的价值，分摊也就失去了基础。

三、共同海损制度的演变

共同海损的历史相当悠久，其产生具有深刻的历史背景和环境因素。它是商人在海上贸易中逐渐形成的一种商业习惯。至于共同海损究竟起源于何时，因囿于资料的缺失而无法考察。但学者们都一直肯定在两千多年前就存在这种习惯了。由于当时的航海技术很不发达，船舶吨位小，依靠风帆做动力，航海信息全凭经验，在海上自然灾害面前，船舶几乎没有多少抵御能力，自然灾害导致的海难和意外事故发生频率远远高于现在。当船舶遭遇大风浪时，为了防止船舶和货物一起沉没，只能采取抛弃部分货物入海，以这种“断臂自救”般的特殊牺牲来获得船舶和其他货物的安全。在当时，随船护货的货主自然不愿意自己的货物被抛到海里而救其他货物和船舶。当然，急迫的现实要求必须作出选择：是全体坐以待毙，还是以较小的代价换取大家的安全。理性的商人自然会寻找以最小代价换取最大利益的办法，约定在船货遇到共同的危险时由第三方船长来决定抛弃哪些或多少货物，俟危险消除后，再由获救方按获救价值比例分摊损失。商人这种习惯法后被广泛接受，并得到立法者认可，进而成为法律制度。

共同海损法律制度最早出现在古希腊法律当中，但没有准确记载。大约在公元前 3 或 4 世纪(也有人认为是在公元前 9 世纪)，《罗德海法》(*Rhodian Law*)载有“为减轻货载而抛货，应由全体分摊”。到了公元 6 世纪，罗马皇帝查士丁尼编纂的《法学汇编》亦专门规定：

"据《罗德海法》的规定，为了减轻船载而将货物抛弃，为了大家的利益而引起的损失应由大家分摊并给予补偿。"①到了公元12世纪，《奥列隆惯例集》(*Rules of Oleron*)记载了共同海损制度的新发展和变化。如其第8条规定，如果船舶载货航行碰到风暴，船长有权决定抛弃他认为合适的货物，货主沉默视为同意，即使货主不同意抛货，船长不能听从货主。由此而抛弃的货物应在获救货物与船舶之间按比例分摊。第9条规定，如果船长认为砍掉桅杆以保全货物和船舶，由此导致的损失应由获救船舶和货物按比例分摊。后来欧洲许多国家移植了这些内容，但那时的共同海损仅仅是比较感性化的描述，或列举出几种情况。根据《奥列隆惯例集》的规定，船长在作决定时，甚至需要宣誓。直到1684年，法国《路易十四法典》才提出了比较接近今天的共同海损定义，但其使用的是"common average"。1721年，鹿特丹法典才第一次采用了"General Average"这个概念，并被沿用至今。该法将共同海损定义为：为了保护船舶和货物，或为了防止更大的损害而主动采取措施造成的损害，应作为共同海损，由船货各方分摊。

虽然各国海商法或者商法典都接受了共同海损这一制度，但从根本上，共同海损制度仍然是民间性的，国家立法只不过是承认了这一制度，并没有具体详细的操作性规则，正如有学者所言，这种权利并不是法定的，而是一般海事法的产物。② 不过，在大陆法系国家，共同海损制度被立法纳入，登上了法定权利层面。

四、共同海损的国际规则

到目前为止，国际社会尚无统一的共同海损多边条约。为统一各国共同海损的法律与惯例，防止一宗共同海损事故依不同国家的法律而产生异常悬殊的法律结果，国际航运界、保险界、共同海损理算界等经过长期努力，制定了一套共同海损理算规则即《约克·安特卫普规则》。虽然它只是一个民间规则，属于一种海事惯例，主要供海运从业者、各国立法机关和理算机构参考使用。但它实际上已成为国际海事领域的一个重要规则，它的作用可能超出任何一部国内法。

《约克·安特卫普规则》的制定始于1860年英国格拉斯哥共同海损会议，与会代表根据各国共同海损的立法与习惯制订了关于共同海损理算规则的格拉斯哥决议。此后，又于1864年和1877年分别在英国的约克城和比利时的安特卫普城开会，修改并增订格拉斯哥决议，将其正式命名为《约克·安特卫普规则》。其后随着航运事业和保险业的迅速发展，科学技术的进步，该规则又历经过数次修订，相应地出台了1890年规则、1924年规则、1950年规则、1974年规则、1994年规则、2004年规则。这些规则同时并存，供各方自由选用。目前普遍使用的是1974年规则、1994年规则和2004年规则。

比较重要的修改，主要是上一世纪以来的五次修改。其中1950年规则对1924年规则的修改，主要是增加解释规则，明确了数字规则与字母规则之间的关系，其主要内容包括：(1)共同海损的理算适用字母规则和数字规则，凡与这些规则相抵触的法律和惯例都不适

① [美]G.吉尔摩，C.L布莱克：《海商法》，杨召南等译，中国大百科全书出版社2000年版，第329页。

② [美]G.吉尔摩，C.L布莱克：《海商法》，杨召南等译，中国大百科全书出版社2000年版，第330页。

用;(2)除数字规则已有规定外,共同海损应按字母规则理算。1974 年规则对 1950 年规则的修改,主要是简化了两项确定共同海损损失的认定方法:(1)火烤和烟熏造成的损失不得列入共同海损;(2)不论船舶是否势将搁浅,只要是为了共同安全有意搁浅,其损失可以作为共同海损得到补偿。

1994 年规则对 1974 年规则的修改,主要是为了与《1989 年国际救助公约》有关防止或减轻环境污染损害的要求相适应。国际海事委员会在 1989 年 10 月第 34 届大会上讨论了对 1974 年规则第 6 条的修改问题,建议将为防止或减轻环境污染损害所发挥的技能和努力所确立的救助报酬列入共同海损,将《1989 年救助公约》第 14 条第 4 款项下的"特别补偿"从共同海损中删除,由船舶所有人单独承担。1994 年 10 月国际海事委员会悉尼第 35 届大会一致通过了 1994 年《约克·安特卫普规则》。该规则从 1994 年 12 月 31 日生效。该规则对 1974 年规则的修改较多,其中最主要的包括:(1)进一步明确了解释规则,明确共同海损理算应适用其字母规则和数字规则,凡与这些规则相抵触的法律和惯例都不适用。除首要规则和数字规则已有的规定外,共同海损应按字母规则理算。关于字母规则和数字规则之间的关系,应以数字规则为准,若字母规则与首要规则和数字规则有矛盾时,字母规则和首要规则应服从数字规则;只有当首要规则和数字规则没有约定时,才适用字母规则。(2)增加了首要规则"损失或费用,除合理作出或支付者外,不得受到补偿"。(3)明确了环境损害和清除污染的费用处理问题,一方面规则 C 规定:"环境损害或因同一航程中的财产漏出或排放污染物所引起的损失或费用不得列入共同海损。"另一方面,规则十一(4)又规定了若干例外。(4)规则 G 中增加"船、货不分离协议",即"船舶在任何港口或地点停留,而根据规则十和十一的规定,将发生共同海损补偿时,如果全部货物或其中的一部分用其他运输方式运往目的港并已尽可能通知了货方,则共同海损的权利和义务,将尽可能地如同没有此转运而是在运输合同和所适用的法律所许可的时间内可以由原船舶继续原航程一样"。

1994 年规则通过后不久,国际海上保险联盟(IUMI)建议对规则进行彻底修改。其理由主要是,共同海损理算时间很长,费用很昂贵。而且 1994 年规则项下的共同海损范围太广,导致货物保险人承担了大部分损失,船舶保险人仅分摊小部分。1999 年国际海上保险联盟致函国际海事委员会,正式要求修改 1994 年规则。国际海事委员会为此成立一个专门工作组,对此问题进一步研究和考虑。工作组于 2003 年 6 月向国际海事委员会第三十八届大会提交修改报告,2004 年《约克·安特卫普规则》后获通过。该规则于 2005 年 1 月 1 日生效。该规则对 1994 年规则的修改不多,主要包括:(1)为简化理算程序,将救助报酬排除在共同海损理算之外;(2)船舶在避难港额外停留期间消耗的燃料和物料可作为共同海损受偿,但将船舶在避难港额外停留期间的船员工资、给养排除在共同海损之外;(3)临时修理费用应先减除船方所节省的永久修理费用后,有余额的才列入共同海损;(4)增加了共同海损分摊请求权的时效;(5)明确共同海损费用不给予手续费。

经过上述修改,2004 年版《约克·安特卫普规则》由解释规则、首要规则、字母规则和数字规则四部分内容组成。字母规则规定基本原则,数字规则规定具体办法。字母规则共 7 条,按英文字母 A～G 的顺序排列。数字规则共 23 条,按罗马数字 I—XXⅢ(1～23)顺序排列,罗列了可纳入共同海损的有关项目。

第二节 共同海损的认定

共同海损包括共同海损牺牲和共同海损费用。共同海损牺牲包括抛弃的货物、灭火直接导致的损失、割弃残损船舶设备的损失、故意搁浅造成的损失、机器和锅炉的损失、减载搁浅船舶引起的损失、作为船舶燃料而耗费的船用材料和物料以及货物等。共同海损费用包括救助报酬、搁浅后船舶减载费用、驶向避难港和在避难港发生的雇员工资、修理费用、代替费用、垫款手续费和保险费、共同海损导致的利息损失等。

一、共同海损牺牲

共同海损牺牲是因采取共同海损措施而导致的船舶或者货物物质上的损坏或灭失。这些物质损坏或灭失主要包括:

(一)抛弃货物

共同海损制度最早是从抛弃货物发展而来的。在现代海运中,抛弃货物现象几乎已经绝迹,但在法律上却无法假设这种现象不会再现,因此这一形式仍不能就此取消。

抛弃货物作为共同海损牺牲,首先是被抛货物本身的损失。其次,因采取共同海损措施所造成的进一步牺牲和损失也应作为共同海损来分摊。例如在紧急情况下,为了抛货方便和快速抛货而割除船舶上的栏杆,或者因为抛货而导致其他货物附带的损失,比如打开舱口抛货而导致雨水或者海水进入从而损害其他原本处于安全状态的货物。

(二)扑灭船舶上的火灾所造成的直接损失

船舶发生火灾后,往往导致船舶、货物以及其他财产面临全部损失的危险。为了扑灭火灾采取的措施是为了共同的安全,自然应认定为共同海损,而且在灭火过程中,由于采取注水、喷淋、喷射泡沫灭火剂或者注入二氧化碳并封堵舱门等措施,会导致财产的进一步损失,但这些都是为了共同安全,由此导致的损失也属于共同海损。但在实务中,扑灭火灾后,要分清哪些是火灾直接造成的烟熏火烤的货物,哪些是因灭火而造成的烟熏或者火烤几乎是不可能的。1994年《约克·安特卫普规则》为此规定,不论何种原因造成的烟熏和火烤,均不得作为共同海损。共同海损理算本来就是耗费时日和精力的浩繁工作,该修改简化了理算程序和繁杂的甄别工作,提高了效率。

(三)割弃残损船舶设备的损失

在海上航运中,船舶遭遇自然灾害或意外事故,往往会导致某些设备损坏,如遭遇海难已损坏的舷樯、桅杆等残损物或其他部位的破损物。它们若不处理,有可能威胁航行安全,故切除残损物是为了航行的安全。被切除的残损物本身不作为共同海损处理,即使残损物还有一定的使用价值。但是,因切除残损物所造成货物的损失或船舶的进一步破损,以及切除残损物引起的费用是共同海损。

(四)故意搁浅造成的损失

当船舶处于危险中时,有意搁浅也是一种脱险方式,因此,在面临船舶可能因漂泊而触礁或者沉没,或者船舶底部着火而无法从上面扑救,或者船舶因失去动力而可能在风浪中翻沉等危险时,船长有意将船舶搁浅或者凿洞搁浅灭火等措施,即为故意搁浅。故意搁浅造成船舶或者船载财产的损害或灭失，只要符合共同海损的条件就可认定为共同海损。另外，在搁浅期间，由于货物和船舶需要照看和保护，因此船员在此期间的工资伙食费也属于共同海损。同时，为船舶脱浅和到修理港口而雇佣拖船或其他船舶的费用也得列入共同海损。2004 年《约克·安特卫普规则》规则五还明确，不论船舶是否势将搁浅，如果为了共同安全有意搁浅，因此造成的同一航程中财产的损失应作为共同海损。

（五）机器和锅炉的损失

当船舶搁浅并处于危险中时，为了是船舶起浮或脱浅而使用倒车或者使锅炉及机器处于超负荷运转状态而导致机器锅炉设备损害，只要是为了共同安全，得认定为共同海损。但船舶在漂浮状态下，因使用机器或锅炉导致的损害或灭失则不得列入共同海损。

（六）减载搁浅船舶引起的损失

当船舶搁浅时，为了起浮和脱浅往往需要将货物从船舶上卸下装于驳船或其他救助船舶上，在此过程中可能会导致一些货物受损或灭失。只要这是为了共同安全就应认定为共同海损。

（七）作为船舶燃料而耗费的船用材料和物料以及货物

当船舶遭遇危险时，为了共同安全的需要，当作燃料烧掉的船用材料、物料和货物应认作共同海损，但只限于船上原本备足燃料的情况；其本应消耗的燃料的估计数量，应按该船舶驶离上一港口当日在该港口的价格计价，从共同海损中扣除。因为不论是否发生危险，本应消耗的燃料是船舶营运的费用，而不单纯是为了共同安全，除非是船舶倒航回较近的港口。这里需要注意的一点是，船舶必须备足正常情况下所需燃料，否则就构成不适航责任，由此导致的消耗应由船方自己承担。

二、共同海损费用

所谓共同海损费用，是指为了共同安全采取共同海损措施而支出的额外或特殊费用。共同海损费用主要可以分为：

（一）救助报酬

当船舶在海上遇到危险无法独立消除或脱离危险时，需要外来力量进行救助，因此而发生的费用只要是为了共同的安全，就应认定为共同海损而分摊，而不论救助是自愿救助还是合同救助。

但在现代社会，航海不再是单纯的海上冒险，其还是伴随着高技术和现代工业的高危产业。这些因素导致现代救助的费用急剧增加，对传统的共同海损理算提出了新的挑战。《1989 年救助公约》特别规定了救助报酬与环境污染的关系，即救助报酬要考虑救助方对环境保护的努力，救助虽未成功，但如因此减轻了环境污染或者污染威胁的，救助方仍可获得特别补偿。此规定是为了鼓励保护人类共同的海洋环境，避免因救助难度大而效果小但环境危害大的海难得不到救助。救助公约这样的规定不可避免地影响到理算规则。1994 年和 2004 年规则因此明确下列为防止污染或者减轻污染所做努力的救助支出应列入共同海损：(1)作为为了共同安全而采取的措施的一部分，而这种措施假如由同一航程以外的第三方所采取，该方本可获得救助报酬的。(2)作为规则十(1)所述的情况下船舶进入或离开任何港口或地点的条件的。(3)作为规则十一(2)所述情况下船舶在任何港口或地点停留的条件的。但假如实际已有污染物漏出或排放，则为了防止或减轻污染或环境损害而采取任何额外措施的费用，不得作为共同海损受偿。(4)为了货物卸载、储存和重装的需要，如果这些措施的费用可以计入共同海损。

(二)搁浅船舶减载费用

如果船舶搁浅，为了减轻船舶载重和便于脱浅而卸下搁浅船舶的货物、船用燃料和物料时，其减载、租用驳船和重装(如果发生)的额外费用应列入共同海损。

(三)避难港费用

船舶因遭遇意外事故、牺牲或其他特殊情况，为了共同安全必须驶入避难港、避难地或驶回装货港、装货地时，其驶入、驶出这种港口或地点的费用，应认作共同海损。如果船舶在某一避难港或避难地不能进行修理而需转移到另一港口或地点时，则此第二港口或地点应视作避难港或避难地，由此发生的额外支出，包括燃油或者拖航费、港口费、临时修理费、拖带费、引水费、船坞费等亦列入共同海损。如果在避难港或避难地发生货物转移费用、临时修理和拖带费用，应作为共同海损。在装货、停靠或避难港口或地点自船上搬移或卸下货物、燃料或物料的费用，如果此类搬移或卸载是共同安全所必需，或者是为了使船舶因牺牲或意外事故所造成的损坏得以修理，而且此项修理是安全地完成航程所必需的，应认作共同海损。但是如果只是为了重新积载在航程中移动的货物而产生的在船上搬移或卸下货物、燃料或物料的费用，则不能认定为共同海损，除非该项重新积载是共同安全所必需的。另外，当货物、燃料或物料的搬移或卸载费用可认作共同海损时，该货物、燃料或物料的存储费，包括合理支付的保险费、重装费和积载费也应认作共同海损。

(四)驶向避难港和在避难港发生的雇员工资等费用

按照 1974 年规则的规定，如果船舶驶入避难港、避难地或驶回装货港、装货地的费用可认作共同海损的，则由此而引起的航程延长期间合理产生的船员工资、给养和消耗的燃料、物料，也应认作共同海损。由于意外事故、牺牲或其他特殊情况，船舶驶入或停留在任何港口或地点，如果是为了共同安全的需要，或者是为了使船舶因牺牲或意外事故所造成的损坏得以修理，而且此项修理是安全地完成航程所必需的，则在此种港口或地点额外停留期间，直至该船舶完成或应能完成继续航行的准备工作之时为止合理产生的船员工资和给养应认定为共同海损。如果船舶报废或不继续原定航程，认作共同海损的船员工资、给养和消耗的燃料、物料，只应计算至船舶报废或放弃航程之日为止；如果船舶在卸货完毕以前报废或放弃航程，则应计算至卸货完毕之日为止。额外停留期间消耗的燃料、物料，应作为共同海损，但为进行不属于共同海损的修理所消耗的燃料、物料不得计入共同海损。额外停留期间的港口费用也应认作共同海损，但仅为进行不属于共同海损的修理而支付的港口费用除外。

(五)修理费用

船舶遇到危险而损坏需要进行修理以完成剩余航程，只要是为了共同安全，所支付的修理费用可认定为共同海损。船舶修理可以分为两种：一是临时性修理，是指对受损船舶进行较低程度的维修，以保证其在短期内通常航行中的适航性。可作为共同海损的临时修理费用，不应作"以新换旧"的扣减，亦即临时修理费用应全部计入共同海损。二是永久性修理，是指对受损船舶按照该类船舶的技术规范和标准进行修理，恢复到原来技术状态和标准要求的长久性适航能力的维修。在永久性修理的情况下，存在以旧换新的折算问题。2004 年规则规定，用新材料或新部件更换旧材料或旧部件时，如果船龄不超过十五年，列入共同海损的修理费用，不作“以新换旧”的扣减，否则应扣减三分之一。船龄是从船舶建成之年的十二月三十一日起计算至共同海损行为发生之日为止。但绝缘材料、救生艇和类似小艇、通讯和航海仪器和设备、机器和锅炉应按各自使用的年数确定。扣减应只从新材料或新部件制成并准备安装到船上时的价值扣减。供应品、物料、锚和锚链不作扣减。干坞费、船台费和移泊费应全部纳入共同海损，而船底刷洗、油漆或涂层的费用不列入共同海损。但假如在共同海损行为发生之日以前十二月内曾经油漆或涂层，则油漆或涂层费用的一半应作为共同海损。

（六）垫款手续费和保险费

在共同海损行为中，为了共同安全可能首先垫付一些费用以便完成共同海损行为。这些费用无论由哪方垫付，都是为了共同海损行为，为了共同安全，因此，垫付的一方可以收取一定比例的手续费。1994 年规则规定，货主在为筹集资金而出售货物以支付共同海损的费用却遭受损失，那么该损失可以列入共同海损。另外，作为共同海损费用而预支的款项，其保险费应列入共同海损。

（七）运费损失

如果货物的损失是共同海损行为造成的，或者已作为共同海损受到补偿，则由于货物损失所引起的运费损失，也应作为共同海损受到补偿，为了共同安全不能将货物运送至目的地而导致运费不能收取或不得不返还已收取的运费，得认定为共同海损。损失的运费总额应扣减其所有人为取得此项运费本应支付但由于牺牲而无须支付的费用，亦即节省的本应支出的成本应予以扣除。

（八）利息

对于共同海损费用、牺牲和受补偿项目，应给予年利率百分之七的利息，计算至共同海损理算书发出日后三个月之日止；对由各分摊方预付或从共同海损保证金内先行拨付的一切款，也应给予利息。

三、共同海损与过失责任问题

引发共同海损措施的海上危险，包括来自自然界的灾害、船舶本身等意外事故和人的过失。在前两种情况下，是属于共同海损的“理想”状态，不存在过失责任确定和责任划分问题。然而在实践中，共同海损却常常和人的过失联系在一起，特别是和承运人的过失有着密切的联系，而承运人的过失又存在可免责的过失和不可免责的过失之分。

（一）可免责过失与共同海损分摊问题

可免责的过失是指承运人或其雇佣人在航海过程中虽有过失，但根据合同约定或法律规定可免于赔偿责任的。这里就带来一个问题：既然承运人有过失免责，那么承运人因此类过失造成船货等财产面临共同危险，承运人是否仍有权要求他人分摊其过失造成的共同海损牺牲或费用呢？如果承运人有过失并不免责，那么更难以就其过失导致的共同海损牺牲或者支出要求分摊。1974 年规则 D 条规定：即使引起牺牲或费用的事故，可能是由于航程中某一方的过失所造成的，也不影响要求分摊共同海损的权利，但这不妨碍非过失方与过失方之间就此项过失可能提出的任何索赔或抗辩。1994 年和 2004 年规则保持不变。我国《海商法》第 197 条也作类似规定。

不过在航运界，商人总是最大限度的利用规则甚至自创规则。关于共同海损分摊与过失问题，首创过失也有权要求分摊的做法当属海上贸易商人。自美国法院判决驾船过失可以免责，但不能要求分摊共同海损损失，商人们便根据合同自由原则，在运输合同和相关单证中订入共同海损疏忽条款，即承运人如果尽到适航义务，其受雇人的免责过失导致的共同海损，货主应参加分摊。起初部分美国法院并不认可这类条款。为解决不同法院判决之间的矛盾。1910 年，联邦最高法院在“杰森”案中肯定了疏忽条款的效力，[①]该条款被称为杰森条款。杰森条款随着美国 1936 年《海上货物运输法》的通过而进行了修改，被称为新杰森条款。新杰森条款补充规定，当船舶因船长、船员或引航员的过失发生事故而采取救助措施时，即使救助船与被救助船同属一家船公司，被救助船仍需支付救助报酬，该项救助报酬可作为共同海损费用。[②] 该条款充分利用了海上货物运输法的免责规定，厘清了自《哈特法》以来共同海损分摊与过失责任之间的模糊之处。

（二）承运人不可免责的过失导致的共同海损

不可免责的过失，是承运人或其受雇人在船舶营运过程中有过失并造成损失，但此类过失处于免责范围之外。此类过失导致的共同海损，船方是否有权要求其他方分摊？对此有两种不同意见。

一种意见认为，既然船方有过失而且不能免责，船方就无权要求其他各方分摊共同海损牺牲和费用，其他各方也就无须承担共同海损分摊。如船舶不适航、不合理绕航等导致的船舶、货物等财产面临共同危险，就不能构成共同海损。英国普通法就采此理论，在“Aga”案中，法院认为船舶不适航，船长采取搁浅措施所造成的损失不能认定为共同海损。在美国，杰森条款的效力及其合法性不能超出《海上货物运输法》规定的免责范围，否则无效。[③] 由此可以看出，共同海损和过失的关系是密切相关的。

另一种观点认为，共同海损和过失关系并非那么密切，也不必去探求两者的因果关系，而是完全可以分开来处理，即先分摊后归责追偿。反对者则认为：这是对《约克·安特卫普规则》的误解，认为持上述观点的人只看到“请求共同海损分摊的权利”而忽略了前面“可能是由于航程中某一方过失所致”这一表述中“可能”二字，从而误认为即使确定了共同海损是船方不可免责的过失所致，仍然可以要求其他各方分摊。[④] 事实上，由《约克·安特卫普规则》属于一种商人习惯法，[⑤]只是理算机构依据通常比较确定的事实与理由进行理算的依据，而不是替代裁判机关确定各方过失或责任的裁判依据，故宜将共同海损的认定与理算与共同海损的分摊、提出赔偿请求以及进行抗辩等分开处理，以避免共同海损各当事方因共同海损事故责任争执不下导致财产损失的扩大及时间的拖延。

---

① The Jason 225 U.S. 32 (1912)。

② 司玉琢：《新编海商法学》，人民交通出版社 1991 年版，第 461 页。

③ [美] G. 吉尔摩、C. L 布莱克：《海商法》，杨召南等译，中国大百科全书出版社 2000 年版，第 352 页。

④ 司玉琢：《海商法》，法律出版社 2003 年版，第 296～297 页。

⑤ [美] G. 吉尔摩、C. L 布莱克：《海商法》，杨召南等译，中国大百科全书出版社 2000 年版，第 333、336、337 页。

第三节　共同海损的理算

一、共同海损理算概述

共同海损理算是指由共同海损理算专业机构及其人员，按照理算规则对共同海损牺牲和费用进行确认，确定各受益方的分摊价值以及分摊数额而进行的审核和计算工作。共同海损理算是民间组织完成的，其理算书并不具有法律强制力，之所以被广泛接受在于它的专业性和良好信誉。

进行共同海损理算时，应遵循以下原则：一是合同自治原则，即如果在合同中预先约定了理算规则，就不应选用其他理算规则理算。二是最密切联系原则，如果没有约定理算规则，则可以根据最密切联系原则确定理算规则。如我国《海商法》第203条规定，合同未约定的，适用该章规定。如果涉案的有中国当事方或在中国理算的，可被视为与中国有最密切联系，故可适用《海商法》相关规则。三是国际惯例优先适用原则，即如果当事人既无约定，海商法又无规定的情况下，则相应版本的《约克·安特卫普规则》作为国际商人惯例法应予以适用。

（一）共同海损理算人

共同海损理算人是指具有相应专业资格从事海损理算的机构或自然人（理算师）。在我国从事海损理算的机构是中国国际贸易促进委员会海损理算处。如果在合同中约定海损在中国理算的，则该机构为当然理算机构。

最早设立海损理算机构的是英国人史蒂文森和威廉·理查德，理查德·霍格理算师协会国际影响巨大，在世界许多国家设有分支机构。其他海运国家也都有专门的海损理算机构和专业人员，但由于英国理算人的专业水平和良好信誉，理算业务多委托他们完成。在美国，理算师一般和保险经纪人一起从事此项工作。理算师由于工作关系，往往和船方关系较为密切，但其公正性和信誉却得到世人认可。

（二）共同海损理算程序

共同海损理算程序比较简单，一般是先由船方宣布共同海损并作为申请人提出理算申请，然后由理算人进行全面的调查和取证，确定是否有共同海损发生，如果有，就要确定属于共同海损的项目，排除单独海损。在调查过程中，船舶航海日志、机舱日志和无线通信日志等证明文件必须提交理算师。在此基础上，确认和计算共同海损的项目和金额；计算各受益方应分摊的价值和金额，确定各分摊方应支付的金额和结算方式；编制共同海损理算书，并发放各相关当事人。

理算书的内容一般包含共同海损事故情况概述、共同海损损失和费用划分表、共同海损分摊表和共同海损收付结算表以及与海损事故有关的证明文件。理算书一般不具有法律强制力，各方当事人可根据自己所掌握的证据和事实决定是否接受理算书，如果不接受，一般情况下可以通过协商、仲裁或者诉讼解决争议。

（三）共同海损理算的时间和地点

共同海损理算地点的选择往往涉及理算规则和准据法的选择。不同的理算地点，可能导致分摊价值,船舶价格和货值等不相同;不同的理算时间,可能导致所确定的财产价值、汇率、利息期间等存在差别。因此各国海商法或有关理算规则一般都对此予以规定。如1974年、1994年和2004年理算规则G规则均规定,共同海损的损失和分摊的理算,应以航程终止的时间和地点的价值为基础。

二、共同海损理算方法

(一)共同海损损失金额的确定

确定共同海损损失金额应以共同海损措施所直接导致的船舶、货物和其他财产的特殊牺牲和支付的特殊费用为基础。我国《海商法》第198条确定了船舶、货物和运费等三种共同海损金额的计算方法。

1. 船舶损失金额的确定

确定船舶损失金额主要考虑以下几个方面:

(1)船舶修理费用。船舶受损后维修的,按照实际支付的修理费,减除合理的以新换旧的扣减额计算。实际修理费,是指共同海损措施导致损害而修理船舶并真实支付的合理费用。真实支付的是指船方实际支出,未实际支付部分不得认定为共同海损费用,如含在发票中但未支付的折扣部分。所谓合理费用,指船方在修理船舶时,在保证修理质量前提下,应就近选择费用低并尽可能快速的修造厂进行,尽量降低共同海损费用。

(2)船舶受损后但未修理的,按照船舶共同海损牺牲造成的贬值来确定,但无论如何不得超过评估的修理费,即船舶共同海损分摊的价值以船舶航程终止时的价值与航程开始时的价值之差,并减去非共同海损导致的损失金额。

(3)如船舶遭受实际全损或修理费用超过修复后的船舶价值,共同海损的损失金额按该船在完好状态下的估计价值,减除不属于共同海损损坏的估计的修理费和该船受损后的价值的余额计算。

2. 货物损失金额的确定

在货物灭失或损坏情况下,货物损失的金额按下列方式计算:(1)牺牲的货物,应以其在卸货时的价值为基础计算。此项价值应根据交收货人的商业发票确定;如果没有此项发票,按照货物在装船时的价值加保险费和运费,减除由于损失而无须支付的运费计算。(2)如果受损货物已经出售,而其损失数额未经另行议定,则应根据出售净得数额与货物完好净值之间的差额确定。这可能导致计算出的货物损失金额差别较大:如果受损货物价格上涨或下跌,出售的净得数额是不一样的,因此补偿的数额也是不一样的。

3. 运费损失金额的确定

在采取共同海损措施时,如果货物被抛,或者在减载或过驳装卸中有货物落水导致货物灭失或者损坏,在运费到付的情况下,承运人无法根据合同收取运费。这种因抛货而导致不能收取的运费损失得认定为共同海损。运费损失的金额为遭受牺牲货物的应收取运费与运输相应货物的运营成本之差。

(二)共同海损分摊价值的确定

共同海损的分摊价值,是指因采取共同海损措施而受益的船舶、货物、运费及其他财产的价值与相应共同海损价值之和。虽然共同海损主要是以获救财产的价值为分摊基础,但由于被牺牲的或支出的财产或费用将得到补偿,实质上不应视为真正损失,因而损失的金额也须参加共同海损分摊。

1. 船舶共同海损的分摊价值

船舶共同海损分摊价值，是指船舶在航程终止时的完好价值，减除不属于共同海损的损失金额；或者按照船舶在航程终止时的实际价值，加上共同海损损失的金额计算。

2. 货物共同海损的分摊价值

货物分摊价值应当按照货物在装船的价值，加上运费和保险费，但要减除货物卸货前和卸货时的损失金额来计算，也不包括承运人承担风险的运费。如果货物在运达目的地以前出售，应按出售净得的数额加上作为共同海损受到补偿的数额参加分摊。

3. 运费共同海损的分摊价值

运费共同海损分摊价值，指有风险的运费预期净所得，即要扣除共同海损后为赚取该项运费而需要支付的一切港口费用和船员工资。如我国《海商法》第 199 条规定：运费分摊价值，按照承运人承担风险并在航程终止时有权收取的运费，减去为取得该运费而在共同海损发生后，为完成本航程所支付的运营费用，加上共同海损牺牲的金额。

（三）共同海损分摊金额的确定

共同海损分摊金额，指因共同海损而受益的船舶、货物、运费等，按其各自分摊价值的大小，应承担的共同海损损失的数额。其计算方法为，首先用共同海损损失总额除以共同海损分摊价值总额，得出分摊之百分比，然后再以此百分比分别与各受益的分摊价值之乘积，即为分摊金额。

第四节　共同海损时限与担保

一、共同海损时限

共同海损时限是共同海损发生后，船方宣布共同海损声明和提供有关材料的期限。

《约克·安特卫普规则》没有规定宣布共同海损声明的时限。《北京理算规则》则规定，如果船舶在海上发生事故，各有关方面应在船舶到达第一港口后的 48 小时内宣布，如果船舶在港内发生事故，在应在事故发生后 48 小时内宣布。

关于提供事故和损失证明材料的时限，2004 年理算规则 E 条 2 款规定：所有提出共同海损索赔的关系方应于共同航程终止后十二个月内将要求分摊的损失或费用书面通知海损理算师。如不通知或经要求后十二个月内不提供证据支持所通知的索赔或关于分摊方的价值的详细材料，则海损理算师可以根据他所掌握的材料估算补偿数额或分摊价值。除非估算明显不正确，否则不得提出异议。《北京理算规则》亦规定，关于提供共同海损事故和损失的证明材料，应在有关各方收到后一个月内提供，而全部材料应在航程结束一年内提供。如果有特殊情况，应在上述期限内向中国国际贸易促进委员会海损理算处提出延长时限请求。经理算处同意，可以适当延长时限。

二、共同海损担保

共同海损担保是在共同海损事故发生后，为确保共同海损分摊的顺利进行和执行，经利害关系人请求而由分摊方作出保证履行分摊义务的担保行为。各国海商法一般都对此作出相应规定，我国《海商法》第 202 条规定，经利害关系人请求，各分摊方应该提供共同海损担保。提供担保的形式一般有两种：现金担保和保函担保。如果分摊方拒绝参加共同海损分摊或者拒绝提供担保，共同海损分摊请求人可以留置分摊方的货物或其他财产作为担保。

(一)现金担保

现金担保是共同海损分摊方，向共同海损请求人以现金形式提供的分摊共同海损的担保。根据《北京理算规则》，保证金应向中国国际贸易促进委员会海损理算处缴纳，并由理算处以保管人的名义保存，即存于银行。2004 年规则第 22 条规定，如果就货物应负担的共同海损、救助或特殊费用收取了保证金，此项保证金应以船舶所有人和保证金交付者所分别指定的代表的联合名义，立即存入经双方认可的银行的特别账户。此项存款连同可能产生的利息，作为有关货方向应收回上述费用的有关方的担保。如经理算师书面证明，可用保证金进行预付或将保证金退还。保证金的提供、支出或退还不影响各有关方的最后责任。

(二)保函担保

共同海损保函担保，是共同海损分摊人应要求而提供的一种保证分摊共同海损的书面凭证。由于分摊人多是收货人，所以一般是由货物保险人出具。在事故发生后，收货人为及时提取货物，往往会向船舶所有人提供此种保函，担保人向共同海损请求人保证支付经共同海损理算后的有关共同海损的分摊数额，如果不接受共同海损理算结果，则可提起诉讼，但在实践中，很少有这样的事情发生。共同海损保函按担保数额是否确定，分为限额担保函和无限额担保函。

1. 限额担保函

限额担保函是保险人以对被保险人应赔付的保险金额为限而出具的书面凭证。如果分摊金额小于或等于保险赔款，保险人保证全额负担共同海损分摊金额；如果分摊金额大于货物保险金额，则保险人只负责支付保险金额限度内的共同海损分摊金额，超出部分由被保险人负担。在实务中，限额担保函往往导致货物利益方的利益得不到充分保障，货方一般不愿接受限额担保函，而要求出具无限额担保函。

2. 无限额担保函

无限额担保函是货物保险人出具的保证全额支付被保险货方共同海损分摊金额而无论货物保险金额大小的书面凭证。但如果被保险货物人分摊金额超过了保险金额，保险人在支付了全额共同海损分摊金额后，将向被保险人索回超过货物保险金额的部分。保险人为了保护自己的利益，一般在出具无限额保函时，要求被保险人出具反担保，被保险人保证支付保险人支付的超出货物保险金额的那部分共同海损分摊金额。实务中，保险公司一般都出具无限额担保函，以保证共同海损理算的顺利进行。

在本章的引例中，共同海损成立。虽然本案船舶空载，致使“船货共同面临海上危险”这一共同海损要件并不成就，但该案的保险条款明确地改变了本案共同海损的认定规则，应予肯定。事故航程终止后的支出，不属于共同海损。因海难事故发生的相应救助费、修理费、备件款、拖航费、赶修费、疏通费、修船工人伙食费、船用柴油及润滑油款、淡水费、船员及监修人员工资与奖金、差旅费、港口费等，均可列入共同海损。应优先适用《北京理算规则》，并参照适用 1974 年《约克·安特卫普规则》。

思考题

1. 什么是共同海损？

2. 共同海损的成立要件有哪些？

3. 共同海损理算规则的性质是什么？

4. 试析各共同海损理算规则之间的关系。

5. 试析共同海损分摊价值与共同海损分摊金额之间的关系。

6. 案例讨论：

某远洋公司所属万吨级货轮在中国港口装载杂货后驶往欧洲港口。船舶在航行中发生碰撞事故，致使船体严重受损，船体进水，船舶处于危险之中。船长遂与某救捞公司的拖轮签订“无效果，无报酬”的救助合同。船舶最终拖带到某港锚地抛锚。船级社验船师登船检验后提出，船舶必须在对损坏部分进行永久性修理后方可重新获得船级，继续原航程。而进行永久性修理船舶则必须进坞。在这种情况下，船东面临着两种选择：(1)进坞修理。除有关修理费用外，还将导致大量的货物卸船装船、搬移、仓储、保险及其他多种避难港费用。(2)将货物用代替船转运至目的港，船舶留在避难港完成修理。①

请结合共同海损的有关法律和理论，分析船东宜作何种选择，并分析相应选择下将会产生的共同海损项目。

司法考试真题链接

1. 我国A公司与某国B公司于1995年10月20日签订购买52500吨化肥的CFR合同。A公司开出信用证规定，装船期限为1996年1月1日至1月10日，由于B公司租来运货的“雄狮号”在开往某外国港口途中遇到飓风，结果装货至1996年1月20日才完成。承运人在取得B公司出具的保函的情况下签发了与信用证条款一致的提单。“雄狮号”于1月21日驶离装运港。A公司为这批货物投保了水渍险。1996年1月30日“雄狮号”途经达达尼尔海峡时起火，造成部分化肥烧毁。船长在命令救火过程中又造成部分化肥湿毁。由于船在装货港口的延迟，使该船到达目的地时赶上了化肥价格下跌，A公司在出售余下的化肥时价格不得不大幅度下降，给A公司造成很大损失。请根据上述事例，回答以下问题：(1998年)

(1)途中烧毁的化肥损失属什么损失，应由谁承担？为什么？

(2)途中湿毁的化肥损失属什么损失，应由谁承担？为什么？

(3)A公司可否向承运人追偿由于化肥价格下跌造成的损失？为什么？

(4)承运人可否向托运人B公司追偿责任？为什么？

2.“天伦”号货轮从香港至日本的航行中因遇雷暴天气，使船上部分货物失火燃烧，大火蔓延到机舱。船长为灭火，命令船员向舱中灌水，由于船舶主机受损，不能继续航行。船长

---

① 杨建国：《通过案例了解共同海损的原则》，载《中国对外贸易》2000年第1期。

雇拖轮将"天伦"号拖到避难港。下列选项哪个不应列入共同海损？（1999 年）

A. 为灭火而湿损的货物

B. 失火烧毁的货物

C. 为将"天伦"号拖至避难港而发生的拖航费用

D. 在避难港发生的港口费

3. 中国甲公司与德国乙公司签订了进口一批仪器的国际货物买卖合同，合同约定有关合同的一切争议适用德国法，此批货物由新加坡籍货轮"比西"号承运，并投保了一切险。"比西"号在印度洋公海航行时与巴拿马籍货轮"丽莎"号相撞。"比西"号船长为了避免该轮沉没采取了自愿搁浅的措施，"比西"号在救助人的帮助下进入了避难港，经修理继续航行到达中国目的港。但在途中曾突遇特大暴风雨，使部分仪器湿损。（回答(1)至(2)题）（1999 年）

(1)上述各方当事人如发生诉讼，下列关于法律适用问题的选项哪些是正确的？

A. 如果该船舶碰撞案在中国法院审理，应适用中国法

B. 如果该船舶碰撞案在中国法院审理，应适用侵权行为地法

C. 如果有关该国际货物买卖合同的争议在中国法院审理，应适用中国法

D. 如果有关该国际货物买卖合同的争议在中国法院审理，应适用德国法

(2)（接上题）上述案件根据目的港有关共同海损理算的法律，下列哪些选项是正确的？

A."比西"号采取的自愿搁浅措施所引起的损失属于共同海损

B."比西"号因碰撞而进入避难港的费用属于单独海损

C. 暴风雨造成的仪器湿损属于单独海损，应由保险人负责赔偿

D. 暴风雨造成的仪器湿损属于单独海损，应由承运人负责赔偿

4. 一艘悬挂巴拿马国旗并由一巴西海运公司经营的海船，运送一批属一家日本公司的货物从日本到中国，在韩国附近海域发生意外。为了安全完成本航程，该海船驶入韩国某港口避难，发生共同海损，后在中国某港口进行理算。该共同海损理算应适用什么法律？（2004 年）

A. 船旗国法律

B. 共同海损发生地法律

C. 巴西的法律

D. 理算地法律

第十二章　海事赔偿责任限制法律制度

【引例】2003 年 5 月 28 日，内贸船“华顶山”轮在台湾海峡南碇岛附近发生火灾，随后返回厦门港救助，但在救助中沉没。当时船上载有 143 个集装箱，皆随船沉入海中，蒙受巨大损失的货主纷纷起诉船方。请问：船方是否需要承担全部赔偿责任？船方在何种情形下能够享受海事赔偿责任限制？如果船方有权享受海事赔偿责任限制，船方需要对哪些债权承担赔偿责任？

第一节　海事赔偿责任限制概述

一、海事赔偿责任限制的概念

海事赔偿责任限制(Limitation of Liability for Maritime Claims)是指在发生重大海损事故造成财产损失或人身伤亡时，作为责任人的船舶所有人、船舶承租人、船舶经营人、救助人和责任保险人等，可根据法律的规定，将其赔偿责任限制在一定限度内的赔偿制度。①

船舶始终是海上货物运输中的主角，但由于船舶的造价非常高，航运业往往是高投入、低产出，船舶所有人投入巨额的资金进行海上运输，收回的报酬仅是低微的运费或者租金，而且海上航行中的风险远远高于其他行业，一旦发生海难事故，船舶所有人就面临如何向受害方承担损害赔偿责任的问题。若要求船舶所有人对海损事故造成的损失承担全部赔偿责任，船舶所有人可能会因一次海损事故就处于破产的境地。特别是在通讯技术不发达时期，船舶所有人对船舶营运的控制非常有限，船长的代理权限非常大。船舶所有人难以对船舶的航行进行实际的管理。如果要求船舶所有人对由于船长和船员的行为及过失造成损害承担全部责任是显失公平的。因海运业对一国政治、经济乃至国防的发展都至关重要，各国无不将促进海运业的发展置于重要地位，并在立法和政策上予以倾斜。因此海上赔偿责任限制制度应运而生，船舶所有人对因船长和船员的行为造成海事损害负有责任时，可以享受限额赔偿限制。

海事赔偿责任限制的目的在于促进海运业的健康发展，最初船舶所有权与经营权未分离，海事赔偿责任限制是为保护船舶所有人的利益，曾被视为“船舶所有人或船东责任限制”。随着海上经济关系日趋复杂化与多元化，船舶所有人与船舶经营人逐步分离，有权享

① 张湘兰：《海商法》，武汉大学出版社 2008 年版，第 277 页。

有海事赔偿责任限制的逐步扩大到与海运业紧密相关的主体，包括船舶经营人、船舶承租人、救助人、船舶所有人的雇员（如船长、船员及其他受雇人）、责任保险人等，"船舶所有人或船东责任限制"逐步演变成为"海事赔偿责任限制"。

二、海事赔偿责任限制制度的历史沿革

海事赔偿责任限制制度自其形成至今，历经不断的完善。对于海事赔偿责任限制立法的起源，有不同的说法。有学者认为该制度最早出现在11世纪的意大利《阿马尔斐法》中关于船东有权限制其责任的记载。[①] 也有学者认为其源于意大利巴塞罗那的《海事裁判集》。[②] 此后，各国近代海事立法均逐步确立这一制度，并历经了从委付制、执行制到金额制的演进过程。委付制立法以法国1807年《商法典》为代表，规定船舶所有人对船长或船员造成的损害承担赔偿责任。但是，若船舶所有人将船舶及其收益等海上财产委付给受害人，则可以免除责任。执行制以德国《汉撒敕令》为代表。在这种制度下由船舶产生的债权仅限用船舶来清偿，船舶所有人移交了船舶和运费，不足清偿的部分，债权人不得再对船舶所有人另行主张权利。船价制指船舶所有人的赔偿责任以船舶价值和运费为限，在赔偿方式上船舶所有人并不需要交付船舶本身，允许其支付与船舶价值以及运费金额相当的金钱。英国1773年《船舶所有人责任法》首次确立船价制，采用事故前的船舶价值，而美国于1835年确立采用事故后船舶价值。[③] 其后英国1854年《商船航运法》首次使用金额制，按照事故船舶登记的吨位来确定船舶所有人的责任限额。

在主要航运国家纷纷将责任限制作为海运立法的重要内容后，国际社会意识到，因不同国家对船舶所有人采取不同的责任限制制度，不利于跨国界的海运业的发展，有必要制定统一的立法。为此先后通过了1924年的《关于统一海运船舶所有人责任限制若干法律规定的国际公约》、《1957年海船所有人责任限制国际公约》、《1976年海事赔偿责任限制公约》。

三、海事赔偿责任限制的立法意义

海事赔偿责任限制这一古老的制度，作为民事损害实际赔偿制度的例外，不断完善与发展，意义重大。

（一）丰富了公平原则的内涵

公平原则是海事赔偿责任限制制度的法律基础。公平原则就其法律含义而言，是指恰当地分配利益和责任的状态。[④] 其要求以"维持当事人之间的利益平衡"为价值判断标准来确定民事主体的民事责任和民事权利。[⑤] 根据民法的相关规定，被代理人或雇主对代理人或雇员在代理权限范围内的职务行为承担法律责任。格劳秀斯在《战争与和平》中指出，如

---

① Donovan Admiralty Law Institute, Symposium on Limitation of Liability—The Origins and Development of Limitation of Shipowner's Liability, *Tulane Law Review*, 1979, 53, pp. 999～1045.

② Robert Grime, *Shipping Law*. London Sweet & Maxwell, 1991, p. 263.

③ 邬先江、陈海波：《海事责任赔偿限制制度的法理基础及其历史嬗变》，载《浙江社会科学》2010年第11期。

④ 周永坤：《法理学》，法律出版社2004年版，第229页。

⑤ 王利明：《民法》，中国人民大学出版社2002年版，第33页。

果人们一直处于担心因受雇船长的行为而承担无限责任的恐惧中，那么就无人敢经营船舶了。[①] 船舶所有人投入巨资经营船舶，承担海上运输的高风险，往往收取的却是极为有限的运费，如果要求船舶所有人对其雇员或代理人，尤其是因船长、船员个人疏忽或过失在海上运输过程中导致的损害承担无限责任，将导致权利义务失衡，与公平原则相违背。海上赔偿责任限制在一定程度上减轻了船舶所有人的责任和风险，实现各方利益的再分配，符合公平原则的要求。

（二）促进了海上运输业的发展

海上运输是一个高风险、高投入的行业。假设没有海事赔偿责任限制制度的存在，一旦发生船舶碰撞、油污等重大事故，船舶所有人及相关责任人将面临承担"完全赔偿责任"，巨额的船舶投资将顷刻化为乌有，这样一来，将不会有人愿意从事海上运输行业。而海事赔偿责任限制制度则使船舶所有人以及相关责任人享有赔偿责任限制，降低了投资风险，有利于鼓励更多的投资参与海上运输以及海上相关行业。同时，海洋是各国国际交往与合作的重要枢纽，如果海上运输不能获得赔偿责任限制，势必将影响相应的国际交往与合作。

（三）促进了海上救助以及保险业的发展

海上救助对于保护海上航行以及维护海上秩序具有重要意义。随着运输、旅游以及资源开发等海上活动日趋频繁，海上事故发生几率不断增长。此外，各国对原油需求大幅度增长，扩大了海上石油运输需求，油污风险也在不断增加，因此海上救助理应获得立法上的支持与倾斜。海上救助本身也可能导致损害，倘若救助人不能享受海事赔偿责任限制，不仅会打击其施救积极性，也会使其在施救时缩手缩脚，延误救助时机。因此将救助方纳入海上赔偿责任限制的主体范围有利于海上运输安全与发展。

发展海上保险业的目的在于为受损方索赔提供保障，责任主体对损害进行赔付之后，可以通过保险理赔分散风险承担。海事赔偿责任限制制度通过将船舶所有人等责任主体的赔偿责任限制在一定限度之内，可以使保险人能够相对准确地计算投保的船舶所有人可能承担的最大责任，[②]便于保险人对承保业务进行风险把握，有利于海上责任保险业的可持续发展。

四、海事赔偿责任限制的特征

海事赔偿责任限制制度不同于一般的民事责任承担，有其自身的特点。

（一）法定性

海损事故发生后，并非所有的情况下均适用责任赔偿限制制度。哪些责任主体可以享有赔偿责任限制的权利、责任人在何种情况下可以享受赔偿责任限制、具体赔偿限额以及赔偿责任限制权利的丧失均需要按照相关的法律规定予以确定。如就责任限制主体的范围，国际公约以及各国立法一般将与经营船舶有关的人列入海事赔偿责任限制主体，我国《海商法》规定，只有"船舶所有人、船舶承租人、船舶经营人、救助人、责任保险人以及船舶所有人、承租人、经营人、救助人对其行为、过失负有责任的人员"才是海事赔偿责任限制的主体。适用海事赔偿责任的债权也是法定的，海损事故产生限制性债权以及非限制性债权，我国《海

---

① ［德］伯恩·魏德士：《法理学》，丁小春、吴越译，法律出版社2003年版，第164～170页。

② ［加］威廉·台特雷：《国际海商法》，张永坚等译，法律出版社2005年版，第226页。

商法》规定享有赔偿责任限制的债权为限制性债权,责任人可以对此类债权承担限额范围内的赔偿责任。责任主体在享有责任限制保护的同时,也承担由法律规定的相应义务,否则将丧失其海事赔偿责任限权,如当损失是由于船舶所有人的故意或明知可能造成损失而轻率地作为或不作为,船舶所有人将不能享有赔偿责任限制。国际公约以及国内立法均对责任限额作出了相关规定,一般以船舶吨位作为计算单位,吨位乘以相应的计算单位可以计算出一次事故中责任主体的最高赔偿数额,限额的法定性便于责任主体事先确定运输中的风险。

(二)权利性质的特殊性

民事权利可以分为支配权、请求权、形成权以及抗辩权。关于责任主体享有海事赔偿责任限制这一权利的性质,也存在诸如“请求权”、“抗辩权”、“形成权”等相应争议。根据“形成权”说,海事赔偿责任主体需要向法院提出海事赔偿责任限制的请求,构成一种独立之诉。其中当事人是可以享受海事赔偿责任限制的责任主体等;诉讼请求为请求人能否享受责任限制的权利;诉讼理由为适用责任限制的事故原因、不存在过失等条件以及相关法律依据,故有的学者认为海事赔偿责任限制的权利属于一种“请求权”。抗辩权是对抗请求权或对对方全力予以否认的权利,请求权的存在是抗辩权行使的前提。在海事赔偿责任限制制度中,当受害人向责任主体提出索赔诉讼时,责任主体可抗辩自己不应承担全部的赔偿责任,而只承担责任限额之内的赔偿责任。因此有学者认为海事赔偿责任限制权利从性质来看更近似于一种抗辩权,其对抗的对象是限制性债权人。后一说法得到了司法实践的支持,我国最高人民法院在答复山东省高级人民法院的请示时指出:海事赔偿责任限制属于当事人的抗辩权,申请限制海事赔偿责任,应当以海事请求人在诉讼中向责任人提出的海事请求为前提,不能构成独立的诉讼请求。① 当然,也有学者认为海事赔偿责任限制权利是一种形成权。形成权是权利人凭自己的行为实现而无须依赖他人的权利,正如责任限制权利是一项法定特权,是海商法赋予船舶所有人、经营人、承租人等责任主体的特权。综上所述,海事赔偿责任限制不能简单归纳为某一种普通民法意义上的权利,其具有抗辩权的一些特征又不同于一般意义上的形成权,因此应视其为一种具有综合性质的权利。

五、海事赔偿责任限制制度与其他相关法律制度的关系

(一)与民法实际赔偿制度的关系

一般民事法律关系中,民事责任的承担具有补偿性,即应当使当事人的利益恢复到受损前的状态。海事赔偿责任限制法律关系中,责任人造成他人损害时,有权将其赔偿责任限定在法律规定的范围内。因此,海事赔偿责任限制制度有别于民法中的实际赔偿责任。海事赔偿责任限制制度作为一项特殊的赔偿责任制度,以实际损失额为基础,允许将责任人的赔偿责任限制在一定限度内,对超出赔偿限额的损失不予赔偿。但当责任主体因故意或明知可能造成损失而轻率地作为或者不作为从而丧失责任限制权利时,应以受害人的实际损失为准。

(二)与单位赔偿责任限制制度的关系

单位赔偿责任限制与海事赔偿责任限制是海商法中不同的赔偿责任限制制度。单位赔偿责任限制是指,在海上运输合同当中,承运人对于运输的货物或旅客在责任期间内发生货

---

① 参见最高人民法院(2002)民四他字第38号复函。

物损坏以及旅客伤亡的，应当承担赔偿责任，但出于对航运业的保护，国际公约以及各国立法均允许承运人根据一定的计算标准限制赔偿。单位赔偿责任限制与海事赔偿责任限制在责任限制的事由、责任主体、丧失的条件以及限制数额都存在区别。单位赔偿责任限制发生在运输合同中，既包括货物运输合同也包括旅客运输合同，运输合同中的责任主体是承运人，即享有单位责任限制权利的主体为承运人。而海事赔偿责任主体主要是船舶所有人、船舶承租人、船舶经营人、救助人以及责任保险人（有的国际公约或国内法也将船舶管理人纳入到赔偿责任限制的主体范围内）。单位赔偿责任限制与海事赔偿责任限制的责任基础也不同。按照《雅典公约》的规定，承运人的责任基础为过错和推定过错相结合。一般的旅客伤亡或行李灭失适用过错责任，事故造成旅客死亡、伤害或自带行李损害的则适用推定过错责任。而根据 1976 年《海事赔偿责任限制公约》，如果责任事故是由于责任主体的过失所造成的，船舶所有人等责任人以及救助人均可以享受责任限制。在责任限额方面，《雅典公约》规定，承运人需对每一位旅客的死亡或人身伤害承担责任，且同一次事故产生的索赔均共享一个基金，即“一次事故、一个限额”原则，但海事赔偿责任限制的限额采用多级制，根据船舶的吨位来确定责任主体的责任限额。

（三）与油污损害赔偿责任制度的关系

随着工业化的不断发展，发达国家在保持石油庞大需求的同时，发展中国家的石油消费也持续攀升，导致海上石油运输量急剧增长，船舶油污损害事故也频繁发生。为了应对油污造成的损害，国际社会制定了一系列油污损害赔偿责任国际公约，如《1969 年国际油污损害民事责任公约》和《1971 年设立国际油污损害赔偿基金国际公约》。这两个公约规定了油污损害和基金的责任限制问题，构成基础的船舶油污损害赔偿国际法律制度，但其是与海事赔偿限制制度平行的责任限制制度。如 1976 年《海事赔偿责任限制公约》第 3 条规定：“本公约的规则不适用于……（2）有关 1969 年 11 月 29 日国际油污损害民事责任公约的规定，或实施中的该公约修正案或议定书中所载油污损害的索赔。”故油污损害赔偿责任限制不同于海事赔偿责任限制，受特殊的法律调整。

第二节　海事赔偿责任限制的国际公约

为促进世界航运业的发展，国际法学会于 1897 年成立了国际海事委员会（Comite Maritime International，简称 CMI），专门负责国际海事法律的统一工作。后在国际海事委员会的努力下，先后通过了三个有关海事赔偿责任限制的国际公约：1924 年《关于统一海上船舶所有人责任限制若干规则的国际公约》（*International Convention for the Unification of Certain Rules Governing the Limitation of the Liability of the Owners of Sea-going Ships*）、1957 年《关于海运船舶所有人责任限制的国际公约》（*International Convention relating to the Limitation of the Liability of the Owners of Sea-going Ships*）、1976 年《海事赔偿责任限制公约》（*Convention on Limitation of Liability for Maritime Claims*）。

一、1924 年《统一海上船舶所有人责任限制若干规则的国际公约》

1924 年《统一海上船舶所有人责任限制若干规则的国际公约》（以下简称为《1924 年公

约》)由国际海事委员会于1924年8月25日在比利时布鲁塞尔通过,于1931年生效。该公约采用船价制和金额制的并用制度,即船舶所有人的责任限额以船价制和金额制两者较低的为限。该公约偏重于保护船舶所有人的利益,共有15个国家加入该公约,如法国、比利时、丹麦、挪威等。由于该公约内容过于简单,英国、美国、日本、德国、荷兰等主要航运国家均未参加该公约,导致公约的国际影响力不大。

二、1957年《海船所有人责任限制国际公约》

1957年《海船所有人责任限制国际公约》(以下简称为《1957年公约》)是由国际海事委员会于1955年在西班牙首都马德里起草,并于1957年10月10日在布鲁塞尔举行的第十届海洋法外交会议上获得通过,于1968年5月31日生效。参加国主要有澳大利亚、比利时、丹麦等,[①]我国未加入。

与《1924年公约》相比较,该公约内容更为详细,对于统一责任限制的国际立法起到了积极的推动作用。但《1957年公约》与《1924年公约》一样,存在责任限额过低的问题。由于金法郎受汇率影响波动较大,为了稳定责任限额,1979年12月21日国际海事委员会通过了《修订1957年海运船舶所有人责任限制国际公约的1979年议定书》,将责任限额的计算单位确定为特别提款权(SDR)。

三、1976年《海事赔偿责任限制公约》

由于《1957年公约》仍不能适应航运事业的不断发展,如其所规定的责任限制很容易因"实际过失或者私谋"的除外条件而被剥夺,不利于保护责任主体。国际海事组织遂于1976年在伦敦召开外交大会,审议通过了1976年《海事赔偿责任限制公约》(以下简称为《1976年公约》)。该公约于1986年12月1日生效,参加的国家有巴哈马、比利时等,[②]我国于1997年7月1日加入该公约,但仅适用于香港特别行政区。[③]《1976年公约》与《1957年公约》相比,有很大改进,其主要内容包括:

(1)扩大了责任限制主体。受"东城丸"(Tojo Maru)一案判决的影响,公约扩大了责任限制权利的主体范围。除了包含《1957年公约》中规定的享受责任限制的主体即海上船舶所有人(包括船舶的承租人、管理人和经营人)、船长、船员和为船舶所有人、承租人、管理人或经营人服务的其他受雇人外,《1976年公约》将责任限制主体扩大到责任保险人、救助人及其雇佣人员。

(2)完善了若干责任规则。公约规定:油污损害、救助或共同海损分摊索赔等不适用公约;[④]故意或重大过失导致责任限制权利丧失;抵销原则,即如果按照本公约规定有权享受责任限制的人,就同一事件向索赔人提出索赔,则双方提出的索赔应相互抵销,公约的规定

---

① 胡正良:《国际海事条约汇编》(第六卷),大连海运学院出版社1994年版,第273页。

② 胡正良:《国际海事条约汇编》(第六卷),大连海运学院出版社1994年版,第273页。

③ 郭瑜:《国家海事组织制定并保存的国际公约或议定书及其修正案现状一览表》,载《海商法研究》2006年12期。

④ 因船舶油污事故频繁发生,而《1957年公约》就油污损害规定的责任限额过低,国际社会于1969年就油污损害民事责任问题单独制定了《有关油污损害赔偿民事责任的国际公约》,《1976年公约》不再调整由于油污事故造成的海事赔偿责任法律关系。

仅适用于其间的差额;责任限制不以设立责任限制基金为前提(除非国内法强制要求,援引责任限制以设立基金为前提);缔约国可以通过国内立法,使责任限制制度适用于内河航行船舶以及小于300总吨的船舶等。

此外,《1976年公约》还大幅度地提高了赔偿责任限额,公约对人身伤亡索赔和财产索赔(如对其他船舶、财产或港口设施造成的损害)这两类索赔规定了具体限额。我国制定1992年《海商法》时,移植了公约所确定的相应责任限额数。

国际海事组织其后于1996年4月通过了《修订1976年海事赔偿责任限制公约的1996年议定书》,议定书根据船舶吨位的不同将责任限额提高了2到5倍,①并将公约适用船舶的最小吨位由原先"不超过500总吨"修改至"不超过2000总吨"。该议定书已于2004年5月生效。

第三节 海事赔偿责任限制制度的适用

一、赔偿责任限制的适用范围

(一)适用的主体

有权享有责任限制的人是指海事赔偿责任限制主体。由于航运业的不断发展扩大,从事航运以及相关行业并承担海上特殊风险的主体也在不断发生变化,保护这些主体的权利符合航运业发展的需要。《1976年公约》覆盖了较大范围的责任主体,该公约将责任限制主体分为三类:(1)船舶所有人、船舶承租人、管理人、经营人和救助人;(2)前述第(1)类主体的雇员;(3)责任保险人。② 比较而言,我国《海商法》未将"船舶管理人"纳入到上述责任主体范围内。船舶管理人不同于船舶经营人,是指接受船舶所有人或者光船承租人的委托,为船舶配备船员、负责船舶的安全、装备、修理、检验和其他技术保障的人。船舶管理人也可能成为海事赔偿的责任主体,有必要赋予海事赔偿责任限制权。③

(二)适用的船舶

《1957年公约》和《1976年公约》均规定海事赔偿责任限制仅限于海船。《1957年公约》规定责任限额按船舶吨位计算,以300总吨为基数,不足300总吨的也按300总吨计算。《1976年公约》则以500总吨为基数。而我国《海商法》规定,享有海事赔偿责任限制的船舶为300总吨位以上的船舶,军事船舶、政府公务船舶不适用赔偿责任限制,造成海上油污损害以及核能污染的船舶也不适用海事赔偿责任限制制度。总吨位不满300吨的船舶、从事沿海运输和沿海作业的船舶以及从事我国港口之间的海上旅客运输的船舶的责任限制的限额,由国务院交通主管部门另行制定。

(三)适用的债权

1. 限制性债权

---

① 司玉琢:《海商法专论》,中国人民大学出版社2007年版,第533页。

② 沈木珠:《海商法比较研究》,中国政法大学出版社1998年版,第345页。

③ 司玉琢、胡正良:《〈中华人民共和国海商法〉修改建议稿条文、参考立法例、说明》,大连海事大学出版社2003年版,第492页。

限制性债权，是指责任限制主体可以依法享受责任限制的债权。《1957年公约》规定了三类限制性债权：(1)船上所载人员的人身伤亡及船上所载财产的灭失或损坏；(2)由于船舶所有人对其行为、疏忽或过失负责的船上或不在船上的任何人的行为、疏忽或过失引起的陆上或水上任何其他人的死亡或人身伤害，以及任何其他财物的灭失或损害，或任何权利的侵犯；(3)有关清除残骸的法律规定的以及因起浮、清除、或销毁沉船、搁浅船或被弃船所产生的任何义务或责任，以及因损坏港口工程、港池及航道所产生的任何义务或责任。纯违约造成的损失不可以享受责任限制，①而对于既属于违约所造成的损失，同时又属于“驾驶或管船”的行为、疏忽或过失造成的损失，船舶所有人仍可享受责任限制。②

《1976年公约》将限制性债权分为六类：(1)有关在船上发生或与船舶营运或救助作业直接相关的人身伤亡或财产的灭失或损害(包括对港口工程、港池、航道和助航设施的损害)，以及由此引起的相应损失的索赔；(2)有关海上货物、旅客或其行李运输的延迟引起的损失的索赔；(3)有关与船舶营运或救助作业直接相关的、侵犯合同权利之外的权利而引起的其他损失的索赔；(4)有关沉没、遇难、搁浅或被弃船舶(包括船上的任何物件)的起浮、清除、毁坏或使之变为无害的索赔；(5)有关船上货物的清除、毁坏或使之变为无害的索赔；(6)有关责任人以外的任何为避免或减少责任人按本公约规定可限制其责任的损失所采取的措施，以及由该措施而引起的进一步损失的索赔。公约还规定，任何国家批准公约时，可以对上述第(4)、(5)项限制性债权作出保留。③

我国《海商法》第207条规定了四类限制性债权，与《1976年公约》的第(1)、(2)、(3)和第(6)项完全相同。基于保护本国航道、渔业资源安全以及保持部门法之间一致的考虑，我们借鉴了公约的做法，将其第(4)和(5)项予以排除。此外，《海商法》第207条还规定无论海事请求权人提出的方式有何不同，责任人均可以限制赔偿责任。这意味着不论海事责任是由于侵权、合同或其他事由产生，责任人均可依法享受赔偿责任限制。

2. 非限制性债权

非限制性债权，指责任主体依法不能限制其赔偿责任的海事赔偿请求权。我国《海商法》第208条规定的非限制性债权和《1976年公约》第3条的规定相同，包括：(1)对救助款项或者共同海损分摊的请求；(2)我国参加的国际油污损害民事责任公约规定的油污损害的赔偿请求；(3)我国参加的国际核能损害责任限制公约规定的核能损害的赔偿请求；(4)核动力船舶造成的核能损害的赔偿请求；(5)船舶所有人或者救助人的受雇人提出的赔偿请求，根据调整劳务合同的法律，船舶所有人或者救助人对该类赔偿请求无权限制赔偿责任，或者该项法律作了高于本章规定的赔偿限额的规定。

(四)适用的条件

海事赔偿责任限制的适用条件，即责任主体在何种情况下享有责任限制的权利。根据“无过错即无责任”的民法原则，过错是民事侵权责任构成要件中的决定性因素。过错分为故意和过失，故意指行为人已经预见自己行为的结果，却仍然希望或者放任结果的发生；过失则表现为行为人对自己行为的结果，应当预见或者能够预见而没有预见，或者已经预见但

---

① The“Vigilant”(1921)7, Lloyd's Law Rep. 232.

② The“Kirknel”(1956)2, Lloyd's Law Rep. 651.

③ 参见公约第2条、第18条第1款。

轻信能够避免。

《1957 年公约》根据过错性质将责任主体分为两类：第一类主体为船舶所有人、承租人、经营人和管理人，其海事赔偿责任限制的适用条件是这些人没有“实际过失或知情放任”；第二类主体为船长、船员及其受雇人员，当这类主体具有“实际过失或知情放任”时，第一类主体仍享有责任限制。但如果第二类主体与第一类主体重合，则仅在其行为、疏忽或过失是该有关人员以船长或船员身份作出时，才能适用责任限制制度。

《1976 年公约》的规定给予了船舶所有人和救助人更多的保护，即使责任事故是由于责任主体的过失造成的，船舶所有人以及救助人仍可享受责任限制。只有经过证实，损害是由于责任人故意所致，或明知可能造成损害而轻率地作为或不作为所引起时，船舶所有人或救助人才不能限制其责任。[①] 我国《海商法》第 209 条关于海上赔偿责任限制制度的适用条件与《1976 年公约》保持一致。此外，《海商法》第 205 条亦规定，如果限制性海事赔偿请求，不是向船舶所有人、救助人本人提出，而是向其他对该行为、过失负有责任的人员提出，这些人员也可以享受责任限制。

二、海事赔偿责任限制的方式和限额

（一）海事赔偿责任限制方式

1. 委付制

委付制指船舶所有人在本身无过错，而对其代理人或雇佣人承担责任时，原则上承担无限责任，但其可将当事船舶以及本次航次的运费委付给债务人以免除责任，债权以本次航次为限，船舶所有人的责任以该船舶加上本航次运费为限。委付制以船舶所有人意思表示为前提，否则仍需承担无限赔偿责任。

2. 执行制

因船舶事故发生的损害，债权人仅限于对船舶所有人的该项海上财产（该航次的船舶加上运费）予以强制执行，不足清偿的部分，债权人不得再对船舶所有人另行主张权利。执行制不需要以船舶所有人的意思表示为前提。为了平衡包括船舶所有人在内的责任主体与受害人之间的利益关系，执行制规定，债权人就其债权对船舶所有人的海上财产享有担保物权。如果船舶所有人将事故船舶出租或进行新航次营运，债权人可在这一事实发生时该船舶价值范围内就船舶所有人的其他财产如陆上财产申请强制执行。

委付制和执行制的共同之处在于将船舶所有人的责任限制为海上财产，即船舶加上运费，且均以航次为限。但其缺陷在于一旦债权人主张权利，船舶所有人将无法继续使用船舶进行营运，不利于航运业的健康发展，另一方面，由于船舶价值变化较大，债权人也无法获得直接且价值稳定的损害赔偿，不利于保护债权人的合法权益。

3. 船价制

英国 1773 年《船舶所有人责任法》采取船价制，改变了普通法系的船舶所有人不享有责任限制的状况。船价制指船舶所有人的赔偿责任以船舶价值和运费为限。在赔偿方式上船舶所有人并不需要交付船舶本身，允许其支付与船舶价值以及运费金额相当的

---

① Robert Crime, *The Loss of The Right to Limit*, The Limitation of Shipowners' Liability: *The New Law*, 1986, p. 105.

金钱。船价制是由委付制演变而来，与委付制不同的是船价制采用事故主义，船舶所有人的有限责任仅限于船舶遭遇特定事故产生的损害，责任限制以事故发生的次数为限。①相对于委付制和执行制来说，船价制兼顾了各方当事人的利益，更有利于保护及促进航运的发展。对船舶所有人而言，船价制赋予其选择权，使其在缴纳与船价加运费相当的金额后能够继续经营船舶。对债权人而言，船价制可使其直接获得金钱赔偿而无须通过出售船舶弥补损失。

4. 金额制

英国于1854年《商船航运法》首次使用金额制。船舶所有人对因船舶一次事故产生的损害，按事故船舶吨位乘以每吨的限制金额承担赔偿责任。金额制以事故次数为标准，如同一航次发生数次事故，就按照事故的次数承担责任。金额制的特点是海事赔偿责任限制不再与船舶价值挂钩，相对于委付制、执行制、船价制来说，以船舶吨位来计算海事赔偿责任限额具有稳定性和确定性的优点，不需考虑事故发生前后船舶的价值如何以及运费等因素，便于赔偿金额的计算，也有利于促进船舶所有人建造优质船舶。《1957年公约》和《1976年公约》均采用了金额制，我国《海商法》也规定了金额制。当然，该制度的主要缺陷是没有将受害人实际发生的损失考虑在内，若其实际损失高于以船舶吨位计算的金额限制，则不利于保护受害人利益。

5. 并用制

美国1851年制定的《船舶所有人责任法》采用了并用制，即并用船价制和金额制，采取航次主义。该法1935年修订时规定，发生海难造成人身伤亡时，如果船价制仍不足以赔偿受害方时，船舶所有人应当设立每吨60美元的责任限制基金，用于补充人身伤亡的赔偿。《1924年公约》中采用了并用制，规定船舶所有人的责任以海上财产为限，也可采每吨8英镑的限制责任金额，两者取其较低者。如果海上财产灭失，则每吨8英镑的限制金额不必执行。但有关共同海损分摊、救助报酬和船舶所有人授权船长所签合同产生的义务除外。

（二）海事赔偿责任限额

海事赔偿责任限额是指责任主体依法对所有限制性债权的最高赔偿限额。由于航海技术和相关科技的不断发展，航海风险大幅降低，因此海事赔偿责任限制制度的发展趋势是不断减少责任人的特权，提高海事赔偿请求权人的获赔数额，从而更好地保护受害人的利益。海事赔偿责任限制制度从《1924年公约》发展到《1976年公约》，直至其《1996年议定书》，赔偿限额在不断提高。《1924年公约》及《1957年公约》前文已作介绍，这里着重分析普遍适用的《1976年公约》，尤其是其《1996年议定书》和我国《海商法》对责任限额的相关规定。

我国《海商法》和《1976年公约》就海事赔偿责任限制限额的规定基本相同，不同在于《海商法》的规定，仅适用于300总吨以上的海洋运输船舶。而《1976年公约》包含了300总吨以下船舶海事赔偿责任限额的规定。②

---

① 王千华、向明华：《海商法》，中山大学出版社2007年版，第228页。

② 《1976年公约》规定，关于人身伤亡的责任限制，船舶不超过500总吨的，为330000SDR。对于其他索赔的责任限制，船舶不超过500总吨的，责任限制定为167000SDR。

我国《海商法》责任限额表

<table>
<tr><th>船舶吨位</th><th>人身伤亡赔偿限额</th><th>财产损害赔偿限额</th><th>限额种类</th></tr>
<tr><td>300～500</td><td>333000 SDR</td><td>167000 SDR</td><td>基本限额</td></tr>
<tr><td>501～3000</td><td>500 SDR</td><td rowspan="2">167 SDR</td><td rowspan="4">每吨增加限额</td></tr>
<tr><td>3001～30000</td><td>333 SDR</td></tr>
<tr><td>30001～70000</td><td>250 SDR</td><td>125 SDR</td></tr>
<tr><td>70000 以上</td><td>167 SDR</td><td>83 SDR</td></tr>
</table>

《1996 年议定书》责任限额表

<table>
<tr><th>船舶吨位</th><th>人身伤亡赔偿限额</th><th>其他赔偿限额</th><th>限额种类</th></tr>
<tr><td>2000 以下</td><td>2000000 SDR</td><td>1000000 SDR</td><td>基本限额</td></tr>
<tr><td>2001～30000</td><td>800 SDR</td><td>400 SDR</td><td rowspan="3">每吨增加限额</td></tr>
<tr><td>30001～70000</td><td>600 SDR</td><td>300 SDR</td></tr>
<tr><td>70000 以上</td><td>400 SDR</td><td>200 SDR</td></tr>
</table>

对于 300 总吨以下的船舶和沿海运输、沿海作业的船舶，交通部 1993 年《关于不满 300 总吨船舶以及沿海运输、沿海作业船舶海事赔偿责任限额的规定》规定：

(1)超过 20 总吨，21 总吨以下的船舶，人身伤亡的赔偿限额为 54000SDR，财产赔偿限额为 27500SDR；超过 21 总吨的船舶，超过部分的人身伤亡的赔偿责任限额每总吨增加 1000SDR，财产损害的赔偿限额每总吨增加 500SDR；

(2)沿海运输、沿海作业的船舶，不满 300 总吨的船舶，赔偿限额按照交通部 1993 年规定的上述赔偿限额的 50％计算；300 总吨以上船舶，其赔偿限额按照我国《海商法》第 210 条规定的赔偿限额的 50％计算。

(3)同一事故中的当事船舶的赔偿限额，有适用《海商法》或本规定的，其他当事船舶的赔偿限额应当同样适用。

（三）反索赔

反索赔是指责任限制主体就同一事故相互提出赔偿请求，当事人双方互为责任人和索赔人的情况。对此主要存在两种立法模式：一种是单一责任限制的“先充抵，后限制”做法，即两方当事人先按照请求数额充抵，然后就差额部分依法适用责任限制制度；另一种是交叉责任限制的“先限制，后充抵”做法，即责任限额分别适用于双方当事人的索赔额，然后相互予以充抵。

我国《海商法》和《1976 年公约》均采用的是单一责任限制制度。如我国《海商法》第 215 条规定：“享受本章规定的责任限制的人，就同一事故向请求人提出反请求的，双方的请求金额应当相互抵消，本章规定的赔偿限额仅适用于两个请求金额之间的差额。”

思考题

1. 海事索赔责任限制的主体有哪些？

2. 关于海事索赔责任限制的国际公约有哪些?

3. 试析海事索赔责任限制制度的意义

4. 案例讨论:

某日凌晨5时许,白云外运所属“白云1号”轮(940总吨)在深圳赤湾港入口处海面与外省长空海运总公司经营的“安达丰”轮发生碰撞,“安达丰”轮及船载850吨豆粕一并沉入大海。该事故可能导致白云外运承担396万元的损害赔偿责任,其中“安达丰”轮价值约为210万元,850吨豆粕约为186万元。为此,白云外运向当地海事法院申请设立海事赔偿责任限制基金,最终法院裁定准许。设立的基金数额为240480SDR。这意味着尽管白云外运造成的损失是396万元,但其赔偿责任限额可能不会超过人民币264万元。

本案的处理是否正确?我国《海商法》对此是怎样规定的?

司法考试真题链接

1. 中国甲公司通过海运从某国进口一批服装,承运人为乙公司,提单收货人一栏写明“凭指示”。甲公司持正本提单到目的港提货时,发现货物已由丙公司以副本提单加保函提取。甲公司与丙公司达成了货款支付协议,但随后丙公司破产。甲公司无法获赔,转而向乙公司索赔。根据我国相关法律规定,关于本案,下列哪一选项是正确的?(2011年)

A. 本案中正本提单的转让无须背书

B. 货物是由丙公司提走的,故甲公司不能向乙公司索赔

C. 甲公司与丙公司虽已达成货款支付协议,但未得到赔付,不影响甲公司要求乙公司承担责任

D. 乙公司应当在责任限制的范围内承担因无单放货造成的损失

2. 依照我国《海商法》相关规定,下列哪些诉讼应适用受理案件的法院所在地法律?(2007年)

A. 我国法院受理的关于海事赔偿责任限制的诉讼

B. 我国法院受理的关于船舶优先权的诉讼

C. 同一国籍的船舶在公海上发生碰撞而在我国法院进行的诉讼

D. 不同国籍的外国船舶在公海上发生的碰撞而在我国法院进行的诉讼

第十三章 海上保险法律制度

【引例】2001年9月20日,中茶公司作为买方与荷兰C公司签订了500公吨可可豆销售合同。11月19日,原告人保北京分公司出具涉案货物运输保险单,其中记载的被保险人为中茶公司,由象牙海岸(科特迪瓦)至中国上海,承保险别为一切险。11月20日,被告日本某株式会社签发提单。12月21日,涉案货物进口报关,报关单记载的经营单位为中茶公司,收货单位为兴光公司。经中国进出口商品检验总公司检验,证明该货物湿损,为集装箱在海运途中遭海水浸泡所致。2002年3月8日,中茶公司出具赔款收据及权益转让书,证明其已收到涉案货物的保险赔款,并同意将已取得赔款部分保险标的的一切权益转让给原告。原告据此向被告提出保险代位求偿权之诉。法院另查明,涉案提单背面背书人依次为托运人S公司、销售合同卖方C公司、中茶公司和兴光公司,最后由兴光公司持提单向被告提货。请问:原告的诉讼请求能否得到法院的支持?

第一节 海上保险概述

一、海上保险的涵义

海上保险(Marine Insurance)俗称水险,是以海上运输有关的财产、利益或责任为保险标的的一种保险,具体表现为一种保险合同关系,是投保人与保险人在平等自愿基础上订立海上保险合同,由投保人交纳保险费,在发生保险事故后由保险人按照合同规定履行补偿义务。[①]

海上保险是以海上风险(危险)作为承保对象的,这是它区别于非海上保险的重要特征。海上风险也称海难(Marine Perils),是指与海上航行或海上运输有关的风险,即船舶、货物等在海上运输过程中可能发生损失的风险。作为专业保险术语,海上风险是经过长期经验积累形成的,具有特定含义和内容,不能从一般字面含义去理解。首先,海上保险承保的海上风险,并非指海上的一切危险,它通常只包括相应的自然灾害和意外事故。除此之外,海上保险也承保海上风险以外的其他外来原因所造成的风险。[②] 其次,海上保险并不仅仅承

① 李继熊、魏华林:《海上保险学》,西南财经大学出版社1997年版,第1页。

② 袁建华:《海上保险原理与实务》,西南财经大学出版社2006年版,第5~11页。

保在海上发生的风险。海上保险的范围最初仅限于海上固有的风险。但随着海上贸易和海上运输的发展，尤其是从19世纪开始，与海上航行有关的发生于内河或者陆上的损失也被纳入海上保险的责任范围。再次，海上保险并不仅仅限于海上船舶、货物发生的风险。虽然海上保险的保险标的最初只是传统的船舶、货物和运费等。但19世纪以来，随着商品贸易的发展和运输方式的变革，海上保险标的种类逐渐增加，凡是与航海有关的财产、利益或责任以及建造中的船舶等，都可以成为海上保险的标的。故海上保险具有以下特征：(1)承保风险的综合性；(2)承保标的的流动性；(3)承保对象的多变性；(4)保险种类的多样性；(5)海上保险的国际性。

二、海上保险的分类

(一)按保险标的分类

海上保险是以海上财产、利益及责任为保险标的的，因而属于财产保险的范畴。不过责任保险与财产保险相比，在保险标的、承保对象、保险价值与金额的确定，以及代位求偿和索赔理赔等方面有许多重要区别，因此近些年来传统的财产保险已经有分化为狭义财产保险与责任保险的趋势。[①] 相应地，海上保险也分为狭义的海上财产(损失)保险与海上责任保险两种，海上责任保险由此成为与货物、船舶等财产保险相并列的一种海上保险类型。[②]

(1)海上财产保险，承保船舶、货物等有形财产或其利益的损失，它通常由商业保险公司予以承保，因而属于商业保险的范畴。按照保险标的的不同，海上财产保险又可分为船舶保险、海上货物运输保险、运费保险、租金保险等。

(2)海上责任保险，是以海上民事损害赔偿责任为承保对象的保险。依据责任的不同性质，海上责任保险又可分为碰撞责任险、油污责任险、承运人合同责任险等。事实上，绝大多数海上责任，包括超出船舶保险负责的碰撞责任以外的碰撞责任、货损货差、法律责任、合同责任、人身伤亡赔偿责任、油污损失和清除费用、船员遣返费用、各种罚金等，都是由保赔协会(船东互保协会)来承保的，这被称为保赔保险。保赔协会是一种相互保险组织，因而保赔保险属于相互保险而不是商业保险。不过，商业保险也承保部分海上责任，例如船舶碰撞责任等。

上述分类是一种学理上的分类，而在实践中许多保险都是综合性的。例如，船舶(船壳)保险单中会附加"碰撞责任"条款，船舶建造保险、船舶修理保险也会承保建造人、修船人的责任，而保赔保险也承保承运人的集装箱的财产损失等，这是在实践中形成的，以方便投保以及索赔理赔的需要。虽然上述财产险与责任险被综合在一个保险单中，但是由于性质不同，在法律上仍构成两个相互独立的合同法律关系，在责任范围及其认定、索赔理赔等方面均有所不同。

(二)按保险价值来分类

按是否确定保险标的价值来划分，可分为定值保险和不定值保险两类。

(1)定值保险，是指保险合同当事人在订立合同时即确定了保险标的的保险价值并将之

---

① 李凤宁：《海上责任保险的立法趋势与展望》，载《保险研究》2007年第4期。

② Raymond P. Hayden, Sanford E. Balick, Marine Insurance: Varieties, Combinations, and Coverages, *Tul. L. Rev.*, 1991—1992, p. 66.

载明于保单的保险合同。对于定值保险合同,发生保险事故后无须再对保险标的价值进行核定。定值保险合同中保险标的的保险价值可能与保险标的的实际价值不符。但是,除非保险人能够证明投保人有欺诈行为,否则保险人不得以实际价值与约定价值不符为由,拒绝履行赔付责任。[①] 定值保险易诱发欺诈行为或道德风险的发生,因而定值保险通常只适用于一些不易确定价值的财产。海上保险,尤其是船舶保险和货物运输保险等大都采用定值保险形式。一方面是因为船舶、货物等海上保险标的流动性大,易受时间和空间因素的影响,事后估计损失在技术上存在许多难以解决的困难;另一方面,由于海上保险标的不像其他财产保险那样直接掌握在被保险人手中,因此不易产生故意制造保险事故的行为或道德风险。[②]

(2)不定值保险,是指保险人与被保险人对保险标的事先并不约定保险价值,而是由被保险人自行确定保险金额并载于保险合同。保险标的遭遇保险事故导致损失时,保险人应另行确定保险价值作为赔偿的依据。不定值保险为大多数财产保险合同所采用。虽然海上保险多为定值保险合同,但在实践中也存在着大量的不定值保险方式。

(三)按保险期间分类

按承保的期间不同,可分为航程(航次)保险、定期保险和混合保险等。

(1)航程保险,是指以航程或航次为依据确定保险期间的保险,用来承保从起运港到目的港之间的一次航程、往返航程或多次航程中的保险责任。保险人的保险责任自航程开始时起,至航程结束时终止,其具体的日期需要依据具体的航程来确定。不过,如果保险单有不同约定的,例如约定“从货物装船时起”,则应以特别约定为准。海上货物运输保险通常采用航程保险形式,也有一些船舶保险如不定期营运的船舶等也采用这种保险方式。

(2)定期保险,是由保险当事人约定具体的期限(年、月、日、时)作为保险责任起讫日期的保险。保险期限通常有 3 个月、6 个月或 1 年等。船舶保险一般采用定期保险。

(3)混合保险,是既以航程又以时间作为保险期间、兼具航程保险与定期保险特征的一种保险。实践中,混合保险以航程为主,但为避免航程时间拖延过长,又加以时间上的限制,两者以先发生者为准。超出约定期间或约定航程的损失不属于保险责任的范围。

三、海上保险的立法与实践

海上保险是历史最为悠久的保险制度,是一切保险尤其是财产保险的鼻祖,但它究竟肇始于何时何地已无法准确得知。许多学者认为海上保险起源于古代共同海损或海上抵押借贷制度。但是,共同海损是对有意造成的损失进行分摊的制度,而海上保险则是对自然灾害、意外事故造成的损失的补偿制度,因而二者并非同一制度。不过二者在“我为人人、人人为我”的理念,以及对损失进行分摊和补偿的机制上来说是相通的,因而可以认为共同海损为海上保险提供了理念和制度源泉。现存最早的海上保险单即 1384 年比萨(piza)保险单

① 英国 1906 年《海上保险法》第 27 条第 3 款规定,若不存在欺诈,保险人与被保险人达成的在保险合同中约定的保险标的的价值是保险标的的最终可保价值。我国立法虽未明确规定,但在理论上和实践中都是这样理解的。

② 李继熊、魏华林:《海上保险学》,西南财经大学出版社 1997 年版,第 30 页。

签发时，海上保险在内容与形式上得到了统一，现代意义上的海上保险可追溯至此。[①]

16世纪以后，随着英国海外贸易的发展，海上保险随之发展起来，英国也逐渐成为现代海上保险的中心。17世纪，伦敦的一些保险业人士和经纪人组成了专营海上保险业务的保险人织织劳埃德保险社，即劳合社（Lloyds'）。如今，劳合社已发展成为世界上最大的保险垄断组织之一。英国海上保险制度一直受判例法的约束，直到《1906年海上保险法》的问世才改变了这一局面。该法不仅是英国海上保险的重要法律依据，也是世界各国海上保险立法的范本和重要参考。此外，英国协会保险条款也在国际保险市场上得到广泛应用。因此，虽然在海上保险领域内并没有统一的国际公约，但是英国的立法和保险条款在一定程度上促进了海上保险法的国际趋同和统一。

我国的海上保险是伴随着殖民主义的入侵而引入的，但民营保险始终未得到应有的发展。新中国成立后海上保险开始走上独立发展的道路，尤其是在改革开放后更是得到了迅猛的发展。我国没有制定单独的海上保险法，而是在《海商法》中单列一章“海上保险合同”。此外，我国还制订有《保险法》，《海商法》没有规定的，则适用《保险法》的规定；《保险法》没有规定的，则适用《合同法》的规定；《合同法》没有规定的，则适用《民法通则》等其他民商事法律的规定。

第二节　海上保险的类型

在国际保险市场上，各国保险组织都制定有自己的保险条款。但最为普遍采用的是英国伦敦保险业协会所制订的《协会货物条款》（*Institute Cargo Clause*，简称I.C.C.），包括各种货物保险条款、船舶和运费保险条款、特殊货物保险条款等。[②] 中国人民保险公司（PICC）也参照英国的“协会条款”制定了自己的海上保险标准条款，通常简称为“人保条款”，广泛适用于我国的海上保险实务中。

一、海上货物运输保险

海上货物运输保险是以海上运输货物作为承保标的的保险，主要承保货物在运输途中遭受的损坏或灭失。海上货物运输保险是历史最悠久、业务量最大的货运保险类型，不仅在贸易中占据重要地位，与航运的关系也十分密切。在海上货物运输保险实务中，国际上通行的是1982年版的伦敦协会货物保险条款或与此类似的规定，其取消了原来的一切险、水渍险和平安险的险别名称，代之以协会货物险A、B、C条款。1982年协会货物保险条款在2009年进行了部分修订。

在我国则主要采用1981年的人保“海洋运输货物保险条款”（1985年修订）。“海洋运输货物保险条款”把海上货物运输保险分为基本险、附加险和专门险三种。以下主要以“人保条款”的相关规定进行介绍。

---

① 李继熊、魏华林：《海上保险学》，西南财经大学出版社1997年版，第13～16页。

② 杨良宜、汪鹏南：《英国海上保险条款详论》，大连海事大学出版社1996年版，第1～6页。

(一)基本险

基本险又称主险，是指可以独立承保，不必附加在其他险别项下的险别。海上货物运输保险的主险通常分为三种：平安险(Free from Particular Average，F. P. A.)，水渍险(With Particular Average，W. P. A.)和一切险(All Risks)。现行人保“海洋运输货物保险条款”仍保留这一传统。

1. 平安险

平安险的英文意思是单独海损不赔，因此该险最初的保障范围是只赔全损(即单独海损不赔)。不过，随着国际航运、贸易的发展和需要，平安险的责任范围已大大超过了原来那种只赔全损的限制。目前，平安险仅对由于自然灾害(恶劣气候、雷电、海啸、地震、洪水)造成的单独海损不赔，而对于因意外事故所造成的单独海损还是负赔偿责任的。该险的责任范围主要包括：

(1)被保险货物在运输途中由于恶劣气候、雷电、海啸、地震、洪水、热带风暴、火山喷发等自然灾害造成的整批货物的全损。货物全损(Total Loss)在理论上有两种类型，即“实际全损”(Actual Total Loss)和“推定全损”(Constructive Total Loss)。实际全损，是指保险标的在发生保险事故后灭失，或者受到严重损坏完全失去原有形体、效用，或者不能再归被保险人所拥有的损失状态。常见的有货物随船沉入深海，货物被抛弃，货物被烧毁，水泥进水结块，化肥被水溶解，食品被有毒货物玷污，水果腐烂，冻肉解冻变质，牲畜死亡等。货物的“推定全损”，指货物发生保险事故后，认为实际全损已经不可避免，或者为避免发生实际全损所需支付的费用与继续将货物运抵目的地的费用之和超过保险价值的损失状态。例如，运输货物航程因海上自然灾害无法完成从而导致被保险人无法取得和处分货物，或者货物发生损坏后，虽然仍然可能修复，但修复费用加上将货物运至目的地的费用将超过货物到达后的实际价值。

(2)由于运输工具遭受搁浅、触礁、沉没、互撞、与流冰或其他物体碰撞以及失火、爆炸意外事故造成货物的全部或部分损失。与前项规定不同，这些风险为列明风险。所谓“运输工具”并不仅限于海船，还包括运输过程中使用的驳船和内河船只等工具。“搁浅、触礁”还应包括船舶坐浅、船舶擦浅等，即船舶与水底、礁石发生实际接触。“沉没”，是指船舶在水中丧失漂浮而沉入水中，包括船舶倾覆等，但不包括货物落海而船舶并未沉没，只是剧烈摇摆或上浪的情况。“互撞”，指船舶之间发生碰撞。“与流冰或其他物体碰撞”，指载运保险货物的船舶与水中的流冰或船舶以外的其他物体(如码头、灯浮等)发生接触。对于“火灾”及“爆炸”，并不仅限于船舶失火或爆炸而损及货物，在运输过程中的陆运或仓储阶段发生火灾或爆炸事故所造成的货损，也在保险人的责任范围内。①

(3)在运输工具已经发生搁浅、触礁、沉没、焚毁意外事故的情况下，货物在此前后又在海上遭受恶劣气候、雷电、海啸等自然灾害所造成的部分损失。即如果货物遭受部分损失的原因，既可能是海上发生的自然灾害，又可能是船舶发生搁浅、触礁、沉没或焚毁的，保险人均负赔偿责任。这有利于减轻被保险人的举证责任，减少争议。然而，船舶碰撞或触碰其他物体的，则不包括在内。

(4)在装卸或转运时由于一件或数件整件货物落海造成的全部或部分损失。这仅限于

① 杨良宜、汪鹏南：《英国海上保险条款详论》，大连海事大学出版社 1996 年版，第 218～220 页。

货物在装卸或转运过程中发生的意外,如吊钩脱落、吊绳断裂或吊杆折断等,使得一件或数件整件货物掉落海中所造成的货损。这里只要求"整件货物"即可,不要求是某一保险单证下的全部货物。

(5)被保险人对遭受承保风险的货物采取抢救、防止或减少货损的措施而支付的合理费用,但以不超过该批被救货物的保险金额为限。该施救应是被保险人一方进行的自救活动,而不是保险人与被保险人以外的第三人的救助行为。

(6)运输工具遭遇海难后,在避难港由于卸货所引起的损失以及在中途港、避难港由于卸货、存仓以及运送货物所产生的特别费用。

(7)共同海损的牺牲、分摊和救助费用。如果保险人在共同海损分摊前已赔偿了被保险货物的共同海损牺牲,则对共同海损牺牲要求分摊的权利,就由保险人享有。救助费用如果不能作为共同海损费用,如货物获救后在抵达目的地前灭失,保险人仍旧赔偿应由被保险人承担的救助费用。

(8)运输合同中订有"船舶互撞责任"条款的,根据该条款规定应由货方偿还船方的损失。"船舶互撞责任(双方有责碰撞责任)"条款可使货方无论是通过合同关系或是通过侵权关系,均不能取得全部的损失补偿。本项规定就是将这部分无法从船方取得的补偿纳入到平安险的赔偿范围。

2. 水渍险

水渍险除承保平安险的各项责任外,还负责被保险货物由于恶劣气候、雷电、海啸、地震、洪水等自然灾害所造成的部分损失。也就是说,水渍险与平安险的区别在于,平安险对恶劣气候、雷电、海啸、地震、洪水等自然灾害,必须是造成保险货物全部损失时才负赔偿责任;而水渍险不仅对上述列举的自然灾害所造成的保险货物全损负赔偿责任,而且对因此造成的保险货物部分损失也负责赔偿。

3. 一切险

一切险是海上货物运输险中承保范围最广的一种险别。通常说来,一切险除承保水渍险的责任范围外,还负责赔偿被保险货物在运输途中由于外来原因所致的全部或部分损失。但对于何为外来原因,外来原因是否包括所有的外来原因并不明确。保险业界多认为"外来原因"仅指偷窃、提货不着、淡水雨淋、短量、混杂、玷污、渗漏、串味异味、受潮受热、包装破裂、钩损、碰损破碎、锈损等原因。反对者则认为,对一切险的风险承保范围可从字面上作文义解释,认为一切险承保海上运输中所有的风险,除非已明确排除。在一切险条件下,保险人仍享有若干项除外责任,而且仍有必要选择投保战争险、罢工险和特别附加险。

与平安险和水渍险相比,一切险承保的责任范围要大得多。而且在举证责任方面,平安险和水渍险是列明风险,被保险人的举证责任要重得多,被保险人须证明所索赔的损失源于某项列明承保的风险;而在一切险情况下,被保险人只需证明其所索赔的损失是某种外来原因造成的意外损失即可。

在本章的引例中,涉案货物湿损,经检验为集装箱在海运途中遭海水浸泡所致,理论上可推定属于"一切险"的责任范围。

4. 平安险、水渍险、一切险的除外责任

除外责任是保险人不负赔偿损失或费用的责任。保险条款中之所以要规定责任范围和除外责任,主要是为了划清保险人、被保险人双方对损失应负的责任,使保险人的赔偿责任更为明确。

依据“海洋运输货物保险条款”,平安险、水渍险、一切险的除外责任主要有以下几类:(1)被保险人的故意行为或过失所造成的损失;(2)属于发货人的责任所引起的损失;(3)在保险责任开始承担以前,被保险货物已经存在品质不良或数量短缺所造成的损失;(4)被保险货物的自然损耗、本质缺陷、特性以及市价跌落、运输迟延所引起的损失或费用;(5)战争险条款和罢工险条款所规定的责任及其除外责任。此外,除非当事人另有约定,海上货物运输中因承运人无正本提单交付货物造成的损失,也不属于保险人的保险责任范围。

(二)附加险

附加险是投保人在投保基本险时,为保障基本险范围以外可能发生的某些风险所附加的保险。附加险不能单独承保,它必须依附于主险。每一种附加险都有相应的保险条款,附加险条款与主险条款相抵触时,应以附加险条款为准。附加险一般可分为普通附加险、特别附加险和特殊附加险三类。

1. 普通附加险

普通附加险承保由于一般外来原因造成的货物全损或部分损失,是保险人在主险责任基础上扩展的责任。不过,由于它的责任范围已为一切险所涵盖,因此投保了一切险的,即无须再附加投保任何普通附加险。普通附加险一般包括:

(1)偷窃、提货不着险(Theft,Pilferage and Non-delivery Clause)。该险承保被保险货物遭受偷窃或整件提货不着所造成的损失。为了便于确定责任,被保险人应及时提货并在提货后10日内申请检验。对于提货不着的损失,被保险人还应向责任方索取短交证明,否则保险人不负赔偿责任。

(2)淡水雨淋险(Fresh water & / or Rain Damage Clause)。该险承保被保险货物因遭受雨水、淡水和雪融造成的损失。由于平安险、水渍险和一切险仅承保因海水所致的损失,而不赔偿因淡水引起的损失,故为区分责任,在请求赔偿时应提交确为淡水所致损失的证明。本附加险要求被保险人及时提货,并在提货后10日内申请检验,否则保险人不负赔偿责任。

(3)短量险(Shortage Clause)。该险对被保险货物在运输过程中发生的数量短少和重量损失负责赔偿。对于有包装货物的短少,应查验外包装是否有异常现象,如裂袋、扯缝等,以确定是否为外来原因造成的短少。散装货物的短少以装船重量和卸船重量之间的差额为计算的依据,但须扣除正常的损耗。

(4)混杂、玷污险(Intermixture and Contamination Clause)。该险对被保险货物在运输过程因混杂、玷污所致的损失负责赔偿。运输矿砂、纸张、服装等易混杂或易受玷污的货物适合附加此险。

(5)渗漏险(Leakage Clause)。该险对在运输过程中因容器损坏引起的渗漏损失,或液体储藏货物因液体的渗漏而引起的货物腐坏等损失负赔偿责任。

(6)碰损、破碎险(Clash and Breakage Clause)。该险对被保险货物在运输途中因震动、碰撞、受压造成的破碎和碰撞损失负赔偿责任。

(7)串味异味险(Taint or Odour Clause)。该险对被保险货物在运输过程中因受其他物品的影响而引起的串味异味损失负赔偿责任。

(8)受潮受热险(Sweat and Heating Clause)。该险负责对被保险货物在运输过程中因气温突然变化,或由于船上通风设备失灵致使舱内水汽凝结、受潮、受热引起的损失进行赔偿。

(9)钩损险(Hook Damage Clause)。该险负责对被保险货物在装卸过程中因遭受钩损引起的损失,以及对包装进行修补或调换所支付的费用进行赔偿。钩损是指在装卸货物时因使用平钩或吊钩等工具引起的损失。

(10)包装破裂险(Breakage of Packing Clause)。该险负责对被保险货物在运输过程中因搬运或装卸不慎、包装破裂所造成的损失,以及为继续运输安全需要对包装进行修补或调换所支付的费用进行赔偿。

(11)锈损险(Rust Clause)。该险负责对被保险货物在运输过程中发生的锈损损失进行赔偿。

2. 特别附加险

特别附加险也必须附加于主险项下。此种附加险对与海运紧密相关的若干特殊风险造成的保险标的的损失负赔偿责任。与普通附加险不同的是,特别附加险所承保的责任已超出了一切险的范围,其致损原因往往与政治、行政等人为因素及一些特别的因素联系在一起。特别附加险主要包括:

(1)交货不到险(Failure to Deliver Clause)。该险负责对自被保险货物装上船起6个月内不能运抵原定目的港交货的损失进行赔偿。为了与提货不着险相区别,该险要求被保险人要获得一切进口许可证,并办妥有关进口手续,保险公司才予以赔偿。

(2)进口关税险(Import Duty Clause)。该险承保的货物受损后,被保险人仍须按完好货物缴纳进口关税所造成的损失。对于受损货物的进口关税,有些国家规定可以按其实际价值减税或免税,我国即是如此。但也有些国家规定,对受损或短少的货物仍需按完好价值完税。在本附加险情况下,如果被保险货物发生保险责任范围内的损失,而被保险人仍须按完好货物完税时,保险人对该项货物的损失部分的进口关税负赔偿责任。

(3)舱面险(On Deck Clause)。该险承保被保险货物存放舱面时造成的损失,包括但不限于被抛弃或风浪冲击落水造成的损失。海上运输的货物一般都装载于船舱内,保险人在确定责任范围和费率时都按货物装于舱内来计算,因而对货物装载于舱面所发生的损失是不负责任的。但在航运实践中,有些体积大、有毒性、有污染性或者易燃易爆物品等货物往往只能载于舱面。载于舱面的货物极易因海水浸渍、雨淋和生锈等造成货物损失,因此保险人一般只愿意在平安险基础上,而不是在一切险的基础上加保舱面险,以防责任过大。

(4)拒收险(Rejection Clause)。该险承保被保险货物在进口港被进口国有关当局拒绝进口或没收所产生的损失。在拒绝进口或没收的情况下,保险公司依被拒收或没收货物的保险价值赔偿。在货物起运后进口国宣布实行禁运时,保险公司仅负责赔偿将货物运回出口国或转运到其他目的地而增加的运费,但最多不得超过该批货物的保险价值。如果货物在起运前,进口国即已宣布禁运或禁止,保险人则不负赔偿责任。

(5)黄曲霉素险(Aflatoxion Clause)。该险承保被保险货物在进口港或进口地经当地卫生当局检验证明,因含有黄曲霉毒素,并超过了进口国对该毒素的限制标准,被拒绝进口或被没收部分货物的保险价值或改变用途所造成的损失负责赔偿。

3. 特殊附加险

特殊附加险包括战争险和罢工险,其条款是各自独立的,由被保险人分别投保。

(1)战争险(War Risk)。该险负责赔偿下列损失:第一,直接由于战争、类似战争行为和敌对行为、武装冲突或海盗行为所致的损失;第二,由于上述行为引起的捕获、拘留、扣留、禁制、扣押所造成的损失；第三，各种常规武器，包括水雷、鱼雷、炸弹所致的损失；第四，上述责任范围引起的共同海损的牺牲、分摊和救助费用。海盗行为仍作为战争险的承保范围，这与现行船舶保险条款的规定不同。战争险的除外责任有：第一，由于敌对行为使用原子或热核制造的武器所致的损失和费用。第二，根据执政者、当权者或者其他武装集团的扣押、拘留引起的承保航程的丧失和挫折而提出的任何索赔。

(2)罢工险(Strikes Risk)。该险负责对被保险货物由于罢工者、被迫停工工人或参加工潮、暴动、聚众斗争人员的行动，或任何人的恶意行为所造成的直接损失和上述行为所引起的共同海损牺牲、共同海损分摊和救助费用进行赔偿。罢工险负责的损失都必须是直接损失而非间接损失。

(三)责任期间

责任期间，又称保险期间或保险期限，是指保险人承担保险赔偿责任的起讫期限。"海洋运输货物保险条款"第3条对此作出如下规定：

1."仓至仓"条款

"仓至仓"条款规定，保险人的责任从被保险货物运离保险单所载明的起运地的仓库或储存处所开始运输时生效，在正常运输过程中持续，即在从上述起运地直接由通常的方式和路线运抵保险单所载明的目的地过程中不间断，包括海上、陆上，内河和驳船运输在内，包括通常的延迟、存仓和转运，直至发生下述四种情况之一时终止：(1)到达保险单所载明目的地收货人的最后仓库或储存处所；(2)到达被保险人用作分配或分送货物，或者非正常运输的过程中的存储的其他储存处所；(3)在最后卸货港全部离海轮后满60天；(4)在最后卸货港全部卸离海轮后，开始转运至非保险单所载明的目的地时。

2."运输合同终止"条款

由于被保险人无法控制的运输迟延、绕道、被迫卸货、重新装载、转载或承运人运用契约赋予的权限所作的任何航海的变更或终止运输契约，致使被保险货物运到非保险单所载明目的地时，在被保险人及时将获知的情况通知保险人，并在必要时加缴保险费的情况下，本保险仍继续有效，保险责任按下列规定终止：(1)被保险货物如在非保险单所载明目的地出售，保险责任到交货时为止，但不论任何情况，均以被保险货物在卸货港全部卸离海轮后满60天为止；(2)被保险货物如在60天期限内继续运往保险单所载原目的地或其他目的地时，保险责任仍按上述第1款的规定终止。

二、船舶保险

出于方便投保承保及索赔理赔的需要，现行船舶保险的标的已不再仅限于船舶本身，而是综合承保船舶因自然灾害、意外事故及船长、船员疏忽造成的船舶的损失及由此引起的碰撞责任。目前国际上通行的主要是英国协会船舶保险条款，包括协会船舶定期保险条款、船舶航次保险条款、船舶港口险定期保险条款、船舶建造保险条款以及战争险和罢工险条款等。1995年英国又推出了对保险人更有利的新的协会船舶定期保险条款。在我国，则主要采用人保1986年1月1日修订的"船舶保险条款"。以下即以该条款为基础进行说明。

(一)全损险与一切险

船舶保险的主险险别分为"全损险"和"一切险"，二者皆为列明危险，除责任范围不同外，其他条款如除外责任、免赔额、海运条款、保险期限、保险终止、保险费和退费、被保险人的义务、招标、索赔和赔偿、争议的处理等都完全相同。

1. 全损险的责任范围

船舶全损险承保被保险船舶因以下保险事故导致的全部损失:(1)地震、火山爆发、闪电或其他自然灾害;(2)搁浅、碰撞、触碰任何固定或浮动物体及其他海上灾害;(3)火灾或爆炸;(4)来自船外的暴力或海盗行为,海盗原来归入战争风险,但因与来自船外的暴力盗窃很难分开,现在船舶保险条款将此明确为非战争险,这与海上货物保险有所区别;(5)抛弃货物;(6)核装置或核反应堆发生的故障或意外事故。

此外,船舶全损险还承保由于下列原因所造成的被保险船舶的全部损失:(1)装卸或移动货物或燃料时发生的意外事故;(2)船舶机件或船壳的潜在缺陷;(3)船长、船员和引水员、修船人员及租船人的疏忽行为;(4)任何政府当局,为防止或减轻因承保风险造成被保险船舶损坏引起的污染所采取的行动。但以上各种损失原因均应不是由于被保险人、船东或管理人未恪尽职责所致。

船舶全损也包括实际全损和推定全损两种形式。"实际全损"是指船舶在物质上的灭失。此外,对于失踪的船舶,由于船舶所有人不能再拥有和处分该船,所以也视为实际全损。依我国《海商法》第 248 条的规定,船舶在合理时间内未从被获知最后消息的地点抵达目的地,除合同另有约定外,满两个月后仍没有获知其消息的为船舶失踪。对于"推定全损",依《海商法》第 246 条的规定,为船舶发生保险事故后,认为实际全损已经不可避免,或者为避免发生实际全损所需支付的费用超过保险价值的损失状态。

2. 一切险的责任范围

一切险与全损险的区别在于:损失补偿方面,一切险不仅承保保险事故造成的被保险船舶的全部损失,还承保由此造成的部分损失;责任范围方面,除全损险责任范围外,一切险还负责船舶的碰撞责任、共同海损分摊、救助费用以及施救费用。

(1)碰撞责任。船舶保险本为财产保险,但为了船东投保方便,船舶保险条款扩展到承保船东的碰撞责任,包括船舶碰撞责任和被保险船舶触碰任何固定的、浮动的物体或其他物体而引起被保险人应负的赔偿责任。保险人承担的碰撞责任以保险金额为限。也就是说,保险人对碰撞责任的赔偿与船舶损失的赔偿分别计算,在另一个保险金额限度内赔偿。然而,碰撞条款对下述责任概不负责:①人身伤亡或疾病;②被保险船舶所载的货物或财物或其所承诺的责任;③清除障碍物、残骸、货物或任何其他物品;④任何财产或物体的污染或玷污(包括预防措施或清除费用),但与被保险船舶发生碰撞的他船或其所载财产的污染或玷污不在此限;⑤任何固定的、浮动的物体以及其他物体的延迟或丧失使用导致的间接费用。

(2)共同海损和救助。对于被保险船舶的共同海损牺牲,保险人按单独海损赔偿被保险人后,可代位向其他利益方要求分摊。对共同海损费用,保险人承担的是被保险人的分摊责任,故需待共同海损理算完毕后,保险人才予赔付。保险人还负责救助费用应由被保险人分摊的部分。

(3)施救费用。因承保风险导致船舶损失或船舶处于危险之中,被保险人为防止或减少根据本保险可以得到赔偿的损失而付出的合理费用,保险人应予赔付。保险人对施救费用的赔偿不受共同海损、救助或施救费用和船舶损失赔偿金额的限制,但不得超过船舶保险金额。应注意的是,如果被保险船舶的保险金额低于其实际价值,施救费用应按比例赔付。

3. 除外责任

无论是全损险还是一切险,保险人皆不负责下列原因所致的损失或费用:

(1)被保险船舶不适航,包括人员配备不当、装备或装载不妥,但以被保险人在船舶开航时,知道或应该知道此种不适航为限。但船长、船员知道船舶开航时不适航,属于船员的疏忽,是本保险承保的危险之一。

(2)被保险人及其代表的疏忽或故意行为。被保险人及其代表的故意行为,是法定的除外责任,但是将被保险人及其代表的"疏忽"列为保险人的除外责任,是人保条款不同于协会条款的地方。此外,船舶保险的被保险人一般是指船东,即在航运经营活动中具有法人身份的船公司。被保险人的代表可能是被保险人指定的船技主管、管理公司或驻船代表等,但不包括代理人、船长、船员和普通雇员。[①]

(3)被保险人恪尽职责应予发现的正常磨损、锈蚀、腐烂或保养不周,或材料缺陷,包括不良状态部件的更换或修理。船舶在正常航运中,船壳、机件磨损、锈蚀、腐烂是可能预见到的机械运动和物体本身受自然界影响的必然现象。为保证船舶航行安全,对被保险船舶进行正常维修,不属于保险人责任范围。而对于潜在缺陷造成的其他部件的损失,保险人负责赔偿,但不包括有潜在缺陷的部件本身的更换或修理费用。

(4)中国人民保险公司船舶战争和罢工险条款承保范围和除外的责任,即凡属于"船舶战争、罢工险条款"项下的保险责任或除外责任,不能根据"船舶保险条款"要求保险人赔偿。

4. 免赔额

免赔额是保险单中约定的应由被保险人自行承担的损失额度,在此额度范围内保险人无须赔付。免赔额的运用可以节省保险人对小额保险事故的理赔费用,降低船舶保险费率。

按照船舶保险条款规定,承保风险所致的部分损失赔偿,每次事故要扣除保险单规定的免赔额,但不包括碰撞责任、救助、共同海损和施救费用的索赔。免赔额应从每一次事故造成的损失总额中扣除,但全损不扣免赔额。为了鼓励船东正确处理海难事故,船舶因搁浅而专为检验船底的费用,不受免赔额的限制,即使检验后证实不存在搁浅损害。

恶劣气候造成两个连续港口之间单独航程的损失索赔应视为一次意外事故。也就是说,对单独海损,每次保险事故扣除一个免赔额,由于恶劣气候造成两个连续港口之间单独航程的损失索赔被视为一次事故,只扣除一个免赔额。

5. 非正常航行条款

这是对被保险船舶的航行活动进行限制的一个条款,又称海运条款。在订立船舶保险合同时保险人所收取的保险费,是以船舶"正常"航行为前提的,如果船舶实际从事"非正常航行",其面临的风险往往比止常航行时要大。因此被保险船舶用于以下"非正常航行"之前,应通知保险人,取得保险人的认可,并加收保险费,或协议提高免赔额、降低保险价值等。否则,对被保险船舶因从事以下非正常航行所遭受的损失,保险人不负保险赔偿责任:

(1)保险船舶从事拖带或救助服务。这是指由岸上管理人员(不限于被保险人,可能是期租承租人等)事先安排好的拖带或救助服务,即被用作拖船、驳船或专业救助船。但是,在海上发现他船遇险而前往救助,以及将他船拖到附近安全地点的行为不在此限。

(2)保险船舶与他船(非港口或沿海使用的小船)在海上直接装卸货物,包括驶近、靠拢和离开过程中遭受的损失。尽管海船在海上接卸、倒装是较为普遍的做法,但这给船舶营运

---

① 司玉琢:《海商法》,法律出版社 2007 年版,第 410 页。

带来更大的风险，而且在保险理赔中还存在应扣减几个免赔额等争议，因此保险人一般会要求加收保险费和/或增加免赔额。但本款规定不适用于在港内船靠船的装卸作业，也不适用于港口或沿海使用的小船与保险船舶之间的装卸作业。

(3)保险船舶以拆船或拆船出售为目的的航行。在船舶行将被拆解的最后航次，船东、船员都可能放松对船技状况的监管，而使得这最后航次的风险增加，而且此时船舶的船况、航行设备等可能已不正常。而原约定的保险价值和保险金额是基于正常营运船舶的价值，一般会远远高于废钢船的价值，因此容易产生道德风险。①

6. 责任期间

(1)船舶定期保险的保险期限一般为1年，最短不少于3个月，起止时间以保险单上注明的日期为准，一般精确到分钟。但是，如果保险到期时被保险船舶尚在航行中，或处于危险中，或在避难港或中途港停靠，则只要被保险人事先通知保险人，并按日比例加付保险费，那么保险人应继续承保直到船舶抵达目的港为止。但保险船舶在延长时间内发生全损的，被保险人需加付6个月的保险费。

(2)船舶航次保险按保险单订明的航次为准。对于不载货船舶，自起运港解缆、起锚时开始至目的港抛锚或系缆完毕时终止，以先发生者为准；其次，对于载货船舶，自起运港装货时开始至目的港卸货完毕时终止，但自船舶抵达目的港当日午夜零时起最多不得超过30天。

7. 保险终止

除法律规定或另有约定外，船舶保险在遇到下列情形时终止：

(1)保险合同到期或被保险船舶按全损赔付后，保险自动终止。不过，如果保险合同到期，船舶仍载有货物在航行途中，经被保险人及时提出要求，保险合同可延迟至船舶抵达最后卸货港或目的港，保险人不得提出附加条件。

(2)当船舶的船级变更或船舶等级变动、注销或撤回、船舶所有权或船旗改变或转让给新的管理部门，或光船出租或被征用时，除非事先书面征得保险人的同意，保险即自动终止。但船载有货物或正在海上，经被保险人要求，同样可延迟到船舶抵达下一个港口或最后卸货港或目的港。

(3)当货物、航程、航行区域、拖带、救助工作或开航日期方面有违背保险单条款规定时，被保险人在接到消息后，应立即通知保险人并同意接受修改后的承保条件及所需加付的保险费，保险仍继续有效。否则，保险即自动终止。

除此之外，船舶保险条款还有关于“保险费和退费”、“被保险人的义务”、“招标”、“索赔和赔偿”、“争议的处理”等规定，这将在本章其他部分加以阐述。

(二)船舶战争、罢工险

人保“船舶战争与罢工险条款”是“船舶保险条款”的附加险条款。二者有抵触时，以“船舶战争与罢工险条款”为准。被保险船舶如同时有其他保险，任何索赔应由其他保险负责时，本保险不负责任。以下按“船舶战争与罢工险条款”的内容进行阐述。

1. 责任范围

该保险承保由于下述原因造成被保险船舶的损失、碰撞责任、共同海损和救助或施救费

① 汪鹏南：《海上保险合同法详论》，大连海事大学出版社1996年版，第302～303页。

用:(1)战争、内战、革命、叛乱或由此引起的内乱或敌对行为;(2)捕获、扣押、扣留、羁押、没收或封锁,但这种索赔案必须从事故发生之日起满 6 个月才能受理;(3)各种战争武器,包括水雷、鱼雷、炸弹;(4)罢工、被迫停工或其他类似事件;(5)民变、暴动或其他类似事件;(6)任何人怀有政治动机的恶意行为。

以上列明的战争险与罢工险条款与海洋运输货物战争险条款和罢工险条款中所列明的并不完全一致。

2. 除外责任

由于以下原因引起被保险船舶的损失、责任或费用,本保险不负赔偿责任:(1)原子弹、氢弹或核武器的爆炸;(2)由被保险船舶的船籍国或登记国的政府或地方当局所采取的或命令的捕获、扣押、羁押或没收;(3)被征用或被征购;(4)联合国安理会常任理事国(中国、俄罗斯、美国、英国和法国)之间爆发战争(不论宣战与否)。

三、保赔保险

保赔保险是保障与赔偿保险(Protection and Indemnity Insurance 简称 P&I)的简称,由船东互保协会(保赔协会)承保,其承保范围随着船东责任的加重和船东互保协会的发展而不断变化。

(一)保赔协会

自从保赔保险产生以来,到目前为止,世界上已有 20 多家船东保赔协会,它们均有自己的章程和保险条款。具有国际性的大中型船东保赔协会有 16 家,其中英国有 11 家,北欧有 3 家,日本有 1 家,美国有 1 家。我国也于 1984 年成立了“中国船东互保协会”。据统计,世界各国商船的 90%以上都参加了船东保赔协会,而英国 11 家保赔协会吸收了世界 80%的商船入会,伦敦因而成为国际船舶保赔业务的中心。

船东保赔协会是由船东自愿组织起来的一种不以营利为目的的相互保险组织,其所承保的风险往往是船东经常遇到的且不为商业性保险公司承保的风险,其会员既是保险人,又是被保险人。保赔协会最初只是会员之间松散的联盟,而现代的船东保赔协会则成为具有独立法人资格的有限责任公司甚至是上市的股份有限公司。

保赔协会除承保保险公司不保或超过保险公司责任范围的特殊风险外,还向会员船东提供各种业务服务。船东保赔协会在世界各主要港口都雇有通信联络人、律师、验船师、航海专家以及海事处理方面的专家,随时准备向会员提供服务和技术指导,维护船东们的利益。

保赔协会的性质不同于保险公司:其一,从主体上讲,保赔协会与其会员船东之间是一种利益一致的内部关系,而保险公司与被保险人之间是一种“对立”的外部关系。其二,从目的上讲,保赔协会的宗旨是为各会员服务,不以营利为目的,而保险公司的经营是以营利为目的的。其三,从责任上讲,保赔协会的赔偿责任除油污责任规定了最高的赔偿限额外,其他的赔偿责任是无限的,而保险公司的赔偿责任则以保险金额为限。其四,保赔协会承保的责任风险通常是商业保险公司不予承保的,对于能够通过其他保险方式获得保险补偿的,保赔协会即可免除补偿责任。

(二)保赔协会承保的风险

尽管各保赔协会所规定的承保风险有所区别,但其内容都大同小异。下面主要结合中国船东互保协会章程的规定进行介绍：

1. 人身伤亡或疾病的赔偿

(1)会员船舶以外的人身伤亡或疾病。由于入会船舶及其雇员的疏忽或过失行为引起入会船舶以外任何人员的受伤、生病或死亡，入会船舶对此应承担的医疗、住院或丧葬费用可向保赔保险人索赔，特别是在船舶装卸货物或在港停泊、移泊及作业过程中，任何从事装卸货物人员的人身伤亡或疾病所引起的费用，均由保赔保险人赔偿。

(2)会员船舶之船员的人身伤亡或疾病。对会员船舶上，或前往或离开该船途中的任何会员船舶之船员的人身伤亡或疾病而支付的医疗、住院、丧葬费或其他费用，包括该船员的遣返费及替工的派遣费可由保赔协会负责赔偿。船舶在航行中发生意外而引起的人身伤亡，其有关损失也应由保赔协会赔偿。

2. 船舶碰撞责任及清除残骸的费用

(1)超额碰撞责任，也就是船舶因碰撞而承担的责任赔款超过该轮在船舶险中的投保金额，不能从船舶险中得到赔偿的部分，可由保赔保险人承担赔偿。

(2)对障碍物、船舶残骸、货物及其他物体进行打捞、清除、拆毁或设置航标与照明的费用。

3. 污损责任

除船舶碰撞事故造成的油污损害外，船舶因触礁、搁浅等其他事故造成的油污损害也是十分严重的，此类风险大多是通过船舶保赔保险来获得保障的。船舶保赔保险负责赔偿入会船舶因排油、漏油或排出任何危险物质所引起的责任、损失、损害和费用，以及因采取任何防止或减轻污染或污染危险的措施而产生的费用。但由于油污责任之巨往往使保赔协会也难以对付，故保赔保险人承担责任也有一个限额，目前最高赔额是5亿美元。

4. 入会船舶碰撞或触碰固定物体或浮动物体(其他船舶除外)的损坏赔偿

如果船舶保险所承保的碰撞责任仅限于船舶与船舶之间的碰撞责任，那么船舶与固定物体(如码头)发生碰撞，及船舶与浮动物体(如浮标)发生的碰撞均不属于船舶之间的碰撞，此而引起的损害赔偿责任不在船舶保险的责任范围之内，这部分责任应由船舶保赔保险负责赔偿。

5. 无法索赔的共同海损分摊费

共同海损的牺牲和费用应由受益的各方共同分摊，但当会员船舶违反了运输合同条款的规定而不能向货方或其他有关方收取共同海损分摊费用、特殊费用或救助费用时，此笔共同海损分摊费可以由保赔保险负责承担。此外，由于确定共同海损分摊费用或救助费用的船舶价值高于船舶险的保险金额，船舶保险人不负担的共同海损分摊费、特殊费用和救助费，也可以由保赔保险承担。

6. 为安置难民及偷渡者所支出的费用

当船东发现为偷渡而藏匿于入会船舶上的人，或在海上救起难民时，这些人员在船上发生的费用(如食宿费等)以及送上岸后遣送回原籍的费用(如旅行费等)，均可向船东互保协会索赔。目前此类情况日益增多，尤其是躲在承运的集装箱内偷渡的现象经常出现。

7. 海运承运人应承担责任的损失或费用

海运承运人应承担责任的损失或费用是指在被保险人作为海运承运人时，由于违反谨慎收受、积载、承运、保管、照料、卸载及交付货物或财产的义务，或由于被保险船舶不适航或不适货造成货物或其他财产的损失和费用。收货人对此可向货物保险人索赔，货物保险人取得代位求偿权后再向船东追索，船东必须承担责任。船东赔偿之后，则可依船舶保赔险向船东互保协会索赔。协会对此类货物索赔的承保，是船东经营过程中必不可少的保障。

8. 各项罚款

《中国船东互保协会章程》第 19 条规定，由于下列原因，任何法院或主管当局根据所在国法律或有关规定向会员或船员征收的各项罚款，可向船东互保协会索赔：船上未能保持安全的工作条件；申报的货物情况与单证上列明的不一致，或短卸、溢卸或溢交；违反海关规定；违反当地移民法则；油污或其他物质造成的污染；船员或船舶代理人在执行工作职责时的疏忽或错误。但是对超载或走私的罚款，该协会不予偿付。

(三)保赔协会的除外责任

根据《中国船东互保协会章程》的规定，除外责任主要有以下几项：(1)船舶保险人承保的风险；(2)战争风险和核风险；(3)重复保险；(4)入会船承运违禁品、偷越封锁线或从事非法贸易的索赔，或者保赔协会董事会考虑所有因素后，认为是入会船所进行的运输、贸易或航程不安全、不适当、草率或过于危险而引起的索赔；(5)会员的故意或轻率行为；(6)入会船舶的滞期或迟延而引起的损失，以及租约承租人取消租约给船东造成的损失；(7)免赔额。

值得注意的是，近些年来还出现了商业保险承保传统的保障与赔偿保险的做法。为适应我国船舶保赔保险业务不断发展的需要，1993 年 1 月中国人民保险公司将 1973 年制定的"油污和其他保赔责任保险条款"和 1978 年制定的"保障与赔偿条款"进行修订，合并为"船东保障和赔偿责任险条款"，形成了我国独有的船舶保赔保险风格。

第三节　海上保险合同

一、海上保险合同概述

(一)海上保险合同的概念和特点

各国立法对海上保险合同的界定基本相同。如英国《1906 年海上保险法》第 1 条规定："海上保险合同是保险人向被保险人承诺，当被保险人遭遇海上损失，即海上冒险所发生的损失时，依据约定的条款和数额，赔偿被保险人损失的合同。"我国《海商法》第 216 条亦规定，海上保险合同是指保险人按照约定，对被保险人遭受保险事故造成保险标的的损失和产生的责任负责赔偿，而由被保险人支付保险费的合同。此处所称保险事故，是指保险人与被保险人约定的任何海上事故，包括与海上航行有关的发生于内河或者陆上的事故。

海上保险合同作为保险合同的一种，在性质上属于财产保险合同，具有财产保险的共同特征：(1)属于双务有偿合同；(2)属于损失补偿合同，是为了补偿海上风险造成保险标的的损失这一目的而订立的；(3)属于射幸合同；(4)属于附合合同，通常通过标准格式和条款来订立。

(二)海上保险合同的主要内容

按照我国《海商法》第 217 条的规定，海上保险合同的内容主要包括：保险人与被保险人名称;保险标的;保险价值;保险金额;保险责任和除外责任;保险期间;保险费等。

1. 保险人与被保险人

保险人,是指与投保人签订保险合同,并承担赔偿或者给付保险金义务的保险公司,是保险合同的一方当事人。保险人通常为保险公司,以及其他一些相互保险和合作保险组织,如保赔协会等。被保险人是指发生保险事故遭受损失时有权按照保险合同约定向保险人索赔的人。被保险人通常是投保人,但也有与投保人不一致的情形。

2. 保险标的

保险标的(Subject Matter Insured)是指保险人与被保险人在海上保险合同中约定给予保险的财产、责任或利益。保险标的的范围很广,主要有船舶、货物以及其他与航海有关的财产和利益,本章第一节已有述及。

3. 保险价值与保险金额

保险价值(Insured Value)是指保险责任开始时保险标的实际价值和保险费的总和。在海上保险实践中多由保险人与被保险人约定保险标的的价值。如果保险人与被保险人未约定保险价值的,保险价值依照下列原则计算:(1)船舶的保险价值,是保险责任开始时船舶的价值,包括船壳、机器、设备的价值,以及船上燃料、物料、索具、给养、淡水的价值和保险费的总和;(2)货物的保险价值,是保险责任开始时货物在起运地的发票价格或者非贸易商品在起运地的实际价值以及运费和保险费的总和;(3)运费的保险价值,是保险责任开始时承运人应收运费总额和保险费的总和;(4)其他保险标的的保险价值,是保险责任开始时保险标的的实际价值和保险费的总和。

保险金额(Insured Amount;Sum Insured)指保险人与被保险人约定在保险单中载明对保险标的所受损失给予赔偿的最高数额,其约定应以不超过被保险人对保险标的所具有的可保利益为限。保险金额与保险价值的关系有以下三种类型:(1)保险金额超过保险价值。这被称为超额保险或溢额保险,此时超过部分无效。(2)保险金额与保险价值一致。这被称为全额保险;全额保险中,保险标的因保险事故遭受全损的,保险人应按保险金额赔偿。(3)如果被保险人只投保保险价值的一部分,这种保险称为不足额保险。

不过,在海上责任保险中,由于其承保的是被保险人将来对第三人的损害赔偿责任,因此保险标的的价值只有在事故发生后才能确定,在合同订立时无法确定。所以在责任保险中并无“保险价值”的存在,也没有“保险金额”这一概念,保险人只是在所约定的金额限度内承担保险给付责任,这在实践中一般称为“责任限额”。

4. 保险责任和除外责任

保险责任(Insurance Liability)指海上保险合同成立后,保险人只对发生在保险责任范围内的保险事故造成保险标的的损失负责赔偿。除外责任(Excluded Liability)指根据法律规定或约定,保险人不承担赔偿责任的风险范围。在不同的海上保险合同中,保险责任范围和除外责任范围是不同的,这取决于双方的约定以及标准保险条款的规定。

5. 保险期间和保险费

保险期间(Insurance Period)又称保险期限,指保险合同的有效期间,即海上保险合同自效力发生到终止的期限。不同的保险合同有着不同的保险期限,它一方面是计算保险费的依据,另一方面又是保险人与被保险人履行权利和享受义务的责任期限。

保险费(Premium)则是保险合同的对价。但在保赔保险中,会员所支付的代价称为会费而不是保险费。而且，由于保赔保险的相互性，有关会费的约定并非是终局的，会员除在入会时缴纳预付会费外，还可能包括追加会费和巨灾会费（溢额会费）以及退会免责会费等。

（三）海上保险合同适用的原则

1. 最大诚信原则

最大诚信原则（Principle of Utmost Good Faith）是被保险人和保险人订立、履行海上保险合同的基本原则之一。保险合同双方当事人必须本着最大诚意和信用来订立、履行合同。任何合同的签订，都须以合同当事人的诚信作为基础。如果当事人一方以欺诈为手段，诱使他方签订合同，一旦发现，他方则可据以解除合同。如有损害，还可要求对方予以赔偿。对此，英国《1906 年海上保险法》第 17 条规定："海上保险合同是建立在最大诚信基础上的，如合同任何一方不遵守这一规定，另一方可宣布合同无效。"对被保险人来说，最大诚信原则包含告知、陈述、保证等三方面内容。

(1)告知（Disclosure），是指被保险人在投保时将其所知道的有关保险标的重要情况告诉保险人。所谓重要情况，是指一切可能影响一位谨慎的保险人作出是否承保，以及确定保险费率的有关事项。这种重要情况大体包括两类：一是被保险人实际知道的事实或信息，二是被保险人在业务活动中应当知道或被推定知道的事实或信息。如我国《海商法》第 222 条规定："合同订立前，被保险人应当将其知道的或者在通常业务中应当知道的有关影响保险人据以确定保险费率或者确定是否同意承保的重要情况，如实告知保险人。"这与我国《保险法》第 17 条确立的询问告知规则有很大不同。合同订立后，保险人发现被保险人违反告知义务的，保险人有权解除合同。但我国《海商法》第 223 条对被保险人故意和非故意违反告知义务的情况，作了不同规定。如果被保险人的不告知是故意所为，保险人有权解除合同，并且不退还保险费；合同解除前发生保险事故，造成损失的，保险人不负赔偿责任。如果被保险人的不告知不是故意所为，保险人有权解除合同或者要求相应增加保险费。保险人解除合同的，对于合同解除前发生保险事故造成的损失，保险人应当负赔偿责任，但是，未告知或错误告知的重要情况对保险事故的发生有影响者除外。不过，如果保险人知道被保险人未如实告知，仍旧收取保险费或者支付保险赔偿，后又以被保险人未如实告知重要情况为由请求解除合同的，不应支持。

(2)陈述（Representation），是指被保险人在协商合同或在合同订立前对其所知道的有关保险标的的情况，向保险人所作的说明。如所作的陈述不真实，即为错误陈述。陈述主要有三种：第一，对重要事实的陈述。按照国际保险市场的习惯做法，被保险人对重要事实所作的陈述必须真实，如不真实，或对保险人所询问的事项保持沉默，即视为对重要事实的错误陈述。在这种情况下，保险人得以被保险人违反最大诚信原则而解除合同。第二，对一般事实的陈述。被保险人对一般事实所作的陈述，只要基本正确，即视为真实。简言之，凡被保险人所作的陈述与实际情况之间的差异，从一位谨慎保险人角度审视认为差异不大的，即为真实陈述，保险合同不得解除。第三，对期望或相信发生的事实的陈述。只要是被保险人出于诚信所作的陈述，即便与事实有些出入，保险人也不得解除合同。[①]

(3)担保（Warranty）又称保证，是最大诚信原则的另一重要内容。所谓保证是指保险人与被保险人在海上保险合同中约定被保险人担保对某一事项做或不做，或者担保某一事

① 雷荣迪:《国际货物保险》，对外贸易出版社 1994 年版，第 34 页。

项的事实性。保证是保险合同的基础之一。但是,保证不同于告知,告知仅须实质上正确即可,而保证则必须严格遵守。保证可区分为明示保证和默示保证,明示保证(Express Warranty)是以书面形式在合同中明文规定或作为特别条款附加于合同中的保证条款。默示保证一般有适航、不绕航以及合法性保证等。明示保证取决于每一保险单的具体规定,如现行人保"船舶保险条款"第6条第2款规定了船级社、船级、船旗、船舶所有人、管理部门、光租和被征用等多项保证。此外,还可能附加航区保证等。[①]

2. 保险利益原则

保险利益(Insuranable Interest),是指投保人或者被保险人对保险标的具有法律上承认的经济利益。保险利益原则在保险领域普遍适用,海上保险亦不例外。它的基本含义是要求与保险标的具有保险利益的投保人与保险人签订的保险合同才具有法律效力。保险利益原则可以限制保险人的保险赔偿责任,防止超额保险;可以杜绝利用保险进行赌博,防止道德危险。《海商法》对保险利益没有明文规定,因此应适用《保险法》的相关规定。

按照海上保险市场的惯例,海上保险的保险利益分为现有利益、期得利益和责任利益。从我国保险公司现在经营的海上保险险种和险别来看,上述三种保险利益皆被认可,《海商法》的有关规定(如第218条规定的海上保险合同的保险标的)亦体现了这一精神。此外,按照《保险法》第48条规定,保险事故发生时,被保险人对保险标的不具有保险利益的,不得向保险人请求赔偿保险金,这同样适用于海上保险。

3. 损害赔偿原则

损害赔偿原则(Principle of Indemnity)是海上保险合同最基本的原则之一。海上保险合同是补偿性合同。海上保险的主要目的就是当被保险人因保险标的发生保险事故而遭受损失时,按保险合同规定从保险人处得到相应的补偿。这种补偿仅限于保险事故实际损失的价值,并仅以保险金额和被保险人应有的保险利益为限,即被保险人不得因保险事故的赔偿而获得额外利益,以防止被保险人投机取巧,因祸得福。如我国《海商法》第216条明确规定:"海上保险合同……对被保险人遭受保险事故造成保险标的的损失和产生的责任负责赔偿……"。

当保险标的发生保险责任范围内的损失,保险人对被保险人理赔时,须遵循"无损害无赔偿"(No Lose No Indemnity)规则,即保险标的没有发生损失时,保险人只收取保险费,而不负任何责任。其目的是保障社会整体利益和保持经营的稳定性,防止有人利用保险进行以赢利为目的的投机,故意制造损失。

4. 近因原则

近因原则(Principle of Proximate Cause)是保险理赔中必须遵循的一项基本原则,是指保险人仅对承保范围的保险事故作为最直接、最接近的原因所引起的保险事故损失承担赔偿责任,而对于其他的损失,不负赔偿责任。在各国保险法律实务中,通常都采用"近因原则"来判断承保危险与保险标的的损害之间的因果关系。如英国《1906年海上保险法》第55条第1款规定:"根据本法规定,除保险单另有规定外,保险人对由其承保危险直接造成的损失,承担赔偿责任;但对非由其承保危险直接造成的任何损失,概不承担责任。"虽然我国《海商法》并没有类似的规定,但是在实践中都贯彻了这一原则。

---

① 司玉琢:《海商法》,法律出版社2007年版,第393页。

二、海上保险合同的订立、转让和解除

(一)海上保险合同的订立

在实践中,海上保险合同通常通过要保、核保、保险费报价、暂保、签发保险单和缴纳保险费等环节订立。在法律上,海上保险合同的订立仍然可以分为要约与承诺两个过程。要约一般是指被保险人的投保行为,通常以填写投保单的形式出现,保险人表示接受即为承诺;只要双方就保险合同的主要内容达成一致,保险合同即可成立。

保险合同成立的,保险人应及时向被保险人签发保险单或其他保险单证,并在其上载明双方约定的事项和内容。在实践中,保险人有时会出具暂保单,在保险的具体事项确定后,应将暂保单换为保险单。被保险人在一定期间分批装运或者接受货物的,依据《海商法》第231条至第233条的规定,可以与保险人订立预约保险合同。在预约保险中,保险人也应当签发预约保险单证加以确认。如果被保险人提出要求,保险人应当对依据预约保险合同分批装运的货物分别签发保险单证。保险人分别签发的保险单证的内容与预约保险单证的内容不一致的,以分别签发的保险单证为准。为了保证预约保险合同的正确履行,法律要求被保险人在知道经预约保险合同保险的货物已经装运或者到达的情况时,应当立即通知保险人,这样保险人才能据此签发保险单证。通知的内容包括装运货物的船名、航线、货物价值和保险金额。

此处还要注意的是,保赔保险合同的订立有特殊的规则。作为一种封闭性的相互保险组织,船东通常只有在成为保赔协会的会员后,才能享受到保赔保险的保障。因此,船东向协会出具的"入会申请",实际上构成一项要约;如果协会同意其入会并签发"入会证书",则可被视为一项承诺。但是,保赔协会签发给会员的入会证书并不是保赔保险合同本身,而只是双方合同的证明。除了入会合同外,协会与其会员之间还要受协会章程、协会规定、协会条款以及协会与会员间的特别协议等的约束。其中,入会证书通常视为是协会向会员签发的"保险单",是合同的证明;协会章程主要规定协会的经营管理事项,一般不直接涉及保险权利义务关系;协会条款则是保赔保险的主要条款;协会规定则可能构成对保赔保险合同内容的单方变更。协会章程的效力高于协会条款,当两者发生冲突时,后者应当服从前者。

(二)海上保险合同的转让

根据国际海上保险的惯例,海上保险合同一般允许转让。不过,它们的转让条件是不一样的。

1. 海上货物运输保险合同的转让

海上货物运输保险合同的转让通常是在货物运输途中所有权转移的情况下发生的,以便货物受让人在获得货物的同时也可以得到相应的保险保障。海上货物运输保险合同通常可自由转让,以适应国际贸易尤其是单证贸易的要求。与此相对应,我国《海商法》第229条规定,海上货物运输保险合同一般可由被保险人(转让人)在保险单背面背书,或者以其他方式,如签订转让合同等转让,而不需要保险人的同意。因为此时货物尚在运输途中并处于承运人的监管之下,被保险人的变更对承保风险并没有影响。

海上货物保险合同依法被转让的,合同的权利、义务也随之转移。合同转让时尚未支付保险费的,被保险人和合同受让人负连带支付责任。

在本章的引例中,涉案货物的提单已经转让给第三方,但是涉案货物的保险单并没有随

之转让，这样涉案货物就无法得到保险合同的保障了。

2. 船舶保险合同的转让

同海上货物运输保险不同，各国法律对于船舶保险合同的转让十分严格，因为船舶所有权转移有可能改变船舶的管理状况，从而影响到保险人的承保风险及其保险费率的确定。所以，各国法律一般都规定，船舶保险合同的转让需经保险人同意。我国《海商法》第 230 条第 1 款明确规定：“因船舶转让而转让船舶保险合同的，应当取得保险人同意。”在实践中通常由保险人在保险单上批注或附贴批单，以确认合同的转让。

未经保险人同意的，船舶保险合同从船舶转让时起解除。船舶转让发生在航次之中的，船舶保险合同至航次终了时解除，船舶转让时起至航次终了时止的船舶保险合同的权利、义务由船舶出让人享有、承担，也可以由船舶受让人继受。船舶受让人向保险人请求赔偿时，应当提交有效的保险单证及船舶转让合同的证明。

值得注意的是，《海商法》仅对海上货物运输保险和船舶保险合同的转让作了规定，对于其他类型海上保险合同的转让，可适用《保险法》第 34 条的规定，除另有约定外，保险标的的转让应当通知保险人，经保险人同意继续承保后，依法变更合同。

（三）海上保险合同的解除

1. 约定解除

当事人可以约定解除合同，这包括双方协议解除合同或者一方行使合同约定的解除权的情形。《海商法》第 227 条第 2 款对保险责任开始后解除合同的情形作出了规定：如果被保险人要求解除合同，保险人有权收取自保险责任开始之日起至合同解除之日止的保险费，剩余部分予以退还；如果保险人要求解除合同，应当将自合同解除之日起至保险期间届满之日止的保险费退还被保险人。但是，《海商法》第 228 条对于货物运输和船舶的航次保险的解除作出了限制，被保险人在保险责任开始后不得要求解除合同。这是因为航次保险的保险期间比较短，保险人对保险标的的安全和使用情况不易掌握，允许被保险人（投保人）解除合同，可能会出现道德危险，不利于保护保险人的利益。①

2. 法定解除

(1)被保险人在保险责任开始前的单方解除。我国《海商法》第 226 条规定：“保险责任开始前，被保险人可以要求解除合同，但是应当向保险人支付手续费，保险人应当退还保险费。”也就是说，保险责任开始前，被保险人可以支付一定的退保手续费为代价，无条件地解除合同。

(2)保险人单方面的合同解除。按照《海商法》和《保险法》的规定，被保险人违反告知或保证义务的，被保险人或受益人谎称发生了保险事故或故意制造保险事故的，投保人、被保险人未按照约定履行其对保险标的的安全应尽的责任的，以及被保险人未按照约定及时通知保险人保险标的危险增加的等，保险人均有权解除合同。

三、被保险人的义务

我国《海商法》第 234 条至第 236 条规定了被保险人的以下义务：

(1)及时支付保险费的义务。除合同另有约定外，被保险人应当在合同订立后立即支付

---

① 卞耀武：《中华人民共和国保险法释义》，法律出版社 1996 年版，第 79 页。

保险费。被保险人支付保险费前,保险人可以拒绝签发保险单证。被保险人未支付约定的保险费的,保险责任开始前,保险人有权解除保险合同,但保险人已经签发保险单证的除外。保险责任开始后,保险人以被保险人未支付保险费请求解除合同的,应不予支持。此外,订立合同时,被保险人已经知道或者应当知道保险标的已经因发生保险事故而遭受损失的,保险人不负赔偿责任,但是有权收取保险费;保险人已经知道或者应当知道保险标的已经不可能因发生保险事故而遭受损失的,被保险人有权收回已经支付的保险费。

(2)遵守保证的义务。被保险人违反合同约定的保证条款时,应当立即书面通知保险人。保险人收到通知后,可以解除合同,也可以要求修改承保条件、增加保险费。但如果保险人就修改承保条件、增加保险费等事项与被保险人协商未能达成一致的,保险合同于违反保证条款之日解除。被保险人违反合同约定的保证条款未立即书面通知保险人的,保险人有权要求从违反保证条款之日起解除保险合同。但是,保险人收到被保险人违反合同保证条款的书面通知后支付保险赔偿,此后又以此为由请求解除合同的,不应支持。

(3)出险后的通知与施救义务。一旦保险事故发生,被保险人应当立即通知保险人,并采取必要的合理措施,防止或者减少损失。出险通知对保险人非常重要,这关系到能否及时地安排检验、保留和提取证据、采取措施防止或减少损失等。被保险人收到保险人发出的有关采取防止或者减少损失的合理措施的特别通知的,应当按照保险人通知的要求处理。否则,对于被保险人违反上述规定所造成的扩大损失,保险人不负赔偿责任。

此外,我国《保险法》还规定了被保险人的其他义务,如防灾防损的义务,危险增加时的通知义务等。各种保险标准条款中往往也有关于被保险人义务的规定。

四、保险人的义务与责任

(一)说明义务

如上所述,被保险人负有如实告知的义务。与此相对应,保险人依照《保险法》第 17 条至第 19 条规定,也负有如实说明的义务,即对于保险人制定的各种标准条款和内容,其应向被保险人如实说明。特别对于保险合同中免除保险人责任的条款,保险人在订立合同时应当在投保单、保险单或者其他保险凭证上作出足以引起投保人注意的提示,并对该条款的内容以书面或者口头形式向投保人作出明确说明;未作提示或者明确说明的,该条款不产生效力。

此外,采用保险人提供的格式条款订立的保险合同中的下列条款无效:(1)免除保险人依法应承担的义务或者加重投保人、被保险人责任的;(2)排除投保人、被保险人或者受益人依法享有的权利的。采用保险人提供的格式条款订立保险合同的,如果保险人与投保人、被保险人或者受益人对合同条款有争议时,首先应当按照通常理解予以解释。但如果对合同条款有两种以上解释的,人民法院或者仲裁机构应当作出有利于被保险人和受益人的解释。

(二)赔付责任

保险人最主要的义务和责任,就是在保险事故发生后,及时向被保险人支付保险赔偿。保险人的赔偿以保险合同约定的保险金额为限,并且不得超过保险价值,超过部分无效。当然,保险人承担保险赔付责任须有一定的前提,即损失应发生在保险有效期限内并属于保险人的责任范围,同时被保险人已履行了必要的索赔程序,而保险人也不具有免责的事由。当然,也存在一些特殊规则。

1. 不足额保险

不足额投保的，保险标的发生全损时，保险人赔付全部保险金额；发生部分损失时，保险人按照保险金额与保险价值的比例负赔偿责任。例如，被保险人将其价值 100 万元的货物投保，保险金额是 80 万元，在责任期间内发生部分损失，损失额为 20 万元，那么保险人仅需赔偿 16 万元，因为保险人只保了货物价值的 80%，也就只对 80%的货损承担责任。

不足额投保的上述规则也适用于共同海损分摊的保险补偿。按照《海商法》第 241 条规定，保险金额低于共同海损分摊价值的，保险人按照保险金额同分摊价值的比例赔偿共同海损分摊。

2. 重复保险

按照《海商法》第 225 条规定，被保险人对同一保险标的就同一保险事故向几个保险人重复订立合同的，为重复保险。重复保险中，如果保险金额总和超过了保险标的的价值，除合同另有约定外，被保险人可以向任何保险人提出赔偿请求。但是，被保险人获得的赔偿金额总和不得超过保险标的的受损价值，超过部分应退还给保险人。各保险人应按照其承保的保险金额同保险金额总和的比例承担赔偿责任，任何一个保险人支付的赔偿金额超过其应当承担的赔偿责任的，有权向赔偿金额不足的其他保险人追偿。

3. 连续损失

保险人赔偿保险损失应以保险金额(等于或低于保险价值时)为限，以事故原则为基础，即一次保险事故一个赔偿责任限额。但在整个保险期间内，可能发生多次保险事故，造成保险标的的多次损失，此时在保险赔付时不应将这些损失加起来，以一个保险金额为限来减轻保险人的赔偿责任。但是，如果发生部分损失，没有进行修复，其后又发生了全损(不论是不是由保险事故造成)，保险人不应再承担此前发生的部分损失，因为被保险人并未实际支付修理费用，其全损赔偿(不论是否可依据本保险得到赔偿)，也未因此前的部分损失而减少。在其后发生推定全损时，如果被保险人选择修理，按部分损失索赔，保险人则仍应赔偿此前发生的连续损失。①

4. 施救费用

施救费用是指被保险人为防止或减少根据保险合同可以得到赔偿的损失，而支出的必要的合理费用，包括为确定保险事故的性质、损失程度而支出的检验、估价的合理费用，以及为执行保险人的特别施救指示而支出的费用。被保险人为防止或者减少损失而采取的合理措施没有效果但仍产生了合理费用的，同样属于施救费用的范畴。但凡能够作为单独海损、共同海损或救助费用的，就不能以施救费用的名义向保险人索赔。施救费用也不包括保险人自行采取措施避免或减少保险标的的损失而发生的任何费用。

对于施救费用，保险人应在保险标的的损失赔偿之外，以单独的一个保险金额为限另行支付。这样有利于鼓励被保险人积极采取必要的合理措施，尽量避免或减少保险事故造成的损失。保险金额低于保险价值的，保险人可按保险金额同保险价值的比例赔偿施救费用。

(三)法定的除外责任

《海商法》第 242 条至第 244 条对保险人可以免除保险责任的情形作出了规定。这主要包括：

---

① 司玉琢：《海商法》，法律出版社 2007 年版，第 394 页。

(1)对于被保险人故意造成的损失,保险人不负赔偿责任。但故意行为必须是被保险人本人的,不包括船长、船员的不法行为。

(2)海上货物运输保险人的除外责任。除合同另有约定外,因下列原因之一造成货物损失的,保险人不负赔偿责任:①航行迟延、交货迟延或者行市变化;②货物的自然损耗、缺陷和自然特性;③包装不当。现行人保“海洋运输货物保险条款”亦将这些除外责任包括在内。

(3)船舶保险人的除外责任。除合同另有约定外,因下列原因之一造成保险船舶损失的,保险人不负赔偿责任:①船舶开航时不适航,但是在船舶定期保险中被保险人不知道的除外;②船舶自然磨损或者锈蚀。

运费保险比照适用上述规定。

第四节　海上保险的索赔与理赔

一、海上保险索赔与理赔概述

(一)海上保险的索赔

海上保险的索赔,是指被保险人在保险标的遭受损失后,凭保险单等单据向保险人要求赔偿损失的行为。《保险法》第 21 条规定,投保人、被保险人或者受益人知道保险事故发生后,应当及时通知保险人。故意或者因重大过失未及时通知,致使保险事故的性质、原因、损失程度等难以确定的,保险人对无法确定的部分,不承担赔偿或者给付保险金的责任,但保险人通过其他途径已经及时知道或者应当及时知道保险事故发生的除外。该通知表示索赔行为已开始,不再受保险索赔时效的限制。被保险人除向保险人报损以外,根据保险人的要求,还应向损失涉及的有关各方提出索赔。例如,运输货物的被保险人向承运人或装卸公司等第三方提出索赔,在第三方拒绝赔偿时,再转向保险人索赔,否则保险人可能因为被保险人未及时向有责任的第三方提出索赔而使其代位求偿权受损而拒绝赔偿。

按照《保险法》第 22 条规定,保险事故发生后,按照保险合同请求保险人赔偿或者给付保险金时,投保人、被保险人或者受益人应当向保险人提供其所能提供的与确认保险事故的性质、原因、损失程度等有关的证明和资料。保险人按照合同的约定,认为有关的证明和资料不完整的,应当及时一次性通知投保人、被保险人或者受益人补充提供。

在海上货物运输保险索赔中,被保险人通常应提交下列单证:(1)保险单或保险凭证;(2)运输单证,如提单等;(3)货损货差证明;(4)发票、装箱单和磅码单;(5)向第三方提出索赔的文件;(6)检验报告等。

在船舶保险索赔中,被保险人通常应提交下列单证:(1)保险单或保险凭证;(2)船长的海事报告;(3)航海日志、机舱日志和海图;(4)船检报告和修理后船级社检验师的批注;(5)费用清单和单据;(6)有关第三方责任的交涉文件等。保险船舶需要进行修理的,应先征得保险人的同意。对于不合理的修理费和其他费用,保险人有权扣除。保险人有权决定船舶的修理港口及修理地点,因遵循保险人的要求所产生的实际额外航程费用,由保险人补偿给被保险人。

（二）海上保险的理赔与支付

保险人处理保险索赔案的过程称为保险的理赔。实践中，保险人在收到被保险人的报损通知后，通常应审查以下事项：(1)索赔人是否具有可保利益。在国际贸易中，由于保险单是可以转让的，所以在提出索赔时，被保险人必须具有可保利益，否则不能获得赔偿；(2)损失是否由保险事故引起；(3)如何计算赔偿金额；(4)何时支付保险赔偿。

按照《保险法》第 23 条的规定，保险人收到被保险人或者受益人的赔偿或者给付保险金的请求后，应当及时核定；情形复杂的，应当在 30 日内作出核定，但合同另有约定的除外。保险人应当将核定结果通知被保险人或者受益人；对属于保险责任的，在与被保险人或者受益人达成赔偿或者给付保险金的协议后 10 日内，履行赔偿或者给付保险金义务。合同另有约定的按照约定履行。保险人未及时履行前款规定义务的，除支付保险金外，应当赔偿被保险人或者受益人因此受到的损失。

《保险法》第 24 条至第 25 条还规定，保险人依照上述《保险法》第 23 条的规定作出核定后，对不属于保险责任的，应当自作出核定之日起 3 日内向被保险人或者受益人发出拒绝赔偿或者拒绝给付保险金通知书，并说明理由。保险人自收到赔偿或者给付保险金的请求和有关证明、资料之日起 60 日内，对其赔偿或者给付保险金的数额不能确定的，应当根据已有证明和资料可以确定的数额先予支付；保险人最终确定赔偿或者给付保险金的数额后，应当支付相应的差额。

值得注意的是，保险人支付全损赔偿与支付部分赔偿的后果是不同的。在发生全损的情形下，保险人支付全部保险金额后，即可取得对保险标的的全部权利。这里的全损包括实际全损和推定全损，前者可能会出现损余，如船舶残骸或货物的残余物等，后者可能会进行委付。但无论何种全损，保险人支付全部保险金额的，即可取得保险标的的全部权利。但是，在不足额保险发生全损的情形下，保险人只能按照保险金额与保险价值的比例取得对保险标的的部分权利而不是全部权利。而在部分损失中，保险人支付了部分赔偿的，保险标的仍归被保险人所有，保险人不能享受保险标的的权利。

此外，在发生保险事故后，保险人还可以以放弃对保险标的的权利、全额支付合同约定的保险赔偿为代价，解除其对保险标的的义务。但是，保险人行使该项权利，应当自收到被保险人有关赔偿损失的通知之日起的 7 日内通知被保险人。被保险人在收到通知前，为避免或者减少损失而支付的必要的合理费用，仍然应当由保险人补偿。

二、海上保险中的委付

委付(Abandonment)是海上保险中所特有的一种法律行为，即当保险标的发生推定全损时，被保险人把保险标的全部权利和义务转移给保险人，保险人则向其支付全部保险金额。

（一）委付的要件

委付的要件包括：(1)委付应以推定全损为条件。(2)委付及于保险标的的全部。这就是委付的不可分性，如果一部分标的请求委付，一部分标的不请求委付，容易引起争议。但是，如果保险单上包括的保险标的种类繁多，而仅仅是其中一部分发生推定全损，并且这部分标的可与其他标的分离独立，那么可以对这一部分标的请求委付。(3)委付不能附带条件。提出委付请求又附上条件，必然会使保险双方关系复杂化。如船舶失踪，被保险人提出委付,但又要求日后船舶有着落时返还其船舶,同时再返还受领的保险金,这样必然影响保险人的权益,也为法律所不容。(4)委付须经接受方为有效。有些国家保险法规定,委付为单方法律行为,一方意思表示即可发生效力。但我国《海商法》认为委付是一种双方法律行为。被保险人提出委付后,保险人可以接受,也可以不接受,但是应当在合理的时间内将接受委付或者不接受委付的决定通知被保险人。保险人不接受委付的,不影响被保险人的索赔权利。委付一经接受,不得撤回。

(二)委付的效力

我国《海商法》第250条规定:"保险人接受委付的,被保险人对委付财产的全部权利和义务转移给保险人。"因此,委付成立后,保险标的的权利和义务自发生委付的原因出现之日起同时转移至保险人。如船舶在沉船事故发生时或事故发生后应收取的运费,转保险人所有,该沉船影响航道需要打捞时,打捞费用亦转由保险人承担。由于保险标的权利已转移,即使保险人处理保险标的或对第三者行使损害赔偿请求权所得到的利益超过其所赔偿的保险金,超额部分仍应归保险人所有。

委付另外产生一个效果就是保险金额的给付。保险人接受委付后,即应按照全损予以赔付。

三、海上保险中的代位求偿

海上保险代位求偿权(Right of Subrogation),是指保险人在其保险责任范围内赔付被保险人保险标的的全部或者部分损失后,在赔偿金额范围内享有的向海上保险事故的责任方即第三人请求赔偿的权利。海上保险代位求偿权主要规定在《海事诉讼特别程序法》和《海商法》中,上述立法没有规定的,则适用《保险法》的规定。海上保险代位求偿权的基础法理与一般代位求偿权并无不同,故不再详述。

(一)海上保险代位求偿权的取得

保险人取得代位求偿权必须具备以下条件:

(1)被保险人因海上保险事故对第三人享有损害赔偿请求权。如果被保险人对第三人的损害赔偿请求权存在瑕疵,例如第三人存在法定免责事由等,保险人则可能也无法享有和行使代位求偿权。

(2)被保险人对第三人的损害赔偿请求权未实现或未能完全实现。保险人的代位求偿权只能发生在被保险人并未向加害的第三人提出索赔,或者虽提出索赔但并没有获得实际赔偿的场合。被保险人从第三人得到了部分赔偿的,其仅可就未得到的赔偿部分向保险人提出索赔。

(3)保险人已经实际支付保险赔偿。只有当保险人按照保险合同约定和法律规定实际支付了保险赔偿的,保险人才能代位取得对第三人的损害赔偿请求权。仅达成赔偿的默契或协议但没有实际支付赔偿的,保险人不能取得代位求偿权。但是,如果被保险人未经保险人同意放弃向第三人要求赔偿的权利,或者由于被保险人的过失或过错致使保险人不能行使代位求偿权的,保险人可以相应扣减保险赔偿金,以保障保险人的代位求偿权。例如,因被保险人的故意或过失致使对第三人索赔的诉讼时效期间届满的,或者被保险人拒不提供必要的文件、资料或其他情况,致使保险人无法行使代位求偿权的,保险人都可以相应扣减保险赔偿金。

同时具备上述条件的，自保险人支付赔偿之日起，被保险人向第三人要求赔偿的权利，相应转移给保险人。

（二）海上保险代位求偿权的行使

(1)被保险人应尽力协助保险人行使代位求偿权。被保险人应当向保险人提供必要的文件和其所需要知道的情况，并尽力协助保险人向第三人追偿。所谓“必要的文件”包括被保险人的索赔权利已经转让给保险人的证明文件，如权益转让书等，以及能确认被保险人遭受损失的程度和第三人责任的各种证据和资料。所谓“所需要知道的情况”是指保险人为行使代位求偿权需要了解的情况，通常是指事故的发生以及事故责任等情况。这是被保险人应尽的义务，被保险人应尽其所能，协助保险人行使其代位求偿权。①

(2)保险人应以保险赔偿范围为限行使代位求偿权。保险人只能在保险赔偿范围内行使代位求偿权，也就是说代位求偿权仅限于保险人实际赔付的数额，不允许保险人借此获得额外利益。如果保险人从第三人取得的赔偿，超过其支付的保险赔偿的，按照《海商法》第254条第2款规定，超过部分应当退还给被保险人。

(3)保险人得以自己的名义提起代位求偿诉讼。《海商法》和《保险法》对保险人如何行使代位求偿权没有明确规定，理论上对此存在争议。《海事诉讼特别程序法》生效后，保险人行使代位求偿权的方式得到明确，即保险人应以自己的名义提起诉讼，这包括：①保险人行使代位求偿权时，被保险人未向造成保险事故的第三人提起诉讼的，保险人应当以自己的名义向该第三人提起诉讼。②保险人行使代位求偿权时，被保险人已经向造成保险事故的第三人提起诉讼的，保险人可以向受理该案的法院提出变更当事人的请求，代位行使被保险人对第三人请求赔偿的权利。

保险人以自己的名义提起代位求偿诉讼的，应当向受理该案的海事法院提交保险人支付保险赔偿的凭证，以及参加诉讼应当提交的其他文件。未能提交实际支付保险赔偿凭证的，法院不予受理，已经受理的，裁定驳回起诉。受理代位求偿纠纷案件的法院应当仅就造成保险事故的第三人与被保险人之间的法律关系进行审理，一般不再涉及保险赔偿事项。此外，保险人因发生船舶触碰港口设施或者码头等保险事故，行使代位求偿权向造成保险事故的第三人追偿的案件，应适用《海商法》的规定。

保险人行使代位求偿权时，被保险人已经取得的财产保全或担保权益及时效中断等程序权益，在保险人代位的范围内对保险人有效。例如，保险人有权享有被保险人因申请扣押船舶取得的担保权利；有权以被保险人向第三人提起诉讼、提交仲裁、申请扣押船舶或者第三人同意履行义务为由主张诉讼时效中断等。

此外，如果被保险人取得的保险赔偿不能弥补第三人造成的全部损失的，保险人和被保险人可以作为共同原告向第三人请求赔偿。例如，因投保了不足额保险，或者协议取得的保险赔偿不足以弥补损失，或者保险合同约定有免赔额等，都可能发生被保险人取得的保险赔偿不能弥补第三人造成的全部损失的情形。

四、海上责任保险中的第三人直接索赔

在海上保险中，我国参加的《1969/1992年油污民事责任公约》以及《海事诉讼特别程序

① 傅旭梅：《中华人民共和国海商法诠释》，人民法院出版社1995年版，第462页。

法》均规定了海上油污责任保险的直接索赔制度。此外,我国《保险法》也有相关规定,但是按照特别法优先于一般法适用的原则,海上油污责任保险的直接索赔制度将优先适用。

(一)海上油污责任保险中的直接索赔

《1969/1992年油污民事责任公约》第7条第8项规定,对污染损害的任何索赔可向承担船舶所有人污染损害责任的保险人或提供财务保证的其他人直接提出。当然,保险人也享有相应的抗辩事由,这在本书第九章中已有论述。

此外,我国《海事诉讼特别程序法》第97条也规定,对船舶造成油污损害的赔偿请求,受损害人可以向造成油污损害的船舶所有人提出,也可以直接向承担船舶所有人油污损害责任的保险人或者提供财务保证的其他人提出。油污损害责任的保险人或者提供财务保证的其他人被起诉的,有权要求造成油污损害的船舶所有人参加诉讼。由于直接索赔涉及的问题较多,而该条规定又过于简单,因此其可操作性并不强,许多问题并没有得到解决。

(二)其他海上责任保险中的直接索赔

对于其他的海上责任保险,《海商法》以及其他一些特别法均无明确规定,因此应适用我国《保险法》的相关规定。按照《保险法》第65条规定,保险人对责任保险的被保险人给第三者造成的损害,可以依照法律的规定或者合同的约定,直接向该第三者赔偿保险金。责任保险的被保险人给第三者造成损害,被保险人对第三者应负的赔偿责任确定的,根据被保险人的请求,保险人应当直接向该第三者赔偿保险金。被保险人怠于请求的,第三者有权就其应获赔偿部分直接向保险人请求赔偿保险金。责任保险的被保险人给第三者造成损害,被保险人未向该第三者赔偿的,保险人不得向被保险人赔偿保险金。

(三)保赔保险中的"先付条款"与直接索赔

作为一种相互保险形式,保赔保险是以会员分摊的方式来补偿某个或某些会员的损失,因此为维护会员的自身利益,保证保赔协会的财政稳定,在保赔保险中通常会有关于"先行支付"(简称先付,pay to be paid)的约定。先行支付是保赔保险合同下的基本条款,也是保赔保险下被保险人的基本义务,其典型措辞是:"除非董事会作出相反的决定,会员就任何责任、支出和费用获得协会赔偿的先决条件是,他首先承担了相同的责任或支付了相等的费用。"先付条款是保险法上损失补偿原则的充分体现,而且它与保赔协会的宗旨是一脉相承的,因为保赔协会作为一种互保性的组织,通常以维护会员船东的利益为宗旨,而无须考虑第三方的利益。因此,先付条款通常被认为是有效的,会员只有在先行向第三人承担了责任或支付了费用之后,才能向协会提出索赔。否则,协会有权拒赔。

虽然先付条款对当事人是有效的,但它能否对抗第三人则并不确定,对此各国的做法并不一致,我国也没有相应的立法规定。我们认为,应按照不同情形区别对待:(1)如果第三人享有法定的直接索赔权的,则先付条款不能对抗第三人的直接索赔要求,因为先付条款作为一项合同条款,它不具有对抗法定权利的效力。(2)如果第三人享有的直接索赔权是基于当事人的约定产生的,则要区分不同情形:如果是基于被保险人(会员船东)与第三人的约定而产生的,那么第三人的直接索赔将无法对抗保赔协会与被保险人的"先行支付"的约定;如果该直接索赔权来源于保赔协会与被保险人的约定,则该直接索赔权可以对抗保赔协会。(3)如果第三人并不享有法定的或约定的直接索赔权,第三人将无法向保赔协会直接提出索赔。

在本章的引例中,保险人已经向被保险人实际赔付了保险金,取得了权益转让书,并以自己的名义向承运人提起保险代位求偿权之诉,似乎是符合法律的规定的。但是,最关键的问题是，涉案提单已背书转让，被保险人中茶公司已经不具备提单持有人或收货人的身份，也就不享有对承运人的货损赔偿请求权。既然如此，保险人也就无法取得并行使代位求偿的权利了。故其请求依法不能得到支持。

思考题

1. 试述海上保险合同的基本原则。
2. 试述保险人的保险赔付责任。
3. 评述我国海洋运输货物基本险的险别和责任范围。
4. 试述你对海上保险代位求偿权的理解。
5. 试述海上保险委付的要件及其效力。
6. 案例讨论：

1998年利比里亚籍"Alen"轮在日本沿海触礁断裂，船货沉没堵塞河口，日本当局要求船东清除残骸及其他漂流物。在这次事故中，"Alen"轮保赔协会赔偿了以下费用：打捞残骸费、清除机舱漂油费、处置油污及清洗油驳费、船员财产损失费、清除货物以及遣返船员费，总计共2.80437亿美元。

请结合保赔保险的有关理论与实践，谈谈你对保赔保险制度的意见。

司法考试真题链接

1. 中国甲公司与某国乙公司签订茶叶出口合同，并投保水渍险，议定由丙公司"天然"号货轮承运。下列哪些选项属于保险公司应赔偿范围？（2011年）

A. 运输中因茶叶串味等外来原因造成货损

B. 运输中因"天然"号过失与另一轮船相撞造成货损

C. 运输延迟造成货损

D. 运输中因遭遇台风造成部分货损

2. 关于海洋运输货物保险，下列哪一选项是正确的？（2010年）

A. 平安险项下赔偿的因自然灾害造成的全部损失只包括实际全损

B. 保险人的责任期间自保险合同订立时开始

C. 与平安险相比，水渍险的保险范围还包括因自然灾害造成的保险标的的部分损失

D. 附加险别可独立承保

3. 平安险是中国人民保险公司海洋货物运输保障的主要险别之一。下列哪一损失不能包括在平安险的责任范围之内？（2004年）

A. 被保险货物在运输途中由于自然灾害造成的全部损失

B. 被保险货物在运输途中由于自然灾害造成的部分损失

C. 共同海损的牺牲、分摊

D. 共同海损的救助费用

4. 一批投保了海洋运输货物险“一切险”的货物发生了损失。在此情况下，下列选项中哪些事故原因可使保险公司不承担赔偿责任？（2003年）

A. 货物损失是发货人在发运货物前包装不当造成的

B. 货物损失是由于货物在装船前已经有虫卵，运输途中孵化而导致的

C. 货物损失是由于运输迟延引起的

D. 货物损失是由于承运人驾驶船舶过失造成的

5. 下列关于委付和代位求偿权关系的提法哪些是正确的？（2000年）

A. 委付适用于推定全损，而代位适用于全损或部分损失

B. 委付转让的是保险标的所有权及其他相关的权利义务，而代位是向第三者追偿的权利

C. 委付仅适用于海上货物运输保险，而代位适用于所有类型的货物运输保险

D. 委付是保险人取得保险标的的所有权后，向被保险人支付保险赔款，而代位是以保险人向被保险人支付赔偿为前提

6. 某国远洋货轮“亚历山大号”满载货物从S港起航，途中遇飓风，货轮触礁货物损失惨重。货主向其投保的保险公司发出委付通知。在此情况下，该保险公司可以选择的处理方法是什么？（1998年）

A. 必须接受受付

B. 拒绝接受委付

C. 先接受委付，然后撤回

D. 接受委付，不得撤回

第十四章　海事争议解决法律制度

【引例】天津盛昌公司与福建延平公司存在供油关系，2009年上半年，延平公司累计拖欠加油款300多万元。盛昌公司因此向天津海事法院申请诉前海事请求保全，申请扣押延平公司所有的中国籍"天祥68"轮，要求延平公司提供370万元的担保。王某向法院为盛昌公司提供了扣船担保。法院经审查认为，申请人具有海事请求权，其扣船申请符合法律规定，遂于2009年7月28日裁定，在天津港扣押"天祥68"轮，责令延平公司提供370万元的担保，并要求盛昌公司30日内提起诉讼，否则解除船舶扣押。① 请问：本案的保全程序有何特色？

第一节　海事争议概述

一、海事争议的涵义与类型

（一）海事争议的涵义

海事争议，有广义与狭义之分。广义而言，海事争议是指人类因海上活动而引发的一切实体争议，包括但不限于民事、行政性质的海事争议，诸如因海上运输、船舶使用、海洋开发利用及其他海事活动而发生的一切权利义务争议。只要这种争议的原因、过程、结果等主要因素之一在海上发生，都可以称之为海事争议。其中的"海上"不仅指海洋，还包括与海相通的可航水域。狭义而言，海事争议是指通过特定方式解决或由特定争议解决机构主管的海事争议。其具有相对性，在不同的语境下，其内涵并不相同。本章涉及的海事争议，是一种狭义的海事争议，主要指通过和解、调解、海事仲裁或海事诉讼等特定方式解决的平等主体之间的海事法律争议。②

（二）海事争议的类型

根据海事争议的起因，可以将其区分为以下四类：（1）海商合同争议，指因海上运输、船舶活动、海洋开发利用以及与此有关的其他合同关系而引起的争议。（2）海事侵权争议，指因海上运输、船舶活动、海洋开发利用及与此相关的其他活动而产生的侵权争议。（3）海事不当得利争议，指因上述活动而产生的不当得利争议。（4）海事无因管理争议，指因上述活

---

① 参见天津海事法院（2009）津海法保字第57－1号民事裁定书。

② 张湘兰：《海商法》，武汉大学出版社2008年版，第346页。

动而产生的无因管理争议。

根据海事请求的权利属性，还可将其区分为海事物权争议和海事债权争议。前者主要表现为对船舶、船载货物的所有权、担保物权或用益物权之争；后者主要表现为海商违约、海事侵权、海事不当得利及海事无因管理之争。

（三）海事争议的解决途径

所谓海事争议的解决途径，是指解决海事争议当事人之间法律纠纷的方式或救济程序。根据当事人意思自治原则，争议双方当事人可以事先或事后选择解决其海事争议的途径。目前，世界各国解决海事争议的途径主要有四种：和解、第三方调解、海事仲裁、海事诉讼。本章主要讲述后两种争议解决程序。

二、海事争议的诉讼时效

海事诉讼时效，是指海事请求权人依照法律或合同的规定请求海事法院强制保护其海事请求权的有效期限。海事诉讼时效作为民事诉讼时效制度中的特别制度，适用民事诉讼时效的一般规定，但我国《海商法》或其他特别法另有规定的，优先适用特别法的规定。

（一）海事诉讼时效的期间及其计算

1. 海商合同关系的诉讼时效

（1）海上货物运输合同。就海上货物运输向承运人要求赔偿的请求权，时效期间为1年，自承运人交付或者应当交付货物之日起计算。此外，根据最高人民法院1997年《关于承运人就海上货物运输向托运人、收货人或提单持有人要求赔偿的请求权时效期间的批复》的规定，承运人就海上货物运输向托运人、收货人或提单持有人要求赔偿的请求权，时效期限同样为一年，自权利人知道或应当知道权利被侵害之日起计算。

（2）海上旅客运输合同。就海上旅客运输向承运人要求赔偿的请求权，时效期间为2年。有关旅客人身伤害的请求权，自旅客离船或者应当离船之日起计算。有关旅客死亡的请求权，发生在运送期间的，自旅客应当离船之日起计算；因运送期间内的伤害而导致旅客离船后死亡的，自旅客死亡之日起计算，但是此期限自离船之日起不得超过3年。有关行李灭失或者损坏的请求权，自旅客离船或者应当离船之日起计算。《海商法》关于海上旅客伤亡的诉讼时效长于《民法通则》第135条关于人身伤害的1年诉讼时效，这样对旅客的人身保护就更加充分。

（3）船舶租用合同。有关船舶租用合同的请求权，时效期间为2年，自知道或者应当知道权利被侵害之日起计算。

（4）海上拖航合同。有关海上拖航合同的请求权，时效期间为1年，自知道或者应当知道权利被侵害之日起计算。

（5）海上保险合同。根据海上保险合同向保险人要求保险赔偿的请求权，时效期间为2年，自保险事故发生之日起计算。

2. 其他海事、海商法律关系的诉讼时效

（1）船舶碰撞。有关船舶碰撞的请求权，时效期间为2年，自碰撞事故发生之日起计算。

（2）海难救助。海难救助请求权的时效期间为2年，自救助作业终止之日起计算。

（3）共同海损分摊。有关共同海损牺牲和费用分摊的请求权，时效期间为1年，自理算结束之日起计算。

(4)船舶油污损害。有关船舶发生油污损害的请求权,时效期间为3年,自损害发生之日起计算;但是,在任何情况下时效期间不得超过自造成损害的事故发生之日起6年。

(二)海事诉讼时效的中止与中断

《海商法》关于海事诉讼时效中止的规定同《民法通则》的一致:在时效期间的最后六个月内,因不可抗力或者其他障碍不能行使请求权的,时效中止。自中止时效的原因消除之日起,时效期间继续计算。

但是二者关于中断的规定却有很大区别。按照《海商法》规定,时效因请求人提起诉讼、提交仲裁或者被请求人同意履行义务而中断。但是,请求人撤回起诉、撤回仲裁或者起诉被裁定驳回的,时效不中断。请求人申请扣船的,时效自申请扣船之日起中断。自中断时起,时效期间重新计算。

三、海事争议的法律适用

涉外海事关系的法律适用比较复杂。虽然《民法通则》、《涉外民事关系法律适用法》等对涉外民事关系的法律适用作出了比较明确的规定,但海商法作为商法的特别法,其法律适用仍然具有较显著的特殊性。《海商法》第十四章不仅明确了涉外海事关系法律适用的基本原则,而且规定了若干特殊的海事法律适用规则。因此,在涉外海事关系法律适用问题上,应优先适用《海商法》中的特别规定。

(一)涉外海事关系法律适用的基本原则

关于法律适用问题,我国海商法确立了以下基本原则:(1)国际条约优先适用原则,即我国缔结或者参加的国际条约与我国海商法有不同规定的,优先适用国际条约的规定,但已予以保留的除外;(2)国际惯例补充适用原则,即在我国法律和我国缔结或者参加的国际条约均没有规定的条件下,可以直接适用而不是参照适用相应的国际惯例;(3)当事人意思自治原则,即当事人双方可以选择适用的法律,但法律另有限制的除外;(4)最密切联系原则,即在合同当事人没有选择准据法的条件下,应适用与争议法律关系有最密切联系的国家的法律;(5)公共秩序保留原则,即在依法应适用外国法律或者国际惯例的条件下,如果适用该法律违背我国的法律基本原则或损害社会公共利益的,应当排除相应外国法律或国际惯例的适用。

(二)特殊涉外海事关系的法律适用规则

对于普通涉外民事法律关系以外的特殊涉外海事关系的法律适用问题,我国海商法确立了以下规则:(1)船舶所有权的取得、转让和消灭,适用船旗国法律。(2)船舶抵押权适用船旗国法律。如果船舶在光船租赁以前或者光船租赁期间设立船舶抵押权的,适用原船舶登记国的法律。(3)船舶优先权,适用受理案件的法院所在地法律。(4)船舶碰撞的损害赔偿,适用侵权行为地法律。如果船舶碰撞发生在公海上,其赔偿案件应适用受理案件法院所在地法律;但同一国籍的船舶,不论碰撞发生于何地,碰撞船舶之间的损害赔偿适用船旗国法律。(5)共同海损理算,适用理算地法律。(6)海事赔偿责任限制,适用受理案件的法院所在地法律。

第二节 海事仲裁

一、海事仲裁概述

(一)海事仲裁的概念

海事仲裁(Maritime Arbitration),指海事争议的双方当事人,根据书面仲裁协议,将他们之间发生的海事争议提交某一海事仲裁机构或仲裁员裁决的制度。目前,各主要海运国家中,英国作为传统的海运强国,其海事仲裁制度最为完善,对世界其他国家的海事仲裁制度产生了巨大影响。

(二)海事仲裁的特征

海事仲裁属于一种比较特殊的替代性争议解决程序(Alternative Dispute Resolution,ADR),其具有如下显著特征。

第一,与海事诉讼程序比较,就裁决机构的法律性质而言,海事仲裁机构属于一种社会团体,而海事法院属于国家的审判机关;就案件管辖权的来源而言,海事仲裁机构的管辖权完全来自当事人双方的合意,而海事法院的管辖权来自《海事诉讼特别程序法》、《民事诉讼法》的强制性规定,即使当事人双方达成管辖权协议的,也不得违反上述立法中的强制性规定;就争议当事人的自治权而言,海事仲裁的双方当事人可以就仲裁机构、仲裁地点、仲裁程序、仲裁员等内容作出广泛的选择,而在海事诉讼,当事人的管辖权协议不能违背有关级别管辖、专属管辖、专门管辖等方面的强制性规定,更不能选择审理的地点、法官和诉讼规则;就裁决的效力而言,海事仲裁实行“一裁终局”制,败诉方不自动履行仲裁裁决的,胜诉方可向有管辖权的法院申请强制执行;而海事诉讼实行“两审终审”制,法院依法保障生效裁决的强制执行。

第二,与和解、调解程序比较,海事仲裁介于典型的自力救济手段与公力救济手段之间,其审理程序比较规范,仲裁裁决的效力亦可以得到国家相应的强制性保障。

第三,与其他类型的国际商事仲裁比较,海事仲裁制度具有较高的国际统一性。在海商法界,不仅各国的海事仲裁制度深受英美等国做法的影响,而且海商法的国际统一化进程也增加了各国海事仲裁的交流与沟通,有利于形成比较统一的海事仲裁文化及制度。

第四,基于海运业的效率传统,海事仲裁非常强调效率原则。各国的海事仲裁组织更倾向于制定或采用比诉讼程序规则更加简洁、快捷的程序规则。仲裁庭在仲裁过程中比较注重引导当事人自行和解,并提倡灵活地运用调解方式。与此同时,海事临时仲裁得到了较广泛运用,在线调解等简易仲裁程序亦得到一定程度的认同。

二、中国的海事仲裁机构与受案范围

(一)海事仲裁机构

中国海事仲裁委员会的前身是中国国际贸易促进委员会于 1958 年设立的海事仲裁专门机构,1988 年更名为“中国海事仲裁委员会”(China Maritime Arbitration Commission,CMAC)。海事仲裁委员会目前采用的仲裁规则是其 2004 年版的仲裁规则。该版规则兼容

物流中心与渔业中心的争议解决程序，进一步增加了当事人的意思自治权利，有利于降低仲裁费用和保障仲裁员的独立公正性。①

（二）海事仲裁的受案范围

根据海事仲裁委员会2004年版仲裁规则，海事仲裁委员会的受案范围不区分有关案件是否含有涉外因素，也不要求有关争议应当产生于“远洋、近洋、沿海和与海相通的可航水域的运输、生产和航行等”有关过程中。② 具体而言，海事仲裁委员会可以受理下列性质的契约或非契约案件：(1)租船合同、多式联运合同或者提单、运单等运输单证所涉及的海上货物运输、水上货物运输、旅客运输争议；(2)船舶、其他海上移动式装置的买卖、建造、修理、租赁、融资、拖带、碰撞、救助、打捞，或集装箱的买卖、建造、租赁、融资等业务所发生的争议；(3)海上保险、共同海损及船舶保赔争议；(4)船上物料及燃油供应、海事担保、船舶代理、船员劳务、港口作业争议；(5)海洋资源开发利用、海洋环境污染争议；(6)货运代理，无船承运，公路、铁路、航空运输，集装箱的运输、拼箱和拆箱，快递，仓储，加工，配送，仓储分拨，物流信息管理，运输工具、搬运装卸工具、仓储设施、物流中心、配送中心的建造、买卖或租赁，物流方案设计与咨询，与物流有关的保险，与物流有关的侵权争议，以及其他与物流有关的争议；(7)渔业生产、捕捞等所发生的争议；(8)双方当事人协议仲裁的其他争议。上述的第(8)类案件并非指由当事人协议提交仲裁的任何性质的案件，而应当是与前7类案件性质相同或相似的海事、海商、物流或渔业等争议。

三、海事仲裁协议

（一）海事仲裁协议的概念

海事仲裁协议(Maritime Arbitration Agreement)，是指双方当事人合意将他们之间已经发生或者将来可能发生的海事争议交付海事仲裁机构解决的一种协议。

海事仲裁协议是海事仲裁机构行使仲裁管辖权的基础与依据，其不仅可以约束仲裁机构，而且可以约束当事人及法院。仲裁协议当事人之间发生了协议上所载明的争议后，应依约提请仲裁机构解决他们之间的争议，而不能向法院起诉。同样，法院也不应受理当事人协议提交仲裁的案件，但仲裁协议无效或不可执行的除外。在一方当事人不履行仲裁裁决的条件下，仲裁协议还是对方当事人申请法院强制执行的基本依据之一。

（二）海事仲裁协议的形式

海事仲裁协议原则上应当以书面形式存在，其主要表现为以下3种：(1)仲裁条款(Arbitration Clause)，即合同当事人在订立的合同中，表明愿将可能发生的合同争议提交仲裁解决的争议解决条款。仲裁条款是仲裁协议最常见的一种形式，广泛应用于各类海事、海商、物流等合同。(2)仲裁协议书(Submission to Arbitration Agreement)，即双方当事人在争议发生之前或之后，为把争议提交仲裁解决而专门单独订立的协议书。在发生船舶碰撞、海上救助、海洋污染等海事事件后，当事人为寻求通过仲裁方式解决争议，往往需单独签署仲裁协议书。(3)表明当事人愿将争议提交仲裁的其他书面材料，如双方当事人在往来函电

① 蔡鸿达：《中国海事仲裁委员会第五次仲裁规则修改构思——公正、高效、适应市场经济》，载《中国远洋航务公告》2004年第5期。

② 参见海事仲裁委员会2000年《仲裁规则》第2条第1款。

或其他文件中就仲裁事宜达成一致意见的。

在我国,《仲裁法》第 16 条明确要求仲裁协议必须以书面方式订立。因此,当事人以口头形式达成仲裁协议的,不受法律保护。

(三)海事仲裁协议的内容

海事仲裁协议的内容原则上由当事人自由约定,一般包括仲裁意愿、仲裁机构、仲裁地点、提交仲裁的事项、适用的仲裁规则和法律、仲裁裁决的效力等内容。但各国家往往要求,一项有效的、可执行的海事仲裁协议应当具备若干必备内容,如仲裁意愿、仲裁机构、提交仲裁的事项等。在我国,有效的海事仲裁协议必须具备以下三项内容:

(1)请求仲裁的意思表示。在海运实务中较常见的相应争议是,提单仲裁条款是否属于提单当事人的共同意思表示。由于提单往往由承运人单方制作、签发,提单受让人往往因此主张,其既未事先参与提单仲裁条款的订立,也未事后追认该条款,因此其不受该条款的约束。但海商法界的通说是,在承运人与提单持有人没有其他不同约定的情况下,提单条款就是他们之间的运输合同条款,当事人接受提单就意味着接受其中的仲裁条款,其无权接受提单的部分条款却拒绝另外的部分条款。从其接受提单的行为,可以推定其同样接受其中的仲裁条款。

(2)仲裁事项。仲裁协议所载明的仲裁事项,是仲裁庭确定其审理范围的基本依据之一。就我国各类仲裁机构的专业分工而言,海事仲裁机构的主管范围主要限于平等主体之间的各类海事、海商、物流、渔业争议或类似性质的其他契约性或非契约性争议。可见,在我国,当事人约定的海事仲裁事项还应属于可裁的海事事项,超出法定范围的,即使属于仲裁协议约定的事项,仲裁庭亦无权仲裁。

(3)仲裁机构。仲裁机构指当事人在仲裁协议中选定的仲裁组织。一般要求在仲裁协议中明确所选定仲裁机构的名称,如"中国海事仲裁委员会"、"英国伦敦海事仲裁员协会"、"美国纽约海事仲裁员协会"、"法国巴黎海事仲裁院"等。仲裁协议约定的仲裁机构为多个时,一般不应视为对仲裁机构的约定不明确,当事人可以协议选择其中的一个仲裁机构申请仲裁;当事人不能就仲裁机构选择达成一致的,仲裁协议无效。当事人未明确约定仲裁机构的名称又无法为此作出补充约定的,仲裁协议无效。

在海运实务中,许多仲裁条款仅约定了仲裁地点而没有选定仲裁机构,如国际上广泛使用的波罗的海国际航运公会的定期租船合同、金康航次租船合同等格式合同中的仲裁条款。这些仲裁条款在许多国家是有效的,但依照我国《仲裁法》,就可能因未选定仲裁机构而被认定为无效。为避免仲裁协议的效力因此受损,许多国际仲裁机构提供了供当事人参照使用的仲裁协议示范条款。中国海事仲裁委员会推荐使用的海事仲裁协议示范条款是,"凡因本合同产生的或与本合同有关的任何争议,均应提交中国海事仲裁委员会,按照该委员会的现行仲裁规则在北京进行仲裁。仲裁裁决是终局的,对各方当事人均有约束力"。

(四)海事仲裁协议的效力

海事仲裁机构对提交仲裁的案件能否取得管辖权,其作出的仲裁裁决能否依法得到法院的支持,均涉及海事仲裁协议是否有效这一前提条件问题。许多国内与国际仲裁立法对仲裁协议的效力要件有明确要求。根据《1958 年承认与执行外国仲裁裁决的公约》(以下简称《1958 年纽约公约》)的规定,有效的仲裁协议必须满足以下条件:(1)仲裁协议应当是书面的;(2)提交仲裁的争议属于可裁事项;(3)当事人在签订协议时具有完全行为能力。我国

《仲裁法》除提出上述要求外，还要求约定有明确的仲裁机构。

对于仲裁协议效力的认定主体问题，存在两种观点。传统观点认为，仲裁条款是主合同不可分割的一部分，主合同无效，仲裁条款当然无效。而合同是否有效，须由法院决定。根据该观点，仲裁行业的生存权主要取决于法官的自由裁量权，这不利于仲裁事业的发展。

随着现代经济的发展，一方面各种纠纷大量产生，法院不堪重负；另一方面，当事人意思自治理论得到广泛接受，ADR方式，特别是其中的仲裁方式被确认为公力救济手段的必要辅助。相应的，与上述传统观点对立的仲裁协议自治理论（Doctrine of Arbitration Clause Autonomy）得到普遍接受。它认为，仲裁条款与主合同是可分的，尽管仲裁协议作为次合同，因主合同的履行需要而订立，并随着主合同的完全履行而终止，但二者的功能完全不同：主合同涉及当事人在民商事交易方面的实体权利义务；而仲裁协议仅涉及当事人通过仲裁方式解决主合同争议的程序问题，具有相对的独立性。主合同无效，不直接影响仲裁协议的效力。相反，仲裁协议得以实施的前提条件恰是主合同本身的履行发生了争议。如果争议双方对仲裁协议的效力存在争议，作为一个先决问题，应优先予以解决。解决这一先决问题的管辖权往往被授予仲裁机构本身或特定法院。如我国《仲裁法》第20条第1款规定：“当事人对仲裁协议的效力有异议的，可以请求仲裁委员会作出决定或者请求人民法院作出裁定。一方请求仲裁委员会作出决定，另一方请求人民法院作出裁定的，由人民法院裁定。”

当事人对仲裁协议的效力有异议的，应当在仲裁庭或法庭首次开庭前提出；书面审理的，应在首次就实体争议提出答辩意见前提出，否则将视为不可撤销地放弃了相应的异议权。

四、海事仲裁程序

海事仲裁程序是海事仲裁机构和海事争议双方当事人在仲裁过程中应当遵循的程序和规则。作为一种程序规范，世界各国的海事仲裁机构几乎均订有自己的仲裁程序规则，但相互之间的差异不大。在临时仲裁条件下，仲裁规则由当事人或被选定的仲裁员自行确定。

根据《2004年中国海事仲裁委员会仲裁规则》，海事仲裁委员会的基本仲裁程序包括：

（一）仲裁申请、答辩、反请求、海事保全

（1）申请。申诉人申请仲裁的，应向仲裁委员会提交仲裁申请书。秘书处收到申请人的仲裁申请书及其附件后，经过审查，认为申请仲裁的手续不完备的，可以要求申请人予以完备；认为申请仲裁的手续已完备的，应立即向被申请人发出仲裁通知。

（2）答辩。被申请人应在收到仲裁通知之日起30天内，向秘书处提交答辩书。答辩书应写明答辩的事实、理由并附上相关的证据。逾期提交的，仲裁庭有权决定是否接受。未提出书面答辩的，不影响仲裁程序的进行。

（3）反请求。被申请人如有反请求，最迟应在收到仲裁通知之日起30天内，以书面形式提交仲裁委员会。仲裁庭认为有正当理由的，可以依申请适当地延长该期限。

（4）海事保全。当事人申请证据保全、海事强制令、海事请求保全或其他财产保全的，仲裁委员会应当将当事人的申请提交证据所在地、海事纠纷发生地、被申请人住所地或其财产所在地的海事法院或其他法院；当事人在仲裁程序开始前申请上述海事保全或其他财产保全的，应当依照《海事诉讼特别程序法》的规定或其他法律规定，直接向被保全的证据所在地、海事纠纷发生地、被保全的财产所在地海事法院或其他法院提出。

当事人申请设立海事赔偿责任限制基金的，仲裁委员会应当将当事人的申请提交事故发生地、合同履行地或者船舶扣押地海事法院；当事人在仲裁程序开始前申请设立海事赔偿责任限制基金的，应当依照《海事诉讼特别程序法》的规定，直接向事故发生地、合同履行地或者船舶扣押地海事法院提出。

（二）仲裁庭的组成

海事仲裁委员会及其分会适用统一的仲裁员名册。当事人和仲裁委员会主任可以从《中国海事仲裁委员会仲裁员名册》中选定或指定仲裁员。

（三）审理

仲裁庭应当开庭审理案件。但经双方当事人申请或者经征得双方当事人同意，仲裁庭亦认为不必开庭审理的，仲裁庭可以只依据书面文件进行审理并作出裁决。

（四）裁决

仲裁庭应当在组庭之日起六个月内，根据事实，依照法律和合同规定，参考国际惯例，并遵循公平合理原则，独立公正地作出裁决。在仲裁庭的要求下，仲裁委员会秘书长认为理由正当且确有必要的，可以延长该期限。

仲裁庭认为必要或者当事人提出经仲裁庭同意时，可以在最终裁决作出之前的任何时候，就案件的任何问题作出中间裁决或部分裁决。任何一方当事人不履行中间裁决，不影响仲裁程序的继续进行，也不影响仲裁庭作出最终裁决。仲裁裁决是终局的，对双方当事人均有约束力。

（五）海事仲裁裁决的强制执行

1. 申请强制执行国内海事仲裁裁决

当事人应当依照裁决书写明的期限自动履行裁决；裁决书未写明期限的，应当立即履行。一方当事人不履行的，另一方当事人可以根据我国法律的规定，申请法院强制执行。

2. 对外国海事仲裁裁决的承认与执行

基于《1958 年纽约公约》、我国缔结的其他国际条约或互惠原则申请承认、执行外国仲裁机构海事仲裁裁决的案件，由被执行的财产所在地或者被执行人住所地的海事法院管辖；被执行的财产为船舶的，无论该船舶是否在海事法院管辖区域范围内，均应由海事法院管辖。船舶所在地没有海事法院的，由就近的海事法院管辖。

第三节　海事诉讼

一、海事诉讼的概念与特征

（一）海事诉讼的概念

海事诉讼是海事法院在海事争议当事人和其他诉讼参与人的参加下，依法审理和裁决海事案件的全部活动过程。各国基于海事法律关系的特殊性质，往往制定了若干与普通民事诉讼制度差别明显的海事诉讼特别制度。我国也专门制定了 1999 年《海事诉讼特别程序法》。

（二）海事诉讼的特征

1. 实行专门管辖

基于海事案件专业性强、涉外因素多等特殊性质，为保证海事审判的质量，部分国家或地区成立了专门的海事法院审理海事案件，部分国家指定级别较高的法院专门管辖海事案件或将海事案件交专门的法庭或法官审理。如在英国和我国香港地区，其高等法院内设有海事法庭，配备有专门的海事法官。在我国，专门组建了海事法院，依法对各类海事案件行使专门管辖权，海事法院的上诉法院为其所在地的高级人民法院。

2. 适用特别程序法

海事诉讼虽然属于民事诉讼的一种，但许多国家基于海事审判的独特需要，为海事诉讼设置了若干特别制度。如在美国，海事案件由联邦法院管辖，审理海事案件，除适用其《联邦民事诉讼规则》外，优先适用专为海事诉讼制定的特别规范《联邦海事诉讼补充规则》。就我国的诉讼法体系而言，《海事诉讼特别程序法》作为民事诉讼的特别立法，主要规定了若干海事诉讼特殊规则及特别程序，因此，海事法院开展海事审判时，除适用《民事诉讼法》外，优先适用《海事诉讼特别程序法》的特别规定。

3. 涉外因素多

海船及其载货往往在不同国家的港口之间移动，相应的海事业务往往涉及不同国家的当事方及相关方。有关纠纷的当事人中可能有外国人或无国籍人，保全对象或争议标的物可能位于国外，争议事实可能发生在国外，提交的证据可能在国外形成，海事法院需查明、适用相应的国际条约、国际惯例或外国准据法等。上述众多的涉外因素大幅度增加了海事审判的难度，对海事法官的综合素质提出了更高的要求。

4. 管辖权冲突问题较突出

海事管辖权冲突比普通的民事管辖权冲突更严重。其客观原因是船舶往来于各国港口，与当地的货运业、港口业、金融保险业、船舶服务业、海洋开发业等相关行业发生广泛联系，从而为各国法院行使管辖权创设了众多的联结点。其主观原因是各国基于海运业对其本国政治、经济、军事等方面的重要意义，有关国家在海事诉讼领域往往采取扩张性的管辖权政策，积极争夺海事管辖权，如通过扣押船舶“择地诉讼”的做法得到了有关国际公约和各国海事诉讼制度的普遍承认。故在海事诉讼领域，海事保全法院的管辖权、仲裁管辖权、协议管辖权、专门管辖权、专属管辖权、属地管辖权、属人管辖权、最密切联系管辖权等各种管辖权之间经常发生冲突，从而使海事案件的受案法院及其裁决结果具有较大的不确定性。

5. 对物诉讼得到部分认可

根据对物诉讼（Action in Rem），诉讼权利人可以将肇事船舶作为被告，申请法院扣押该船舶，并以船舶的价值清偿其债权。在国际海运业中，海事请求权人通过扣押当事船舶或其姊妹船以担保或受偿债权，意义重大。因此，对物诉讼原理先后得到《1952 年统一海船扣押某些规则的国际公约》及《1999 年船舶扣押国际公约》等专门公约的肯定。我国最高人民法院于 1986 年及 1994 年出台的两个诉讼前扣押船舶规则，亦肯定了反映对物诉讼要求的当事船舶、姊妹船扣押制度，该制度后来又得到了《海事诉讼特别程序法》的认可。①

---

① 王千华、向明华：《海商法》，中山大学出版社 2007 年第 2 版，第 282 页。

二、海事管辖权制度

(一)海事管辖的特征

1. 专门管辖与专属管辖相结合

基于海事案件较强的专业性及涉外性,许多国家授权专门的海事法官、海事法庭或海事法院对海事案件进行专门管辖。同时,对于与所在地存在重大利害关系的海事案件,如港口作业、海域污染、海洋勘探开发等纠纷,往往由行为地海事法院专属管辖。

2. 协议管辖普遍但受到更多限制

协议管辖又称合意管辖或约定管辖,是当事人意思自治原则在诉讼管辖权问题上的具体运用,是得到当今国际社会普遍承认的一种管辖权规则。该原则要求,如果争议的双方当事人在争议发生前或争议发生后,以书面形式自愿将争议交由某国法院审理,当事人和其他法院对于这种管辖权约定应予尊重。在海事、海商领域,各种海商事格式合同通常都订有管辖权条款,协议管辖的现象相当普遍。但在各国推崇扩张性海事管辖权政策的国际大背景下,管辖权协议的效力并不稳定。

3. 海事管辖权的联结点众多

海事法律关系以船舶为中心,船舶作为一种海上运输工具,航行于世界各地的可航水域,与所航经地区的各关联方发生各种物权、债权或其他法律关系,为各国法院行使管辖权创设了众多的联结点。故除常见的被告住所地、侵权行为地、合同履行地、诉讼标的物所在地等管辖权联结点外,船舶到达地、船籍港所在地、交船港、还船港、扣船措施实施地、海事责任限制基金设立地等均是海事案件特有的管辖权联结点。

4. 保全管辖权与实体管辖权相对独立

与普通民事保全程序须从属于、服务于本案诉讼程序不同,海事纠纷的涉外性往往使实体争议管辖权法院所在地与债务人财产所在地、证据所在地或拟强制行为实施地等发生分离。因海事请求保全、证据保全或海事强制令均宜由被保全对象所在地或被强制行为实施地的法院管辖,从而使海事保全程序可以甚至应当与相应的实体审理程序分离,分别在不同地区或不同国家的法院进行。

5. 借助保全管辖权可进一步创制实体管辖权

普通民事诉讼的管辖权规则,一般认为应由本案法院附带行使保全管辖权,但不可逆向适用,使保全法院通过实施保全措施取得相应的实体管辖权。但是,在海事保全程序与相应实体审理程序发生分离的条件下,不可避免地会发生上述不同法院之间程序的衔接与配合困难。而由采取保全措施的法院行使相应的实体管辖权,对于被保全对象的监管、处分以及对日后生效裁决的强制执行,均有其不可比拟的属地管辖优势。因此,将采取保全措施作为创设实体管辖权的联结点之一,有其客观合理性。

(二)中国海事诉讼管辖制度

1. 海事法院的地域管辖权

各级地方人民法院的地域管辖范围与其所在地的行政区划范围重合,但海事法院的地域管辖权与此不同。我国海事审判实行专门管辖和跨行政区域管辖相结合的地域管辖权原则,从而使海事法院的管辖区域与其所在行政市的行政区划绝不重合。

目前,我国10家海事法院的管辖区域分别为:

(1)广州海事法院，管辖西至北部湾英罗河道中心线，东至与福建省交界处的延伸海域，南至与海南省交界处的延伸海域和珠江口至广州港的一段水域，其中包括南澳岛及其他海上岛屿和湛江、黄埔、广州、深圳、汕头、惠州等主要港口。

(2)上海海事法院，管辖南自上海市与浙江省交界处、北至江苏省与山东省交界处的延伸海域，及长江口至江苏浏河口一段水域，其中包括东海北部、黄海南部、上海、连云港、洋山港等主要港口。

(3)青岛海事法院，管辖南自山东省与江苏省交界处、北至山东省与河北省交界处的延伸海域，其中包括黄海一部分、渤海一部分、海上岛屿和石臼所、青岛、威海、烟台等主要港口。

(4)天津海事法院，管辖南自河北省与山东省交界处、北至河北省与辽宁省交界处的延伸海域，其中包括黄海一部分、渤海一部分、海上岛屿和天津、秦皇岛等主要港口。

(5)大连海事法院，管辖南自辽宁省与河北省的交界处、东至鸭绿江口的延伸海域和鸭绿江水域，其中包括黄海一部分、渤海一部分、海上岛屿，以及黑龙江省的黑龙江、松花江、乌苏里江等与海相通的可航水域、港口。

(6)武汉海事法院，管辖自四川省宜宾市合江门至江苏省浏河口之间与海相通的可航水域、港口。

(7)海口海事法院，管辖海南省所属港口和水域以及西沙、中沙、南沙、黄岩岛等岛屿和水域。

(8)厦门海事法院，管辖南自福建省与广东省交界处、北至福建省与浙江省交界处的延伸海域，其中包括东海南部、台湾省、海上岛屿和福建省所属港口。

(9)宁波海事法院，管辖浙江省所属港口和水域，包括所辖岛屿、所属港口和通海的内河水域。

(10)北海海事法院，管辖广西壮族自治区所属港口、水域、北部湾海域及其岛屿和水域，以及云南省的澜沧江至湄公河等与海相通的可航水域。北海海事法院与广州海事法院的管辖区域以英罗湾河道中心线为界，河道中心线及其延伸海域以东由广州海事法院管辖，以西由北海海事法院管辖。

2. 海事法院的事务管辖权

海事法院自1984年成立以来，其事务管辖范围，即其受案范围经历了多次调整，呈现不断扩大的趋势。根据最高人民法院2001年《关于海事法院受理案件范围的若干规定》，海事法院具体受理下列各类海事、海商案件：

(1)海事侵权纠纷案件，包括：①船舶碰撞损害赔偿案件，包括浪损等间接碰撞的损害赔偿纠纷；②船舶触碰海上、通海水域、港口及其岸上的设施或者其他财产的损害赔偿纠纷案件，如船舶触碰码头、防波堤、栈桥、船闸、桥梁以及触碰航标等助航设施和其他海上设施引发的损害赔偿纠纷；③船舶损坏在空中架设或者在海底、通海水域水下敷设的设施或者其他财产的损害赔偿纠纷；④船舶排放、泄漏、倾倒油类、污水或者其他有害物质，造成水域污染或者他船、货物及其他财产损失的损害赔偿纠纷；⑤海上或者通海水域的航运、生产、作业或者船舶建造、修理、拆解或者港口作业、建设，造成水域污染、滩涂污染或者他船、货物及其他财产损失的损害赔偿纠纷；⑥船舶的航行或者作业损害捕捞、养殖设施、水产养殖物的损害赔偿纠纷；⑦航道中的沉船沉物及其残骸、废弃物，海上或者通海水域的临时或者永久性设施、装置不当，影响船舶航行，造成船舶、货物及其他财产损失的损害赔偿纠纷；⑧船舶在海上或者通海水域航运、作业，或者在港口作业过程中的人身伤亡事故引起的损害赔偿纠纷；⑨非法留置船舶、船载货物和船舶物料、备品纠纷；⑩其他海事侵权纠纷。

（2）海商合同纠纷案件，包括以下22类：海上、通海水域货物运输合同纠纷，其中包括远洋运输、含有海运区段的国际多式联运、沿海和内河运输，以及水水联运、水陆联运等水上货物运输合同纠纷；海上、通海水域旅客和行李运输合同纠纷；船舶经营管理合同纠纷；船舶的建造、买卖、修理、改建和拆解合同纠纷；船舶抵押合同纠纷；船舶租用合同纠纷，其中包括光船租赁（含租购）、定期租船、航次租船合同纠纷；船舶融资租赁合同纠纷；沿海、通海水域的运输船舶的承包合同纠纷；渔船承包合同纠纷；船舶属具和海运集装箱租赁、保管合同纠纷；港口货物保管合同纠纷；船舶代理合同纠纷；与海上或者通海水域的船舶运输有关的货运代理合同纠纷；船舶物料、备品供应合同纠纷；船员劳务合同纠纷；海难救助、海上打捞合同纠纷；拖航合同纠纷；海上保险、保赔合同纠纷，其中包括水运货物保险、船舶保险、油污和其他保赔责任险、人身保险、海上设施保险、集装箱保险等合同纠纷；海上、通海水域运输联营合同纠纷；与船舶营运有关的借款合同纠纷；海事担保合同纠纷；其他海商合同纠纷。

（3）其他海事海商纠纷案件，包括以下26类：在海上或者通海水域、港口的运输、作业（含捕捞作业）中发生的重大责任事故引起的赔偿纠纷；港口作业纠纷；共同海损纠纷；海洋开发利用纠纷，其中包括对大陆架的开发和利用（如海洋石油、天然气的开采），海水淡化和综合利用、海洋水下工程、海洋科学考察等纠纷；从事海上或者通海水域运输、渔业生产的船舶共有人之间的经营、收益、分配和财产分割纠纷；船舶所有权、占有权、使用权、抵押权、留置权和优先权纠纷；海运欺诈纠纷；海事行政案件；海事行政赔偿案件；申请认定海事仲裁协议效力案；申请撤销海事仲裁裁决案；申请认定海上或者通海水域财产无主案；申请无因管理海上、通海水域财产案；申请因海事事故宣告死亡案；海事请求保全案；因申请海事请求保全错误或者请求担保数额过高引起的损害赔偿纠纷；海事强制令案；海事证据保全案；因错误申请海事强制令、海事证据保全引起的损害赔偿纠纷；海事支付令案；海事公示催告案；设立海事赔偿责任限制基金案；海事债权登记、受偿案；与海事债权登记相关的确权诉讼案；船舶优先权催告案；法律规定由海事法院受理的和上级人民法院交办的其他案件。

（4）海事执行案件，包括：申请执行海事法院及其上诉审高级人民法院和最高人民法院就海事请求作出的生效法律文书的案件；海洋、通海水域行政主管机关依法申请强制执行的案件；依据《1958年承认及执行外国仲裁裁决公约》的规定，申请承认、执行外国仲裁机构海事仲裁裁决的案件；申请执行公证机关确认的与船舶和船舶营运有关的债权文书的案件；依照我国与外国签订的司法协助协定，或者按照互惠原则申请承认和协助执行外国法院裁决的海事海商案件。

尽管最高法院上述规定仅列举了四大类63种海事、海商案件，[①]但由于其中使用了“其他”海事、海商案件这类“兜底条款”，所以海事法院的受理范围实际上远远不止上述明确列

① 最高人民法院办公厅于2003年8月11日发出《关于海事行政案件管辖问题的通知》，要求：“海事等专门人民法院不审理行政案件、行政赔偿案件，亦不审查和执行行政机关申请执行其具体行政行为的案件。”各海事法院因此停止受理海事行政诉讼、海事行政强制执行等海事行政案件。但社会各界对于该通知的效力多表示怀疑。参见向明华：《海事法要论》，法律出版社2009年版，第288～302页。

举的案件种类。

3. 海事法院的专属管辖权

海事专属管辖权是一种强制性的、排他性的法定管辖权，是指对于某些海事争议，本国或法院所在地具有重大利益，因此法律授权只能由本国特定的法院管辖，其他外国法院及本国的其他法院均无权管辖，当事人也不能以协议方式变更管辖。这主要包括：(1)沿海港口作业纠纷，由港口所在地海事法院管辖；(2)海域污染损害赔偿纠纷，由污染发生地、损害结果地或者采取预防污染措施地海事法院管辖；(3)在我国履行的海洋勘探开发合同纠纷，由合同履行地海事法院管辖。

三、海事请求保全与海事担保

(一)海事请求保全

1. 海事请求保全的定义

海事请求保全是指海事法院根据海事请求人的申请，为保障其海事请求的实现，对被请求人的特定财产所采取的强制措施。上述"特定财产"主要指船舶、船载货物、船用燃油以及船用物料，对于除此之外的其他财产的保全，可适用《民事诉讼法》有关财产保全的相应规定。

2. 海事请求保全的特征

(1)主管法院专门化，即海事请求保全必须由海事法院或具有海事管辖权的高级人民法院主管。特别对于船舶扣押与拍卖而言，这种保全管辖权是独占性、排他性的。①

(2)请求保全的实体依据特定化。申请人申请海事保全，必须基于海事请求。2001 年《最高人民法院关于海事法院收案范围的规定》对海事请求的范围作出了限制，主要包括 10 类海事侵权纠纷、22 类海商合同纠纷及 26 类其他海事海商纠纷。另外，在 3 类海事强制执行程序中，还存在执行措施性质的查封、扣押、冻结等强制措施，但这与保全措施存在本质的差别。

(3)保全程序相对独立化。我国对海事请求保全程序虽然不同于英美法系对物诉讼中的船舶扣押，仅被定位为从属于诉讼程序的财产保全措施，但不可否认的是，其具有较强的独立性。② 实务中相当多的保全程序最后未能进入诉讼或仲裁程序，而是以当事人自行和解、申请人申请法院解除保全措施等方式结案。

(4)保全对象特定化。海事请求保全措施指向的对象，是承载船舶优先权等船舶物权的船舶、被请求人所有或者光船租赁的船舶，或者属于被请求人所有的船载货物、运费、租金、燃油和船用物资等特定财产。

(5)保全管辖权实体化。海事请求保全程序的相对独立性，使保全法院具备了对相应实体纠纷行使管辖权的属地优势。故有关国际立法及国内法往往将保全程序本身作为一个管辖权联结点，赋予保全法院对相应实体纠纷的次优管辖权。

3. 海事请求保全的程序

---

① 但海事保全专门管辖权具有相对性，如对于 20 总吨以下小型船舶以及其他海上财产的扣押和拍卖，也可以由地方法院依照民事诉讼法规定的扣押和拍卖程序进行。

② 向明华：《对物诉讼与我国的船舶扣押法律制度》，载《河北法学》2006 年第 4 期。

(1)申请。海事请求人申请海事请求保全,应当向海事法院提交书面申请。申请书应当载明海事请求事项、申请理由、保全的标的物以及要求提供担保的金额等内容,并附有关证据。

当事人在起诉前申请海事请求保全,应当向被保全的财产所在地海事法院提出。当事人在诉讼前请求保全已经卸载但仍在承运人掌管之下的货物,如果货物所在地不在海事法院管辖区域的,既可以向卸货港所在地的海事法院提出,也可以向货物所在地的地方人民法院提出。如果外国法院已受理相关海事案件或者有关纠纷已经提交仲裁,但涉案财产在我国领域内,当事人向财产所在地的海事法院提出海事请求保全申请的,海事法院应当受理。

(2)反担保。虽然《海事诉讼特别程序法》未将保全申请人提交反担保确定为强制性义务,但因申请保全时,争议的实体权利义务往往并不明确,难免发生保全错误。为保障被申请人的合法权益,海事法院往往要求海事请求人提供反担保。反担保金额应与可能发生的保全错误所导致被申请人及其他利害关系人遭受损失的金额相当。申请人不按法院要求提供反担保的,驳回其申请。

(3)裁定与复议。海事法院接受申请后,应当立即予以审理,并在48小时内作出裁定。裁定采取海事请求保全措施的,应当立即执行;对不符合海事请求保全条件的,裁定驳回其申请。当事人对裁定不服的,可以在收到裁定书之日起5日内申请复议一次。海事法院应当在收到复议申请之日起5日内作出复议决定。复议期间不停止裁定的执行。

(4)执行。海事法院裁定准予海事申请人的保全申请的,应当立即采取执行措施。执行方式主要取决于被保全财产的性质,包括扣押、查封、冻结、拍卖或变卖等措施。如扣押船舶时,在作出准予扣押船舶裁定的同时,应制作扣押船舶命令,由执行人员登轮向船长宣读和送达扣押船舶裁定及扣押船舶命令,并将扣押船舶命令张贴在被扣船舶的桅杆或驾驶室等显著位置。

(5)解除保全措施或拍卖被保全财产。保全措施实施后,如果被请求人提供让请求人满意的释放担保,或者被请求人或其他利害关系人有正当理由申请解除保全措施的,海事法院应当及时解除保全措施。海事请求人在法律规定的扣押期间内,未提起诉讼或者未按照仲裁协议申请仲裁的,海事法院亦应及时解除保全措施或者返还担保。被请求人未按期提交担保,且被扣押的船舶或其他保全财产不宜继续保存的,申请人可以在提起诉讼或申请仲裁后,申请保全法院拍卖被保全财产,使被保全财产转化为金钱形式。对无法保管、不易保管或者保管费用可能超过其价值的物品,海事请求人可以申请提前拍卖。

(二)海事强制令

1. 海事强制令的概念和性质

海事强制令是指海事法院根据海事请求人的申请,为保障其合法权益免受侵害,责令被请求人作为或者不作为的海事特别程序。海事强制令本质上属于一种行为保全程序,其保全的对象为行为。它弥补了我国民事诉讼制度中行为保全机制缺失的缺陷,对进一步完善我国《民事诉讼法》的保全制度具有重要的借鉴意义。

海事强制令不仅可以消极地禁止当事人从事某种行为,如禁止提(放)货、禁止开航,或禁止船舶出租人收回船舶等,其更多的是用于责令当事人作出某种积极的行为,如责令承运人签发提单,或责令其及时装卸或交付货物等。适当地适用海事强制令,可以及时、有效地预防损害的发生或者减少不必要的损失。

2. 海事强制令的程序

(1)申请。海事强制令实行“不告不理”原则,即必须由当事人申请,海事法院不能依职权主动采取海事强制令措施。海事强制令相对独立于相应海事实体争议的审理程序,其管辖权不受当事人之间的诉讼管辖协议或者仲裁协议的约束。当事人在起诉前申请海事强制令,应当向海事纠纷发生地的海事法院提出。海事法院受理海事强制令申请的,可以责令海事请求人提供反担保。海事请求人不提供的,驳回其申请。

(2)审查和裁定。海事法院接受海事强制令申请后,均应当迅速审理,判断其是否具备下列条件:①请求人具有具体的海事请求;②被请求人存在需要纠正的违法或者违约行为;③情况紧急,不立即作出海事强制令将造成损害或者使损害扩大。海事法院根据审查结果,应在 48 小时内作出准予或不准予申请的裁定。符合法定条件的,海事法院应当制作民事裁定书并发布海事强制令,立即执行;对不符合条件的,裁定驳回其申请。

(3)复议或异议。当事人对海事强制令裁定不服的,可以在收到裁定书之日起 5 日内申请复议一次。海事法院应当在收到复议申请之日起 5 日内作出复议决定。复议期间不停止裁定的执行。其他利害关系人认为海事强制令损害其利益的,可以提出异议,海事法院经审查认为理由成立的,应当裁定撤销海事强制令。海事法院经审查认为理由不成立的,应当书面通知利害关系人。

(4)执行。被申请人拒不履行海事强制令内容的,海事法院可以依据民事诉讼法的有关规定对被申请人处以罚款或拘留。构成犯罪的,依法追究刑事责任。

(5)错误申请的赔偿责任。海事请求人申请海事强制令错误的,应当赔偿被请求人或者利害关系人因此遭受的损失。有关海事强制令错误损害赔偿的争议,由作出海事强制令的海事法院受理。

(三)海事证据保全

1. 海事证据保全的概念

海事证据保全是指海事法院根据海事请求人的申请,对有关海事请求的证据予以提取、保存或者封存的强制措施。由于船舶的流动性大,相关证据的提取难度高,受损人往往难以确定有关损害事实的因果关系,甚至无法确定真正的责任人,因此,海事请求人往往需要通过海事证据保全措施保全有关的证据,了解有关事实真相,以便确定损害原因及其责任人。

2. 海事证据保全的程序

(1)申请。海事请求人申请海事证据保全,应当向海事法院提交书面申请。在起诉前申请的,应当向被保全的证据所在地的海事法院提出。海事法院受理海事证据保全申请的,可以责令海事请求人提供反担保。反担保的数额应相当于被申请人因执行保全措施可能遭受的合理损失。海事请求人不提供的,驳回其申请。

(2)审查和裁定。海事法院受理海事证据保全申请后,应当及时审查该申请是否符合下列条件:①请求人是海事请求的当事人;②请求保全的证据对该海事请求具有证明作用;③被请求人是与请求保全的证据有关的人;④情况紧急,不立即采取证据保全就会使证明该海事请求的证据灭失或者难以取得。海事法院接受申请后,应当在 48 小时内作出裁定。裁定采取海事证据保全措施的,应当立即执行;对不符合海事证据保全条件的,裁定驳回其申请。

(3)复议或异议。当事人对海事证据保全的裁定不服的,可以在收到海事证据保全裁定书之日起 5 日内申请复议一次。海事法院应当在收到复议申请之日起 5 日内作出复议决定。复议期间不停止裁定的执行。被请求人申请复议的理由成立的，应当将保全的证据返还被请求人。利害关系人可以对海事证据保全提出异议。海事法院经审查，认为理由成立的，应当裁定撤销海事证据保全；已经执行的，应当将与利害关系人有关的证据返还利害关系人。

(4)执行。海事法院进行海事证据保全时，可根据案件的具体情况，对证据予以封存，也可以提取复制件、副本，或者进行检验、拍照、录像，制作节录本、调查笔录等。确有必要的，还可以提取证据原件。海事请求人申请海事证据保全错误的，应当赔偿被请求人或者利害关系人因此遭受的损失。

3. 海事证据保全与实体管辖权

海事证据保全后，有关海事纠纷未进入诉讼或者仲裁程序的，当事人就该海事请求，可以向采取证据保全的海事法院或者其他有管辖权的海事法院提起诉讼，但当事人之间订有诉讼管辖协议或者仲裁协议的除外。

(四)海事担保

1. 海事担保的概念

海事担保属于一种司法担保，指在海事诉讼及其相关活动中，依照法律规定或当事人约定，一方当事人为保障对方当事人或其他利害关系人的合法权益得以实现或不遭受损害而提供的经济保障。

2. 海事担保的类型

(1)按照申请保全的主体，海事担保可区分为申请人提供的担保和被申请人提供的担保。前者是指海事请求人提供的、保证赔偿因申请海事保全错误而给相关方造成的损失的担保，俗称“反担保”；后者是指海事法院实施海事保全措施后，被请求人为解除保全措施而提供的担保，其旨在替代海事法院所保全的对象。申请人提供反担保通常是海事保全申请获得法院准许的前提条件之一，而获得海事担保则是申请海事保全的目的及结果。

(2)按照海事保全程序的类型，海事担保可分为海事请求保全担保、海事强制令担保和海事证据保全担保。

(3)按照海事担保的形式，可区分为现金担保、保证、抵押和质押等四种担保。在海事请求保全的司法实践中，适用较多的是现金担保和保证。①

3. 海事担保的程序

(1)海事担保的提交。海事请求人的反担保应当提交给海事法院；反担保的金额，应相当于因保全申请错误可能造成的损失；反担保的方式，应当是可靠的。被请求人的担保可以提交给海事法院，也可以提供给海事请求人；被申请人担保的方式、金额等由海事请求人和被请求人自由协商；但在当事人双方协商不成的条件下，应由海事法院决定，以避免协商程序久拖不决或被滥用。

(2)海事担保的减少、变更和取消。诉讼或仲裁程序表现为一种动态的发展过程，海事请求及保全需求可随着审理程序的推进而发生变化。故在海事担保提供后，担保提供人具有正当理由的，可以申请海事法院减少、变更或者取消相应的担保。这些理由主要包括：海事请求人请求担保的数额过高；被请求人已采取其他有效的担保方式；海事请求人的请求权消灭等。

---

① 宋伟莉：《海事诉讼担保制度的若干问题初探》，载《海商法研究》2001年第2辑。

(3)海事担保的发还。海事担保提交后,如果提交担保的事实基础发生重大变化,就会导致相应的海事担保被发还。诉讼前申请海事保全,但海事请求人未在规定的期间内提起诉讼,或者未按照仲裁协议申请仲裁的,海事法院应当及时解除保全措施或者返还担保。

(4)对海事担保的执行。在海事请求人与被请求人或被担保人之间的实体争议经诉讼或仲裁程序确定后,海事担保的被担保人(即债务人)拒不自动履行相应的生效裁决的,法院即可依法强制执行相应的海事担保或反担保。

四、海事特殊程序

(一)海事简易程序、督促程序和公示催告程序

1. 海事简易程序

海事简易程序是对一审海事普通程序的简化,主要适用于审理事实清楚、权利义务明确、争议不大的简单海事案件。该程序具有起诉方式、受理程序、传唤方式及审理程序简便,提高诉讼效率,节约诉讼成本等优势。

2. 海事督促程序

海事督促程序就是海事法院依海事债权人的申请,依法向相应的海事债务人发出限期支付款项命令的救济程序。海事法院审理海事督促案件,适用《民事诉讼法》的相应规定。

《海事诉讼特别程序法》对民事督促程序的突破是,明确了海事支付令的域外效力,规定海事督促程序可适用于境外的当事人,即如果债务人是外国人、无国籍人、外国企业或者组织,但其在我国领域内有住所、代表机构或者分支机构并能够送达支付令的,债权人也可以向有管辖权的海事法院申请支付令。

3. 海事提货凭证公示催告程序

在航运实务中,提单等重要的物权凭证遗失、被盗或灭失后,不但导致持单人无法提取货物,船方也不敢轻易交付货物。为及时结束这种权利义务的不确定状态,维护正常的交易秩序,当事人可以申请海事公示催告程序。公示催告期满无人异议的,法院应依申请人的请求作出除权判决。

(二)设立海事赔偿责任限制基金程序

1. 设立海事赔偿责任限制基金程序概说

设立海事赔偿责任限制基金程序,是指海事责任人在海事事故发生后,为了申请或享有责任限制,而向海事法院申请设立海事赔偿责任限制基金的程序。海事赔偿责任限制制度是海商法特有的制度,是限制某海事事故所引起的各责任人的赔偿总额的倾斜性保护制度。设立海事赔偿责任基金具有重大的程序及实体价值:(1)清除与特定海事事故相关的限制性债权,保障航运市场稳定有序。(2)保障海事责任人的其他财产免于各种限制性债权人的追索。(3)设立基金的海事法院因此获得对相应案件的集中管辖权,避免管辖权冲突。

2. 设立海事赔偿责任限制基金的基本程序

(1)申请。海事事故发生后,船舶所有人、承租人、经营人、救助人等享有责任限制权利的人,依法均可以书面申请设立海事赔偿责任限制基金。但在船舶造成油污损害的条件下,船舶所有人及其责任保险人或者提供财务保证的其他人为取得法律规定的责任限制权利,必须申请设立油污损害赔偿责任限制基金。申请书应当载明申请设立海事赔偿责任限制基金的数额、理由,以及已知的利害关系人的名称、地址和通讯方法,并附有关证据。设立责任

限制基金的申请可以在起诉前或者诉讼中提出，但最迟应当在一审判决作出前提出。当事人在起诉前申请设立海事赔偿责任限制基金的，只能向事故发生地、合同履行地或者船舶扣押地的海事法院提出；在诉讼中申请设立基金的，应当向受理相关海事纠纷的海事法院提出。已有多个海事法院受理了相应的海事纠纷的，责任人可以选择向其中之一申请设立基金。申请人申请设立海事赔偿责任限制基金错误的，应当赔偿利害关系人因此遭受的损失。

(2)通知和公告。海事法院受理设立海事赔偿责任限制基金的申请后，应当在7日内向已知的利害关系人发出通知，同时通过报纸或者其他新闻媒体连续发布公告3日。如果涉及的船舶是航行于国际航线的，应当通过对外发行的报纸或者其他新闻媒体发布公告。通知和公告包括下列内容：申请人的名称；申请的事实和理由；设立海事赔偿责任限制基金事项；办理债权登记事项；需要告知的其他事项。

(3)异议及裁定。利害关系人对申请人申请设立海事赔偿责任限制基金有异议的，应当在收到通知之日起7日内，未收到通知的应当在公告之日起30日内，以书面形式向海事法院提出。海事法院收到异议后应当进行审查并作出裁定。当事人对裁定不服的可在法定期限内提起上诉。

利害关系人在规定的期间内没有提出异议或异议不成立的，海事法院应裁定准予申请人向本院设立海事赔偿责任限制基金。设立海事赔偿责任限制基金可以提供现金，也可以提供经海事法院认可的担保。海事赔偿责任限制基金的数额，为海事赔偿责任限额和自事故发生之日起至基金设立之日止的利息。以担保方式设立基金的，担保数额为基金数额及其在基金设立期间的利息。

设立海事赔偿责任限制基金以后，当事人就有关海事纠纷应当向设立海事赔偿责任限制基金的海事法院提起诉讼，但当事人之间订有诉讼管辖协议或者仲裁协议的除外。

(三)海事债权登记与受偿程序

1. 债权登记与受偿程序的概念

债权登记与受偿是海事法院拍卖船舶程序或设立海事赔偿责任限制基金程序中相对独立但前后紧密相联的两个重要环节。债权登记程序，是指海事法院发布拍卖船舶或受理设立海事赔偿责任限制基金的公告后，债权人应当根据公告的要求，按期就与被拍卖船舶有关的债权或者就与特定场合发生的海事事故有关的限制性债权申请登记，否则产生一定法律后果的程序。债权受偿程序，是指继债权登记、确认程序后，将船舶拍卖价款及其利息，或者海事赔偿责任限制基金及其利息依法予以分配的程序。

债权登记与受偿程序是海事诉讼中非常重要的程序，它可以：(1)督促各方利害关系人及时主张债权，平衡各债权人之间的利益。(2)在拍卖船舶条件下，清结随船债务，保障"二手船舶"交易的安全；在责任限制基金分配条件下，导致特定海事事故条件下所有的限制性债权一并消灭，而无论其是否参与基金分配或是否得到足额清偿。(3)为债权登记法院或责任限制基金设立法院创设集中管辖权，避免当事人的累讼及各法院之间的管辖权冲突。①

2. 债权登记与受偿的基本程序

(1)申请债权登记。债权人向海事法院申请登记债权的，应当提交书面申请，并提供有关的债权证据。债权证据，包括可证明债权、具有法律效力的判决书、裁定书、调解书、仲裁

① 向明华：《海事法要论》，法律出版社2009年版，第304～309页。

裁决书和公证债权文书，以及其他可以初步证明其具有海事请求权的证据材料。

(2)对债权登记申请的审查和裁定。海事法院应当对债权人的申请进行审查，对提供债权证据的，裁定准予登记；对不提供债权证据的，裁定驳回申请。

(3)裁定确认债权或进入确权诉讼程序。所谓“确权诉讼”，是原告请求海事法院就其债权的真实性、关联性及其性质、金额等问题进行确认的普通诉讼。在拍卖船舶条件下，如果债权人提供债权证据的是我国法院、仲裁机构或公证机关作出的判决书、裁定书、调解书、仲裁裁决书或者公证债权文书的，海事法院经审查认定上述文书真实合法的，裁定予以确认。如果债权人提供的是国外的判决书、裁定书、调解书和仲裁裁决书，海事法院还应适用《民事诉讼法》(2007年修订)第266、267条规定的审查程序予以审查，以决定是否确认。如果申请人提供的是其他海事请求证据的，则应当在办理债权登记以后，在受理债权登记的海事法院提起确权诉讼，但法律另有规定的除外。在设立责任限制基金条件下，办理了债权登记的有关债权人在基金设立以后，依法也应向设立基金的海事法院提起确权诉讼，但法律另有规定的除外。①

(4)召开债权人会议。比照破产程序，海事债权登记与受偿程序同样实行债权人自治原则，即海事法院在确认债权后，通知全体债权人召开债权人会议，对船舶拍卖价款或者海事赔偿责任限制基金的分配方案作出决定，签订受偿协议。受偿协议经海事法院裁定认可，具有法律效力。

(5)船舶拍卖款或海事赔偿责任限制基金的分配。受偿协议经海事法院裁定认可后，即可按协议分配船舶拍卖款或责任限制基金。债权人会议协商不成的，由海事法院依照《海商法》以及其他有关法律规定的受偿顺序，裁定船舶价款或者责任限制基金的分配方案。对于船舶拍卖款，由海事法院依法按下列顺序裁定分配方案：首先，从拍卖价款中按序先行补偿应由责任人承担的诉讼费用，为保存、拍卖船舶和分配船舶价款产生的费用，以及为债权人的共同利益支付的其他费用。第二顺序受偿的是受船舶优先权担保的海事请求。第三顺序受偿的是受船舶留置权担保的海事请求。第四顺序受偿的是受船舶抵押权担保的海事请求。同一船舶设定两个以上抵押权的，按照登记的先后顺序受偿；同日登记的抵押权，按照同一顺序按比例受偿。第五顺序受偿的是其他各类普通的海事债权。它们不分成立时间先后按比例同时受偿。上述各类债权受偿后拍卖款尚有剩余的，应当退还船舶原所有人。

对于海事赔偿责任限制基金，应根据《海商法》第210、211条等规定，对于人身伤亡赔偿请求和非人身伤亡赔偿请求，分别在相应的基金限额中依法定的顺序和比例进行清偿；人身伤亡限额不足以支付全部人身伤亡的赔偿请求的，其差额应当与非人身伤亡的赔偿请求并列，从非人身伤亡损害赔偿限额中按照比例受偿；在不影响人身伤亡赔偿请求的条件下，就港口工程、港池、航道和助航设施的损害提出的赔偿请求，可较其他的赔偿请求优先受偿。

(四)船舶优先权催告程序

1. 船舶优先权催告程序的概念

船舶优先权催告程序是海事法院根据船舶受让人的申请，以公告方式，催促船舶优先权人在一定期限内向海事法院申明其权利，否则产生使附着在受让船舶上的船舶优先权消灭的法律后果的海事专门程序。

---

① 金正佳:《海事诉讼法论》，大连海事大学出版社2001年版，第457页。

通过公示方法催促权利人及时行使权利是船舶优先权的非公示性、物上追及性等法律属性的必然要求。船舶优先权催告程序主要用于清除相应船舶上的船舶优先权,以保障和促进“二手船”交易。

2. 船舶优先权催告的基本程序

(1)申请。船舶转让合同订立后船舶实际交付前,受让人即可向转让船舶交付地或者受让人住所地的海事法院提出船舶优先权催告申请。申请书应当载明船舶的名称、申请船舶优先权催告的事实和理由,并附具船舶转让合同、船舶技术资料等文件。

(2)审查和裁定。海事法院在收到申请书以及有关文件后,应当进行审查,在7日内作出准予或者不准予申请的裁定。船舶受让人对裁定不服的,可以申请复议一次,海事法院应当在7日内作出复议决定。

(3)公告。海事法院准予船舶优先权催告申请的裁定生效后,应当通过报纸或者其他新闻媒体连续公告3日,催促船舶优先权人在催告期间主张船舶优先权。优先权催告的船舶航行于国际航线的,应当通过对外发行的报纸或者其他新闻媒体发布公告。船舶优先权催告期间为60日。

(4)船舶优先权登记。船舶优先权催告期间,船舶优先权人主张权利的,应当在海事法院办理登记;不主张权利的,视为放弃船舶优先权。

(5)申请除权判决。船舶优先权催告期间届满,无人主张船舶优先权的,海事法院应当根据当事人的申请作出判决,宣告该转让船舶不附有船舶优先权。判决内容应当依法公告。除权判决导致既存的船舶优先权被依法清除。

思考题

1. 综述海事争议的各种解决方式。
2. 试述海事诉讼的受案范围。
3. 试比较海事请求保全与民事诉讼保全的异同。
4. 如何推进海事债权登记与受偿程序?
5. 案例讨论:

上海云天公司因与香港汇洋公司之间的航次租船合同纠纷,向上海海事法院提起诉讼。汇洋公司对法院的管辖权提出异议,认为云天公司、汇洋公司之间订有仲裁条款“Arbitration,if any,in HONGKONG and English law to apply”,该案应在香港仲裁,适用英国法律,请求审法院驳回云天公司起诉。上海海事法院认为,涉外仲裁在实体法和程序法上可以适用不同的法律。如仲裁条款中未明确应适用的程序法,可适用仲裁地法即香港法律作为仲裁程序的准据法。根据《香港仲裁条例》,系争仲裁条款有效并可以实施。故裁定驳回云天公司的起诉。云天公司不服,向上海高级人民法院提出上诉,认为系争仲裁条款应翻译为“如果要进行任何仲裁,适用香港法律和英国法律”。但争议发生后双方未能就仲裁事宜达成一致,故该仲裁条款因缺少生效条件而不产生法律效力。上诉法院认为,系争英文仲裁条款是当事人双方对涉案纠纷提起仲裁时的仲裁地点和所适用法律所作出的特别约定,并未排除诉讼管辖。鉴于涉案货物运输始发地在上海,上海海事法院对本案具有管辖权。故裁定撤销一审民事裁定，指定由上海海事法院审理本案。①

请结合相关海事诉讼和仲裁法的有关理论与实践，谈谈你对本案管辖权争议的见解。

司法考试真题链接

1. 甲国公司与乙国航运公司订立海上运输合同，由丙国籍船舶“德洋”号运输一批货物，有关“德洋”号的争议现在中国法院审理。根据我国相关法律规定，下列哪一选项是正确的？（2010年）

A. 该海上运输合同应适用船旗国法律

B. 有关“德洋”号抵押权的受偿顺序应适用法院地法律

C. 有关“德洋”号船舶优先权的争议应适用丙国法律

D. 除法律另有规定外，甲国公司与乙国航运公司可选择适用于海上运输合同的法律

2. 我国海商法规定的关于船舶所有权的取得、转让、消灭应适用的准据法是什么？（2000年）

A. 船旗国法　　B. 船舶的所在地法

C. 船舶原所有人的住所地法　　D. 所有权转移合同签订时的船舶的所在地法

3. 某批中国货物由甲国货轮“盛京”号运送，提单中写明有关运输争议适用中国《海商法》。“盛京”号在公海航行时与乙国货轮“万寿”号相撞。两轮先后到达中国某港口后，“盛京”号船舶所有人在中国海事法院申请扣押了“万寿”号，并向法院起诉要求“万寿”号赔偿依其过失比例造成的碰撞损失。根据中国相关法律规定，下列选项正确的是？（2008年）

A. 碰撞损害赔偿应重叠适用两个船旗国的法律

B.“万寿”号与“盛京”号的碰撞争议应适用甲国法律

C.“万寿”号与“盛京”号的碰撞争议应适用中国法律

D.“盛京”号运输货物的合同应适用中国《海商法》

4. 巴拿马籍货轮“安达号”承运一批运往中国的货物，中途停靠韩国。“安达号”在韩国停靠卸载同船装运的其他货物时与利比里亚籍“百利号”相碰。“安达号”受损但能继续航行，并得知“百利号”最后的目的港也是中国港口。“安达号”继续航行至中国港口卸货并在中国某海事法院起诉“百利号”，要求其赔偿碰撞损失。依照我国法律，该法院处理该争议应适用下列哪一国法律？（2007年）

A. 中国法律，因为本案两船国籍不同，应适用法院地法处理争议

B. 巴拿马法律，因为它是本案原告船舶的国籍国

C. 利比里亚法律，因为它是本案被告船舶的国籍国

D. 韩国法律，因为韩国是侵权行为地

5. 依照我国《海商法》相关规定，下列哪些诉讼应适用受理案件的法院所在地法律？（2006年）

A. 我国法院受理的关于海事赔偿责任限制的诉讼

---

① 参见上海市高级人民法院(2009)沪高民四(海)终字第275号民事裁定书。

B. 我国法院受理的关于船舶优先权的诉讼

C. 同一国籍的船舶在公海上发生碰撞而在我国法院进行的诉讼

D. 不同国籍的外国船舶在公海上发生的碰撞而在我国法院进行的诉讼

6. 中国X公司与美国Y公司订立一项出口电器合同，约定有关该合同争议的解决适用《美国统一商法典》。X公司负责安排巴拿马籍货轮运输，并约定适用《海牙规则》。该批货物在中国港口装船时因操作失误使码头装卸设备与船舶发生了碰撞，导致船舶与部分货物的损失。依照我国有关法律，下列哪一选项是正确的？(2006年)

A. 该案应由中国该港口辖区中级人民法院管辖

B. 该案应由中国该港口辖区海事法院管辖

C. 出口合同的双方选择适用《美国统一商法典》的约定是无效的

D. 运输合同应当适用中国法

7. 悬挂不同国旗的甲、乙两船在公海相撞后，先后驶入我国港口，并在我国海事法院提起索赔诉讼。根据我国《海商法》，我国法院审理该案应适用什么法律？(2004年)

A. 甲船先到达港口，应适用甲船船旗国法律；

B. 乙船是被告，应适用乙船船旗国法律；

C. 应适用我国法律；

D. 应适用有关船舶碰撞的国际公约

8. 根据我国《海商法》关于船舶物权问题的规定，下列表述哪些是正确的？(2004年)

A. 船舶抵押权适用抵押地法律

B. 船舶优先权适用受理案件的法院所在地法律

C. 船舶所有权的取得、转让和消灭适用行为地法律

D. 船舶在光船租赁期间设立船舶抵押权的，适用原船舶登记国法律

9. 中国南方某航运公司将其所有的一艘悬挂巴拿马国旗的远洋货轮转让给印度一家航运公司，该船舶所有权的转让应适用下列哪一国法律？(2003年)

A. 中国法律　　B. 巴拿马法律

C. 印度法律　　D. 船舶所在地国法律

10. 根据我国《海事诉讼特别程序法》的规定，下列哪些案件属于海事法院专属管辖？(2002年)

A. 因港口作业纠纷提起的诉讼

B. 因船舶排放、泄漏、倾倒油类或者其他有害物质造成海域污染损害提起的诉讼

C. 因海上生产、作业或拆船、修船作业造成海域污染损害提起的诉讼

D. 因在我国领域和有管辖权的海域履行的海洋勘探开发合同纠纷提起的诉讼

11. 1997年10月，香港A公司向大连海事法院起诉，根据其对我国B公司货轮“明星号”享有的贷款抵押权求偿。经法院调查，“明星号”是我国B公司从希腊租用的一艘在巴拿马登记并悬挂巴拿马国旗的光船。大连海事法院在处理该案时，应适用下列哪一法律？(1998年)

A. 香港法　　B. 希腊法　　C. 巴拿马法　　D. 中国法

参考文献

1. 张湘兰:《海商法问题专论》,武汉大学出版社 2007 年版。
2. 张湘兰:《海商法》,武汉大学出版社 2008 年版。
3. 司玉琢:《海商法专论》,中国人民大学出版社 2010 年第 2 版。
4. 王玫黎:《海商法学》,武汉大学出版社 2010 年版。
5. 陈宪民:《新编海商法教程》,北京大学出版社 2011 年版。
6. 王小波:《罗得海商法》,中国政法大学出版社 2011 年版。
7. 金正佳、翁子明:《海上请求权专论》,大连海事大学出版社 1996 年版。
8. 司玉琢:《海商法学案例教程》,知识产权出版社 2003 年版。
9. 关正义:《扣押船舶法律制度研究》,法律出版社 2007 年版。
10. 王千华、向明华:《海商法》,中山大学出版社 2007 年版。
11. 於世成:《美国航运法研究》,北京大学出版社 2007 年版。
12. 金正佳:《海事诉讼法论》,大连海事大学出版社 2001 年版。
13. 江伟:《仲裁法》,中国人民大学出版社 2009 年版。
14. 贺万忠:《当代国际海事诉讼的理论与实践》,新知识产权出版社 2006 年版。
15. 赖来昆:《最新海商法论》,台湾神州图书出版有限公司 2002 年版。
16. 郑玉波:《海商法》,台湾三民书局股份有限公司 1997 年版。
17. 梁宇贤:《海商法论》台湾三民书局股份有限公司 1997 年版。
18. 邢海宝:《海事诉讼特别程序研究》,法律出版社 2002 年版。
19. 司玉琢:《国际海事立法趋势及对策研究》,法律出版社 2002 年版。
20. 张辉:《船舶优先权法律制度研究》,武汉大学出版社 2005 年版。
21. 李海:《船舶物权之研究》,法律出版社 2002 年版。
22. 屈广清:《海事诉讼与海事仲裁法》,法律出版社 2007 年版。
23. 施文、王雪林:《国际贸易中的提单风险》,人民法院出版社 1997 年版。
24. 杨良宜:《装卸时间与滞期费》,大连海事大学出版社 2006 年版。
25. 杨良宜、莫世杰、杨大明:《仲裁法》,法律出版社 2006 年版。
26. 杨良宜:《船舶买卖法律与实务》,大连海事大学出版社 2004 年版。
27. 杨良宜、杨大明:《禁令》,中国政法大学出版社 2000 年版。
28. 杨良宜:《期租合约》,大连海事大学出版社 1997 年版。
39. 杨良宜:《国际商务仲裁》,中国政法大学出版社 1997 年版。
30. 杨良宜:《国际商务游戏规则——英国合约法》,中国政法大学出版社 1998 年版。
31. 杨良宜:《程租合约》,大连海事大学出版社 1998 年版。
32. 杨良宜:《海事法》,大连海事大学出版社 1999 年版。

33. 杨良宜:《外贸海运及诈骗——货物索赔新发展》,大连海运学院出版社 1994 年版。

34. 李守芹:《中国的海事审判》,人民法院出版社 2002 年版。

35. 郭瑜:《海商法的精神》,北京大学出版社 2005 年版。

36. 司玉琢、吴兆麟:《船舶碰撞法》,大连海事大学出版社 1991 年版。

37. 邢海宝:《海商提单法》,法律出版社 1999 年版。

48. 侯军:《当代海事法律适用法学》,世界图书出版公司 1998 年版。

49. 李玉泉:《国际民事诉讼与仲裁》,武汉大学出版社 1994 年版。

50. [美]G. 吉尔摩、C. L. 布莱克:《海商法》,杨召南等译,中国大百科全书出版社 2000 年版。

50. [日]樱井玲二:《汉堡规则的成立及其条款的解释》,张既义等译,对外贸易教育出版社 1986 年版。

52. [加]威廉·台特雷:《国际海商法》,张永坚等译,法律出版社 2005 年版。

53. [加]威廉·台特雷:《国际冲突法——普通法、大陆法海事法》,刘兴莉译,法律出版社 2003 年版。

图书在版编目(CIP)数据

海商法学/向明华主编. —厦门:厦门大学出版社
高校法学“十二五”规划教材系列
ISBN 978-7-5615-4236-1

Ⅰ.①海… Ⅱ.①向… Ⅲ.①海商法-法的理论-中国 Ⅳ.①D922.294.1

中国版本图书馆 CIP 数据核字(2012)第 054137 号

厦门大学出版社出版发行
(地址:厦门市软件园二期望海路 39 号 邮编:361008)
http://www.xmupress.com
xmup @ xmupress.com
沙县方圆印刷有限公司印刷
2012 年 9 月第 1 版 2012 年 9 月第 1 次印刷
开本:787×1092 1/16 印张:16.25 插页:2
字数:395 千字 印数:1～3 000 册
定价:28.00 元